刘禹锡

唱著君王自作词

丁守卫 / 著

中国文史出版社

CHINA CULTURAL AND HISTORICAL PRESS

图书在版编目（ＣＩＰ）数据

刘禹锡 : 唱著君王自作词 / 丁守卫著 . -- 北京 : 中国文史出版社 , 2020.6

ISBN 978-7-5205-2033-1

Ⅰ . ①刘… Ⅱ . ①丁… Ⅲ . ①刘禹锡（772-843）— 传记 Ⅳ . ① B241.7

中国版本图书馆 CIP 数据核字 (2020) 第 085675 号

责任编辑：梁玉梅

出版发行：中国文史出版社

社　　址：北京市海淀区西八里庄路 69 号院　　**邮编：**100142

电　　话：010-81136606　81136602　81136603（发行部）

传　　真：010-81136655

印　　装：北京新华印刷有限公司

经　　销：全国新华书店

开　　本：16 开

印　　张：22.5　　**字数：**354 千字

版　　次：2021 年 1 月北京第 1 版

印　　次：2021 年 1 月第 1 次印刷

定　　价：62.00 元

目录

01 诗僧嘱托

春节刚过，一转眼就到了惊蛰。在和煦的阳光照耀下，钱塘一带人家的房前屋后渐渐变得桃红柳绿，蝶舞蜂飞。

有谚语云："惊蛰过，暖和和，蛤蟆老角唱山歌。"那沉寂了一个冬天的青蛙此时再也耐不住寂寞开始了歌唱，那清澈见底的小河不知从什么时候开始，也已经从河底生出了碧绿的春草。江南的早春，虽然还是乍暖还寒，但却已是春意融融。辛勤的农人们已经开始忙着选种、泡种，准备播种一年的希望。

这是大唐德宗贞元六年（790年）一个春光明媚的下午，距离嘉兴不远的吴兴杼山妙喜寺内此刻正香烟缭绕，钟鼓和鸣，念佛诵经者众多，香客络绎不绝。在一间宽敞明亮的僧寮内，两只今年也不知什么时候新来的春燕栖息在屋梁上的燕巢内，正旁若无人地呢喃着，就像是一对一见钟情的恋人。

室内，一张茶几，一壶清茶，两盏茶杯。茶几上首坐的是戴着檀香木佛珠、一副仙风道骨的大唐高僧皎然。下首坐的是他那穿了一身白衫、器宇轩昂的年轻弟子刘禹锡。

皎然是当时名动天下的著名诗僧，俗姓谢，字清昼，吴兴人，为晋代大家谢灵运之十世孙。他不仅通晓禅理，而且深谙诗韵，是江南诗人们为之敬仰且纷纷效仿的偶像。不仅如此，他还精通茶道。说到茶道和茶艺，世人一般都知道被誉为"茶仙"、尊为"茶圣"的陆羽，知道陆羽的《茶经》，却并不知道陆羽的老师。其实，陆羽的"茶师"就是皎然，在茶艺方面陆羽深得皎然真传。

不过，虽说在茶道茶艺方面皎然远没有自己"胜于蓝"的弟子陆羽出名，但在诗歌方面，他却是当时全国著名的僧侣诗人，因其诗文隽丽，被号为

"释门伟器"，其诗其人，在当时佛门内外受到许多人追捧。

就因此，还在刘禹锡童年时，他那一心望子成龙的父亲就让他入室拜皎然以及另一位著名诗僧灵澈（澈上人）为师，跟着两位著名诗僧学诗。寒来暑往，花开花谢，刘禹锡一直学诗不辍，如今一晃已经十几年了。

这天，皎然和禹锡师徒两人先是静静地在一起有滋有味地品尝今年刚刚采制的新茶。喝到尽兴处，皎然站起身，一边用湖笔在一张宣纸上龙飞凤舞，一边朗声吟诵道："一饮涤昏寐，情思朗爽满天地。再饮清我神，忽如飞雨洒轻尘。三饮便得道，何须苦心破烦恼。"

"好一个'何须苦心破烦恼'！"正在一旁磨墨的刘禹锡由衷地啧啧称赞道，"老师的诗'佳句纵横不废禅'，引禅入诗，意境顿开，果真是禅意盎然、不同凡响！"

他想，皎然师之所以能妙手偶得，写出这样的清词丽句、绝妙好诗，就在于他能够抛弃世俗功利，放迹于自然山林，与天地融为一体，其胸襟虚怀若谷，万景而入，由定得境，由慧遣词，故禅林中之花草，都能成为诗歌中之珠玉。

这种时刻，皎然只是微笑着，并不搭话。等他笔走龙蛇一气呵成将这首诗写好后，仿佛意兴未尽，竟又拿起一张薄如蝉翼的宣纸在上面泼墨挥毫：

> 身为郡令客，心许楚山云。
>
> 文墨应经世，林泉漫诱君。
>
> 欲随樵子去，惜与道流分。
>
> 肯谢申公辈，治诗事汉文。

刘禹锡知道，宣纸是皎然师的得意弟子陆羽去年春天从宣城敬亭山下采茶回来特意买来赠送给自己恩师的。对于这些珍贵的宣纸，皎然师平时舍不得用，但今天，没想到他却格外大方，竟破例一下子接连用了两张上好的宣纸。

在龙飞凤舞地书写了自己的第二首新作后，皎然仔细看了一看，然后对刘禹锡说："禹锡，为师权且就将这首诗送给你，日后留作纪念吧。"

刘禹锡听了有些诧异，他不知道皎然师今天何以要这么郑重其事地赠诗给自已，但又不好去问，于是便躬身一揖说："那弟子就谢谢老师了！"

这时，皎然重又坐到茶几前，正襟危坐，然后目不转睛地看着正站在那里的刘禹锡，一副若有所思的样子，过了会儿，冲禹锡点点头说："你坐下，为师今日有话要对你说。"

刘禹锡便坐到茶几前，目不转睛地看着自己的老师，未免有些奇怪，心想，皎然师今天这么正儿八经的，是有什么重要事情要和我说吗？

果然，皎然抿了一口茶，清了清嗓子说道："禹锡，你跟我修习多年，今年也该去长安参加科举了。"

"老师，弟子学艺不精，羽毛未丰，仍愿追随在您身边继续读书学艺。"刘禹锡半是谦虚半是真诚地说道。

"傻孩子，'文墨应经世'，十年寒窗苦读，不就是为了一朝金榜题名、学有所成、报效国家的吗？一个人，只有报效国家，功在社稷，人生才会变得很有意义，生命才会变得很有价值。如果不入仕做官，也枉费了你一生所学。况且，自安史祸乱以来，藩镇已成尾大不掉之势，各藩镇的节度使世袭自立已成既定事实，军队指挥、官员任免、赋税征收都掌握在各藩镇自己手中，名为中国，实为异域。而那些宦官阉人又每每窃权干政，在朝中胡作非为，兴风作浪。朝廷历经肃宗、代宗到如今的皇上，虽说每个皇帝都想励精图治，但因为积重难返，结果都无力回天，心有余而力不足啊！当今天子已值暮年，恐怕也做不到一统御宇重整山河了。昔日杜子美有诗云：'致君尧舜上，再使风俗淳'，如今国事蜩螗，世道混乱，朝廷正是用人之际，在这新老交替、风云际会之际，你还是早去长安，雏凤凌空，一展所学吧。"

有道是，身在江湖，心存魏阙。虽为槛外之人，又远在江南，但身为一代高僧，皎然却总是忧国忧民，时时关注时势，中原北望，忧心如焚，委实令人敬佩。

"老师，当今天子并非明君，有才之士不是冤杀就是罢黜不用。前宰相刘晏，质明视事，尤擅理财，人称财神，受命于危难之际，短短几年就把大唐从千疮百孔中挽救了回来，以至于代宗盛赞之为'朕之萧何'，可结果没想到却功高犯忌，竟为谗言所害，被敕自尽。泾原节度使段秀实，一代名将，御边多年，屡立战功，震慑吐蕃不敢乘我大唐内乱而犯边，然而如此柱石人物竟因受猜忌就被褫夺兵权做了闲人，真是自毁长城，令人扼腕，可悲可叹！

自古忠而被谤，贤才难用，'君子安贫，达人知命'，弟子其实不是不想早入仕途，只是害怕一入仕途，身不由己，轻则郁郁不得志，重则性命堪忧啊！"

刘禹锡志向远大，很小的时候就才学过人，名播士林。十年寒窗，他孜孜不倦地博览群书，不仅研读儒家经典，对诸子百家也广泛涉猎，对其中的春秋大义自然了然于胸，对于兼济天下"扶社稷、安苍生"无疑也早存夙愿。只是，他还心存顾虑，就像一个第一次准备出海打鱼的渔夫，在扬帆起航之前，因为害怕海上风高浪急未免有些担忧和踟蹰。

也确实，自从安史之乱之后，大唐的社稷就一直风雨飘摇，即使庙堂之上也一直风急浪高，充满旋涡。

"你说的当然也有道理，虽说'屈贾谊于长沙''窜梁鸿于海曲'，冯唐易老，李广难封，自古都是小人常得志、君子多贤难，但是，越是这样，君子越要知难而上，慨然以天下为己任，匡扶济世，兴国安邦。要知道，有君子在朝，小人才不敢太肆无忌惮，胡作非为。若是贤人在野，趋利避害，小人当政，蠹国害民，那国家岂不覆亡？百姓岂不遭殃？昔曹子建有言：'闲居非吾志，甘心赴国忧'，禹锡，如今你风华正茂，又才识过人，岂能自甘平庸，在这乡野间一生只做一名华而不实的诗人？读书人当追求'戮力上国，流惠下民，建永世之业，流金石之功'才是啊！再说时移世易，估计用不了几年就会有新皇登基，待明君登基后的用人之际，你岂不是正逢其时？岂不正好经时济世，一显身手？为师希望你抱负远大，志存高远，要做伊尹、颜渊，万不可只做一个年少成名的秀才，一个只会舞文弄墨、吟风唱月却怡然自得的腐儒！"

听了老师的话，刘禹锡十分感动，顿觉心胸宽广。想到这些年来皎然与灵澈两位老师对自己的谆谆教诲、殷切期望，他的心中一时禁不住感慨良多，浮想联翩，不由得躬身向自己的老师深深拜谢……

"去吧，孩子！是蛟龙就应该遨游沧海，是雄鹰就应该搏击长空！不过，你要千万记住，在以后的仕途中，既不要妄自尊大，更不要妄自菲薄，无论顺与不顺、幸或不幸，都要笑对人生，乐观自信，什么时候都要'不坠青云之志'，都要记住你的济世宏愿，慨然以天下为己任，报效国家，兼济苍生！"

02 "有宰相器也!"

对自己的这位弟子，高僧皎然一直青睐有加，寄予厚望。他觉得，禹锡才识超群，乃是廊庙之材，假以时日，必成大器。

其实，并不仅仅是"唐代第一诗僧"释皎然对自己的这位入室弟子极为赏识，当时的另一位全国著名诗人权德舆也对其高看一眼，大加称道，认为刘禹锡"异乎其伦"，"有宰相器也"!

身为诗坛大佬，权德舆这样说绝对不是一时感情冲动、信口开河，也不是虚情假意、言不由衷的当面奉承，而是当年在对还扎着两条小辫、稚气未脱的孩童刘禹锡亲自进行了一番"面试"后慎重得出的评语和结论。

原来，权德舆与刘禹锡的堂舅卢徵是姻亲。那年，时任淮南水陆转运环卫椽曹的他有一次去看望卢徵，在饭局中听卢徵说他的外甥刘禹锡天资聪颖，堪称神童，虽然才七八岁，小小年纪就敏而好学、博闻强识，且能文会诗，才情卓异，才识超群。

权德舆此时虽然官位不高，但其文名早已遐迩，士林地位早已显赫，已是当世名流，以至于当时的王侯将相或一方豪绅辞世，其家人无不竞相花重金来请他为之亲撰墓志铭或文纪，且无不引以为荣。

对于卢徵的夸赞，权德舆未免且信且疑，所谓"百闻不如一见"，为了一探虚实，他便当即让卢徵陪他一起从运河乘船南下，去几百里外的嘉兴到刘禹锡家做客，想亲眼看看小小年纪的刘禹锡是否果真是"神童"?

因卢徵故，刘禹锡的父亲刘绪与权德舆有亲戚关系，又因同在江南执掌水陆转运之职，而有同僚之谊，二人之间常有书信往来、诗歌唱和。听说这次权德舆一路风尘仆仆，竟是专为一试禹锡学问来访，刘绪一时既喜且忧。

喜的是权德舆以文著称，名重一时，且年轻有为，前途无量，此番他来家做客，自己正好将儿子禹锡托付于他，拜他为师；忧的是权德舆四岁能为诗，15岁已有文集数百篇，不及弱冠便已名满江左，其文章即为当世名儒所褒奖，以他的博学多才、见多识广，儿子禹锡恐很难入他的法眼。

那天，权德舆与卢徵来到刘绪府中，与刘绪三人寒暄片刻，分宾主坐定后，他便直奔主题对刘绪说："我在淮南就早有耳闻，听说令郎天资聪颖，幼学有成，近来师从诗僧皎然学诗，更是锦上添花，诗文俱佳。今权某虽不才，愿以薄技一试禹锡，还请刘兄把令郎请来，我和他有话要说。"

刘绪心中欢喜，忙不迭地说："那太好了，真是太好了！"于是赶忙令家人把禹锡叫来前厅说话。

进入厅堂，刘禹锡不疾不徐，步态从容，他先上前拜了父亲刘绪，又拜舅父卢徵，然后再拜权德舆，三拜过后，便微笑着静静地站在父亲刘绪一旁。

在权德舆的印象里，那天刘禹锡的头发被束成两个小角盘在头顶两侧，脖子上挂着象骨和玉石制成的挂件，纯然是一副小孩子的打扮，但言行举止却既不拘谨忸怩，也不懵懂放肆，而是态度恭谦礼貌，气质儒雅安详，明显不同于同龄孩童，更没有半分官宦子弟的纨绔倨傲习气。所以，权德舆对刘禹锡的第一印象非常不错，还没说话，便对往日耳闻之事已有三分相信。

权德舆有心想考刘禹锡，第一句话就问："贤侄，近日所读何书？"

禹锡答道："近日方读完《毛诗》[1]，现正读《尚书》。"

权德舆半信半疑，就直视着刘禹锡道："《毛诗》《尚书》并非启蒙读物，一般小孩子如读天书，都很难看懂，贤侄能看得懂吗？"

刘禹锡笑了笑，点着头说："家父治学严谨，教我不厌其烦，在家父的耐心教导下，小子如今对《诗》《书》已通晓大意，略知皮毛。"

说时，刘绪在一旁已让人取来《毛诗》，交给禹锡。见此情景，权德舆就说："禹锡贤侄，请你将《毛诗》打开，随便翻到一页，选一首读给我听。"

禹锡当即打开《毛诗》，随手翻到一页，抑扬顿挫地念道：

---

[1]《毛诗》，即《诗经》。

嘒彼小星，三五在东。肃肃宵征，夙夜在公，寔命不同。

嘒彼小星，维参与昴。肃肃宵征，抱衾与裯，寔命不犹。

"原来是《小星》，"权德舆笑着问，"贤侄知道这首诗的大概意思吗？"

刘禹锡点点头，谦虚地说："略知一二。"

权德舆说："说给我听听。"

刘禹锡成竹在胸，不假思索，当即答道："这是一首描写卑官小吏日夜奔忙的叙事诗，从诗中这位小吏的哀叹中可以看出：处在生活最底层的卑官小吏，为了完成上级交代的任务，恪尽职守，常常有家不能归，有室不能寝，不分昼夜忙碌，成年累月多么辛苦！他们犹如悬在空中的一颗颗小星，只能不停地运行，放射着微弱的光芒，哪像二十八宿的参星与昴星，有显赫的位置，光芒四射，只管负责发号施令？而卑官小吏，却只能听从摆布，任其差遣，辛苦劳碌，自不待言。他们心中的不满与苦衷，也只能通过在背后偶尔发几句牢骚来释放一下了。"

权德舆微微点头："贤侄所言，甚合诗意，只是不知贤侄读此诗有何感想？"

禹锡说："此诗中的小吏感叹自己的命运与那些达官贵人很不一样，因为命不一样，活得也不一样。读这样的诗，难免让人心生感慨。小子读此诗，有这样两点感想：其一，小吏乃朝廷之基础，若无小吏恪尽职守、日夜奔忙，则民情不能上达于天听，圣意不能闻知于百姓。小吏虽小，但却能够直接反映出朝廷的形象。小吏清廉则老百姓说朝廷清廉，小吏贪腐则百姓说朝廷腐败。正因为小吏责任重大，所以朝廷对小吏应该严管厚爱，既要严管他们，也应该关心他们爱护他们，不断改善他们的生活，提高他们的待遇。如果像《小星》中的小吏那样对自己的职业苦不堪言，牢骚满腹，基础不牢，天下恐怕就会不稳了。其二，《诗》皆作于先秦，那时无科举正途，无察考奖擢之法，为小吏者，晋升无门，仕途无望，却又终日劳碌不堪，疲于奔命，长此以往难免牢骚太盛，乃至自甘堕落，如此一来，失职渎职之事是哪里能够禁止又怎么能够禁止得住呢？幸运的是，如今我大唐大开科举之门，选贤任能，功名爵位全凭学问而取之，使民情大悦、四海归心，这种盛世胸怀以前有哪个朝代能够与我大唐相比？方今天下战乱初弭，正应守律典以正科名，明察考以辨贤愚，如果能做到这样，选优汰劣，唯才是举，任贤致治，那么，我圣朝中兴再造将指日可待矣！"

刘禹锡口若悬河，宏论滔滔，说得在座的三个大人都禁不住连连点头、啧啧称赞。权德舆显然没想到还只是童稚小儿的刘禹锡竟能够即兴说出这样一番话来，禁不住在心中感叹：若是一般人，别说还是个总角小儿，就是那些青灯黄卷、学富五车的老学究，讲《毛诗》也不过照本宣科，拾人牙慧，了无新意，有几人能有自己的真知灼见？

想到自己当年像禹锡这般大时，也并无禹锡这般见识和胸襟，权德舆便深为叹服，觉得此子将来前途必定无可限量。

"异乎其伦！异乎其伦！"刘禹锡话刚说完，权德舆便情不自禁连声赞叹，他向刘绪长作一揖，感慨道，"学识学识，关键是识。读书人若无见识，或是学而少识，即使读书再多，年龄再大，也只是一介腐儒，一个书虫，一个有嘴的葫芦而已。想不到令郎小小年纪就心忧天下，才识卓异，真甘罗再世，有宰相器也！如此学问，只待一纪，必中高策！……"

这之前，刘绪的心一直悬着，生怕儿子禹锡惊慌出错，表现不佳，令权德舆不满，如今听权德舆这么一说，一颗心顿时放了下来，且心花怒放，同时心里一热，想到这些年来育儿不易、教子更难，不自觉地眼中闪出泪花……

03 长安的诱惑

那天禹锡从妙喜寺回到家里，晚上将老师皎然鼓励自己去长安参加科举求取功名的事和父母说了，刘绪夫妻都很赞成。

刘绪心想，当年权德舆曾说，禹锡不过一纪必中高策。一晃12年过去了，如今看来，确非虚言。刘绪祖籍洛阳，安史之乱时逃难到了江南，虽然现在早已在生活富庶的江南扎下根来，日子过得也还不赖，但随着春秋渐高，这些年来他和妻子日益思念洛阳故土，常叹先人坟茔逢年过节无人祭拜，再说眼看儿子已经长大，十年寒窗，羽翼渐丰，且青春年少就在江南小有名气，如今正应是雏凤清鸣之时，祖居之地洛阳和帝国都畿长安才是属于他展翅高飞的舞台。于是，他当即对刘禹锡说：

"你皎然师所言极是，如今你年已十九，的确应该北上京师，准备科考了。这些日子你好好准备准备，过些天就择日北上吧，一则去洛阳祭祀祖先；二则往长安拜会贤达，游学京城，以备来年科考。"

母亲卢氏出身洛阳高门望族，从小知书达理，这时也笑着说："我儿，你已长大了，如今满腹诗书，学有所成，也确实应该去长安鲲鹏展翅、蟾宫折桂了。"

因为这年刘禹锡已经19岁，刚及弱冠，依照风俗，需要举行弱冠之礼，由父亲为其赐字，他才能够正式成为一名成年男子。所以，在禹锡出门远行之前，父母便为他匆忙举行了一个简单的弱冠典礼，仅由父母及部分亲友参加。

在典礼上，刘绪当众宣布说："我儿取名'禹锡'，乃取'禹锡玄圭，告厥成功'之意，今取字，也应与此意相合。按《孝经·钩命诀》所云，'命星贯昂，修纪梦接生禹'乃定'梦得'二字。禹锡我儿，今天为父我既已为你赐字，你就是大人了。从今往后，你一定要立志高远，坚韧不拔，做一个铁骨铮铮、顶天立地的好男儿！"

说来真是可怜天下父母心，弱冠仪式过后，禹锡就该出门远行了。禹锡生于江南，长在江南，这之前从未出过远门，所以临行前，刘绪夫妻自然对他千叮咛万嘱咐。身为父亲，刘绪还搜肠刮肚，给自己多年来所结交的在京好友一一写信，希望他们日后能够对儿子多多提携和关照。

初次出远门便要奔赴长安，刘禹锡心中当然激动不已。长安，那是大唐帝国的核心，是天下几乎所有读书人梦寐以求的所在，也是天下士子无不渴望在那里好梦成真、大显身手的地方。昔日刘绪调度钱粮转运，禹锡常常跟在父亲的屁股后面一起来到漕运码头，送船队启程。还很小时，每当望着漕船远去的白帆时，他就向往着长安，想象着长安的游人如织，车水马龙，更想象着长安城内"九天阊阖开宫殿，万国衣冠拜冕旒"的美丽与壮观、庄严与热烈，想象着每年正月科考过后等到二月发榜时那些"春风得意马蹄疾，一日看尽长安花"的新进士是怎样的意气风发、勃勃雄心，以致有多少个夜晚梦中他都发现自己忽然变成了一只雄鹰从烟雨迷蒙的南方飞过长江，飞过黄河，来到万木参天的终南山，然后盘旋在长安巍峨的宫殿上空……

是的，和天下许多读书人一样，对于刘禹锡来说，多少年来，长安城一直是一个美丽的诱惑，挡不住的诱惑。还在很小的时候，他就发现，在他所能看到的每一本书中，凡是提到长安，必然会用无数绚丽缤纷的溢美之词加以描绘，仿佛那是人间之外的胜境、人间神奇的天堂，那里有巍峨宏伟的宫殿，那里有纸醉金迷的青楼教坊，有万国商人会聚的商栈集市，还有高视阔步、威严圣明、御宇天下的天子，有天下出类拔萃、文韬武略、经国济世的大臣，那里人才荟萃，甚至在大街上随便碰到一个人，说不定就是一个学富五车、能够指点江山激扬文字的翰林学士。……总而言之，那是一座梦幻之城，也是一座让无数天下士子梦寐以求、渴望来到那里寻梦与圆梦之城。

多少年来，在一次次的想象与向往中，刘禹锡一直都这么固执而又坚定地认为。他想，年复一年，那么多川流不息的漕船所满载的金银、粮食、绸缎等最贵重的物品，四面八方络绎不绝的才子与佳人无不满怀着渴望，都一起奔向了长安，如果长安不是天堂，还能是什么呢？

正是满怀着对长安天堂般神奇而又美好的印象，满怀着对自己人生美好未来的梦想与憧憬，十年寒窗已经满腹经纶、学成文武艺的刘禹锡扬帆远航，在他 19 岁那年于早春二月的时节与回洛阳老家的母亲一起沿大运河乘船北上，与天下许多读书人一样，"学成文武艺"后，欣欣然踏上了进京"货与帝王家"的旅程。

04 初识长安

这天清晨，刘禹锡睁开惺忪的睡眼，举目窗外，只见朝霞灿烂，天气晴朗，顿时心旷神怡。

他是昨天夜里才来到京城长安，临到半夜匆匆住进这家金榜客栈的。起床后略略梳洗一番之后，在客栈里随便吃了点早点，然后，他便一个人走到外面，漫无目的地在长安城内闲逛起来。

这是贞元七年（791 年），初春的长安城依旧有些冷冽，在金榜客栈中尚未感觉到，刚一出门，寒风吹拂，刘禹锡不禁打了个寒战。

虽然祖籍洛阳，但因为父母躲避安史叛乱逃难到了南方，所以禹锡生在江南长在江南，此前从未到过北方，更未来过长安，对长安的了解十分有限，且大部分还都是从父母、从皎然、灵澈两位老师等人的口中道听途说来的。如今，当他的双脚终于第一次踏上了长安的土地，且行走在长安城宽阔的大街上，这让刘禹锡的心中未免有些抑制不住的喜悦和激动。尤其是走到近前，看到那巍峨的城池，看到那些穿着铠甲、手持斧钺，在寒风中威严肃立的军士，还有那洞开的大门里一眼望不到头又宽阔无比的大道，禹锡心中既有惊叹也有骄傲。他想，这才是那个让人赞叹不已，令人梦寐以求心向往之的长安啊！

不知不觉，在街头转悠了约莫一个时辰，禹锡感觉有些累了，也有些口渴，逛街的兴致大减，于是便走进那家得胜楼茶坊，想喝点儿茶，再歇一歇脚。

这天，得胜楼茶坊里茶客并不多。进到茶坊，禹锡寻一靠窗户的茶座刚一落座，就有一游方相士举一上书"命运天定，铁口论相"白色布幡朝他走来，并大咧咧地在他对面坐下，然后目不转睛地看着禹锡。

被他这么看着，禹锡心中未免有些不快，正要起身走开，坐到另一张茶桌落个清静，那相士忽然神秘兮兮地开口道："这位公子，看你骨骼清奇，一副大贵之相，要不让在下给你看个相吧？"

这时店小二过来看茶："二位客官，是要'太平猴魁'还是'六峒茶'？"

刘禹锡问："'六峒茶'是不是产自桂州临桂（今广西桂林）？"

店小二油腔滑调地应道："正是。小的就是桂州临桂人氏。"

相士在一旁"扑哧"一笑，嬉笑着骂道："臭小子，油腔滑调，张口骗人。昨天老子在你这里喝'太平猴魁'，你还跟老子说你是浙江西道休宁（今安徽歙县）人。才过一天，你小子怎么又变成桂州猴子了？"

店小二这时也贼贼地一笑，扮个鬼脸说："我骗人？还不都是跟您老学的？您老不也是凭一张嘴骗人，整天'桂林山水呷（甲）天下'吗？"

相士故作生气状，挥起手说："老子打你这小猴子！"

店小二只是嘻嘻笑着，并不躲避，反而凑到相士身边，把头伸过去嬉笑着说："你打呀！打呀——"

那相士此刻便把手高高举起，做出要打的姿势，却忽然低下头，在店小二脸上亲了一口，然后得意地笑道："就你这小孙子这么可爱，爷爷我怎么舍得打你？"

店小二这时一边用手擦着脸上被相士亲吻留下的唾沫，一边依旧嘴不饶人说道："我就知道您老也就嘴上功夫，手上却没功夫。小的与您正好相反，只有手上功夫，嘴上却没功夫。"

这店小二一边说话，一边犹如反弹琵琶似的，背着一个壶嘴足有三尺来长的铜茶壶好像玩儿似的往茶碗里倒茶，竟然滴水不漏。

"嚯，好功夫！"一看这店小二竟有这等功夫，刘禹锡忍不住赞叹道，心想，到底是京城，有本事的人就是多。

因为实在口渴，刘禹锡这时便急切切地端起热气腾腾的茶碗，想喝几口。可是，才刚喝了一口，就下意识地说了一句："啊，好烫！"便放下茶碗，不敢再喝。

见此情形，相士微微一笑，走过来用手指在茶碗上轻轻敲了两下，然后口中念念有词，也不知说了两句什么，就对刘禹锡说："这位客官，请再用茶！"

店小二站在一旁看呆了："咦，这茶刚才还热气直冒，怎么突然就不冒热气了？"

那相士故意瞪大着眼，冲店小二笑着骂道："小猴子，这下不说你爷爷我只是嘴上功夫了吧？"

刘禹锡有些不信，就又端起茶碗来喝，说也奇怪，刚刚还很烫嘴的茶汤已经变得温热，正好能够喝了。刘禹锡一时也很惊讶，就一口气把一碗茶喝完，然后说道："先生高人，适才有所冒犯，还请见谅！"

相士拱拱手，谦虚地说："我哪高人？不过一江湖中人，靠给人相面勉强混口饭吃而已。"

刘禹锡以前从来不相信江湖术士的旁门左道、胡言乱语，但看这位相士好像确实有些道行，一时心里好奇，就问："先生刚才何出此言？"

相士正色说道："这位公子，你生得骨骼清奇，眉心有一股灵气从天灵盖喷出，一看就是大富大贵之相。"

刘禹锡不以为然，就摇摇头笑着说："人身面相，乃父母所赐，有何贵贱之分？"

相士振振有词，一本正经地说道："面相虽为父母所赐，但其中含有天理玄机，冥冥中却自有定数，所谓父母所生、命运天定就是这个道理。适才鄙人一见公子，就觉得公子器宇轩昂，不同凡俗，从面相上看，公子学堂莹夷，眉长过目，故日后定能以文章学问扬名天下；而且公子伏犀贯顶，瞳神分明，光泽无破，日后必任公卿之位。"

听了相士的话，禹锡尽管有些似信非信，但心中还是未免感到有些高兴，反正眼下也没什么事情，一个人觉得无聊，于是说道："这样可好，我写一个字，你给我测测命相前程吧。如果你测准了，放心，银两是不会少你的。"

"那公子就写吧！"

禹锡看看窗外，但见外面的地上、树上以及人家的屋顶上都积着一层瑞雪，忽然想到"瑞雪兆丰年"这句谚语，于是就用手蘸了蘸茶水，在桌子上写了一个"瑞"字。

相士捋了捋胡须，说道："不得了！不得了！'瑞'字拆开好，'白'日见'王'，是一'皇'字，'端'字虽然少一'立'旁，但'端'的左边'立'的不是'白'日之'王'吗？而且皇左臣右……恭喜恭喜，公子此次京城之行，应该是见皇上了！"

禹锡一惊，没错，这次他来长安是要参加殿试的，如果能喜中高第、雁塔题名，自然能见到皇上，而且，他相信自己也一定能够雁塔题名。他细细品味了一下刚才相士说的话，仔细想想，觉得这"瑞"字也好像真就像相士测的那么回事，因而益发觉得这个相士不简单，于是，便从怀里拿了些银两递给相士。

相士接过银两，塞进自己口袋，然后摇摇头，忽然叹一口气，咂咂嘴说道："只是——"刚说了两个字，却又叹一口气打住了。

"先生有话不妨直讲！"

"只是，只是公子额头有阴云遮盖，似有不祥之兆。而且，还是说这'瑞'字吧，'皇'字无头说明眼下还是个王，没有'白'头说明这'王'日后当了皇帝也很难白头到老；'端'字无'立'，不是预言立在'皇'右边的大臣很难'立'得住吗？"

刘禹锡正听得入神，突然听到相士说的这些疯话，顿时沉下脸来，呵斥道："天子脚下，先生休得胡言！妖言惑众，可知该当何罪？"

相士将将长须，忽然轻蔑一笑："我虽江湖术士，替人看相，但并不讹人钱财，更不贪图富贵。贫道所言，乃是天机。若是有朝一日果然应验，公子想起贫道今日所说，只求为贫道烧两炷高香，除此别无所求！"说罢，相士拿起那"命运天定，铁口论相"的白色布幡，飘然而去。

刘禹锡怔怔地看着相士出门，半天才回过神来，低头一看，突然发现他递到相士手里被相士塞进口袋的银子，此时正原封不动地放在桌子上。一时间，他的心中未免有些怅然若失。

此时，禹锡已再无心思喝茶，于是便招呼店小二过来结了账，然后，便也离开了这得胜楼茶坊。

谁知，刚离开茶坊，来到大街没走多远，忽然听到一阵急促的马蹄声和一阵阵并不悦耳的铜铃声，循声朝马路那头望去，很快便看到有两辆马车从大街的一头疾驰而来。两辆马车均上张伞形车盖，车厢四周围着褐色车帷。每辆马车上都有两名穿着灰衣灰袍的驭者站立执缰，且不时朝空中挥舞着鞭子，很有节奏地发出清脆的响声，很是神气活现的样子。

禹锡不知何事，便急忙闪到路边，仔细观察，只见大街两旁，刚刚还在各自尽情吆喝着的小商小贩们忽然像老鼠见到猫似的一起赶紧收摊，然后撒开腿没命地逃窜。一边逃窜，还一边纷纷惊慌慌朝着其他人叫喊："快跑哦，快跑呀，'乌鸦'来了！"

转眼间，两辆马车已直冲过来。一位头发花白、腿脚不便，这时正抱着一只老母鸡、拎着一篮鸡蛋，蹲在街道边叫卖的老奶奶行动迟缓来不及逃奔，被飞驰而来的马车蹭了一下当即摔倒在地，头磕在路边一块大青石上，顿时血流满面，那一篮子还没有卖出的鸡蛋瞬间碎了一地，手中的老母鸡扑扇着翅膀也嘎嘎嘎地惊叫着没命地飞跑了。如此一来，那老奶奶索性躺倒在地，放声大哭。

驾车的驭者并不惊慌，这时只是似笑非笑地冲倒在地上正号啕大哭的老奶奶看了两眼，然后便又若无其事地朝空中"啪"的一声甩了个响鞭，随即拽动了缰绳，继续向前行驶。很快，两辆马车便追赶到了前面一个拉着一车木炭正奋力逃奔的驼背汉子身边，声色俱厉地呵斥着，叫那汉子立即把车停下。

那驼背汉子一看再跑不掉，索性把车把一放，"扑通"一下跪倒在大街上，哭着哀求道："公公啊，求求你们放过我吧，俺这木炭是去年冬天好不容易才从山中砍来木柴烧成的，小老儿上有八十几岁的老母卧病在床，下有四五个孩子整天张着嘴要吃要喝，这些日子俺全家都指望卖掉这车木炭买米下锅啊。求求你们！求求你们可怜可怜我们穷苦人吧！"驼背汉子边说边擦泪，泪水和鼻涕还有炭黑经手这么一抹，满脸脏兮兮黑漆漆的透出无助与悲伤，让围观的人看着都鼻头发酸。

这一切，恰好被昨天才刚刚来到长安的刘禹锡看在眼里。他没想到，天子脚下，首善之地，光天化日之下，在长安城的大街上竟会发生这样的事情。

这时，从两辆马车上先后跳下几个打手似的无赖，其中一个无赖走过来说道："老家伙，郭公公看上你的炭是你的福气，要不是宫中临时等着急用，就你这车破炭白送给宫里，郭公公都不会看上眼。"

"就是，咱家又不是白拿你的炭，咱家给你绢帛还不行吗？"一个着黄衫显然是领头的太监这时从车轿内掀开帘子跳到地上尖声尖气地说。说完，他让一个随从太监将半匹绢扔到驼背汉子的面前。看来，这个太监就是内侍郭忠政。

"公公，这一整车木炭您就给小老儿半匹绢，实在是太少了呀！"那驼背汉子跪在那里，仰着头眼巴巴地望着面前盛气凌人的郭忠政，哭着说道。

听了驼背汉子的话，许多人仿佛早已见怪不怪，无动于衷，只是面无表情地呆愣在那里看着热闹，但也有少数人忍不住窃窃私语，小声嘀咕道："是啊，这一车炭恐怕至少有千斤，就给半匹绢哪行？"

"就是，就算按五十钱一斤，这车炭至少也值五匹绢啊！"

"五十钱一斤都少算了，这么好的炭少说也能卖到七十钱一斤吧？"

从这些窃窃私语中，刘禹锡明显感觉到这些人心中压抑的不平和愤怒。

听了这些人的小声议论，刘禹锡这时再也忍耐不住，于是便上前一步走到郭忠政面前朗声说道："圣上设立宫市是为了照顾百姓生计的呀，怎么能这样强行低价购买物品？我看这位卖炭翁真的可怜，公公要么按市价再多给他些绢帛，要么还是去看看什么地方有便宜的木炭卖吧。"

有刘禹锡带头，围观的人也放开胆子大声附和，帮着卖炭汉子说话。

郭忠政见周围的情势有些不对劲，便跺跺脚，大声吓唬道："怎么，天子脚下，你们想造反吗？"

刘禹锡也不示弱，当即回敬道："天子脚下，你们想公然抢劫吗？"

"你是什么人？郭公公的事情，轮得上你小子说话吗？"一个无赖恶声恶气地用眼睛瞪着刘禹锡说。

"在下姓刘，名禹锡，字梦得。"刘禹锡一字一顿答道。

"什么铁锡铜锡的？我看你就是个铜匠，你是不是大清早吃饱了撑的，想找不自在？"另一个无赖挥拳撸袖地走过来，指着刘禹锡怪笑道。

刘禹锡气不过，正要冲上前找他们理论，这时从人群中走过来一个羽扇纶巾的中年男子，一把将刘禹锡的胳臂用劲拉住，把嘴贴在刘禹锡的耳边小声说："这位公子，好汉不吃眼前亏，冷静点，别惹事！"然后跑过去，朝郭忠政躬身一拜，赔着笑脸说："听这位公子说话一口外地口音，显然是新来京城不久，还不懂得咱京城的规矩，若是冒犯了各位，还请郭公公和诸位好汉息怒！"

一看这位中年男子举止沉稳，气度不凡，郭忠政的气势顿时收敛许多。而且，这种场合下他也不想把事情搞大，既然这时有台阶可下，于是他就赶紧朝跟随自己的几个市井无赖使了个眼色，故意卖个人情冲刘禹锡冷笑道："好吧，看在这位兄弟的面子上，今天这事咱家就算了，不跟你计较了。走，咱们走！"说完，跳上马车扬长而去。

等马车驰远，刘禹锡趋步上前，冲那男子说："这位仁兄，刚才多亏你仗义执言，出手相助，请受刘某一拜！"说着，就朝他施了一礼。

那人急忙还礼，说："不要这样！不要这样！小事一桩，何必客气？本人姓裴，名度，字中立。"说着，赶紧伸手去扶刘禹锡。

"裴兄，刚才你说我不懂得京城的规矩。请问，是什么规矩？"

裴度听后哈哈大笑，说道："梦得贤弟，我看你年轻气盛，又是外地口音，显然不懂京城的规矩。知道吗？这些'乌鸦'是不能得罪的。"

"什么'乌鸦'？"刘禹锡一头雾水。

"就刚才那些宦官呗，长安城的百姓背地里都管他们叫'乌鸦'。你看他们灰衣灰袍的，不像终南山的乌鸦吗？京城的百姓没有不恨他们的。"说到这里，裴度苦笑了笑，随即又气愤道，"如今宫市大行其道，周边百姓不堪其扰，这些'乌鸦'以极低价格购买，巧取豪夺，欺行霸市，穷苦人家苦不堪言。实在是一大毒瘤！"

说话时，只见不远处两个宫市之人，又将一个老农打翻在地，将他售卖的一只山羊强行牵走，刘禹锡嗓子冒火，紧紧地捏紧拳头，嗓音有些发颤道："这些阉人竟然如此目无王法！这里是天子脚下，难道就没有人能够制得住他们吗？"

裴度这时又是一阵苦笑，然后摇了摇头，叹口气说："梦得以前流连圣贤书中，又身在江南，也难怪对京城之事不甚了解。这宫市乃是宫中宦官重要的来钱门路，而如今宦官权力极大，狗仗人势，谁人敢管？"

禹锡余怒未消，愤然说道："国家自安史乱后，日渐沉沦，亏得诸先帝英武、群臣效命，才有这些年之安定太平。但不承想如今竟小人得志，阉宦猖狂，天子脚下，光天化日之下竟会发生这等事情，着实可恼、可恨！如此下去，也实在令人担忧！"

当时宦官权重，京城大小官员皆知自己地位来之不易，畏惧宦官，遇见此事虽然多有不平之气，但都选择忍气吞声。没想到刘禹锡新来乍到，初生牛犊，属于热血青年，竟然放言无忌。

其实，裴度也一腔热血，疾恶如仇，一心想以国家为己任，见禹锡说得慷慨，并不因为自己的遭遇不平，反而想到国家大事，心下暗暗佩服，就肃然道："梦得高义，真叫在下佩服。天下兴亡，士子有责。梦得正气萦怀，见识过人，日后必成国之栋梁！"

如果说，就在去年春天，当那天在杼山妙喜寺听了老师皎然和尚的话自己竟是那样的激动万分，当那天和要回娘家洛阳的母亲一起离家远行，在漕运码头和前来送别的父亲依依惜别，然后乘上北上的漕船，接连好几天禹锡都心情激动、彻夜难眠，一想到天堂般的长安就按捺不住、热血沸腾，那么，当如今真的来到了长安，当今天目睹了这样的情形，他的一腔热血却忽然有些冷却，即便是看到长安有那么多金碧辉煌的宫殿，听到从长乐宫内传来的深沉而悠扬的钟声，他的内心也不复有以往的喜悦与激动，甚至，自觉不自觉地，心头还时不时地隐隐涌出一丝丝淡淡的疑惑、失望与哀愁……

"这就是我多年来一直梦寐以求的长安吗？"他想。

那些天里，虽然是第一次来到长安，但天生敏感的他心中禁不住有些迷茫，有些失落，有些消沉。

不过，虽说眼前的长安并非早年梦中所想象的那样美好，但让刘禹锡满怀希望的是，在他看来，只要朝廷能选拔天下英才充实庙堂，那么英才治国、弭平灾祸、再造盛世又有何难？而且，以自己的才学，他日得中高第、雁塔题名岂不如探囊取物一般？

这样一想，他的心里一下子又阳光灿烂起来，尽管二月里来，长安的天气还非常寒冷，大地和枯树都被冻得僵硬，空气中飞舞着透明的冰霰，但此时此刻，因为心中满怀着希望，他却并不觉得寒冷，而是感到特别的温暖。

05 群贤毕至

安史之乱以来，长安虽饱经战火摧残，但毕竟贵为一国之都，犹如半老徐娘，虽历尽磨难，依然风韵犹存，散发出一种雍容华贵的气息。特别是对于那些读书人来说，这里更是一个巨大的风口。毕竟，京城天下才子云集，谁都无法预料，自己今日所结交之人，哪一天便会飞黄腾达，出将入相。因此，年轻的士子们来到京城往往都很看重这样极为难得的机会，相互拜访结交，酬赠唱和，广结人缘。于是，经常有各种各样的聚会，大家"相逢意气为君饮，系马高楼垂柳边"，相互做东，尤其是负有时望者邀约之会，更是令人趋之若鹜。

虽然寒窗多年、饱读诗书，但刘禹锡并非一迂腐书生、资深宅男，而是能说会道，颇善交际，所以，虽然是第一次来到长安，人地生疏，但他很快便如鱼得水，以文会友，结识了许多有识之士。后来，在回忆这一段北漂岁月时，他写了一首《谒柱山会禅师》，其中有这样的诗句："弱冠游咸京，上书金马外。结交当世贤，驰声溢四塞。"

在长安，刘禹锡结交的第一个"当世贤"是李绛。

那是刘禹锡刚来长安不久。虽然已是初春，但那天整个关中地区却忽然下了一场大雪。一个雪后初晴的下午，长安城难得阳光普照。傍晚时分，刘禹锡在金榜客栈里待得倦了，在夕阳西下时，就决定到外面走走，暖暖身子。从客栈里出来，踩着积雪没走多远，他看见前面有几个人正站在街上听一个高个子的年轻男子在那儿高谈阔论。因为闲来无事，他便也走过去凑个热闹。

说来真是"书生意气，挥斥方遒"，就听这年轻男子说：

"诸位都是读书之人，自然都知道楚亡汉兴的故事，想当年力拔山兮气盖世的楚霸王叱咤风云，秦失其鹿，项羽首当其功，非汉王刘邦所能及。然楚汉相争，曾经八面风光、占尽优势的项羽最后竟然败在了他之前一直看不起的刘邦手里，是何道理？……以愚之见，关键的关键就在于刘邦求贤若渴、广纳贤才，天下英雄为其所用，而项羽有人才却不能用，最后连一个亚父范增都在失望中离他而去，焉有不亡之理？而我大唐王朝，虽遭天宝之乱而不亡，曾经那么不可一世的安史叛军最后都灰飞烟灭，关键的关键也在于自肃宗以来，历朝天子都重用像郭令公（子仪）和'神仙宰相'李泌这样的英雄豪杰、文武英才。天下大势，浩浩荡荡，真是得人才昌、失人才亡。"

站在人群中，刘禹锡一边认真聆听，一边留心观察这位正在侃侃而谈的年轻男子，但见他形貌伟岸，气质儒雅，虽然谈古论今，语出惊人，但却并不哗众取宠，装腔作势。虽然从穿着与口音来看，他显然也是一位赴京赶考的布衣学子，但却仪态从容，言谈之间自然流露出一种领袖群伦的风采与气质。刘禹锡觉得此人日后必成大器，便有心结识他，于是，等人群散去，这位年轻男子也转身就要离开的时候，就赶忙主动走过去与他攀谈。

"这位兄台，适才听你评古论今，深中肯綮，在下深受启发，获益匪浅。又见兄台神采飞扬，出口成章，满腹经纶，在下深感佩服。小弟姓刘名禹锡，字梦得，刚抵长安，请教兄台高姓大名？"

那人回过身来，并不说话，只是朝刘禹锡仔细打量，听了刘禹锡自我介绍，十分惊喜，这才连忙施礼道："不才赞皇李绛，字深之。哎呀，原来贤弟竟是澈上人弟子刘梦得？愚兄早已久闻大名，没想到今日竟然在这里邂逅，实乃幸事！"

和诗僧皎然一样，澈上人即灵澈也是一位名动一时的诗僧，且都是刘禹锡的老师。但素昧平生的李绛竟然知道自己是澈上人的弟子，让刘禹锡颇感意外。

李绛见他一脸惊讶，就笑着解释道："澈上人前年奉诏来长安讲禅，愚兄仰慕上人，曾与上人纵论诗歌。在交谈中，上人经常提到你，说他的得意弟子禹锡，乃江南一大才子，久怀报国之志，日后定能与不才同登庙堂，为国效力。今日不期而遇，看到贤弟果然一表人才，气度不凡，愚兄倍感欣慰！"

李绛为人真诚，且乐于助人，见到刘禹锡后一见如故，倍觉亲切。听说刘禹锡初到京城，人地生疏，有心想要帮他，于是过了两天便特意邀约了七八个好友，为刘禹锡接风洗尘，顺便为禹锡讲解京城风物、时事人情，以助禹锡投纳行卷。

李绛风流倜傥，才情卓异，正是当时众望所归之人。以其学识声望，来年得中高第自是易如反掌。那天被他邀请之人，也非平庸之辈，无不文采风流，皆有进士之望。

这天傍晚时分，诸位才子纷纷如约而至，李绛便在自己客栈里置一桌薄酒招待大家，共叙友情。

等客人都到齐后，坐在主位的李绛站起身先向大家介绍刘禹锡说："诸位秀才，李某今日邀集群贤，主要是为了给江南刘秀才禹锡接风洗尘。各位应该早就听说过会稽云门寺诗僧澈上人的大名了吧？梦得贤弟正是澈上人的得意门生，入室弟子，深得传承，在江南负名已久。今日来京待考，实是本朝幸事！我等早到长安，谬有薄名，如今高门高邸寻常出入，日后当为梦得引荐，设法关照，他日同登朝堂，和衷共济，共佐圣主！"

说到诗僧澈上人，大家都对他久仰大名，甚是崇敬，而且许多人都认识他，一听说刘禹锡是他的弟子，再加上又是李绛特意引荐，于是对刘禹锡的态度就格外热情，这时都一一起身行礼，与禹锡互通姓名。

这天，李绛请来作陪的客人中，有老成持重、以散文见长且已名动京城自称"郡望昌黎"的韩愈；有与韩愈十分要好、文章功力与他当在伯仲之间的陇西李观；有为人温文尔雅、时有雅望与禹锡同甲子的贝州武城人崔群；有博学广识、工于属文的太原王涯；还有刘禹锡早在江南时就已有所耳闻的婺州东阳"孝冯家"四子：冯宿、冯定、冯审、冯宽。冯家乃江南望族，家学显赫，冯家四子皆出类拔萃，为人称道。

相互介绍完毕，大家便推杯换盏，谈笑风生。到底文人雅兴，三杯过后，便互以行卷相示，大家争相品读点评，互相称赏。谈笑间，李绛仔细翻阅刘禹锡的行卷，先是啧啧有声，到了最后，忽然长叹一声，摇摇头说："梦得贤弟，今日聚会虽是幸事，但也难免缺憾！"

刘禹锡一听，以为李绛看出自己诗文中的瑕疵，就赧然一笑，当即问道："今日群贤毕至，相谈甚欢，小弟不胜荣幸之至，但不知兄长有何遗憾？莫非小弟诗文欠佳？还请兄长雅教！"

李绛发觉刘禹锡面有尴尬之色，就赶忙爽朗一笑，解释道："贤弟误会了，误会了！梦得诗文出众，无可挑剔。愚兄之遗憾乃是刚才看了贤弟的诗文，忽然想到了一个人——"

"谁？"刘禹锡急忙问道。

"长安河东柳氏，名宗元，字子厚，小贤弟一岁。子厚自幼为京城神童，文章学问早已为关内传颂。只因其父贞元初年在外为官，柳子厚随亲前往，不在京城。今日观贤弟诗文，发觉你俩旨趣相近，诗力相当，不免由此及彼，想念子厚，生出遗憾。"

这次来长安，还在洛阳逗留期间，刘禹锡就对柳宗元有所耳闻，现在又听李绛说他的文章与自己风格相类，志趣相投，便有些英雄惜英雄，一时也生出几分遗憾，但又一想：既然柳子厚学业已成，今年想必亦应回长安备考，如此，大家一定能够很快相识。

果然，刘禹锡想得没错。这时，就听李绛笑着说道："前天收到子厚来信，说他克日将归长安，以备来年科举，等到那时，大家聚在一起畅叙幽情，岂不可谓是'群贤毕至'？"

"待子厚回到京城，深之兄不要和我争，到时我来做东，有请各位皆要到场，大家也来个'兰亭会'如何？"说这话的是太原王涯。

众人一听，一起笑将起来，说如此甚好，届时王兄请客，我等焉有不来之理？

说到柳宗元，刘禹锡这时忽然也想到一个人，于是就说："届时要是能再请到一个人来就更好了！"

众人这时都张大了嘴，几乎异口同声道："还有谁？"

刘禹锡道："白乐天白二十二郎！"

安史之乱时，白居易与刘禹锡两家都是在战乱中从北方逃难到了南方的江浙一带，白居易父亲白季庚和刘禹锡父亲刘绪的仕途轨迹也大抵相同，而且，白居易和刘禹锡儿时同为闻名江南之神童，且年龄相同，虽然两人都相互仰慕对方，但却从未谋面。

对于白乐天，在座的人无不知晓，因为他的那首《赋得古原草送别》太有名了，以至于如今整个长安城几乎妇孺皆知"离离原上草，一岁一枯荣。野火烧不尽，春风吹又生"。

所以说到白乐天，大家都感叹说："是啊，要是白乐天能来，大家聚在一起，真正是'群贤毕至'了！"

李绛说："白乐天与梦得同庚，且又成名很早，按理说，他今年也应该来长安游学，以备来年科举。怎么到现在，整个长安城都没有他的消息？"

说着话，不觉夜色已深，大家海阔天高地谈论了一番后，便各自为禹锡介绍了几位相熟的长安名士，且都写了推荐信交给他，方才散去。

此后数月，刘禹锡先给德宗皇帝上书，条陈自己的治国理政之策，希望能引起当朝天子的青睐，虽然未能引起德宗皇帝的重视，但却引起了一些当朝大儒的注意。随后，禹锡四处拜访，纳行卷于陆贽、董晋、郑珣瑜、顾少连等朝廷重臣，又去求见钱徽、李夷简等名士，因为刘禹锡虽青春年少，但却才华横溢，文采风流，自然行情看好，大家都对他高看一眼，每当他去行卷，主人都会对他热情接待，礼遇甚隆。

就这样，北漂岁月，才只短短一年时间，刘禹锡就已声名鹊起，扬名长安，日渐为士林所瞩目和称道。

06 以女人消愁

贞元七年也即公元 791 年，是唐朝的第十代皇帝德宗李适在位的第 13 年。

这年，长安城的天气委实有些搞怪，难耐的暑热来得特别早。还才五月，那太阳光就没遮没拦，热烘烘，火辣辣，直照得宫阙殿堂仿佛随时都会着火一样，偌大个大明宫，被炙烤得如同一个巨大的蒸笼。

这天，德宗皇帝李适胸闷舌燥，心神不宁，一大早就闷闷地坐在紫宸殿内发呆。这年，他虽说还只虚岁五十，但看他神情忧郁，面容清瘦，颧骨高耸，头发花白，已俨然一个老翁。看他的气色，即便是一些江湖庸医也能把脉出他"气血双亏"，虽然贵为人君，享尽人间荣华富贵，但身体却并不健康，过得并不滋润。

说来，人这一生幸福与否与富贵确乎并没必然联系。就说唐德宗这位九叶天子吧，虽说是九五之尊，但他的一生过得其实也并不幸福，甚至，整个儿就是一个悲剧。

因是天潢贵胄，从小锦衣玉食，应该说李适儿时的生活还是非常惹人羡慕的，但谁知到了 15 岁，"渔阳鼙鼓动地来"，一场天宝之乱宛如飞来横祸，将他的命运全改变了。在长达十多年的战乱中，他不仅过着颠沛流离、朝不保夕的生活，而且，在逃难中甚至连自己的母亲也丢了，即使在他当了皇帝后昭告天下到处张贴"寻母启事"，也依然没有找到。

平心而论，唐德宗并非庸君，更不能说是一个昏君，当年在平定安史之乱时，身为天下兵马元帅，他无疑功不可没，后来当了皇帝，他也一度雄心勃勃，志在补天，很想励精图治，兴国安邦，做一位万民称颂千古流芳的有道明君。故此，即位之初，他就一纸诏书，免除了四方贡献和天下榷酒之税，以致数百名宫女和三百多名梨园乐工感恩戴德、欢天喜地地告别寂寞深锁的宫阙，去民间寻找自己的幸福生活……

就因此，那些日子，李适曾经自鸣得意。那天，他不无得意地问新任宰相崔祐甫道：

"朕近来罢梨园使及出宫廷乐工三百余人，免除四方贡献，又下诏不得妄奏祥瑞、请度僧尼诸举，天下反应如何？"

"民心大悦，"祐甫虽然生性耿直，从不阿谀奉承，但此时还是由衷赞叹说，"朝野内外，皆有耳目一新之感。尤其免除四方贡献一事，臣在入京途中，听过往行人说，甚至河北强藩的士兵都感叹如今明主出世，纷纷投戈于地，不敢再生反意。"

是人都难免会有虚荣心，皇帝自然也不会例外。一听新任宰相崔祐甫这么夸奖自己，德宗顿时龙颜大喜，一腔豪情油然而生。

如果一直保持这个势头，则李唐王朝的"中兴之主"定非德宗莫属。只可惜，唐朝的天子，诚如魏征所言："善始者实繁，克终者盖寡"，虎头蛇尾的君主比比皆是。在削藩遭受了一系列沉重的打击尤其是经过奉天之乱以后，这位"志大而才小，心偏而意忌"的大唐天子被吓得肝胆俱裂，刚继位时的英果锐气从此消失殆尽，此后动不动就与臣下、诸子"涕泣相对"，渐渐变得一蹶不振，心灰意冷，补天的理想也随之破灭了。

而且，不仅削藩的事让他灰头土脸、伤心失望，在爱情方面德宗想不到也曾被一个女人弄得狼狈不堪，脸面丢尽，也难怪到了晚年他会日益变得意志消沉，萎靡不振！

事情的大致经过是这样的，李适做太子时与王承升是好朋友。王承升喜欢弹琴，李适亦喜欢弹琴，遂引为知音。一天，李适闲来无事，到王承升家喝酒聊天。二人正在开怀畅饮之际，忽然传来一阵悠扬悦耳的琴声。李适循音望去，隐约看见一位红衣飘飘的女子在远处的一棵海棠树下抚琴。美人妩媚的倩影，顿时如电光石火一般重重地撞击着李适的心扉。

李适听呆了，看呆了，曲罢，他禁不住赞不绝口，并问王承升道："适才弹琴的是什么人？"王承升不敢隐瞒，如实作答："是愚妹。"李适情不自禁夸道："早就听说令妹才艺双绝，何不请她过来相见？"

王承升转身去请妹妹。没想到他的妹妹王珠却与众不同，颇为另类。若是一般女子，对与皇太子见面一定会喜出望外，受宠若惊，谁知她却毫无兴趣，久久不愿出来。她对哥哥说："太子有什么了不得的？无非是个臭皮囊罢了。我干吗要去见他？"见哥哥为难，不得已她才勉强来到厅堂，与太子李适相见。

见到美貌出众、气质超群的王珠，很是"惊艳"的李适未免心猿意马，一见钟情，回宫后从此食不甘味，寝不安枕。皇后知道了事情的原委，便奏闻代宗皇上，随即传谕王家，欲纳王珠为太子贵嫔。

谁知这王珠听说宣召她进宫去做太子妃，不仅不喜出望外，反而哭哭啼啼说："皇宫是最见不得人的地方。女孩一旦进宫去，一窝子女人争宠，古往今来，几个有好下场的？小女子宁为贫家妇，不做帝王妃！"

王珠死活不肯进宫，王承升便动员一家人前来劝说，王珠拗不过众人，只得先施缓兵之计，就说："我现在年纪尚小，不懂得宫中礼节，待太子继承皇位，再进宫去也不迟。到那时，宫中礼节，我也略知一些。今日若硬要强逼进宫，唯有一死。"

李适得知，也知道所谓"强扭的瓜不甜"，无可奈何，只得依她。

而且，在当时，李适心中也是满满的自信，以为自己不仅贵为太子，且不乏才情，要在感情上征服一个女人，实在不是什么难事。

后来，李适即了皇位，只做了三天皇后的王氏也即太子李诵的母亲不幸刚好病逝，德宗这时自然想到王珠。因有前约在先，不好食言，王珠这时强拗不过，只好来到德宗身边。

自王珠进宫后，德宗立刻化悲为喜，把她当心肝宝贝一般宠着，隆重地册封她为贵妃，极力想讨她欢心。唐朝的后宫制度有着严格的等次，皇后之后依次是四妃：贵妃、淑妃、贤妃、德妃。王珠刚进宫就"破格"排在众嫔妃之首，且皇后王氏已死，实际上她已取代了皇后的位置。

能成为皇后，这是古代多少女子特别是后宫佳丽梦寐以求的奢望啊！这还不算，李适为能整日陪伴着她，甚至无心上朝理事。为逗美人欢心，德宗把宫中收藏的宝珠串成衣服，赐王贵妃穿着；对王贵妃来说，真是"三千宠爱在一身"。可是，虽然王贵妃极受宠爱，赏赐丰厚，但她内心却并不喜悦，自打进宫后，原本天真烂漫的少女竟变得整日不苟言笑，蛾眉紧锁。哪知德宗见了，反而更加喜欢，因为她的忧郁气质，是李适从来没有遇到过的。为了逗这位美人高兴，德宗命人特意为她建造了一座水晶楼。

然而，无论德宗怎样煞费苦心，讨她欢心，王贵妃都不为所动，毫不领情，经常白天以泪洗面，晚上和德宗又哭又闹，死活不让李适碰她。

德宗痛苦不堪却又无可奈何，有一天半夜，被她闹得实在烦了，就伤心地说："朕究竟怎么做，你才能开心呢？"

见德宗发问，深更半夜的，王贵妃愈发哭得凄凉。德宗大惊，问其缘由。王贵妃边哭边抹眼泪求道："万岁爷饶放了俺这贱奴吧！贱奴自知命薄，受不住万岁爷天一般大的恩宠，因宫中礼节烦琐，行动监视，宛如狱中囚犯。我性爱自由，受不了宫中拘束。虽万岁爷百般宠爱，而贱妾受之，则如芒刺在背。万岁爷如可怜贱妾命小福薄，务求放妾出宫，还我自由。"

德宗皇帝没想到王贵妃不知好歹，竟然说出这番话来，心中十分扫兴，十分不解，也十分委屈，十分窝火，本想训斥她几句，但看她哭得带雨梨花似的，十分可怜，十分动人，心中未免有些怜香惜玉，不忍动怒，于是便劝慰了几句，只好悻悻而去，以为过些日子王贵妃就会回心转意，日久生情，自然会对自己好的。他想，毕竟自古女人家都是嫁鸡随鸡，嫁狗随狗，更何况自己贵为天子，都说日久生情，时间长了，还怕王珠真会不"随"自己？

谁知过了几日，德宗又到王贵妃住处，一看竟目瞪口呆：只见王珠披头散发，钗横裙乱，身着褴褛的粗布衣服，杂在宫女之间，与她们一起洗衣舂米，浇花种草，自得其乐地干活儿。

德宗这时哭笑不得，也恼火异常，问她为何要如此糟践自己，与一班下人混在一起？

王珠伏地跪求："妾乃布衣女子，喜耕种，不慕荣华，生平只追求心灵的自由，皇宫于妾来说，不啻为豪华监狱。今虽富贵，终无意趣。望吾皇降皇恩，赐放妾身还家。"

德宗一时气愤，实在忍无可忍，就气咻咻地骂道："你真是天生的贫贱命，贱骨头，无可救药了！"由于正在气头上，于是当即下令废去王贵妃的名号，退回王承升家，并与王珠约法三章，不准她再嫁仕宦之家！

想不到王珠一听，顿时欢天喜地，回到家中，如小鸟出笼，很快恢复了女儿本色，竟成天笑逐颜开，一点儿也没觉得丢了贵妃头衔有多难过。

更令人惊讶的是，这王珠竟然"不爱天子爱才子"。当时朝中有一个中书舍人，名叫元士会，长得眉清目秀，深通音律，是当朝有名的才子。得知王珠宁为民妇不为皇妃的经历，士会大为叹服，于是新近丧妻的他就常找借口去王家，或与王承升饮酒赋诗，或与王珠抚弄琴弦，手谈棋艺。一来二去，不知不觉间，两人禁不住互诉衷肠，相互爱慕，山盟海誓，永结同心，成了一对相亲相爱的鸳鸯。

元士会是个重情的人，为了能与王珠结为夫妇，又不违背当今皇帝"不许嫁与仕宦之家"的圣意，竟然甘愿放弃离宰相其实只有一步之遥的大好仕途，毅然辞了中书舍人之职，挂冠而去，欣然带着王珠"夫妻双双把家还"，归去来兮，回归故里，从此过起了男耕女织的隐居生活。

眼看自己心爱的女人竟然不嫁天子嫁才子，而且这才子还是自己的臣子，真是太伤德宗自尊了！这让德宗情何以堪？那些天里，仿佛被人打了一记闷棍，德宗真的很受伤，怎么想怎么都觉得窝囊，心中的郁闷实在难以言喻。

这以后，德宗越发消沉，也越发以女人消愁了。好在，自古以来后宫中最不缺的就是女人，只要皇帝喜欢，永远都会供过于求，任其享用不尽。

当时，在卫河之滨的贝州清河，也就是现在的河北省清河县有一个饱受儒学浸润的书香世家，一连诞生了美艳照人的五朵姐妹花。在饱读诗书的父亲宋廷棻的教育和熏陶下，宋氏五姐妹个个天资聪颖，能文善诗，才华横溢，一时名动天下。五姐妹中尤以大姐若莘、二姐若昭秀外慧中，"文尤淡丽，性复贞素娴雅，不尚纷华之饰"。她们曾对父母说，"誓不从人，愿以艺学扬名显亲"，意思是发誓不嫁人，而是要像男子一样专心学问，想凭借出色的文学造诣光宗耀祖。

贞元四年（788年），昭义节度使李抱真闻听清河宋氏五姐妹的大名后，甚感惊奇，因为有心讨好德宗，便向朝廷举荐了五姐妹。于是，德宗一纸诏令终止了五姐妹"誓不嫁人"的初衷，一股脑儿将五朵金花全部植入宫中。看到她们一个个婀娜多姿，争奇斗艳，德宗怜香惜玉，对她们甚是宠爱。

这期间，除了宋氏五姐妹，唐德宗还将其他有才华的女子纳入后宫，一时间，后宫不仅美女如云，而且才女济济，文学气氛相当浓厚。唐德宗每与侍臣们作诗唱和的时候，宋氏五姐妹都簇拥左右。五朵金花，楚楚临风，争奇斗艳，非常养眼，成为当时唐朝宫廷之内的一道亮丽风景线。

这时候的德宗皇帝在遭受了削藩与爱情的双重打击后，早已不思振作，无心问政，只是乐此不疲地把太多的心思和精力都耗费在了女人们的身上，日复一日年复一年地只是以浇灌女人花来麻痹自己，麻醉自己。

光阴似箭，不觉已是贞元七年。这天清晨，因为昨晚与五朵金花宋氏五姐妹中的二姐若昭缠绵太久，加上天气炎热，未能睡好，所以坐在紫宸殿中，一大早德宗就老是忍不住哈欠连天。如果不是两天前就定好了今天早晨要召见几位大臣会商"和籴"的事，今早他一定会"春宵苦短日高起"，和爱妃若昭美美地睡个懒觉。

今晨被德宗召来商议"和籴"的有中书侍郎、同中书门下平章事窦参，户部尚书班宏，兵部侍郎陆贽，度支郎中兼和籴使、户部侍郎杜佑，以及尚书左丞赵憬。

会商一开始，度支郎中兼和籴使、户部侍郎杜佑就朗声启奏道：

"陛下，太仓现在有米八十万石，贮存已经十五年了，东渭桥有米四十五万石，支给诸军诸军都不情愿要。今年大丰收，臣想请求暂时停止北河转运，在靠近河的州府和籴二十万石，以救农伤之弊。"

杜佑这里所说的北河指今内蒙古磴口以下黄河段，和籴原指官府出资向百姓公平购买粮食。杜佑的建议是暂时停止由太仓拨付转运多年的陈米作为军粮，改由政府在沿河州府收购新粮作为军粮，这样军队不会因为吃陈粮而不满，也能通过购买粮食避免谷贱伤农。

建议无疑是好建议，只是唐中期以后，和籴逐渐成为官府强加于百姓的抑配征购。朝廷陆续设置和籴使等专职官员管理和籴事务，但和籴往往通过各府县按散户配人的方法强制进行，不仅没有公正的价格，而且官府在付款时往往不付开元通宝现金，而是多以"杂色匹缎"充数，使民户又受到一层剥削。今年关中免税，为了保证朝廷粮食储备，已经行过一次和籴，为了保证执行力度，许多督麦官员直接转为督察官员，在严厉的督察之下，虽然尽力保证了百姓的利益，可是行政成本却上来了。

因此杜佑此议一出，立刻引起一番争议，有人赞成，也有人反对。反对者道："倘若这样，那太仓里的陈米如何处理呢？难道眼睁睁看着它们变霉烂掉吗？"还有人因为害怕此举会侵扰百姓而加以反对。

眼见争议不休，一时难做结论，德宗便下令将此事明日交给百官讨论，待朝会时再议。

随后，又议了一些大小事务，今天的议事也就结束了。德宗打个哈欠，众大臣便纷纷起身告退。

待众大臣走后，李适本想再批阅一些奏章，但看到御案上堆放着一叠一叠奏折，头皮顿时有些发麻，感到浑身不舒服。记得刚即位那些年，无论多忙，哪怕忙到深夜，他都要一丝不苟地把奏章一一批阅完，那种做皇帝批奏章的感觉真爽。但如今他已渐渐对批阅奏章感到不耐烦了。

他想，真不知道那些文武大臣一年四季为什么总有那么多的事要奏？在他看来，有些大臣纯属是没事找事，其上奏的动机也许不过是哗众取宠，无非是想引起自己的关注罢了。

如此一想，他就更不想批阅这一大堆多半无关紧要的折子了。"这么大热的天，还是去消遣吧。"他想，可是，到哪儿去消遣呢？骑马遛弯？那太阳太毒。赏花观鱼？实在没有意思。和太监们对弈两盘？早玩腻了。想来想去，最后觉得这种时刻还是去和"学士"宋氏五姐妹中的大姐宋若莘谈诗论文最为惬意。

这些年来，心中失意颇多、"块垒"渐多的德宗皇帝对写诗渐渐有了兴趣。

唐德宗一向爱才，特别宠爱能文善诗的女子，将宋氏五姐妹纳入宫中，其中一个重要的原因就是他不仅看重她们的美貌，更珍爱她们的才华。自从五朵金花进到宫中，他便经常白天黑夜与她们泡在一起谈诗论文，彼此之间经常唱和，以此打发时间，排遣忧愁。为了将宋氏五姐妹与后宫的其他女子区分开，李适不把她们看作纯粹伺候皇帝睡觉的宫妾，而是别出心裁地称她们为"学士"。大姐若莘因为天生丽质，又博学多识，才华出众，文学造诣尤深，尤其受到德宗的宠幸，乃命若莘掌管六宫文学，为此还别出心裁地加封她为"外尚书"。

这天早晨，当李适来到浴堂殿时，尽管已经日上三竿，因为天气炎热，值班宫女们懒懒散散地大都还在迷糊打盹儿，竟然没有察觉。李适也不想惊动她们，下辇后径自走进绯烟阁，直至内室之中，却见"外尚书"若莘此时依然只穿了个小红肚兜，露着香肩美臀，斜倚在一竹榻上闭目小憩。她那两只美腿微微弯曲，一手托着香腮，那一副"懒起画蛾眉，弄妆梳洗迟"的慵懒娇弱的模样儿真是爱煞人也。德宗一见顿时来了精神，目光炯炯放出电来，身子下面也立即有了反应，先前的烦闷瞬间烟消云散，不觉脱口打趣道：

"好一幅《美人春睡图》！"

若莘一下子惊醒，见是皇上，慌忙起身欲整衣饰。李适急忙拦住。

若莘弱柳扶风，立即跪下道："臣妾仪容不端，有失大礼，请皇上恕罪！"

"哪里，爱卿不必多礼，都是这鬼天气作怪。"李适说着，一只手早已经迫不及待地从她的香肩上滑落到她高耸的胸前。

"嘿嘿，才几日不见，爱卿更显妩媚了！"

"嗯……皇上，你……"

若莘仰靠在李适的怀里，顿时娇弱无力，左扭右摆，故意躲闪着皇上的爱抚。李适搂着自己的爱妃，这时也不管有无宫女在场，只管又亲又摸，忙得不亦乐乎。若莘好不容易才歪着头，吐出一串莺转燕鸣之声：

"皇上，近日……近日暑热难当，臣妾十分挂念圣体，不知这些天皇上都在何处歇息？"

"这……"这时，李适没空回答，也不想回答，于是就用唇拥吻着她的唇，并迅速脱下了她的红肚兜和下裙。

于是，她便赤身裸体地躺在了那里无遮无掩，任由李适仔细地欣赏和抚摸着。上午的阳光格外明亮，那阳光一览无余地照射在她青春美丽的胴体上，闪射出一种诱人的肉色的光泽，使她犹如仙女下凡。很快，他便将她轻轻地抱起，然后走过去将她轻轻地放到床上，那床上的竹席很柔软也很凉爽，让她觉得仿佛是漂在了水上，又仿佛天上人间，飘飘欲仙。

看到德宗皇帝那猫馋猴急的样儿，若莘一时也春心荡漾，不能自已。她挥挥手，让那些正捂着嘴红着脸偷笑或不知所措在一旁痴痴看着的宫娥全都退下，然后，便裸身从床上坐起来，伸手放下了凤尾铜钩吊住的芙蓉帐的帷帘……

07 雁塔提名

贞元九年（793年）春上，皇上命顾少连为春闱主试官，主持贡举科场事务。顾少连为官一向疾恶如仇，曾大庭广众之下笏打权奸。他本是户部侍郎，但皇上有意改用他到礼部供职，先派他代行礼部侍郎的职责，主持进士考试。

这届大试的试题为《平权衡赋》和《风光草际浮诗》。举子们鱼贯进入科场各展才华，发表见解，炫示文采。

在这次癸酉科考中，22岁的刘禹锡擢进士及第，与他一同状元及第的32人中，还有比他小一岁的柳宗元。

当时，会试之后发布进士录取结果，乃是朝廷大典、京城盛事，金榜题名者的盛大节日。这期间，长安会举办一系列庆祝活动，如登榜者于放榜第二天先集体赴曲江杏园，推举两名少年英俊者做"探花使者"，乘马遍访城中名园，采回各色名贵鲜花供大家玩赏。尔后，在曲江亭大摆宴席聚餐，即所谓"曲江会"，也称"杏花宴"。

其时，曲江岸"行市罗列，长安几于半空"。宴罢，登榜者招摇过市，又去泛舟曲江，观赏游乐。阳春三月，春风骀荡，繁花似锦，苦读多年的士子们难得放松心情，纵情游乐。荡舟之后，大家又一起漫步到附近的慈恩寺内，纷纷在大雁塔题壁留名，以示垂世。这就是"雁塔题名"，当时天底下读书人最风光最引以为傲的一件事情。

能够置身其中，站在命运最为青睐的风口，迎着满城惊羡的目光，几乎所有闪亮登场的"新人"无不心花怒放，豪情满怀。可想而知，刘禹锡、柳宗元此时此刻，自然也不例外。

刘禹锡与柳宗元能够在这年的科考中蟾宫折桂，应考得中，固然是因为他们本人才情卓异，出类拔萃，但从某种意义上说，还要感谢这个时代，感谢德宗皇帝。

有唐一代沿袭隋朝，开科取士，读书人唯才是举，学而优则仕。但平心而论，尤以德宗朝的科举取士最为公开、更为公正，科场也最是风清气正。每年朝廷选择主持贡举的官员慎之又慎，这些官员像鲍防、包佶、杜黄裳、刘太真、陆贽、顾少连、高郢等人，都是朝中学识渊博且德高望重、清廉刚正的大臣。这些人都能主持公道，不阿权贵，不徇私情，都以选才拔贤为己任，从而确保了科场的弊绝风清，使得像刘禹锡、柳宗元、韩愈这样的普通学子能够凭借自己的才华得中高第，脱颖而出。

的确，就在去年，德宗诏令兵部侍郎陆贽负责贡举大试，试题为《明水赋》和《御沟新柳诗》，结果李绛、李观、崔群、韩愈、王涯、欧阳詹及冯家四兄弟等23人擢进士及第，因这些人都是天下舆论所公认的贤才，故而放榜之后，朝野欢欣，史称这年金榜为"龙虎榜"。而时隔一年，今年的科考，刘禹锡、柳宗元等一些早已享誉京城的优秀学子又荣被圣恩，雁塔题名，就更是让人欢欣鼓舞，津津乐道。

所以德宗一生虽然虎头蛇尾，为人诟病，但在科考一事上却可圈可点，功德无量。纵观德宗一朝，通过科考，选拔出一大批重要的政治家、文学家，如裴度、李绛、令狐楚、韩愈、孟郊、张籍、白居易、元稹、柳宗元、刘禹锡、杨巨源、戴叔伦、吕温、韩泰、韦执谊、李景俭等人，无不是对中晚唐历史产生深刻影响并名垂史册、享誉后世的优秀人才。而先聪后昏的德宗为君二十多年而不亡国丧身，也主要是因为有这一大批忠臣良将鼎力扶持以及"天幸"罢了。

在唐代，进士科是礼部主持的考试。刘禹锡在进士及第后，按常规不能直接做官，还必须通过吏部主持的考试。当时，在他面前有两条路可走：一条是参加吏部取士科考试，一般每三年考一次，考中后也不一定能立即上任为官，还要看官职有无缺额；另一条是参加博学宏词科的考试。博学宏词科同样是吏部主持的考试，但考试非常难，每次只能考中数人。然而，为了尽快施展才能，在考中进士后，刘禹锡当年又紧接着参加了博学宏词科的考试，并一举考中。不过，虽然考中此科，但他的成绩没能得到"甲等"，因而当时没有立即得到官职，只是被授予宏词科出身。但即使这样，也已经很优秀了。

唐朝有俗话云："三十老明经，五十少进士"，意思是，即使50岁能考中进士也还算是比较年轻。刘禹锡才22岁，在一年内竟连登进士与博学宏词两科，所以，虽然暂时未能步入仕途，他还是很高兴，考试结束后，便满怀着喜悦回家去探亲访友。

在离开长安之前，刘禹锡携行卷先去太常寺拜谒权德舆。权德舆贞元二年（786年）任大理评事摄监察御史充江西观察使并兼判官后，已有六年多未见禹锡，前不久刚蒙召入京任太常博士，参议禁中。刘禹锡闻讯后，欣喜万分，立即前去拜谒。心想，权德舆是自己尊敬的长辈，对自己一直十分欣赏，如今如果得到他这样的朝中新贵在文武大臣甚至圣驾之前褒扬自己，则自己未来仕途必然更加坦荡。

因为与刘家有亲戚关系，且觉得禹锡从小就聪明伶俐，才识超群，日后必成大器，权德舆向来对刘禹锡寄予厚望。这次在长安看到禹锡早已从一个总角小儿长成了一个俊朗青年，且科考得意，权德舆由衷高兴。一番促膝叙旧之后，禹锡将自己的行卷呈上，权德舆仔细看过，更是欣喜万分。

在行卷的前面，是一篇献文，在献文中，刘禹锡引前朝宋广平以《梅花赋》谒苏味道而成名之故事，论述贤士也需要贤达的奖励提携方能成就功业，并说自己虽或勉强可与宋广平相比，但权德舆却远胜过苏味道，因而恳请权德舆今后能对自己多多指教，多多关照！

献文虽短，但写得文辞优美，用典精当，态度恭谦，情真意切。权德舆一连看了两遍，再去看附后行卷之诗文，边看边啧啧称赏。看罢，他高兴地拍着禹锡的肩膀夸赞道："真是后生可畏啊！梦得贤侄，如今你学业大成，可喜可贺！如今我大唐又多了一位青年才俊，廊庙之才，真乃兴旺之兆！"然后，便欣然命笔，饱蘸浓墨写下《送刘秀才登科后侍从赴东京觐省序》相赠：

> 春服既成，五彩其色。
> 去奉严训，归承慈欢。

因为觉得人才难得，这以后，权德舆每逢上朝，经常不吝溢美之词，有意无意地当着许多文武官员的面称赞刘禹锡的才华，说他年轻有为，前途无量，"有宰相器也"，乃当世之人杰。

因为当时父母分居两地，刘禹锡归家省亲先是去了洛阳，回卢氏祖宅看望前年与自己一起从江南回到故乡的母亲。

这边，禹锡人还在长安，那边，他登第的喜讯早已传到了洛阳。卢氏乃高门望族，闻此喜讯，举族上下一片欢腾，等禹锡省亲归来，亲朋故旧无不登门拜贺。一连数日，卢府内外，张灯结彩，宾客盈门。

那些天，卢氏虽然整天喜笑颜开，忙着待客，但心里却始终有桩心事。因为儿子禹锡已22岁，婚姻大事却尚无眉目，如今功名初成，她想，也该让他趁这次省亲在家尽快婚娶，好早日开枝散叶，延续香火。于是，私下里她便托人说媒，在洛阳城内遍访名门望族，想为儿子找个门当户对的女子成婚。

当时在洛阳城的望族之中，范阳卢氏和河东裴氏素来交好。禹锡进士及第归来省亲，裴氏兄弟裴佶、裴武等人闻讯自然登门道贺。酒过三巡，卢氏主动说起为儿子选亲之事，想托裴家兄弟予以关照。裴氏兄弟欣然答应，毫不推辞。

裴佶当即说道："梦得贤侄新科登第，前程似锦，天下女子谁不爱慕？我们卢、裴两家世代友好，常常联姻，只是最近三十年来天下纷乱，子弟流散，未再结有秦晋之好。如今天下稍安，我族子弟纷纷回归洛阳，待嫁之女亦有数人，若夫人不嫌弃，何不在我裴氏门中择一女子为媳，好让两家再结良缘？"

刘母一听，非常高兴，拊掌笑道："果真如此，那真是太好了！但不知尊家可有中意的女子？"

裴佶、裴武低头小声商量了一番，然后裴武直截了当冲刘母说道："不瞒夫人，我家有一侄女，名雅卿，今年二十岁，容貌秀丽，举止端庄，知书达理。她的父亲裴式与我弟裴度乃从兄弟，在江南从事航运，家资甚丰，只是没有功名。近日裴式让雅卿回洛阳侍奉家庙，又写信托我帮她找一好婆家。如此说来，岂不是天赐良缘？"

刘禹锡的舅舅卢璠听了裴武的话后大喜，这时也对自己的姐姐卢氏说："此女我早听说过，确实是很不错。当年我与裴度在刘公幕府共事时，就经常听裴度夸奖他这侄女娴雅恭顺。虽说门第稍有不同，但若能与梦得成婚，也算是天作之合！"

既然大家都这么说，刘母自然非常高兴，当即就答应了这门婚事。刘禹锡从小就非常孝顺，对母亲包办的这桩婚姻当然乐得顺从。特别是听说裴雅卿的叔父就是裴度裴中立，顿时想起自己第一次去长安的第二天在大街上与宦官的冲突，幸亏裴度出手相助的种种情形，就更是喜出望外。

第二天，刘母便派人到裴家送去聘礼，两家在一起商定了良辰吉日，很快便举办了婚礼。

洞房花烛之夜，禹锡虽然白天早已累得筋疲力尽，但看到洞房里的雅卿美丽娴雅、体贴温柔，那黑亮而纯净的眸子里，流露出对新生活的憧憬与渴盼，眉宇间和嘴角上有着一丝掩饰不住的笑意与娇羞，这种时候，他的心里便感到了一种从未有过的惬意与满足，心里头漾起一圈圈幸福的涟漪。于是，他走过去先是禁不住深情地凝视着自己的新娘，然后开始亲吻她，将她紧紧地搂在了怀里……

08 父子夜话

婚后，在洛阳又陪着母亲卢氏待了一段时间，刘禹锡便带着新婚的妻子动身去看望在外为官的父亲。其时，刘绪已调任埇桥，虽始终未离江淮一带，但毕竟已离洛阳老家近了许多。

说来人这辈子真是吉凶难料。从青年到中年，刘绪虽然为官一直兢兢业业，但却仕途蹭蹬，颇为失意，想不到年逾花甲竟时来运转，他先是从嘉兴盐铁转运副使升任浙西盐铁转运副使、殿中侍御史，也就相当于现在的省工商管理局副局长，括弧——享受正厅级待遇，很快又调任埇桥（位于今安徽宿州），任埇桥"主务"。埇桥"为舳舻之会，运漕所历"，据《新唐书·食货志四》记载，"至大历末，……天下之赋，盐利居半"，可见当时埇桥之富庶与繁华。刘绪作为盐铁副使，"主务于埇桥"，其主要职责是"捕私盐者"，执行榷盐法，兼了解各地货物市价和各种利害，以防止"盐铁之利，积于私室"，这是一个有权有势的"肥缺"。刘绪一生的官阶不高，直至晚年才得此要职，故此他不顾年迈就去上任了。

禹锡来到埇桥时，因为刘绪新到埇桥上任不久，公务十分繁忙。尽管这样，那天他还是特地休息在家，专门接待儿子和儿媳。几年未见，刘绪看到儿子禹锡益发潇洒大方，优雅从容，谈吐不俗，如今又登科及第，新媳妇也知书达理，容貌秀丽，非常孝顺，做父亲的自然心中喜悦，甚感欣慰。

在父亲这儿待了些日子，渐渐已近年末，禹锡因为心中一直挂念后年吏部三年一次的拔萃科考试，于是便向父亲辞行，想尽快再去长安备考。

因为年过花甲，近年来身体又不好，想到岁月匆匆、人生短暂，此番与儿子禹锡分别，又不知几年才能见面，甚至日后还能不能再见，刘绪心中难免有些伤感，有些难过。

这天晚上，弦月如钩，月光似水。吃罢晚饭，刘绪脱去官服，穿了一身素洁衣裳，而后在铜盆中将双手洗净，用布擦干。随后，他走到中堂香炉前拿了三支香点着，许下心愿，拜了三拜，小心插入香炉中。然后站在香炉前，看着袅袅上升的香烟先默然祭拜，后小声祷告，请祖宗保佑儿子禹锡此去长安，官运亨通，前程似锦。

等祷告完毕，他招呼禹锡跟他一起进到书房。想到明日禹锡即将与自己告别北上长安，今晚，他欲与儿子秉烛长谈。

这些日子，来到埇桥，看到父亲日渐苍老，还才两年没见，他的头发就已全白，且体弱多病，经常咳嗽，禹锡心里一直很不是滋味，所以，走进书房，想到明天自己就要走了，父亲又要孤身一人，身边无人照料，此时此刻，他的心里未免有些愧疚，有些难过。

在书房里坐定，父子俩先是相顾无语，气氛显得有些凝重。过了一会儿，还是刘禹锡先打破了沉默。

"父亲，你以后一个人在这里，千万要保重，平时要多注意自己的身体！"

刘绪点点头，说："多谢我儿关心。放心，一个人在外面早已习惯了，我会保重自己的。你到长安也要注意自己的身体，年轻人不能经常熬夜，千万不能太刻苦，累坏了身子！"

之后，又是一阵短暂的沉默。随后，刘绪抿了口茶，轻轻咳了两声，开始说道："禹锡，为父我已经老了，你此去长安，我已经帮不上你什么忙了。在你走之前，我只想和你说几句话，望你能够铭记在心，也许对你将来会有些用途。"

烛光中，禹锡看到父亲神情严肃，便点点头，很是恭谨地说道："父亲请讲，临别前儿很想听听您的教诲！"

刘绪说："你连中进士与宏词两科，为父很为你高兴。不过，你年纪尚轻，来日方长，有些事情为父我想提醒我儿多加注意，不知当讲不当讲？"

禹锡笑着说："有什么话，父亲就直说了吧。"

刘绪说："今晚只有你我父子两人，不妨说些平日不能和外人说的话。如今天下皇威不振，州道节度使对朝廷阳奉阴违甚至起兵反叛，致使战乱频仍，兵连祸及，百姓流离，生灵涂炭。民不聊生、饿殍遍野的惨状，你这些年来往长安途中一定看得多了。如今国事蜩螗，山河破碎，有识之士无不痛心疾首，豪杰之士有谁不想匡扶社稷，重振河山？然而，几十年来，朝廷屡屡削藩，多次派大军征讨，却往往无功而返。结果不臣之藩镇越削越强，越削越多，甚至连当初去削藩的武将自己也养寇自重，坐拥自大，割据一方，这难道是无缘无故的吗？常言道：'知子莫若父'，为父我知道你从小宏愿济世，夙怀经邦济世之心。只是世事纷扰，错综复杂，如果不能厘清头绪，抓住关键，即使我儿有朝一日入朝拜相，也恐怕会为人言所左右，碌碌终日而无所建树！"

身为父亲，刘绪关心最多的其实还是禹锡的前程。在他看来，以儿子禹锡的才华，后年吏部拔萃科考试考中、获取官职一点儿没有问题。他只是担心儿子步入仕途后如何当官。禹锡虽说天资聪颖，悟性很高，但毕竟刚刚出道，不谙官场世故。而官场从来都是波诡云谲，所谓一步天堂，一步地狱，一旦误入歧途则遗憾终生，后悔莫及。于是，他便想以自己的阅历与世故，指陈时事，剖析弊端，为儿子指点一二。

这些年在长安，刘禹锡对时事舆论自然格外关注，对许多兴国安邦、兴利除弊的大事也经常反复思考，颇多困惑，所以，今晚听到平时一向谨言慎行的父亲和他纵论国事，自然很感兴趣，于是便很认真地听父亲说话。

"当今皇上好疑多忌，志大才疏，做事虎头蛇尾，天下士林已有公论。以为父愚见，这一朝皇帝已无澄清玉宇、除奸革弊之望。故此我儿虽登科第，但要有所作为，还需耐住性子，等待明主。"

"父亲的意思是我即使现在就荣被圣恩，步入仕途，也还要韬光养晦，静待时机？"禹锡若有所悟，不禁想起自己的老师皎然。他记得前年在妙喜寺，皎然师与他分别时也是这样叮嘱他的。

"是的。"刘绪点点头，继续说道，"我儿虽薄有才名，然而治国理政经验不足，倘若眼下急求富贵，必然不择手段，投靠权要，与其同流合污，如当年李斯投靠宦官赵高一样。当今圣上昏庸，常居权要者必然奸佞媚上，如裴延龄之流。一旦皇恩有变，或新皇登基，到时再想回头，何处是岸？"

禹锡点点头道："父亲言之有理。以父亲之见，儿应当怎样？"

刘绪这时重新拿了一根蜡烛点上，再将那只即将燃尽的蜡烛吹灭，然后不急不慢又继续说道："我听说当今太子贤良方正，有中兴之夙愿，有养晦之韬略，有敬贤之美德，更有容人之雅量。他日一旦龙飞九天，必为一代圣主。后年吏部拔萃科考试，虽说难上加难，但以我儿之才学，应该不是问题。按大唐规制，吏部拔萃科中试者往往授太子校书，太子身边贤士极多，我儿如果能亲近太子，一定能受益多多。"

禹锡笑着说："这我知道。"

刘绪说："我儿如果想有朝一日大有作为，大展宏图，有两件事情不可不察，必须用心揣摩，格外重视：其一是盐铁之利，其二是治军之权。这两件事是解决一切国家大事的根本所在！"

禹锡虽很孝顺，但以前看到父亲终日只是忙碌些具体事务，以为他不过是个浑浑噩噩的庸碌小官，没想到父亲对兴国安邦的大事竟也如此关心，且深思熟虑，极有见地，禁不住对他肃然起敬。于是，他眼睛一亮，顿时来了精神，就很关切地说："请父亲仔细道来！"

刘绪说："'得盐铁者得天下'，我在江南为官近三十年，常年与盐铁转运打交道，对此深有体会。无论是当初平定安史之乱，还是近年的内外征伐，朝廷之所以能在战之不胜的情况下岿然不倒，一个重要的原因就是朝廷手中掌握的盐铁税赋比叛贼们多。但凡打仗，拼的都是经济，是钱粮，安史逆贼以数镇之钱粮，欲养攻略天下之雄兵，可谓自不量力。从某种意义上说，安史叛贼不是败给了朝廷，而是败给了钱粮。按此观点，如今割据之藩镇，他们之所以能够长期与朝廷周旋，就在于他们小心翼翼地守着一方领地，并无鲸吞天下之野心。"

禹锡有些疑惑，就问："那么，朝廷削藩，以数路大军进发，以众击寡，为何总是削藩不成？"

刘绪叹口气说："表面上看，叛军以一镇之兵，按说怎么也不可能对抗得了朝廷的数路大军。但问题是，如今朝廷太弱，不掌握军权，平叛只能依靠那些忠于朝廷的藩镇去讨伐叛逆的藩镇。然而，那些表面忠于朝廷的藩镇其实大多胸怀异心，在平叛时他们要么保存自己的实力，并不真的卖力；要么深感兔死狐悲，唇亡齿寒，担心若是把叛逆之藩镇给削掉了，有一天朝廷削藩也会削到自己头上，故而在平叛时就只是故意虚张声势，并不真的卖力，有的甚至还和叛逆之藩镇眉来眼去，暗中勾结。如此这般，朝廷总是削藩不成也就不足为怪了。所以，欲削藩必须收兵权。如果朝廷将军权掌握在自己手里，各藩镇军队只奉朝廷将令，那么，还有什么藩不能削，又有什么叛逆藩镇不能击破？"

"说得好！"听到这里，禹锡忍不住拍案称赞道，"父亲大人之见甚是有理，儿也有此同感！"

"其实，不仅欲削藩必须收兵权，除宦祸也必须收兵权。"刘绪清了清嗓子，继续说道，"我朝禁军原为南衙诸军，自建中之变后，神策军因护驾回京有功，擢为禁军。本来圣上是想用宦官来监军，控制武将，避免尾大不掉的情况再生祸乱，但没想到的是，宦官监军却带来了新的宦祸。如今要匡扶社稷，中兴大唐，必须先从夺取军权、改造神策军下手。"

"那么，如何才能消弭宦祸，夺取军权呢？"刘禹锡这时已对父亲真心叹服，便恭而敬之、虚心实意地向父亲讨教。

"说来说去，其实还是要靠盐铁之利。只有将盐铁之利牢牢地抓在朝廷手中，朝廷才有能力纵横捭阖，邀买人心。须知，在任何时候人皆重利，此乃人之常情。有了盐铁之利，民心、军心才能为朝廷所用，也才有力量夺取军权，掌控军权。而有了军权，则利权无疑会更加稳固。二者相辅相成，缺一不可。一手抓住财权，一手掌控军权，以此巩固中央的绝对权威，这乃是先贤治世之法，也是兴国安邦的制胜秘诀啊！"

"多谢父亲教诲！"听了父亲的话，禹锡兴奋之情溢于言表，"儿今日方知，欲平天下，必须重视掌控利权和军权，两者一而二，二而一，不可偏废。难怪父亲多年来一直教导我要多加历练治军和盐铁事务，如今想来，这二者绝非只知吟诗作赋的一介书生可以胜任。不过，当今时代，无论是收利权还是收军权，都无法绕过宦官这道坎。今圣上对宦官纵容无度，看来，确实要等新君即位，才能有制衡宦官、褫夺其军权的希望了。"

"说得没错。我儿天资聪颖，悟性极高，加上又很勤奋，志存高远，日后一定大有可为！"刘绪禁不住夸奖道。

看到儿子豁然开朗，刘绪大为高兴，但想了想，又忍不住告诫道："我儿年纪尚轻，阅历尚浅，有几句话为父还想提醒你，无论你将来仕途顺还是不顺，都既不要妄自尊大，也不要妄自菲薄。人生其实就是一场战斗，打了胜仗切忌得意忘形，忘乎所以；打了败仗更不能悲观失望，一蹶不振。梦得我儿，为父希望你微笑着走向生活，即使前方充满了坎坷。任何时候，都要做一名坚强的勇士，笑傲人生，永不言弃，永不言败！"

"父亲说得太好了，儿一定谨遵父训，刻骨铭心，任何时候都笑对人生，义无反顾！"

此时，夜已三更，窗外，月色朦胧，偶尔能听到几声猖猖狂吠。

话说到这时，父子俩都很是激动。也就是从这晚上开始，刘禹锡宏愿济世、志在补天的愿望更为明晰也更加强烈。

这天的父子夜谈让刘禹锡久久不能平静，以至于在回长安途中，他顺道去看望时任华州刺史的舅舅卢徵时还心绪难平，激动不已。在筵席上，一时情不自禁，即席抒怀，他挥笔写下了一首《华山歌》以明志：

> 洪炉作高山，元气鼓其橐。俄然神功就，峻拔在寥廓。
> 灵迹露指爪，杀气见棱角。凡木不敢生，神仙聿来托。
> 天资帝王宅，以我为关钥。能令下国人，一见换神骨。
> 高山固无限，如此方为岳。丈夫无特达，虽贵犹碌碌。

巍巍华山，险峻雄伟，气概非凡。刘禹锡希望自己的品格与抱负，能像华山一样，既高入云天，又超凡脱俗，希望自己的未来不是像一般凡夫俗子那样只是为了"小我"，贪求个人的荣华富贵，而是应当胸怀天下，泽被苍生，为社稷、为天下百姓，干一番事业，谋一份平安和幸福。

刘禹锡作《华山歌》语惊四座，特别是最后两句"丈夫无特达，虽贵犹碌碌"一经咏出，无论是其舅舅卢徵还是其他宾客读之无不叹服，纷纷称道禹锡心雄万夫，抱负远大。就连那位一向自命不凡、来华山已隐居多年，时常以白眼看人的隐士在反复吟咏"丈夫无特达，虽贵犹碌碌"这句诗后，也顿时收敛起先前的一脸倨傲，欠了欠身，道：

"刘郎之才，出入今古，敏捷奇奥，意境高远，气势磅礴，真是后生可畏。老夫堪说：受教了！"

禹锡赶忙起身回礼，连声道："先生过奖了！过奖了！禹锡愧不敢当！"

这种时候，舅舅卢徵更是喜不自禁，为禹锡自豪。筵席散后，他还亲自刻下一方"特达"印章，自此随身携带，希望以"高尚品德和出众才干"自励，同时，他还特地请匠人将刘禹锡的《华山歌》刻石于那日饮宴之山亭旁，供人们来此观赏警醒。

也正是怀着志在补天的强烈愿望，刘禹锡踌躇满志，一腔热血，再次来到了长安。

此时，在他以为，数风流人物，大唐王朝唯有魏征、姚崇那样以极言直谏而"致君尧舜上"的大臣才是忠君爱国的楷模，如狄仁杰、郭子仪一般力挽狂澜、功同再造的旷世巨贤方为公忠体国的精英。再次来到长安后，他始终无法忘记两次来长安途中之见闻，那些十不存一的乡村、饿殍遍野的黎民，还有那些飞扬跋扈、鱼肉百姓的大小军阀，让他心情沉重，感慨良多。也正因此，他立志要去匡扶社稷，兴国安邦，改造这个病入膏肓的王朝。

是的，"自古华山一条路"，生逢乱世，他觉得除了鼓足勇气、一往无前、义无反顾之外，没有任何道路能将自己引向"特达"的彼岸。

09 太子李诵

五更的天色依然灰暗。天气奇冷，寒风吹刮着尚未返青的树枝发出呜呜的尖啸。紧闭的宫门外，早已聚集了赶来上朝的文武百官。他们中有人或是弓着腰来回踱着步，将手揣在宽大的棉袍袖子里，或是三三两两聚在一起，缩着脖子随便说着一些无关紧要的话语，耐心地等待着那个宫门打开的时刻。

朝廷规定，每月朔（初一）望（十五），京官九品以上都须上朝听政，而平日只需五品以上官员上朝议事。因为今天是望日，所以上朝的朝臣众多，无资格进入大殿的低级官员在殿外站好。有资格进殿的大小官员按班次站好，静静地等待着德宗上朝。官员所穿的朝服颜色决定了他的品级，三品及以上着紫色；四品，深绯；五品，浅绯；六品，深绿；七品，浅绿；八品，深青；九品，浅青。所以看上去整个大殿上的百官衣着五颜六色的，非常鲜艳，煞是耀眼。

终于，宫门吱吱嘎嘎地打开了。乐声响起，年过半百的唐德宗李适在宦官与宫女簇拥下坐到了大明宫的龙椅上。

身着深绯朝服的内侍省总管太监俱文珍扯着公鸭嗓喊道："上——朝！"

"吾皇万岁、万岁、万万岁！"

"众卿平身。"

俱文珍随即说道："有本早奏，无本退朝。"

话音刚落，穿着深绯朝服的户部侍郎赵赞抢着出班说道："臣户部侍郎赵赞有本启奏。"

俱文珍看了一眼正襟危坐的德宗皇帝，说道："讲。"

"启禀陛下，臣观当下长安城内百姓富足，四方商贾云集，所获甚丰，然百姓商贾衣食足却未能知礼仪，奢侈浪费，不能体会一粥一饭来之不易、半丝半缕物力维艰。故此，臣请在百姓和商贾中征收间架税（即房产税）、除陌钱（即交易税），所收银钱归入朝廷统一调度。有敢隐匿不报者，杖责六十。举报者赏钱五十贯，由隐匿者出资给付。"

赵赞的话音一落，朝中官员绝大多数不自觉地张大嘴"啊"了一声，随即面面相觑，交头接耳，摇头叹息。

谁都知道赵赞所言只是媚上，有失民心，因为朝廷自实行两税法以来，明令禁止再增加任何额外赋税。如今要额外征收间架税和除陌钱，分明是公开破坏两税法，再向百姓额外加税。如果实施，百姓因此每年都要增加一笔沉重的负担。但是众臣又深知如今圣上喜好聚敛财物，故此，这种时候谁也不愿为百姓利益第一个站出来反驳赵赞，得罪皇上。

太子李诵看群臣一言不发，很想进谏，便回过头目光穿过人缝看向自己的太子侍读王叔文，但见王叔文这时也正看着他并轻微地摇了摇头，于是他便只好欲言又止，赶紧一脸严肃地低下了头。因为他知道，大唐太子在朝堂上，只能见习皇帝怎么处理朝政而没有发言议政的权力。

德宗听了显然非常高兴，和颜悦色地对群臣说道："赵赞所奏，朕觉得甚为有理，众位爱卿以为如何？"

既然皇上已经抢先表了态，众大臣自然谁也不愿表示反对，于是都缄默着，无人发表意见。

德宗龙颜大悦，欣然道："准奏！着户部侍郎赵赞筹划此事。"

退朝后，回到东宫，太子李诵私下问王叔文道："王君平常议论国事可是意气风发，今日上朝，为何示意不让寡人上奏？"

王叔文答道："太子侍奉皇上，奏问衣食安稳之外，不应再过问其他事情。陛下在位多年，太子年已而立，倘若小人乘机离间，陛下以为太子觊觎皇位，收揽臣僚人心，太子将如何洗清自己？武后朝，来俊臣诬告睿宗；明皇朝，李林甫中伤肃宗，有前车之鉴，太子不可不防！"

李诵闻言大惊，乃颔首称谢道："还是先生为寡人想得周到啊！多谢先生，让寡人醍醐灌顶，茅塞顿开。如果没有先生，寡人何处能听到真话？"

太子李诵所说乃是肺腑之语。这些年来，他发觉自己已越来越离不开王叔文，也越来越喜欢上了自己的这位太子侍读，心腹谋臣。

10 步入东宫

从面相上看，王叔文是典型的南方人，人长得清瘦，斯文，言行举止中不知不觉总透着一股灵秀之气。他曾任苏州司功，因为擅长围棋入选为太子侍读。叔文博学广识，多谋善断，且为人正直，素怀治国平天下之宏愿，时常在太子面前诉说民间疾苦，深得太子信任。由于德宗皇帝多疑，且有唐一代皇帝与太子之间一向是非多多，太子被废之事屡屡发生，因而叔文时常劝导太子要韬光养晦，时时示弱，事事示忠，以保东宫之位。

但韬光养晦并不等于无所作为。叔文让太子李诵平时谨言慎行，在其父皇面前竭力表现孝道，但他自己却在帮助太子暗中筹划，不显山不露水地考察才俊，笼络贤臣，悄然培植东宫势力，以便一旦他日皇位更迭，太子嗣位，便可锐意革新，大展宏图。

这些年来，叔文已秘密结交网罗了一大批人才，这些人眼下虽不是朝廷的重臣和实权派，但却是一些潜力股的青壮派，且都极有才干，在朝廷内外有着很好的口碑。如陆淳，曾担任左司郎中；吕温，时任左拾遗，系湖南郡团练观察使吕渭之子；李景俭，进士及第，系汉中王李瑀之孙；韩晔，系前宰相韩滉的族侄；陈谏，曾担任侍御史；还有凌准，系三国时东吴大将凌统之后，时任浙东廉访使判官，德宗末年被飞檄征召进京，担任翰林院侍从学士，"备君顾问"；程异，出身官僚世家，以孝顺著称，德宗贞元初举明经及第，精通吏治，善于理财，贞元末年官至监察御史。此外，还有就是一些新晋进士，如柳宗元、刘禹锡等，无不志向远大，才华横溢。

刘禹锡是通过柳宗元的引荐，才逐步进入王叔文暗中网罗的"小圈子"内的。

禹锡与宗元是同年进士，两人虽说早就相互慕名，但真正相识还是在摆进士敕下，32 名新晋进士金殿面圣时。那天，虽说是第一次见面，但因为相互慕名已久，志趣相投，两人都觉相见恨晚，一见倾心。

第二天柳宗元去拜见王叔文时，对刘禹锡赞不绝口。对刘禹锡王叔文也早有耳闻，知其贤能，虽有意结交，但却苦于无人从中引荐，如今听柳宗元这么一说，不由心中窃喜。但叔文行事一向谨慎，生怕遇人不淑，坏了大事，于是，他便让宗元再暗中对禹锡仔细考察，试探禹锡对时政的看法，深入了解一下禹锡的政治倾向。

柳宗元心领神会，欣然答应。

没过多久，恰逢平定建中之乱、奉迎德宗还朝的大唐功勋李晟去世，朝廷百官前去吊唁，新科进士也在此列。吊唁之后，柳宗元与刘禹锡在灵堂外相遇，两人便自然交谈起来。

因为是来参加李晟的丧礼，两人的话题便自然围绕李晟展开。

李晟原为边镇裨将，以战功累迁至右金吾大将军、开府仪同三司、泾原四镇北庭都知兵马使，封合川郡王。后来，李晟入朝任右神策军都将。建中二年（781 年），李晟以神策先锋都知兵马使讨伐反叛的河朔三镇。建中四年（783 年），泾原兵变，李晟前往奉天勤王，加尚书左仆射、同中书门下平章事，兼京畿、渭北、鄜坊、商华兵马副元帅。兴元元年（784 年），李晟收复长安，平定朱泚之乱，兼任凤翔、陇右、泾原三镇节度使、行营副元帅，改封西平郡王，可谓荣宠至极。

但自古功臣多遭忌，由于功高震主，贞元三年（787 年），李晟被罢去兵权，改封太尉，明升暗降，除朝谒外无所事事，且一言一行均在北司掌握之中。一代名将，最后抑郁而终。

有感于李晟的遭际，禹锡与宗元触景生情，未免感慨良多。两人边走边谈，不觉来到李晟庭院，在一小亭旁忽然看到一尊并不引人瞩目的欹器。欹器原是一种上古之人灌溉用的汲水罐器，孔子观周庙时，看到此物，说其"虚则欹，中则正，满则覆"，意思是说这种器物空了就倾斜，不空不满就端正，满了就翻倒。后来欹器便成了礼器。

忽然看到欹器，宗元灵机一动，故意叹道："不知太尉生前漫步庭中，每日见此欹器，会作何感想？"

禹锡苦笑一声，没有答话，然后，略一沉吟，乃口占一绝：

秦国功成思税驾，晋臣名遂叹危机。

无因上蔡牵黄犬，愿作丹徒一布衣。

禹锡诗中典故，宗元岂能不知？于是，他也叹息道："是啊，自古功高震主，功臣鲜能善终。以兄台所见，有前车之鉴在此，我等官场新秀应当如何处世？"

问者有心，答者无意。禹锡接过话道："为人臣者，当文死谏、武死战，大丈夫岂能因一己之私利而置春秋大义于不顾？岂能害怕因直谏获罪、因功高遭忌而苟全性命、明哲保身？如果朝野上下人人出于公心，匡扶社稷，心忧百姓，敢于进谏，疾恶如仇，文武百官个个不甘平庸，奋力进取，竭忠尽智，报效朝廷，则我大唐中兴指日可待！"

宗元听后大喜，躬身一揖道："梦得兄微言大义，感奋人心，弟也有此同感。人生难得一知音，你我志趣相投，日后宦海浮沉，但愿与君同行，共辅圣主！"

禹锡慌忙回礼道："贤弟过奖了！你我身处乱世，当协力同心，趁年轻早建功业才是。圣人曰，'敏于行，讷于言'，刚才所言，当铭记在心，以后还是少说多做，切勿大言欺世，华而不实。"

那天与刘禹锡分手后，柳宗元径直来到王叔文处，把刚才在李晟灵堂外与刘禹锡的一番谈话原原本本地告诉王叔文。

"果然少年英雄，后生可畏！"王叔文听后，颔首说道。此刻，他想起权德舆曾对他说"禹锡有宰相器"，看来此言非虚，遂认定刘禹锡乃可用之大才。

听王叔文如此夸赞刘禹锡，柳宗元很是高兴，就问："那改日我能否带梦得来拜见侍读？"

王叔文沉思片刻，心想，试玉要烧三日满，辩才需等七年期，凡事不能性急，不可造次。于是就摇摇头说："不急不急，刘梦得说话虽豪言壮语，但不知他处事能否沉着果断？除了能诗善文，不知治国理政是否擅长？子厚你与梦得为同年进士，交往甚多，日后还要留意观察。如今圣上春秋鼎盛，龙体康健，我等来日方长。若刘梦得果然是人中翘楚、廊庙之才，过些时日再见他不迟。"

转眼，到了贞元十一年（795年），刘禹锡再次参加吏部考试。这次考试名为取士科，顾名思义，就是只要考上就能取得官职。以刘禹锡的文才和他在京城中如鱼得水的人脉关系，在激烈的取士科考试中自然力压群雄，射得高策，第三次在含元殿上接受德宗皇帝的召见。他三年间先后考取进士、宏词、取士三科，终于踏上仕途，被授予太子校书。

而这时，比刘禹锡早一年考取进士的韩愈在贞元九年却没考上博学宏词科，并且从贞元九年到贞元十一年连续三年没考上，一直在洛阳穷愁潦倒，很是郁闷，直到贞元十七年（801年）才通过吏部铨选，获一官职。而比刘禹锡小一岁的柳宗元因为这期间父亲去世，服父丧，也一直耽误到贞元十四年（798年）才通过了博学宏词科考试，得授集贤殿书院正字。

太子校书是东宫太子的属官，负责校勘崇文馆的书籍。崇文馆始建于唐玄宗，相当于东宫图书馆。表面看这好像是个闲职，而且官阶不高，于三十品阶之中，位居二十七八，只比那些不入流的小吏稍微好些，但就因为能够因此步入东宫，入少阳院为职，故而能够亲近储皇，将来一旦太子登位，前途自然不可限量。

这年，刘禹锡24岁。24岁，就一帆风顺，步入东宫，有了这么好的前程，而且行情看涨，踌躇满志、少年得意的他没有理由不为自己感到自豪和骄傲。

11 "棋神"王叔文

"厉害！厉害！太厉害了！"

"这南方客牛，太牛了！"

一阵阵震耳欲聋的喝彩声从西市距离芙蓉园不远的得胜楼茶坊里传了出来，引得大街上的行人和商贩们无不循声走了过去，想看看楼里究竟发生了什么稀奇有趣的事情。

走到得胜楼茶坊内一看，原来一个戴着狗皮帽、身材瘦削、一副南方人打扮、南方人口音的中年男子在大堂天井内一字儿摆了四盘棋，此刻正坐在那儿怡然自得的一个人和四个人同时对弈。围在他们身边的里三层外三层，全是南来北往爱凑热闹的看客。

"神了！这南方客真是神了！一个人下四个人已好几轮了，竟然一盘不输？莫非真是个棋神？"

"啧啧，果然山外有山，人外有人。民间出高手，这南方客一定很有些来历，是个江湖高人！"

尽管围在四周的看客们七嘴八舌，不停地喧哗和议论，那南方客却神态自若，坐在那里始终笑眯眯的，不时地端起身边的一把宜兴紫砂茶壶美滋滋地抿上一口。然而，坐在他对面的四个棋手却没他那么从容，但见有的双眉紧锁，有的唉声叹气，有的抓耳挠腮，咂嘴挠头，有的伸长了脖子、眼睛直勾勾地盯着棋盘长考不语，陷入沉思。

渐渐地，下到终盘，只见那南方客托着腮，很是怡然自得地踱着步，看都没看棋盘，就对那个为他执棋落子的店小二朗声吩咐道：

"小二，第一盘棋局，你把我的白子放到左下角西五北七之位上，断了他这条'大龙'的气脉，让他一个子儿也活不了！"

"好嘞！客官，您说落到哪儿小人就给您落到哪儿！"店小二是个人来疯，越是人多越兴奋，这种时候，就见他小猴子似的，走路一跳一跳的，一边油嘴滑舌地答应着，一边动作夸张地依言落子。那第一局的对弈顾客顿时"唉——"地长叹一声，推秤认输。

"第二盘棋局，你把我的白子直接落在东十三南六之处，一子落下，定会一剑封喉，让他走投无路！"

店小二这时又故意夸张地怪叫一声，头忽然耷拉下来，翻着白眼说："死了，又死了！"然后应声落子，"哗啦啦——"立即又是一阵黑子被扫落棋钵之声。

"第三盘棋局嘛，小二，你把我的白棋落到西八南六之位上，填实了这个'假眼'，让黑棋气绝身亡，立刻收官清盘！"

"第四盘棋局，把我的白棋落到西六北三之位上，给他一个'黑虎掏心'，让黑棋立马推秤认输！……"

就这样，南方客镇定自若，竟接二连三、一口气如秋风扫落叶般下赢了四盘棋。

"下吗？各位爷们，有谁不服气，还敢上来打擂吗？"店小二扬扬得意，趾高气扬的，故意拿话刺激挑逗一群看客，仿佛刚才连连取胜、无人能敌的是他自己。

"敢，有什么不敢的？大家上——"看客中有人看热闹不嫌事大，竭力怂恿道。

于是乎，这边那四位对弈的刚垂头丧气拱手认输，黯然退场，那边，立即从人群中又冲出来几位看客，不服气也想同南方客较量一番。

这时，就见从人群中挤过来一个年轻人，走到南方客身边小声耳语了几句。那南方客点点头，又抬头看看茶坊天井上的太阳，见时候不早了，便抱歉地冲大家笑了笑，抱着拳躬身冲众人施礼道：

"对不起了，各位老少爷们，在下还有事，不能再陪大家玩儿了，等下次有机会再来和各位尽兴吧。"说着，先付了店小二赏钱，又从身上掏出两大把铜钱递给店小二，吩咐道："小二，这些铜钱就算是我南方客请在场的各位老少爷们喝茶的茶钱吧，谢谢大家的捧场！我还有事，先走一步了！"

随后，他便和那年轻男子一前一后地走出了得胜楼茶坊，两人穿过了一条小巷，走进了不远处一家名为"小苏州"的酒楼。

唐代的长安城，集中买卖货物的地方谓之市。市设朱雀门街以东的，谓之东市，设朱雀门街以西的，谓之西市。买卖货物，必往东市或西市去，久而久之，遂呼买东西、卖东西，所以后人习惯称物品为"东西"。

位于西市似乎并不显眼的小苏州酒楼当街的门面并不宏阔，但大门之上的骑楼则雕梁画栋、锦幔宫灯，显得格外富贵。在上楼时，那年轻男子笑着对南方客说："侍读，您的棋艺真是越来越精进了，如今怕是整个长安城内都无人能敌！"

"子厚，你过奖了！我今天偷空到这里来下棋，不过是想练练手，和坊间一些高手过过招，不想让自己的棋力太过退步而已。刘梦得来了吗？"

"来了。"

原来，刚才对弈时自称南方客的是太子侍读王叔文，因为不想让人知道他的真实身份，所以才化名南方客。那年轻男子则是柳宗元。

进到小苏州，两人在店小二弯腰弓背的热情引导下，走进了一间名为"越王阁"的包房。推门进去一看，刘禹锡果然已经来了，此时正在喝茶。茶是小苏州老板特意准备好的，是今年刚从南方老家捎来的上市不久的新茶，上好的西湖龙井。因为是家乡绍兴人开的，小苏州这酒店，是王叔文这些年时常光顾的地方，但除非重要客人，他一般不做东。

见王、柳二人进来，刘禹锡赶忙站起身，上前冲王叔文施礼。王叔文也不拿架子，这时就笑着说："原来梦得早到了！今天能请到梦得，真是令某喜不自胜！"

对王叔文，刘禹锡早已久闻大名，如今成了太子校书，与王叔文又成了东宫属官，且王叔文官轶较高，乃是上司，禹锡一开始自然就显得有些恭敬，不敢随便。王叔文见了，哈哈大笑，说："这里并非庙堂，梦得与子厚均是王某请来的贵客，今日大家难得在一起，何必繁文缛节，拘泥客套？如此反倒见外了！"

刘禹锡看柳宗元，见他自取了茶杯自斟自饮，神态安详，怡然自得，便也不再拘束。

王叔文一边喝茶，一边很亲切地问："梦得刚来崇文馆，不知有何感触？"

刘禹锡答道："馆中藏书甚多，许多为我以前所未见，让我大开眼界！"

王叔文点点头，仿佛只是随便问道："梦得博学多才，《后汉书·宦者列传》想必一定读过，对东汉宦者专权的历史也一定非常熟悉吧？"

禹锡知道王叔文话里有话，便如实回答说："以前读过几遍，近日粗览馆中藏书，又读过一遍。东汉后期不断出现宦官依靠或控制皇帝而进行专权的局面。永元四年（92年），宦官郑众因谋诛外戚窦宪有功而受重用，是东汉宦官参政控权的开端。从此，在皇帝对外戚争权的斗争取胜之后，宦官往往挟功自重，形成新的专权集团。这种局面，常与外戚专政交替出现。桓帝以后，外戚势力渐衰，宦官专权则达到高潮。桓帝诛除外戚梁冀后，宦官单超、徐璜、具瑗、左悺、唐衡等五人因与谋有功，同日封侯，人称'五侯'。他们专权后，骄横跋扈，'自是权归宦官，朝廷日乱'。这些宦官有的兼做朝官，禄重位尊，娶姬妾，蓄养子，传爵袭封。他们不但把持朝政，而且贻害地方，所谓'一人得道，鸡犬升天'，其'兄弟姻戚，皆宰州临郡'，依仗宦官势力，横行无忌，搜括百姓，与盗贼无异。宦官弄权，祸乱天下，民不堪命，以致东汉灭亡，天下大乱。……"

说到这里，刘禹锡看到刚才还在微笑的王叔文目光黯淡，眉头紧锁，面露不悦之色，不知何意，便停顿下来，不敢再说。

柳宗元知道禹锡因与王叔文第一次见面，未免有所顾忌，于是便说："侍读面前，梦得何必顾忌？但说无妨！"

王叔文这时也点点头，鼓励道："说得好，梦得，你接着说！"

刘禹锡清了清嗓子，喝了口茶，也就继续说道："我朝素有以汉言唐之习俗，虽不知起于何时何人，但下官尝读史书，发觉我朝运数与汉朝有许多相似之处。两朝一开始都有盛世，之后略有波折，随后再逢中兴圣主，到最后又都因为宦祸……"

"唉，东汉亡于宦官！昔日以汉喻唐者，不知道是否也同时预言了大唐的未来？"柳宗元这时长叹一声，插话道，"诸葛武侯作《出师表》，说刘备常常'叹息痛恨于桓、灵'，不知道将来后人议论本朝，又将痛恨叹息于何人哉？"

见宗元如此联系现实，话说得太过直白，近乎放肆，刘禹锡赶忙摆手制止，不让他再说下去。谁知王叔文却不动声色，一直在那认真倾听，这时见宗元和禹锡都不说话了，就说："这里又没有外人，大家都是自己人，私下发些议论有什么要紧？再说，昔太宗有言：'以史为鉴，可以知兴替。'梦得，若以汉史为鉴，你说我大唐今日之运势，比之桓、灵之时如何？"

"这——"刘禹锡一时不知如何回答。都说"万言万当，不如一默"，想到父亲的教诲，觉得自己刚刚涉足官场，在如此敏感的朝政问题上还是谨言慎行，少说为妙，以防祸从口出。于是，他欲言又止，选择了沉默。

见刘禹锡有所顾忌，王叔文自然理解，这时他便微笑着为禹锡和宗元的茶碗斟满水，然后自己说道："梦得少年成名，珍惜羽翼，理所当然。既然你们都有所顾忌，那叔文就来纵论古今，评说这其中的是非吧。"

对王叔文，尽管久仰大名，但对其政治观点与政治倾向刘禹锡以前一直不太清楚，现在，既然王叔文主动要对汉唐进行比较，发表自己对时局的看法，刘禹锡当然很感兴趣，想以此对这位深受太子信赖却又一直有些神秘兮兮的东宫重臣深入观察和了解。

虽然平时在宫中王叔文一向谨言慎行，但在今天这种场合他却显然全无顾忌，畅所欲言：

"宦官干政，藩镇割据，今朝与汉末明显有许多相似之处。依我看，如今天下虽然皇权还算稳固，地方藩镇反叛的也还只是少数，比东汉末年看似要强百倍，但其实，细加分析就会发现，东汉桓、灵、献三帝时，虽有宦官干政，但宦官并未掌握军权，且与外戚、士林相互制衡，如果不是地方诸侯坐大不可收拾，东汉还不会气数已尽。可是，反观我朝，却要凶险得多。如今，宦官掌控禁军，又向各地派出监军、观军容使，控制地方军队，满朝文武都受其钳制，奈何不了他们。各地藩镇为求自保，争相向宦官贿赂，与宦官狼狈为奸，内外勾结。而朝中百官，也都见风使舵，趋炎附势，明里暗里投靠宦官，为虎作伥。由此可见，今日朝局之形势，实在比东汉末年险恶百倍！"

"那既然这样，请问侍读，"刘禹锡问道，"掌握兵权的宦官为何不与藩镇勾结，联手起事，谋求自立呢？"

王叔文回答道："宦官与藩镇之所以不敢联手起事，图谋自立，主要有这三方面原因：其一，朝廷气数未尽，朝野内外仍有一批仁人志士效忠朝廷，令他们忌惮。其二，宦官虽然权倾朝野，不可一世，但毕竟是些阉人，没有后代，想要保有富贵，最好的办法就是拥立皇帝，然后狐假虎威，假皇权以谋私利。其三，无论宦官还是藩镇，其实都是各怀私心，相互利用，宦官既想利用藩镇，但又不想藩镇坐拥自大，反叛朝廷，危及自身，动摇自己的根本；藩镇虽有意利用宦官，让他们在朝廷帮自己说话，确保自己的利益，但也不想完全听命于宦官，受制于宦官，让这些阉人完全骑到自己头上，所以与宦官总是貌合神离，相互提防，且总是免不了明争暗斗！"

柳宗元这时感叹道："如此说来，天宝之乱以来，我大唐王朝的命脉所以能够一次次逢凶化吉，大难不死，并不是因为自身的坚强，而是因为祸乱者的内斗？"

刘禹锡接过话道："也不尽然。所谓斗争，强弱攻守并无常态，可以相互转化。既然宦官与藩镇不能合力谋逆，这正好是朝廷发愤自强、图谋中兴的良机！"

"说得好！"王叔文这时禁不住拍着桌子道："梦得果然思维敏捷，悟性极高！如今时局虽然一团乱麻，剪不断，理还乱，但在明眼人看来，其实并非死结，并非无解。在这世上，纵然再难开的锁也总有打开它的钥匙。我看梦得应该胸有成竹，已经找到那把开锁的钥匙了吧？"说着，他从怀抱中掏出一笺诗稿，大声朗诵道："'高山固无限，如此方为岳。丈夫无特达，虽贵犹碌碌！'梦得此诗犹若霹雳凌空炸响，足令天下庸碌奸佞之辈慌愧汗颜！梦得负倚天之剑，怀凌云壮志，叔文虽不才，愿以五尺身、百分力，助君得遂心愿，一展宏图！"

听王叔文朗诵自己的旧作，刘禹锡这时一脸惶愧，赶忙说："下官当年只是一时兴起，胡乱凑韵，纯属纸上谈兵、大话欺世而已，侍读如此过奖，下官委实惭愧！"

"梦得兄当之无愧！"柳宗元这时忽然站起身，激动地说，"梦得兄，实话跟你说吧，侍读韬光养晦十几年，苦心孤诣地不断向太子讲述民间疾苦、寻求治国方略，为的是什么？为的就是有朝一日能够扭转乾坤，兴国安邦，解民倒悬。奈何天意难测，太子久居少阳院，只在天子寝殿近侧，很少与外人接触。尽管太子已小心翼翼，但东宫无风三尺浪，更何况舒王李谊一直居心叵测，觊觎东宫。天下本多势利之徒，见此情形，更有意疏远太子，妄图另谋拥立之功。幸运的是，尽管太子人寡势薄，多亏侍读这十几年来苦心孤诣，遍察百官，优选众僚，得到一批精明强干之臣聚在太子麾下，出谋划策。梦得兄为我朝百年难得之奇才，侍读对你青睐已久，若果然有奋纵略横巧治天下之良策，还请为侍读开怀畅言！"

王叔文点点头，正色道："子厚所言极是。自梦得初次进士登第起，叔文即非常关注，考察再三，如今更断定君乃是我大唐复兴必不可少的忠臣良士！还请梦得能为社稷苍生计，出谋划策，直抒胸臆！"

看到王叔文与柳宗元如此情真意切，刘禹锡很是感动，于是动情地说："以前常听子厚说侍读有慕贤之心，有宰相胸襟，今日一见，果不其然！禹锡到长安来已有三年，这些年交往的京官不下百人，但真正能以诚相待令禹锡真心佩服且愿以毕生之力追随者，侍读还是第一人！"

王叔文听罢喜上眉梢，紧握住刘禹锡的手说："梦得此话当真？"

刘禹锡慷慨激昂，说道："'君子一言，驷马难追。'大丈夫为人处世，务必内修仁德义勇之心，外交中正智慧之友，行宇宙纵横之道，成垂范于千古之功。今生得遇侍读，实乃梦得三生之幸也！"

由此，刘禹锡与王叔文以及王叔文圈子内的数十人包括柳宗元遂"定为死交"。

见刘禹锡如此表态，柳宗元非常高兴，便说："既然梦得认定侍读为知己之交，那么不妨说说你的救世良策！"

刘禹锡说："不瞒侍读与子厚，前年禹锡去埇桥看望家父，父子夜谈，蒙家父赐教，认为若要救治当今我朝之沉疴，必须要抓住财权和军权两大关键，以利权而收军权，一旦军权在握，与利权相呼应，则既可攻伐，也可安抚；既可以抑宦官，也可以平藩镇，治天下，如此便可终定乾坤，盛世可期！"

"好一个'抑宦官''平藩镇'！"柳宗元这时拍案说道，"当今之际，若要我大唐国泰民安，海晏河清，从朝廷来说，最重要的就是要内抑宦官，外平藩镇。否则，永远都会祸乱不止，国无宁日！"

王叔文听后，没有说话，沉思片刻，方才说道："梦得刚才所说，的确是我朝救世良策，他日时机成熟，必用此谋。不过，我还有一疑问，不知梦得可曾想过，当年刘府公执掌天下财赋大权，却为什么不仅不能将军权收归皇帝掌控，结果反而死于非命，不得善终？"

被王叔文这么一反问，刘禹锡竟一时不知道如何回答，便如实答道："禹锡暂时还没想好。"

王叔文便侧过头看着柳宗元问道："子厚，你可知道？"

柳宗元也摇摇头，回答说："这事我之前也从未想过。"

是啊，刘晏一生经历了玄宗、肃宗、代宗、德宗四朝，受命于危难之际，长期担任大唐财政要职，管理财政达几十年，效率高，成绩大，被誉为"广军国之用，未尝有搜求苛敛于民"的著名理财家，其门生故吏至今仍执掌着大唐财富的半壁江山，但即便是有刘晏这样的著名经济改革家、理财家，大唐朝廷也不仅未能从藩镇手中收回兵权，反而令禁军兵权旁落到宦官手中，而刘晏本人也因遭人陷害被德宗下诏赐死。这一切究竟是为什么？

见禹锡、宗元二人面有愧色，王叔文于是微笑着，安慰他俩道："二位俊才不必羞愧，你们年纪尚轻，阅历尚浅，对一些问题缺乏思考，并不为过。不过，二位现在不妨想想其中缘由，说说看法。"

刘禹锡与柳宗元相互打量，陷入沉思。不一会儿，刘禹锡恍然大悟，便先说道："禹锡以为，当年刘府公之所以未能以利权助朝廷收归军权，乃是因他势单力薄，虽掌握财赋，但却孤掌难鸣，无人响应。加上他独掌财权时间久了，明里暗里得罪人太多，不仅遭圣上忌惮，也遭同僚嫉妒，而宦官与藩镇也怕他位高权重对自己不利，所以，他横遭陷害、被敕自尽也就在所难免了。由此观之，若要掌财权、收兵权，必得众人协力、和衷共济，否则，即使一人有三头六臂、通天之术，也势单力薄，难敌众人，且顾此失彼。"

柳宗元说："有贤臣还须有明君。从古至今，强国者必有明君和能人。春秋五霸、我大唐贞观之治无不是明君重视人才，明君与贤臣相辅相成、相得益彰的结果。若是遇上昏君，亲小人，远贤臣，乃至重用阉人，则一切皆无从谈起！"

王叔文点点头，说道："二位俊才果然天资聪颖，悟性极高，都说得很有道理。不过，揽财权也好，收兵权也罢，并非一朝一夕之事。二位少年得志，不必急于求成，如今正好多读金玉之言，吸纳古今智慧，渐悟治国理政之理，同时结交群贤，甄遴俊友，养精蓄锐，以待明主。短则十年，长则二十年，彼时太子应该已经登基，那时，你我便可放开拳脚，施展抱负，协力同心，兴国安民，辅弼天下！"

刘禹锡与柳宗元都不住地点头，连声称是。刘禹锡甚为感动，拜谢道："多谢侍读指教，禹锡险些误入迷途。侍读方才所言，让我豁然开朗。禹锡知道今后怎么做了！"

王叔文说:"二位乃我大唐不可多得之英才,假以时日,叔文必为你等设法调入翰林,参与朝政,待站稳脚跟后,可领一州道造福百姓,建功扬名,功成名就之日,再入为郎官,届时便有入阁为相的希望了!"

说到这里,王叔文忽然一拍脑袋,朗声大笑道:"你看我这记性,今儿个明明是请梦得吃个便饭,刚才说起话来一激动竟差点把吃饭这事给忘了。好,梦得,子厚,时辰不早了,我们还是边吃边聊吧。"

柳宗元这时便喊:"小二,上菜!"

眨眼工夫,七大碗八大盘各色菜肴摆了满满一桌。而且,还是小苏州的店老板亲自在一旁上菜斟酒,殷勤备至。

"这里的蟹肉蒸蛋和笋干老母鸡汤特别好吃,禹锡,你尝尝,都是我们江南的特色,家乡的味道!子厚,你今天可是沾了禹锡的光,尝到我们江南的味道了!"

王叔文说到这里,三个人一起开怀大笑起来。

这天,王叔文显然很开心,席间不断有说有笑,与刘禹锡、柳宗元一起把酒言欢,纵论国事。

此时的他,正信心满满,踌躇满志,决心要下一盘大棋,而且志在必胜。

是的,他一直非常自信,以为自己天生就是一个非常优秀的棋手,只要假以时日,等到他日一旦太子李诵灵柩前即位,御宇天下,他就会立即下出这盘大棋,而且必定会稳操胜券。

12 难挨的等待

那天太子李诵上朝回来，身体忽感不适，只觉头晕目眩，行走艰难，幸亏世子李淳见状立即请来御医罗令则诊治，服了药后虽无大碍，但还是心慌气短，四肢无力，权且躺在病榻上休养。

父皇德宗听说后，立即派宦官前来探望。这个宦官手持拂尘，身着一身素色的宦官服，模样儿看起来不过三十来岁，说起话来女声女气的："传皇上口谕——"

众人一听是皇上口谕，除躺在病榻上的李诵不能行礼外，全都齐刷刷跪了下来，静听圣谕。

只听那太监念道：

"惊闻太子染疾，朕万分焦虑。怎奈适逢边关急报，朕无法亲身前来，故遣使专程探望。望太子早日康复，则朕心宽甚。另，诏谕广陵郡王李淳，即刻前往两仪殿议事。钦此！"

"谢皇上！"

"吾皇万岁、万岁、万万岁！"

李淳等人谢旨过后，纷纷站起身来。听说皇上今日破天荒要召广陵郡王李淳去参加朝议，连太子李诵在内，大家都深感意外。李淳自己更是又喜又惊，喜的是这无疑是给了自己一个崭露头角的机会，惊的是不知皇上今天怎么会突发奇想，竟破天荒要召自己去参加朝议？

李淳素有心机，待穿好朝服，他便满脸堆笑地把前来宣谕的宦官拉到一旁，有些讨好地小声问道："贵公公劳驾，不知皇上今儿个因何事召孙臣去参加朝议？"

那个宦官仔细打量了一下李淳，觉得面前的这位广陵郡王虽还只是个少年，但却目光锐利，面露精明，少年老成，且又是皇上的长孙，所以也很巴结地说："具体奴才也不知晓。不过，听说今年入夏后吐蕃又攻打灵州，犯我大唐，加上最近全国各地多处水灾，百姓死伤惨重，内忧外患，不胜其烦，皇上近日忧心如焚，估计是为这些事情召广陵郡王去朝议的吧。待会儿朝议时，广陵郡王切记小心说话，免得惹皇上不开心！……"

李淳何等精明，听宦官这么一说，他自然已经心中有数，很快便想好了对策。在去两仪殿的路上，看到这位年轻的宦官办事麻利，为人精明，很有城府，以后在北司肯定会是个厉害角色，李淳便有笼络之心，很想日后在皇上身边培植个亲信耳目，于是便故作亲热地说："本王见公公相貌奇伟，他日前程一定不可限量。不知本王有没有这个福气，与公公成为朋友呢？"

那宦官一听顿时喜上眉梢，慌忙弯腰作揖道："岂敢？岂敢？广陵郡王如此说话，这不是要折奴才的阳寿吗？日后只要有用得到我仇士良的地方，奴才我一定赴汤蹈火，在所不辞！"

说着话，两人很快便来到了两仪殿，今天的朝议果然如仇士良所料，是讨论吐蕃犯境，我大唐究竟是派大军前去讨伐还是与吐蕃结盟，也即究竟是战还是和的问题。

两仪殿建在皇宫的主体建筑群——太极宫内，这里是举行所谓"内朝"的地方。内朝是一种皇帝与臣僚小范围共商国是的仪式，通常只有少数决策大臣，且多半都是皇帝的亲信重臣才有资格参加。所以朝仪比较简单，也非常随便，但商定的却往往是一些对朝廷具有举足轻重意义的国家大事，可谓是人多的会议不重要，重要的会议人不多。能参加朝议，对大臣来说，不仅是一种荣耀，而且也是一种权力与身份的象征。

今天的朝议气氛十分热烈，争论也十分激烈。当朝最红的大宦官掌管左神策军的俱文珍和多数大臣极力主张征剿，而司农少卿裴延龄和门下侍郎、同平章事董晋等少数大臣却提议化干戈为玉帛，主动与吐蕃结盟。

李淳站在那里，先是一言不发，只是认真倾听，待察言观色看到皇上确乎倾向于派大军征伐，于是便镇定自若地站起身，大声说道："启奏陛下，孙臣有话要说！"

一看自己的爱孙要发言，德宗点点头面带微笑说："广陵郡王有话就说吧。

朕这次让你来朝议，就是为了锻炼你。"

因为来之前已经想好对策，胸有成竹，李淳于是便滔滔不绝，慷慨陈词，说我大唐乃君子之国，如何仁至义尽，安抚四方，可吐蕃却如何忘恩负义，屡犯我大唐天威，当此之际，不伐不足以清边患、平民愤、安军心、振国威。

最后，李淳不急不慢地总结道："所以孙臣以为，以我大唐仁义之师，伐无道之国，犹如商汤之伐夏桀、武王之伐商纣，以有道伐无道，焉有不胜之理？孙臣斗胆进言，请圣上英明裁断！"一席话，不仅说得德宗龙颜大悦，连在场的所有大臣也都一起频频点头，赞叹声一时不绝于耳。

德宗当即拍板，发下旨意："朕正式宣布，刻日发兵，讨伐吐蕃。特诏，加封广陵郡王李淳为征戎大将军，兼西北各道行营总管，兼领西北边道各州各路兵马。钦此！"

当时，虽然在朝堂上竭力表现得宠辱不惊，但李淳心中还是忍不住窃喜。等朝议过后，因为父亲生病，他便又回到东宫来侍候父亲李诵。

李淳回到太子府的时候，见东宫的一帮属官前来看望父王李诵，此刻正围在李诵的病榻前七嘴八舌地议论着什么，在门外就能听见。李淳多了个心眼，在进门前故意停住脚步，听了一会儿，原来里面正在热议当今朝廷赈灾之事。

就听翰林待诏王伾说："赈灾可不是一个简单的事，每个人都心知肚明，这赈灾款下发的途中，每一层都能被某些人雁过拔毛似的拔下一块，中饱私囊，一路上的驿站，每一个关卡，从北到南更是途经几个大城，难保这当中赈灾款物不被人偷换、贪污。最后真正到灾民手里，能有五分之一就不错了。"

太子校书刘禹锡说道："这次灾情应该是我大唐开国以来最严重的一次，所以朝廷在选择赈灾大臣的时候应该十分慎重。这个人既要靠得住，又要名望高，可以镇得住沿途官员。而屈指算来，这样的大臣真是少之又少，当今朝中也就只有杜佑、陆贽等不多的几个大臣可以胜任。而如今，杜佑因母丧丁忧在家，陆贽因仗义执言，多次上书参奏裴延龄的罪行被贬忠州别驾，现谪居僻地。若是用人不当，只怕赈灾不成，反会激起民怨！"

秘书省校书郎柳宗元这时接过话来说道："梦得所言极是！官员为朝廷赈灾安民，其身在外，随机应变，不仅需要智慧，还需要有担当的勇气和爱民的胸襟。如只考虑到自保，处处行事以不惹物议，不影响自己当官为前提，其赈灾救困看上去再忙，再亲民，哪怕就是菩萨心肠，成天哭得跟泪人一样，都是表面功夫、官样文章。"

正在此时，就听侍女在室内说道："启禀太子殿下，罗先生请脉来了。"

李淳听到父王李诵这时声音微弱地说道："请罗先生进来吧。"很快，就听到御医罗令则走到太子身边说道："太子殿下，该把脉了，药膳房为您熬的药马上也熬好了。"

李淳一听，赶紧去药膳房取药，半路上正好遇到一名侍女端着一碗汤药走过来，他二话不说立即接过药碗，回过头亲自给父王李诵送来，并双手递给父王。李诵接过药，喘着气慢慢喝下，把碗交给了李淳。

"世子真是孝顺！"太子侍读王叔文在一旁看了，未免有些讨好地啧啧夸奖道。

"侍读过奖了，孝顺父王殿下是儿臣应该做的。"李淳说完，嘴角动了动，有些牵强地朝王叔文略微笑了笑，表示谢意。

以前，每当父王与人在一起议论，世子李淳都赶紧走开，从不参与，但今天他却并没有像以往一样立即离开，而是把药碗放到桌上，然后又回过身走到父王李诵身边，神情显然有些不悦地说道："父王，儿臣有一言，不知当讲不当讲？"

太子李诵有些诧异，就说："有什么话？你就直说吧。"

"儿臣以为，父王身体不适，应当静养才是。再说，父王既是当今陛下亲自昭告天下而册封的太子，就该以太子的规制来行事，日日见习朝政。且太子侍奉皇上，除按礼节问候饮食、健康外，不应擅自干预宫外事务。而今父王私下里议论当今陛下的言行，于臣是为不敬，于子是为不孝。假如儿臣私下议论父王殿下，父王如果知道了会做何感想？"说完，李淳用眼直视着父王李诵。

被自己的儿子当众这么教训一通，李诵显然有些不悦，但众人面前又不好发作，便涨红了脸连咳几声解释道："我这里又不是在议论父皇功过，只不过是就事论事地探讨眼下如何赈灾。"

想必是意识到自己刚才话说得太重了，世子李淳这时便说道："那是儿臣误会了，请父王恕罪。父王，您要多保重！"说完，李淳笑了笑，兀自转身走了出去，竟没有和任何人打招呼。

罗令则这时也已经把完脉，对太子李诵说道："殿下脉象与平日无异，只需静养即可。在下告退。"

刘禹锡等几个人听了世子李淳的话面面相觑，不明白世子那几句没头没脑的话是什么意思，所以此刻都看着太子李诵，看他有何反应。

看到太子李诵的神情颇有些尴尬，王叔文这时赶紧打圆场道："世子果然聪慧，我们几个倒真是愚钝了。天下本无事，庸人自扰之啊！太子本就是陛下亲封的太子，诏告天下已逾二十年，我等私下还是少些议论吧！好了，太子殿下，我等今日告退，您还是静养身体，多多保重！"说着，王叔文拉着刘禹锡和柳宗元就往门外走去，王伾一看，也跟着走了。

众人走后，太子李诵的心里忽然有些难过。刚才世子李淳的话对他触动很大。是的，无论自己的儿子李淳也好，还是太子侍读王叔文也好，这些年来都不断地以各种方式提醒他，劝告他，要他谨言慎行，小心处世，尽量不要过问政事，免得惹祸上身。而他这么多年来也确实时时告诫自己，事事克制自己，无数次地委曲求全，甚至自取其辱。可是，眼看这些年父皇日渐消沉，益显昏庸，国事蜩螗，乱象丛生，危机四伏，他又实在难以做到总是心平气和，总是镇定自若，总是漠不关心，总是任其自然，置身事外。身为太子，他总想在这多事之秋能与父皇患难与共，能尽量多为父皇分忧，多为社稷着想……然而这样做，却又是那样的犯忌，那样的——危险！

于是，这么多年了，他只好也只有忍耐——再忍耐，等待——再等待！可是，日子一天天、一月月、一年年地就这样在痛苦与煎熬中过去了，即使到今天，早已过了而立之年，他依然不知道这样的日子还要再忍耐和等待多久。

就因此，这些年来，他的心里一直都很抑郁。

13 丁忧的日子

校书郎的职位是清而贵的，自从入职东宫之后，禹锡每天穿着整洁的青衫，于弥漫熏香的雅致兰阁里，和各位侍读、待诏坐而论道，真正可谓是"谈笑有鸿儒，往来无白丁"，所见到的，所结交的，都是上都里的各色名流，谈的全是扶社稷、安苍生、治国平天下的理想抱负。

那天闲来无事，王叔文跑来和禹锡闲聊，聊着聊着就聊到了各自的身世。王叔文摇摇头，叹口气说道："叔文我自幼无家学，虽有些小聪明，却也没法走科场的清资道路，只能凭博弈上的薄技，侥幸入翰林杂流，侍奉太子左右。每想到此，不觉汗颜，觉得愧对先祖。"

原来王叔文自认的先祖，乃是东晋时出身北海的王猛王景略，当年王猛虽然出身贫寒，曾隐居山中，贩箕畚为业，但却博学好读兵书，善于谋略和用兵，史载"桓温入关，猛被褐而诣之，一面谈当世之事，扪虱而言，旁若无人"。由此，"扪虱而言"遂成为千古佳话，而王猛后来也成为前秦宰相，压抑豪强，举贤用能，一度辅弼符坚统一北方，成为千古风流人物。就因此，这位先祖始终是王叔文的骄傲和精神上的偶像。

"叔文侍太子多年，太子对叔文从来不以俳优处之。士为知己者死，我王叔文虽是寒末出身，但也略有志向，知道这天下大道的实现离不开贤人，现在能找到梦得等贤才，便是迈出了第一步。太子以后为贤君，你和子厚等皆是名臣！"

在王叔文说话时，刘禹锡微笑着，只是静静地听着，偶尔点一点头，附和一下。从王叔文的话语中，他能感觉到王叔文虽然话说得很谦虚，心底里却很自信，甚至很自负，虽然只是一个小小的棋待诏，但让人能感觉到他和太子李诵的关系绝对非同一般，在东宫有着很大的能量。

其实，即使王叔文不说，禹锡心里也清楚，只要依傍上了太子这位储君，就仿佛成了一只潜力股，对于自己的仕途而言，自然是一飞冲天的好事。所以，这种时候，他很自然地想起了自己的老师高僧皎然以及自己的父亲刘绪，想起了他们曾经对自己说过的那些话。

"读书人当追求'戮力上国，流惠下民，建永世之业，流金石之功'才是啊！再说时移世易，估计用不了几年就会有新皇登基，待明君登基后的用人之际，你岂不是正逢其时？岂不正好经时济世，一显身手？……"

这是皎然师的声音。

禹锡清楚地记得，那年，在皎然师要自己来长安参加科举时，在嘉兴的妙喜寺内，皎然师对自己说的这番话。

"我听说当今太子贤良方正，有中兴之凤愿，有养晦之韬略，有敬贤之美德，更有容人之雅量。他日一旦龙飞九天，必为一代圣主。后年吏部拔萃科考试，虽说难上加难，但以我儿之才学，应该不是问题。按大唐规制，吏部拔萃科中试者往往授太子校书，太子身边贤士极多，我儿如果能亲近太子，一定能受益多多。"

这是父亲刘绪的声音。禹锡当然不会忘记前年回家省亲去埇桥看望父亲时，那晚上父子夜话，父亲对自己的殷切期望和谆谆教诲。

不知怎的，想到父亲的教诲，禹锡忽然很想念自己的父亲，对父亲的健康也非常挂念。

说来，真是日有所思、夜有所梦，那晚上睡到深夜，刘禹锡忽然做了一个梦，梦到自己的父亲刘绪。梦中，他看到父亲刘绪不知什么时候已经完全苍老了容颜，弯腰驼背的竟然像纤夫那样肩背上背着一条很粗的纤绳，在古运河的河堤上吃力地拖着一艘满载着漕粮的货船艰难地行进，那满头的白发在深秋寒冷的风中犹如芦苇花一样白得刺眼，白得让人心酸……

"父亲！父亲——"禹锡很惊讶，不知道父亲为什么会变成这样，于是就心疼地呼喊。可是，无论他怎样大声地呼喊，父亲好像都浑然不觉，没有回答，只是弯腰驼背地拖拽着运漕粮的帆船负重行进，而且很快就消失在天边，再也看不到了！

等大汗淋漓地惊醒后，那天夜里，刘禹锡就再也无法安睡了，心里老是思念着在江南做官、一人孤身在外的父亲，为父亲的健康担忧，心想，等自己有时间抽出空来，一定要去江南，去看望父亲他老人家，当然，还有在洛阳安度晚年的母亲。

可是，令刘禹锡终身遗憾的是，还没等他腾出空来，去埇桥与父亲再见上一面，最好，父子俩再彻夜长谈一次，他的父亲就永远离他而去了。

那是贞元十二年（796年），亦即禹锡担任太子校书的第二年，一天下午，他正在崇文馆校勘图书，忽然看到堂兄刘申锡从老家跑来找他。看到堂兄那神色凄惶的样子，还没等刘申锡开口，他就立即预感到家中肯定出了什么不幸的事情，脑袋顿时"嗡"的一声，忽然感到天旋地转，两眼发黑。

果如禹锡所料，他的父亲刘绪于半个月前病逝于扬州。堂兄刘申锡正是千里迢迢前来报丧的。

原来刘绪本就身体不好，调任埇桥之后公务更加繁忙，终年劳碌，身体一直透支，今年又正好赶上江淮一带水灾，漕运受阻严重，为了确保盐铁转运安全，很长时间刘绪都在江淮之间来回奔波，调度漕运，由于没日没夜地操劳，积劳成疾，那天与属下商议漕粮大事，忽然心疼欲裂，倒地身亡，猝死于扬州。

噩耗传来，禹锡悲痛欲绝，他没想到那年与父亲埇桥话别竟是永诀。于是，他立即卸任辞官，匆匆南下，去扬州为父亲治丧。

在为父亲治丧期间，禹锡一次次地想到父亲生前的音容笑貌，想到那年与父亲的埇桥夜话，耳边时常回响起父亲对自己的叮嘱。而在内心中，不知怎的，他总觉得父亲刘绪就像《毛诗·小星》中所描绘的那些卑官小吏，长年累月战战兢兢、不辞辛劳地为公务操劳忙碌着，以致积劳成疾，英年辞世。

是的，自从那年埇桥夜话之后，禹锡就对父亲格外敬重。

如果说在以前，他心目中的父亲不过是个虽然精明但却庸碌的小官的话，自此以后，他却重新认识了父亲，发觉父亲其实并不像他表面那样世俗、平庸与浅薄，他的内心其实一直埋藏着丰富的情感，一直蕴藏着很深刻的思想。而且，更让禹锡对父亲格外敬重的是，他觉得父亲虽然一辈子都怀才不遇，终其一生都只是一个地方小官，但却始终无怨无悔。从小到大，禹锡从来没听到过父亲的抱怨，看到和听到的都是父亲始终在默默无闻却又辛辛苦苦地在外面奔波劳碌。

的确，民以食为天，官以粮为要！漕粮乃是国家命脉，全国各地都设有粮台、仓廒、漕运船队。扬州是漕运枢纽，每天成百上千的漕运船队都从这里南来北往，故此，漕运任务十分繁忙。由于漕运涉及地方官的官声与升迁，加上长安总是缺粮，故而上司一直催粮催得很紧，身为漕运官看似是个肥缺，其实是个苦差，特别是那些恪尽职守、廉洁奉公的官员疲于奔命苦不堪言，若是没个好身体根本就招架不住。来到这里后，禹锡听说，就在父亲猝死的前一年，有一个漕运官员也累死累活，最后倒在了调运漕粮的码头上。

遵照父亲生前遗愿，禹锡先护送父亲灵柩回荥阳檀山原祖茔安葬。等父亲丧事料理完毕后，按照唐朝官制，他便回到洛阳丁忧，为父守孝三年。在此期间，身为独子的他痛感失去父亲的悲哀与孤单，经常深居简出，每日只是以群书为伴，同时，百般孝顺，细心照顾母亲，尽量给孀居的母亲以心灵的慰藉。

虽是丁忧，毕竟洛阳为大唐东都，许多官吏均为当朝重臣，文人墨客也往来频繁，故而天下各道消息非常畅通，丝毫不逊于长安。这期间，禹锡的诸多好友也时常来洛阳走动，给他带来不少宫内最新消息。因此，他虽在家中丁忧，消息却并不闭塞，处江湖之远却一直心存魏阙，心思未曾有片刻远离庙堂，时时关心与思考着国家大事。

贞元十五年（799 年），是刘禹锡在洛阳丁忧的最后一年。从各地传来的消息中，他感到天下的形势似乎真的已到了一团乱麻、非理不可的地步。这年的二月，几次作乱的宣武军再次发生兵变，性情刚直、在军中强力反腐的行军司马知留后陆长源和判官孟叔度遭人嫉恨，不仅被乱军杀死，还被食肉寝皮，惨不忍睹。事发后，监军俱文珍调刘逸准为宣武大将，带兵入汴，方才平定叛乱。

说来也真个是按下葫芦浮起瓢，这边宣武军叛乱尚未完全平定，那边淮西节度使吴少诚又起兵反叛，率叛军接连攻陷唐州、临颍、许州、西华等地，为害甚烈。

德宗严旨讨伐，但各路讨伐大军为求自保，调度不灵，互不救援，且经常不战而逃。到年底，朝廷看短期平叛无望，于是便专门设立蔡州四面行营都招讨使，专司讨伐之职。

尚在丁忧之中的刘禹锡闻听此讯，很是激动，很想在丁忧期满后投身蔡州行营，投笔从戎，报效朝廷，同时也好建立军功，重登大唐政坛。

可是，令刘禹锡感到极度失望的是，朝廷任命的蔡州四面行营都招讨使却是韩全义。此人虽行伍出身，一直在神策军中效力，却并无将略，只是因为为人精明，善于巧言令色、阿谀奉承因而受宠于时下当红宦官窦文场而得重用。刘禹锡想，此番出镇，韩全义一定是花了重金贿赂宦官才得以任此要职的吧？由此观之，盛世必重贤才，唯才是举，而衰世必用奸人，小人得志，但小人得志的后果自然是官场浑浊，世道更坏，祸国殃民，国运渐衰。

果然，韩全义走马上任后，每当军中议事，只知一味讨好逢迎监军宦官，自己并无主见，纵然大战在即，军情紧急，遇事也争论不休，犹豫不决，只是看监军宦官的眼色行事，以致屡屡贻误军机。淮西叛军听说后，尽出精锐决战，贞元十六年（800年）五月，韩全义与淮西叛军战于广利城。身为大将，韩全义缺勇少谋，当断不断，且临阵慌乱，以致旗鼓未交，诸军即告大溃，为叛军大败，伤亡惨重。

刘禹锡听说后，感慨之余，觉得蔡州行营绝非善地，自己还是不去为宜，而当时京城要职均无空缺，眼看三年丁忧期满，自己将何去何从？一时不知所措，禹锡心中未免焦虑。

但就在这时，父执杜佑的一封来信，却让他禁不住喜出望外。

当年，杜佑与刘禹锡父亲刘绪曾在浙西观察使、淮南节度使韦元甫幕府共过事，且两人关系要好，成为至交。刘禹锡儿时就与杜佑相识，杜佑怜爱其才，还曾多次教导过他。那年，刘禹锡第一次入长安时，时任淮南节度使的杜佑正好也入朝陛见。

刘禹锡获悉后欣然前去拜谒。至今，他还清楚地记得当时与杜佑见面的情景。

因为才华出众，当时禹锡在长安已颇有些名气。那天见到禹锡，杜佑很高兴，一见面便拍着禹锡的肩膀开玩笑说："嗬，当年的小毛孩已长得一表人才，长成青年才俊了！"

杜佑此次进京，乃是因为西戎背弃盟约，时时犯我边境，德宗诏令各方节度使上表言事，以佐圣裁，共商大计。闲谈时，杜佑有意把这事说给禹锡听，并征求他的意见说："梦得贤侄，依你之见，如今朝廷应当如何应对此事？"

年轻人很容易刚勇有余，缺乏谋略。见杜佑问他，刘禹锡不假思索，随即答道："西戎背信弃义，犯我大唐，朝廷必发雷霆之势，遣虎狼，破贼虏，擒敌酋，然后押解京城，开刀问斩，晓谕天下，以此扬我国威，震慑四方蛮夷，无以效尤。"

杜佑听了，当即连连摇头，朗声说道："贤侄忠勇有加，但王略不足。自古以来，圣君治国必以恩泽布予天下，非到万不得已，轻易不因小愤大动干戈招致天下大乱。譬如当年汉武之治，倾尽中国之力四处用兵，屡屡征伐，虽战功赫赫，却使国力枯竭。一旦国力枯竭，那么，那些耗费巨资开拓的边陲又怎么能够保全？所以圣哲论史者，素来不以卫青、霍去病为功勋。"

禹锡当时听了，不由得满心惶愧，一头冷汗。

见此情形，杜佑一脸慈祥，笑着安慰道："贤侄年纪方轻，不谙时务，所学或尚未能融会贯通，学用结合，此乃常情，并不是什么丢脸的事情。常言道：'猛将必发于卒伍，宰相当起于州郡'，待贤侄来年高中之后，若有机会，可到某淮南幕府中来，届时某必定将生平所学倾囊相授。贤侄天资聪颖，多些实践历练，日后定将如虎添翼，青出于蓝，以成国家柱石、治国栋梁。"

那年与杜佑的谈话，刘禹锡一直铭记在心。而杜佑也说到做到，言而有信，绝非戏语。如今，就在禹锡丁忧期满职业尚无着落、正一筹莫展之际，想不到杜佑闻讯后竟差人将聘书送到，要刘禹锡等丁忧期满后便去淮南节度使府任掌书记一职。

看罢来信，刘禹锡很是高兴，想到父亲生前的教诲，以及王叔文和杜佑对自己的期望，他欣然同意赴任。

贞元十六年的夏天，刘禹锡告别母亲，再次从淮河水路东进，正式担任淮南节度使府掌书记。

中晚唐时期，掌书记相当于节度使的私人秘书，地位十分重要，要求也很高。韩愈当时曾这样描述掌书记职务的难度和重要性："书记之任亦难矣……其朝觐、聘问、慰荐、祭祀、祈祝之文，与所部之政，三军之号令升黜，凡文辞之事，皆出书记。非闳辨通敏兼人之才，莫宜居之。然皆元戎自辟，然后命于天子。"

如韩愈所说，但凡节度使对外和对内的文辞，甚至包括私人文件，都由掌书记来完成，不是机敏过人、文才卓绝，根本完成不了这任务。而且，韩愈还特意强调，这职务人选通常由节度使亲自指定，即使是天子也干预不了。

仅此可见杜佑当时对刘禹锡的厚爱与器重。

杜佑是当朝重臣，也是著名学者。性格敦厚，为人宽和，但做官很有魄力，也很有政绩。他特别嗜好读书，读书中喜欢经世致用，思考富国安民的方法。

开元末年曾经担任阆州刺史的刘秩，写了三十五卷的读书笔记，名曰《政典》，非常受人推崇，杜佑看了这套笔记，爱不释手，但悉心寻味，觉得言犹未尽，于是便锦上添花，忙里偷闲动手加以扩充，将其变成了二百卷，谓之《通典》。

在丁忧的日子里，刘禹锡已越来越深刻地感到仅凭一腔热血、满腹赤诚，而无运筹帷幄、治国理政的实际经验，想要仗策定国、兴国安邦实现济世宏愿，无异于痴人说梦！所以，对他来说，此次有机会进入杜佑幕府，不仅是得到了一个出仕的良机，而且，能跟在三朝元老、博学通才尤精吏职的"老成人"杜佑后面见习文武之道，更是得到了一个难得的学习锻炼提升自己的大好机会。

14 军中幕僚

淮南节度使府大门戍卫森严。节度使府内，杜佑此刻正在和节度参谋窦常以及掌书记刘禹锡秉烛商议军情。

唐朝中叶后，各地藩镇欺负唐朝廷统治力衰弱，每逢节度使离世，往往自作主张，让子侄或亲信继任此职，称为留后。贞元十六年五月，徐、泗、濠三州节度使张建封突然死了，军士发动兵变，乱军杀死徐州判官郑通诚知留后和大将段伯熊，软禁了监军宦官，拥立张建封的儿子张愔接替他老子，然后先斩后奏，强行要求朝廷"恩准"封他为节度使。唐德宗对此大为光火，拒不"恩准"，而是加封淮南节度使杜佑为检校左仆射、同平章事，兼徐、泗、濠节度使，令其讨伐徐州乱军。

因为军情紧急，接到圣旨，杜佑召集窦常和刘禹锡连夜商议对策。

杜佑说："中行（窦常的字），你先说。"

窦常说："禀相公，淮南所属兵马正在动员。据报，各部人马基本齐备，军械充足，只是去年、前年淮南水灾严重，大军若要开拔前线作战，粮草被服尚且不足，需要立即向民间采购。然而，征集人马筹备军械已经耗费巨资，本府已经财力耗尽，一时间再难筹措足够经费，如何处置，请相公明示！"

杜佑沉吟片刻，问道："如果截留本岁榷税、盐税用作军费，是否可行？"

窦常答道："不行。现在已是五月，按朝廷两税法，六月必须将上半年所征赋税起运赴京，即使本府现在上书，等到朝廷下旨，最早也应在六月之后。何况，万一朝廷不许，届时耽误税赋转运之罪，谁也担待不起！"

杜佑叹口气道："中行说的是，朝廷早有法令，两税之外不得加征，即使加征，时间上也来不及了。"

正在一旁忙着记录的刘禹锡这时插口道："既然这样，是否能向朝廷上书，请求从国库中借贷，以补足所缺之军费？"

窦常说："我也有此想法。本府可先向百姓征集粮草，给百姓打一白条作为凭据，等朝廷拨款下达，再向百姓兑付，如此既可不误军机，又不会损害百姓。"

杜佑左思右想，觉得舍此也别无良策，于是就点点头说："那就暂时这么办吧。"然后命刘禹锡连夜起草好《请贷钱物表》，第二天天不亮，就派人火速打马送往长安。

那些天，刚来幕府不过两个多月的刘禹锡日夜忙碌。但凡杜佑交办的事情，他都能办得妥妥帖帖，从不让杜佑费心。有些事情，杜佑让他参谋赞画，他也能提出一些中肯意见，因而深得杜佑及其他上司和同僚夸奖。

过了数日，就在杜佑一边忙着整军备战一边翘首等待朝廷回音之际，德宗同意从国库中拨付欠款，支持淮南出兵，并让宦官中使南宫怀珍奉诏来到扬州宣旨。

杜佑很是高兴，便设宴款待南宫怀珍等朝廷来使，并让三军主将及幕府几个心腹幕僚作陪，刘禹锡也名列其中。

唐朝中期之后，宦官日渐得势，那些"天子家奴"无论在宫中还是出使在外，都一个个狐假虎威，颐指气使。席间，南宫怀珍盛气凌人，妄自尊大，就连杜佑也不敢得罪，而是对其竭力讨好，恭维有加。

酒过三巡，南宫怀珍拍着杜佑的肩膀笑道："杜相公有所不知，不是老奴故意要在这里讨好卖乖，此番皇恩浩荡，赐淮南军以钱物，本为言官所阻，幸亏老奴在皇上面前巧为周旋，设法力争，圣上方才作了如此英明决定。"

杜佑满脸是笑，显得很是感激地说："多谢中使！多谢中使！中使深明大义，功在社稷。来，某再敬中使一杯！"

南宫怀珍与杜佑干了一杯后，一边夹菜，一边又道："杜相公，不是老奴多嘴，此次出战，老奴以为杜相公只要稍做姿态即可，不可大动干戈。"

杜佑依旧笑着，故作一脸疑惑状道："请问中使，此话怎讲？"

几杯烈酒下肚，南宫怀珍显然有些自作聪明，好为人师，这时便说："杜相公此番出战，可知其中利害？在老奴看来，圣上虽赐下钱物，然圣上与群臣其实并无力战之心，仅有小胜之意，然后便会体面地接受张愔的请封，以此让吴少诚等叛逆受此诱惑也归顺朝廷。倘若大动干戈，非但劳民伤财，而且真的把张愔给逼急了，狗急跳墙，甚而至于与其他藩镇沆瀣一气、共同作战，到时候局面恐怕杜相公会很难收拾！"

听了南宫怀珍的话，杜佑只是微笑着，没有说话。其他在场的人更是面无表情，一声不吭。

但这时，一直看不惯南宫怀珍那阴阳怪气、盛气凌人样子的刘禹锡却按捺不住，突然说道："恕下官冒昧，中使之言，下官实在不敢苟同！兵法有云：'侵掠如火，不动如山，难知如阴，动如雷霆。'下官以为，我大军一旦出动，无论是鸣金杀敌，还是枕戈待旦，无不同样消耗粮草，消磨士气。与其消极避战，助长叛贼气焰，不如大刀阔斧，扑灭凶顽，震慑四方！"

南宫怀珍一怔，拿眼仔细看了看刘禹锡，皱了皱眉头，然后不阴不阳地说："请问说话者何人？"

"在下节度使府掌书记刘禹锡。"刘禹锡站起身不卑不亢地回答道。

南宫怀珍这时端起一杯酒，一扬脖子一口喝干，然后阴阳怪气地笑着说："噢，原来是天下闻名的大才子刘梦得哇，不知何时投到了杜相公帐下？听你说话好大的口气，竟要学谢安谈笑间樯橹灰飞烟灭？你可知徐泗濠大军兵勇将猛，训练有素，本是我大唐安定一方的定海神针。如今这样的一支军队，即使被你们淮南军打败，也是我大唐的损失，若是两败俱伤，就更是令人心痛。若能不战而令其重新归顺朝廷，则我大唐幸甚！况且，你要知道，淮西吴少诚也在淮南之侧，如果他与张愔联手，老奴且问你，你们淮南军有多少胜算的把握？"

南宫怀珍气量狭小，再说他平时说话无人敢于顶撞，如今在此大众场合遭刘禹锡反驳，未免有些生气。

见此情形，坐在刘禹锡旁边的节度参谋窦常赶紧在桌下用脚轻轻踢了踢刘禹锡，暗示他甭再说话。

杜佑这时也赶忙打圆场说："中使所言极是。梦得年少，立功心切，还望中使见谅！今得中使指点迷津，淮南上下无不感激万分！"说罢，为了不使禹锡坐在那儿难堪，杜佑就又吩咐禹锡道："梦得，你速去作《谢贷钱物表》，写好请中使指正！"

刘禹锡奉命，立即当场研磨挥笔，一气呵成，只一会儿工夫便将一篇

《谢贷钱物表》呈到南宫怀珍面前：

> 臣某言：中使南宫怀珍至，奉宣圣旨存问，兼赐臣墨诏。天光下济，睿泽曲流。衔恩未酬，居宠弥惧。臣某中谢。臣受任斯极，微功莫施。昨以封略未宁，干戈犹动，寿春固垒以备盗，淮甸兴师以捍奸。经费所资，数盈巨万。馈饷时久，供亿力殚。虑始图经，不敢缄默。辄陈管见，上黩宸聪。伏蒙圣慈，特遂诚请。远承如綍之旨，特假聚人之财。军须不愆，士气弥振。糇粮既备，永无半菽之虞；襦袴足颁，远超挟纩之感。是为悦使，咸愿先登。臣忝总戎，倍百欣荷。伏以上分国用，俯济军兴。候清烟尘，谨备偿纳。

南宫怀珍看后，脸上方才多云转晴，态度有所缓和，并情不自禁地笑了两笑，夸赞刘禹锡道："嗯，不错，确是锦绣文章！不愧是大唐才子，果然名副其实！"

"多谢中使夸奖，禹锡愧不敢当！"

众人听罢，这才如释重负，也都一起笑将起来。刘禹锡此刻也暗暗长舒了一口气。毕竟，还才踏入仕途，在内心中他还不愿也不敢过分得罪南宫怀珍。

"唉，梦得贤弟，昨天晚上，某着实为你捏了一把汗！"第二天，节度参谋窦常与刘禹锡单独在一起时，长叹一声说道。

窦常，平陵（今陕西咸阳西北）人，郡望扶风，大历十四年（779 年）登进士第，居广陵之柳杨。他曾结庐种树，不求苟进，以讲学著书为事，凡二十年不出。贞元十四年，镇州节度使王武俊听闻其贤，遣人致聘，辟为掌书记，窦常坚辞不就。其年，杜佑镇淮南，奏授校书郎，他因为敬重杜佑为人，乃为节度参谋。此人一身正气，刚正不阿，忧国忧民。

刘禹锡苦笑笑，感慨道："所谓'国之将亡，必出妖孽'，唉，如今这世道，真是一言难尽，不说也罢！"

窦常深有同感，也满脸忧愁，放言无忌道："阉宦之祸，古今皆有，但看是否有明主在朝，扶正祛邪。如今阉宦猖獗，朝政日非，实在是堪忧！"

刘禹锡这时也满脸忧戚之色，摇摇头说："当年陈宫问起阉宦之祸，曹操直言董卓之祸大于阉宦之祸十倍！当今之世，最猖獗的其实还不是阉宦之祸，而是藩镇之害!"

　　于是,两个人便由历史说到现实,又开始议论起如何讨伐徐州乱军。军情危急,这才是眼下需要解决的燃眉之急。

15 醒来何时是黎明？

傍晚时分，杏黄色的酒幌在寒风中瑟瑟招摇着。在扬州城内的一家小酒店里，几个客人正围着火炉坐在一桌，一边大口地吃着热气腾腾的狗肉，一边一杯接着一杯滋滋有声地喝着高粱酿制的烧酒。

酒桌上，几个客人先是嘻嘻哈哈，说着一些与女人有关的荤话。后来，也不知是谁提到了徐州团练使张愔，于是有人问道："这徐州张大人也担任徐州团练使？"这一问，话题就自然转移到徐州一带的形势了。

"诸位要问起这徐州张愔张大人，老夫可就话多了。"一个上了年纪显然有些阅历的老者说，"就在去年，是贞元十六年吧，他父亲徐、泗、濠三州节度使张建封突然死了，去了阴曹地府，军士就拥立他接替他老子，要求朝廷封他为节度使，谁知道朝廷不买账，偏偏加封杜佑为检校左仆射、同平章事，兼徐、濠、泗三州节度使，叫他讨伐张大人张愔。"

说到这里，这老者端起酒杯，与一个站起身敬他酒的年轻后生碰了碰酒杯，然后"吱"的一声把酒喝干，吃了口狗肉，停了停，就又接着说道："接到圣旨，这杜佑立即调集大批战船，派部将孟准为前锋，进攻徐州。唉，要说这年头官军真的不会打仗，这孟准的军队渡过淮河以后就吃了败仗，杜佑因此不敢进兵。这时泗州刺史张伾出兵攻埇桥，也大败而回。朝廷不得已，只好任命张愔为徐州团练使，分濠、泗两州隶属淮南，以杜佑兼濠、泗观察使。所以这年头，那些地方节度使只要稍微有些实力，就动不动明里暗里和朝廷叫板，而早已变成没牙老虎的朝廷也着实奈何不了他们！"老者说到这里，忍不住长叹一声。

"唉，如今这世道，真是不成体统！"一位穿长衫的中年汉子这时也感慨道，"就说那陆长源吧，贞元十二年，授检校礼部尚书、宣武军行军司马，汴州政事。由于当时的下属都桀骜不驯，不讲法度，动不动就杀死长官，弄得行伍里没有一点规矩。到了汴州以后，那陆长源准备用严厉的军法整顿军纪，惩治贪腐，于是人人恐惧。谁知后来下属发生叛乱，不仅把长源杀死，还把他的肉给吃了。皇帝爷得到长源被杀的消息，万分悲痛，下诏封长源为尚书右仆射。你说，这人都死了，还升官有什么用？"一席话说得大家都很难过。

"诸位说，如今这叫什么世道？是非不分，忠奸莫辨，照这样下去，这大唐怕是就快要日落西山，气数将尽喽！"那位老者这时又摇着一头白发，长吁短叹道。

因为山高皇帝远，几个人在一起一边喝酒，一边高声谈论国事，似乎全无顾忌，也似乎没注意到或者根本就不在乎在酒店的一角，此时还有另外一位客人正在一个人自斟自饮。而且，这几个客人更不会想到，此刻坐在他们旁边不远处喝着闷酒的这位客官，竟是刚刚才卸任徐、泗、濠节度使府掌书记不久的淮南节度使府掌书记刘禹锡。

不过，说者无心，听者有意。此时，忽然听到酒店这几个客人的闲谈，刘禹锡的心中很不是滋味。他没有想到，在这样一个地方竟然也有人谈论这事，而且竟然对去年那场讨伐徐州的战事了解得如此清楚。

是的，如同以往的朝廷平叛一样，去年杜佑奉旨率大军出征，结果没想到也是虎头蛇尾，无功而返。就在前天，杜佑因战事失利，深感惭愧，命刘禹锡代为起草了《请朝觐表》，请求朝廷将自己召回长安，退归故里。

时年66岁的杜佑一时萌生退意，乞归田园，让刘禹锡不禁对自己在淮南幕府的前途感到担忧，也让他禁不住有些失望。他想，自己来淮南幕府还不到两年，如果杜佑退归故里，自己今后继续待在扬州淮南幕府还有什么意义？又能有什么发展？于是，他情不自禁地想起长安，想起自己那些年在长安时的时光。是啊，长安，那里才是自己建功立业的疆场！

可是，自己怎样才能重回长安？未来的路又该怎样走下去呢？这些天，刘禹锡经常忍不住白天黑夜地去想，可是，思来想去，心中一片茫然。

因为心中苦闷，今晚，他独自来到瘦西湖边这家相对偏僻的小酒馆里喝闷酒。这里离节度使府较远，不会遇到熟人打扰。

一人独酌，刘禹锡油然想起那年在长安与王叔文、柳宗元在西市小苏州酒楼一起把酒言欢、纵论国事时的情景。当时，他"三登文科"，春风得意，刚步入仕途又被授予太子校书，进入东宫，风光无限，前程似锦，所以那天人逢喜事又酒逢知己，自然满心欢喜，兴高采烈，踌躇满志。但没想到三个人在一起喝酒时，虽然大家都开怀畅饮，无所不谈，言谈之间王叔文却显得心事很重，满心忧虑。

至今，刘禹锡还记得那天王叔文说过的一些话。酒过三巡后，侍读说："梦得，子厚，你们可知道如今我大唐正有两只虎视眈眈的野兽？"

王叔文刚一问，柳宗元和刘禹锡就立即心领神会，不约而同地竞相回答。

柳宗元说："一宦官。"

刘禹锡这时也接过话道："一藩镇。"

王叔文点点头，说："是的。如今这两头野兽一在宫中，狐假虎威，权倾朝野，擅权作恶；一在野外，拥兵自重，祸国害民。而当今圣上却姑息养奸，养虎为患，致使国运衰微，每况愈下，如今国势危若累卵，已到了病入膏肓的程度。虽说太子仁爱，善恶分明，这些年忧国忧民，一直忧心如焚，但是，身为太子，他又无能为力，徒叹奈何！更何况如今圣上多疑，舒王李谊又一直心存不轨，觊觎东宫，这种时候为图自保，太子只能更加小心谨慎，如履薄冰，倘若一步走错，就会满盘皆输。"

说着，他又叹息着背诵了一段显然早已经记得烂熟的诸葛亮《将苑》中的话："与敌交锋而求胜，不能夺势则须利器，不能利器则须运谋，不能运谋则须用忍。相持之际，困窘沓至，敌不能忍而我能忍，则后必伺隙可胜。"说到这里，王叔文的眼圈忽然红了。

此时此刻，刘禹锡和柳宗元两个热血青年也很动情。

"侍读心忧天下，真是用情至深、用心良苦！"柳宗元说。

刘禹锡这时也点点头，感慨道："侍读忧国忧民，真是天地可鉴、日月可昭，委实令人感动！"

王叔文略略平静了一下，然后放慢语速说："宫廷博弈，其实也是一场战争。为今之计，无论是太子，还是你我身为东宫属臣，凡事都须要忍，做到'敌不能忍而我能忍'，'屈身守分，以待天时'！"

"屈身守分，以待天时，不可与天命抗争也！"刘禹锡知道，这是当年刘备处于逆境之中说的话。今天晚上，一人独酌，想到当年与宗元及侍读在小苏州一起开怀畅饮时的情形，他又不自觉地自言自语道："屈身守分，以待天时！"

是的，这种时候，自己还需要忍耐，还需要等待！他想。

说来，真是日有所思，夜有所梦。这天晚上，刘禹锡一个人住在小酒店里，竟做了一个噩梦。梦中，他忽然看到两头野兽，一头黑熊，一头老虎。那黑熊乍一看模样很像是宦官南宫怀珍，再一看又像是太监俱文珍；而那老虎乍一看则像是刚刚归顺的武宁军节度使张愔，又像是被德宗无奈赦免的淮西节度使吴少诚。当时，德宗皇帝正躺在大明宫中搂着宠妃若莘呼呼大睡，全然不知道那一头黑熊和一头猛虎正朝他龇牙咧嘴扑来……

就在这时，刘禹锡忽然听到太子李诵惊恐地朝他挥着手大声喊道："刘梦得，快去救我父皇！快去救我大唐！"

此时此刻，刘禹锡自然焦急万分，可奇怪的是，任凭他怎样焦急，怎样握紧了拳头，却怎么也迈不动沉重的双脚！……

噩梦醒来，刘禹锡发觉自己浑身上下都是冷汗。因为再无睡意，半夜，他披衣起床，看看窗外，但见夜黑如墨，万籁俱寂。小酒店里既无沙漏，又无鸡鸣，此刻竟不知道是何时辰。

"不知道什么时候才能天亮？"他喃喃自语道。无奈，他重又睡到床上，辗转反侧。

不知怎的，这种时候他又忽然想到长安，想到王侍读，想到柳宗元。他想，此时的长安，不，应该说整个大唐，都还处于沉沉的黑暗之中吧？

16 寡人的苦衷

"亲贤臣，远小人，此先汉所以兴隆也；亲小人，远贤臣，此后汉所以倾颓也。先帝在时，每与臣论此事，未尝不叹息痛恨于桓、灵也。侍中、尚书、长史、参军，此悉贞良死节之臣，愿陛下亲之、信之，则汉室之隆，可计日而待也。……"

太子李诵喜欢朗诵古代经典名文，正常情况下他都会在傍晚时分翻开一卷典籍，一边在书房里来回踱步，一边声情并茂地大声朗诵一番，每当这时，他都会兴味盎然，乐而忘忧。即使是前一段时间身体违和，躺在病榻上，他也坚持让太子侍读王叔文给他朗读。今天，虽然病情尚未痊愈，只是稍微好转，头已不再晕眩，他便又开始自己朗诵。

李诵今天朗诵的是诸葛亮的《前出师表》。当朗诵到"亲小人，远贤臣"这一段时，因为受到感染，感从中来，就连他自己也能感觉到自己的声音有些颤抖，心跳明显加速，而呼吸也一下子变得有些急促起来，并禁不住一阵剧烈的咳嗽。

"太子殿下，您的病刚好，还是躺着好好休息，让臣来读给您听吧。"王叔文这时急忙走到太子李诵的身边，用手轻轻地拍着他的背部。

和往常一样，刚才太子李诵在高声朗读的时候，整个东宫太子书房内，就只有王叔文一个听众。而在李诵朗读的时候，王叔文坐在那里只是安静地听着，一直没有说话。此时此刻，他当然知道，太子李诵为什么要大声地朗读诸葛亮这篇著名的《前出师表》，又为什么在朗读时那么情绪激动，以致禁不住一阵剧烈的咳嗽。

是的，唐人喜欢以汉喻唐，王叔文知道，太子殿下今天朗读这篇《前出师表》显然是意有所指，或者干脆说就是在影射他的父皇唐德宗李适，而当他读到"亲小人，远贤臣"这一段时，也一定是联想到了他的父皇以及这些年先后围绕在他父皇身边的那些当红小人，因而一时感从中来，情绪激动……

说来，唐德宗李适与他的曾祖父唐玄宗李隆基真的有许多相似之处，都是先聪后昏。他俩在做太子期间都很精明能干，在登基之初也都雄心勃勃，励精图治，为此"亲贤臣，远小人"，慧眼识人，重用贤相，如唐玄宗先后重用贤相姚崇、宋璟、张九龄等，而德宗则重用贤相"神仙宰相"李泌、"尚父"郭子仪以及陆贽等，可是，等到了后来，由于不同的遭遇，俩人都开始无心问政，贪图享受，从此追求声色自娱起来，于是，都有意无意地开始"亲小人，远贤臣"，不仅重用宦官，而且重用奸相。

天宝之后，唐玄宗先后任用奸相李林甫、杨国忠，由此，大唐盛世急转直下，迅速衰落，并最终导致安史之乱。德宗李适在建中年间宠信奸相卢杞，不仅使颜真卿等忠臣身受其害，而且加剧了建中年间的动乱。到了贞元年间，他又重用奸臣裴延龄掌管财政。裴延龄为人奸诈，欺君罔上，为了迎合李适的贪欲，不顾百姓贫困，大肆聚敛财物。被时人称为"内相"、有"帝师"之才的宰相陆贽上书对此极力反对，并揭露裴延龄奸诈欺妄，不可信任，其"侵削兆民，为天子取怨于下"，将会招致祸乱，言辞极为恳切。但早已万念俱灰、只管骄奢淫逸的李适早已经听不进半句逆耳忠言，反而贬斥陆贽等人。

不仅在"外朝"重用奸相，而且玄宗和德宗在后期因为把权力都交给外朝宰相不放心，都重用"内朝"宦官，使这些刑余之人而口含天宪，飞扬跋扈，以致最后成了骑在皇帝头上的"天子家奴"……

都说"当局者迷，旁观者清"，身为太子，因为关心时政，身边又有太子侍读王叔文等直陈利弊，李诵当然对这一切看得清楚，对父皇的弊政了然于胸。可是，就因为大唐从开国那时起，皇帝与太子之间的关系就一直非常微妙，颇多忌讳，稍有不慎，即会遭到废黜，因而置身东宫，他又不便也不敢面折廷争，劝谏父皇，甚至连背后议论也害怕会传到父皇的耳朵里，给自己招来不测之祸。于是乎，他就只好干瞪眼，干着急，干郁闷，顶多，只能像今天这样，通过朗读古文"发思古之幽情"，稍微发泄排遣一下胸中的焦虑与苦闷。但即便这样，他也总是很小心，除了王叔文等几个自己小圈子里的人，尽量不让其他人知道。

在继续读完诸葛亮的《前出师表》后，李诵停住了朗诵，将那本自己已经翻得有些卷边破损的《昭明文选》往几案上轻轻一放，顺手端起侍女刚刚送来放在案上的一碗参汤喝下，然后用一块方巾擦了擦头上刚刚冒出的虚汗。因为感觉腿脚有些发软，身子依然有些虚弱，随后，他便躺倒在一把葛藤编制的躺椅上，侍女这时赶忙过来，拿了一床被子给他盖上。

见此情形，为了不影响太子殿下休息，王叔文便站起身想要告辞，但李诵却抬眼笑着对他说："不妨事！不妨事！先生休要走开！寡人很想知道先生刚才听了《前出师表》有何感受？"

没人在的时候，太子李诵总是很谦虚地尊称太子侍读王叔文为先生。

一听这话，王叔文便又重新坐下来，不假思索回答道：

"《前出师表》是三国时期蜀汉丞相诸葛亮两次北伐魏国前，上呈给后主刘禅的奏章。文中诸葛丞相言辞恳切，劝说后主刘禅要继承先帝遗志，广开言路，严明赏罚，而且，更为重要的是要'亲贤臣，远小人'，完成兴复汉室的大业。所以臣下刚才在聆听太子殿下朗读《前出师表》时，禁不住在心底里感叹：为了报答先帝的知遇之恩，为了辅佐刘备、刘禅父子，兴复汉室，北定中原，诸葛亮一生真正是鞠躬尽瘁，死而后已！历史上，有许多名人，生前，人们对之总是或褒或贬；死后，随着历史的复杂演进，其所受毁誉也多有变化，甚至全誉全毁，尖锐对立，而又时反时复。唯有诸葛亮，其生也备受赞叹，其死也尽享美誉，也难怪擅长写作史诗的我大唐玄宗朝诗人杜甫盛赞诸葛亮，颂之为'万古云霄一羽毛'，华夏政史第一人，对其推崇备至。"

李诵点点头，说："先生所言极是。诸葛丞相之所以能够流芳百世，他的这篇《前出师表》能够流传千古，想来不是没有道理的。他对刘备父子那么忠心耿耿、竭忠尽智不说，就说他的这篇千古名文《前出师表》吧，身为丞相，在北伐魏国前，他上呈奏章，千叮咛万嘱咐，希望后主能够以史为鉴，汲取先汉与后汉兴旺成败的历史教训，要后主'亲贤臣，远小人'，而不能'亲小人，远贤臣'！'亲贤臣，远小人'，这话说得再清楚不过了，只可惜，后主昏庸，阿斗无能，根本没能读懂这篇金石文章、治世雄文，更没有牢记诸葛老丞相对自己语重心长的谆谆告诫！……"

王叔文这时也感叹道："唉，'亲小人，远贤臣，此后汉所以倾颓也'，其实，又何止后汉？商朝的纣王、春秋时的齐桓公和吴王夫差、秦二世胡亥、隋炀帝杨广……历史上有多少王朝的帝王敢说自己没做过这样的蠢事？以致后悔莫及，死不瞑目！"

王叔文的话在太子李诵的心中起了共鸣，于是，情不自禁地，他再也不言外之意、弦外之音地弯弯绕，打太极，而是直截了当地说：

"《易经》中说：'开国承家，小人勿用。'可是历史上'亲小人，远贤臣'的故事却总是史不绝书。当年我大唐先祖太宗皇帝在魏征死后曾经含着泪说：'以史为镜，可以知兴废。'是的，历史是一面镜子，只可惜，自玄宗朝以来，这样的一面镜子已越来越模糊，所发挥的作用已越来越少了，以致'亲小人，远贤臣'的事情时有发生，想来，实在是令人揪心，肝肠寸断！"

说这话时，情不自禁地，太子李诵的眼里竟然涌出了泪花。

王叔文听罢，沉默了片刻，下意识地拿手指在几案上轻轻叩了几下，随即也感慨万端，直言不讳道：

"是啊，'忆昔开元全盛日，小邑犹藏万家室。稻米流脂粟米白，公私仓廪俱丰实。九州道路无豺狼，远行不劳吉日出。齐纨鲁缟车班班，男耕女桑不相失'。遥想杜子美当年诗中所描绘之开元盛景，令人着实羡之，却又叹之，惜之！唉，当年我大唐玄宗皇帝聪明神武，前期'亲贤臣，远小人'，励精图治，曾经一手开创了开元盛世，只可惜，承平日久，君王懈怠，后来更是'亲小人，远贤臣'，重用奸相，宠信宦官，以致朝纲紊乱、国运衰败，最终导致了安史叛乱！……"

李诵这时打断他的话道："若非当年我先祖玄宗皇帝醉生梦死，宠幸杨氏一门，如今我大唐又何至败落如斯，危若累卵？"

王叔文点点头，接着说道："而现在，殷鉴不远，伤口未愈，我朝似乎又忘记了'亲小人，远贤臣'的惨痛教训，如今，刑余之人口含天宪，权倾朝野，擅权乱政，而各地藩镇又手握重兵，桀骜不驯，且时常犯上作乱，由此山河板荡，生灵涂炭。殿下，恕臣直言不讳，如此形势，真的令人担忧，岌岌可危啊！"

李诵叹口气道："先生所言非虚，寡人也有此感。唉，这也正是寡人为之揪心、时常食不甘味、夜不能寐的原因之所在！"说着，又唉声叹气，满面愁容，忍不住咳嗽起来。

一看太子殿下如此动情，如此难过，王叔文赶忙劝慰道："太子殿下春秋正盛，来日方长，千万保重身子。常言道：留得青山在，不愁没柴烧。车到山前必有路，等到太子殿下有朝一日荣登大宝，克承大统，届时'亲贤臣，远小人'，诏令天下，任贤用能，革故鼎新，改革弊政，我大唐局势自会转危为安，国家面貌自会焕然一新！"

17 重回长安

贞元十八年（802 年）的正月十五元宵佳节，长安城内挂满了各种彩灯。京兆府的大门前更是张灯结彩，一派喜庆热闹景象。

这天晚上，京兆尹韦夏卿特意安排了一桌酒宴，盛情款待一位远道而来的客人。

这位客人不是别人，正是刘禹锡。

贞元十七年的腊月初，在扬州淮南节度使府几乎度日如年、一心想回长安任职却又无计可施的刘禹锡忽然接到了调补京兆府渭南县主簿的命令。其时，刘禹锡并不知道，他之所以能够调任京畿，其幕后完全是自己的上司与恩公杜佑的功劳。

原来，杜佑自从那天吩咐刘禹锡为他起草《请朝觐表》，请求召回长安，退归故里后，发觉禹锡从此便终日闷闷不乐，忧心忡忡，心中即已猜出了七八分，待那日乘马车经过南塘，忽然看见南塘亭柱上有几行新鲜的墨迹，俨然是禹锡的手笔，仔细一看，果然是禹锡龙飞凤舞新题在亭柱上的一首题为《晚步扬子游南塘望沙尾》诗歌：

> 淮海多夏雨，晓来天始晴。
>
> 萧条长风至，千里孤云生。
>
> 卑湿久喧浊，寨开偶虚清。
>
> 客游广陵郡，晚出临江城。
>
> 郊外绿杨阴，江中沙屿明。
>
> 归帆翳尽日，去棹闻遗声。

乡国殊渺漫，羁心目悬旌。

悠然京华意，怅望怀远程。

薄暮大山上，翩翩双鸟征。

　　看完，杜佑反复吟哦着"悠然京华意，怅望怀远程"，心中益发肯定，刘禹锡如今虽人在扬州其实心早已飞到了长安。

　　杜佑是刘禹锡的父执，且刘禹锡的父亲刘绪生前也把禹锡托付给他，何况刘禹锡博学多才、聪明能干，经过两年幕府生涯的锻炼已日渐成熟，再也不是眼高手低只会纸上谈兵的一介酸腐秀才，如今已具备了担任更大责任、登上更大政治舞台的素质与能力，于公于私，杜佑都不希望因为自己行将引退而影响到禹锡的前程。当时，正好老友韦夏卿调任京兆尹的喜讯传来，于是，那天回到公府，杜佑便给韦夏卿写信，先是祝贺韦夏卿荣膺京兆尹，然后便为国举贤，拜托他设法为刘禹锡在京畿谋一职位。

　　前年，朝廷曾任命韦夏卿为徐州行军司马，并接替已故的徐、泗、濠节度使张建封的职务。徐州兵变后，叛军拒绝接受尚未到任的韦夏卿，朝廷遂将他调任吏部侍郎。一年后，也就是去年的十月，又改任为京兆尹。

　　韦夏卿性格宽厚，乐善好施，平时喜欢结交名士，特别爱才，元稹便是他的东床快婿。当他接到好友杜佑的推荐信后，因为早就知道刘禹锡少负才名，所以欣然同意，当即一纸调令将刘禹锡调补京兆府渭南县主簿。

　　所谓调补京兆府渭南县主簿，就是任职京城下辖的渭南县分管文书的副县令，当时的县令则是刘禹锡的好友李绛。自古京官大三分，京城辖县官员品级比普通州县略高，而比京县略低。刘禹锡新任的这个主簿虽然只有正九品上，但能在京城辖县任职，是进入朝廷的一个跳板。何况，有唐以降早有规定，官员必须有州、县一级官府任职也即基层锻炼的经历，如此才有资格和机会进朝廷担任要职。

　　接到调令，刘禹锡喜出望外，立即向自己的恩公杜佑拜谢辞别，然后离开扬州，一路北上。时已年末，因为思念母亲，他先是取道洛阳看望日渐年迈的母亲，并与母亲和妻子在一起欢欢喜喜过了新年，等到大年初二，便匆匆赶往长安，走马上任。来到长安，正是元宵佳节，且天降瑞雪，美丽的长安似乎有意用银装素裹来欢迎他的归来。

虽然是自己的下属，但因为刘禹锡是天下知名的才士，韦夏卿那天的宴请特别隆重，不仅亲自主陪，而且还邀请了两位长安的名人雅士作陪。这其中一位是刘禹锡阔别已久的好友、现任蓝田县尉的柳宗元，另一位是韦夏卿的从弟、杜黄裳的女婿、翰林学士韦执谊。

见到禹锡，柳宗元格外高兴，刚一见面就拉着刘禹锡的手仔细端详着说："梦得兄，你比先前瘦多了！"

柳宗元说的是实话。在淮南幕府的这两年，刘禹锡经常日夜操劳，不仅要赶写那么多上传下达、来来往往的公文，而且还忙里偷闲帮助杜佑私人校阅审定了其皇皇巨著、长达二百多卷的《通典》，其中的辛苦可想而知。

久别重逢，刘禹锡与柳宗元情同手足，握着手只顾在一起说话，没承想这时韦执谊走过来，人还未到笑声就已传了过来："子厚，你也太自私了！梦得新来，大家都想见他，你却只管将他专宠。"

刘禹锡听到声音，赶忙回头一看，发觉来人竟是韦执谊，顿时惊喜万分。

唐代的长安韦氏乃是官宦世家、名门望族，据考证前后出过 14 位宰相。韦执谊自幼敏慧峻拔，年少成名，二十余岁即已进士及第、殿试策论第一，授官右拾遗，召入翰林为学士。德宗皇帝对他尤为宠爱，常与他诗歌唱和，甚至允许他出入禁中，以备顾问。

有一年，德宗华诞时，太子敬献佛像一尊，德宗命韦执谊作画像赞，并命太子赐韦执谊绢绸作为酬劳。

韦执谊到东宫当面向太子道谢，客套一番之后，一时没有话题，双方都有些尴尬，这时太子就说："你知道王叔文吗？他是个了不起的人才。"于是乎，经由太子引荐，韦执谊从此和王叔文关系渐渐密切。

刘禹锡任太子校书时，常在王叔文府与韦执谊相逢，因为性格相合，话语投机，两人关系非常要好。

一见韦执谊笑容满面地朝自己走过来，刘禹锡赶紧趋步上前行礼道："不知学士也在此，下官失礼了！禹锡在外蹉跎数载，今日得回长安，日后还请学士多多关照！"韦执谊为人豁达爽快，这时就说："梦得，大家都是自己人，你我何必客气？"

入席后，四人分宾主坐下。韦夏卿拿出一坛多年陈酿并当场启封，随后举杯笑道："在座诸君皆是我韦某人的至交好友，今日能请到梦得，为梦得接风洗尘，何止蓬荜生辉？我韦某人有幸又结识一位少年英豪，大唐才子，真乃可喜可贺。今日群英荟萃，不可言醉，通宵尽欢，诸君以为如何？"

酒过三巡，韦执谊又主动和刘禹锡连碰两杯，然后问道："梦得回长安后已去见过王侍读吗？"

刘禹锡摇摇头答道："还没有。禹锡刚来长安，想先安顿好，把公务先理出个头绪再去拜谒侍读。"

韦夏卿这时插话道："好，梦得能以公务为重，值得称赞！"

韦执谊笑着说："我兄一向称赞梦得贤能，爱才若渴，此番让梦得去渭南任职，相信不久定会将梦得调回长安再委重任。何况王侍读也始终不忘梦得，也对你一直寄予厚望！"

"学士过奖了！让禹锡委实羞愧难当！"刘禹锡诚惶诚恐，连忙拜谢。

韦夏卿这时端起酒杯，高高举起，朗声道："诸君都是贤能之士、廊庙之才，实乃本朝未来之希望。这杯酒，某与诸位共饮。智者怀仁，心忧天下，如今国事多艰，风雨仓皇，还望诸位克勤于邦，为国分忧！"说罢，举杯一饮而尽。

韦执谊、刘禹锡和柳宗元这时也都站起身跟着纷纷干杯，且连连称是。

韦夏卿又道："某对诸君期许极佳，所谓居轩冕之中，要有山林之气；处林泉之下，常怀廊庙之经纶。本朝第一科取士，诸君均是我朝栋梁之材，在将来，必有人出将入相，总揆天下，但无论如何，都莫忘了某今日之嘱托，莫被名利蒙蔽双目，莫为贪腐害了终生。身负经天纬地之才，宜常怀淡泊名利之心，'扶社稷，安苍生'，尽忠报国，竭尽全力！"

大家全神贯注，聆听韦夏卿教诲，如沐春风，因而都频频点头。

"来，今日喜庆，诸君不妨多喝几杯！"韦夏卿说罢，重新坐下，与各位觥筹交错，谈笑风生。

因为主人盛情，这天从始至终，大家都很尽兴。

果如韦执谊所料，刘禹锡到渭南县任主簿还只两个月，其堂兄韦夏卿就将禹锡调到身边，使其成为自己手下的一个"大笔杆子"。而当时任职京兆府蓝田县尉、比主簿官职还小的柳宗元也被爱才若渴的韦夏卿留在身边，在京兆府中给他当秘书。能让两个即使是在当时也已经声名远播的大文学家在自己手下当秘书，也真是韦夏卿一生的幸运。

能与好友柳宗元在一起共事，且在长安好友众多，大家经常在一起吟诗唱和、高谈阔论，实乃刘禹锡人生中之一大乐事。这期间，刚登进士第与刘禹锡同龄的白居易特意来京兆府拜会刘禹锡，和其同来的还有小他俩七岁，也是少年成名，与白居易今年一起同登书判拔萃科并授秘书省校书郎的元稹。

那天，三人一见如故，相谈甚欢。中午，刘禹锡寻一酒肆，盛情款待白、元二友，三位大唐才子把酒临风，登高望远，纵论古今，无不喜洋洋者矣！一时间，刘禹锡重又如鱼得水，意气风发，对仕途、对未来重又充满了希望与自信。

可是，说来真是天不遂人愿，就在这年的夏秋之交，刘禹锡忽然接到母亲自洛阳的来信，说他的妻子裴氏抱病，嘱其回家探视。刘禹锡赶紧告假，速回洛阳。

回到家里，禹锡发觉妻子裴氏已经病得很重，躺在病床上已无法下地走路，而母亲也已花白了头发，益显苍老。想到这么多年自己独自在外闯荡，与妻子和母亲聚少离多，很少尽到做丈夫做儿子的责任，他的心里深感愧疚。那些日子，他每天只是夜以继日地陪侍在妻子裴氏身边，与她温情相伴，喁喁私语，恨不得将以前欠妻子所有的情和爱都一起补回来。

有刘禹锡陪伴在身边，病中的裴氏显然感到特别满足，那些天无疑是她一生中最幸福最满足的日子，她甚至因此感谢自己的病，如果不是自己患病，她想，丈夫禹锡一定不会回洛阳探亲，这些天也一定不会一直形影不离地陪伴在自己身边，对自己如此盈盈深情，百般呵护。

可是，这样幸福的时光何其短暂，命运之神就非常吝啬、极为残酷地夺去了裴氏还非常非常年轻的生命。

那天，裴氏是躺在禹锡的怀抱中去世的。当他觉得她再也没有了呼吸，当他大声地呼喊着她的名字，她已再也没有了反应时，他控制不住，顿时号啕大哭……

裴氏下葬那天，其娘家许多人都来参加她的葬礼，其中，就有裴氏的叔叔裴度。前年，裴度迁监察御史，去年秋天因为犯颜直谏，弹劾受德宗宠信的权贵，被贬为河南功曹参军。

当时，刘禹锡因为痛失爱妻哭得死去活来，裴度在一旁也忍不住潸然泪下。他拉着刘禹锡的手难过地劝慰他说："梦得，节哀顺变吧。也是某侄女命薄，没有福气。你还年轻，且多保重，以后的路还长。"

18 夺嫡的奢望

夜晚，皇城内灯光朦胧，宫殿楼阁黑影幢幢。巡夜的太监三五成群地打着灯笼在宫殿之间来回走动，万籁俱寂中，不时能听到打更的声音。

舒王府内，舒王李谊捧着个葫芦状的青瓷茶壶，这时正在自己的书房内一边喝着茶一边站在那里逗着笼中的鹦鹉，教鹦鹉学舌，而他的心中还在想着刚才陇右经略使刘澭来府上秘密拜见他的情景。

舒王李谊是德宗李适的异母弟弟李邈（死后追封为昭靖太子）的儿子，因为李邈死得早，李适便收养了侄子李谊，由于已经有长子李诵，便把李谊当二皇子抚养。

不过，李谊虽然不是德宗的亲子，但他却一直深为德宗宠爱。而且，对这位侄子，德宗确乎比对自己的任何一位儿子包括太子李诵还要宠爱，甚至有好几次，德宗竟想将自己的亲生儿子李诵的太子之位给废了，改立李谊为太子。只是由于"神仙"宰相李泌等群臣几次力谏才没有实施。尽管这样，宫中上下都知道，德宗对自己的这个侄子依然还是有些"偏心眼"，不论朝政还是军事无不委以重任，有意提高他在朝中的声望。

这晚上，因为陇右经略使刘澭刚刚来府上秘密拜见，舒王李谊的心情特好。刘澭久居西北，手握重兵，深得李谊信任。两人既是故交，又是密友，而且，李谊还是刘澭的恩人。贞元十年（794年），刘澭为其兄刘济逼迫，无法再在幽州立足，便向朝廷上表，请求派兵一千人参加防秋，也即防御吐蕃。当他率领一千多士兵以及男女家眷一万余口路过京城，因为缺少粮秣和军饷，此时已经形同乞丐大军。在此落难之时，正是舒王李谊代表父皇德宗前来慰问他，并给他雪中送炭，回去后又竭力在德宗面前替他美言，使得德宗对他印象颇佳。二月初三，朝廷割凤翔府的普润、麟游等县为行秦州，特授刘澭为陇右经略使、秦州经略使、秦州刺史。自此，十几年来，对舒王李谊刘澭自然一直心存感激。

“刘将军，如今还好吧？”晚宴时，李谊边亲自为他斟酒，边笑着说。

“王爷，”刘澭受宠若惊，站起身恭敬地端起酒杯，说道，“托您的福，属下一切安好！”

李谊仔细打量着他，若有所思地笑了。

“你现在身居要位，镇守一方，本王常在父皇面前夸赞你的劳苦功高。陇右一带，地处要津，御敌安民，责任重大，你可要好好表现，切莫辜负了皇恩浩荡啊！”

“王爷教导，在下一定铭记不忘！”刘澭说着，朝随从使了个眼色，随从随即赶忙从一个看似寻常的布袋里掏出一个做工精细的锦盒，毕恭毕敬地呈送给李谊。

李谊很随意地打开锦盒，锦盒中顿时荧光闪烁，原来盒中是一对美轮美奂价值连城的夜光杯。

“葡萄美酒夜光杯，欲饮琵琶马上催。”李谊笑着吟诵道，“哦，这么好看的夜光杯，一定价值不菲，本王以前还从没有见过。……刘将军，你我之间何必这么客气？”

“这是在下的一点心意，实在不成敬意！王爷的大恩大德，在下始终铭记在心，至死不忘！王爷天资粹美，深得帝心，在下真心希望王爷能够早日‘欲穷千里目，更上一层楼’。……日后王爷有需要在下的时候，还请您尽管吩咐，在下一定尽忠效力，万死不辞！”

后来，等刘澭悄悄走后，李谊的心情依然很好。他走进书房，像往常那样，去教那一只花大价钱买来已近半年的鹦鹉。每天，在教鹦鹉学舌时他都不厌其烦，且一直笑着，显得很有耐心。

李谊：“儿臣叩见父皇！”

鹦鹉：“儿臣叩见父皇！”

鹦鹉说对了，作为奖赏，李谊便喂它一颗松子，然后又教道：“儿臣祝父皇寿比南山，万寿无疆！”

鹦鹉：“儿臣祝父皇寿比南山，万寿无——”

学到这里，鹦鹉一下子卡了壳。

李谊又道："儿臣祝父皇寿比南山，万寿无疆！"这样连续教了数十遍，鹦鹉终于完全能够学舌了。

"好，给你奖赏！"

"好，给你奖赏！"

李谊笑着，接连喂了鹦鹉两粒松子。就在这时，卫士领着一个黑衣蒙面人悄悄地来到王爷的书房外轻轻敲了三下门，舒王李谊走过去把书房门打开一条缝，蒙面人闪身走了进来，舒王一摆手，卫士心领神会地赶紧一闪身，走到院中的角落里隐藏了起来。

"先生，来来来，赶紧把脸上的面罩解开喝口茶，这可是上好的洞庭碧螺春，刚刚从苏州太湖运来的。"舒王说着走到桌边，把沏好的茶倒了一杯，双手递给来人。

来人把蒙在脸上的黑面巾解开坐下，原来竟是那天白天给太子李诵号脉看病的御医罗令则。

罗令则先双手接过茶杯看了看，再用鼻子闻了闻，随即品了一口，缓缓咽下，啧啧赞道："清香四溢，回味绵长，果然是江南上等好茶！"

略略寒暄几句，舒王李谊便转入正题，开门见山道："太子的病怎么样了？"

"表面上这两天稍微有所缓解，但实际病根未除。在下今天为太子看病，发觉他依然脉息微弱，心跳过速，舌淡苔滑，恐非长寿之兆。看来，这是上天有心要成全殿下啊！"

舒王此前一直不动声色，这时略略笑了笑，干咳了一声说道："本王原本无意夺嫡，对夺嫡也不抱什么希望，因为本王毕竟不是皇帝亲生的皇子，但是今日听了先生的话，本王倒是有些想法，心存奢望了！"

"殿下，这不是奢望！如果太子早薨，全天下最有资格承继大统的就是殿下，"罗令则盯着舒王的脸幽幽说道，"因为殿下就是当今圣上的亲生皇子！"

舒王愣住了，怔怔地问："先生休得胡言！谁不知本王是原已故昭靖太子的遗腹子，是当今圣上过继到他名下的养子？"

"非也！此中曲折在下说了殿下恐怕也不会相信，不过，您千真万确就是当今皇上的亲生皇子，只是因为有难言之隐才令皇上他只能把殿下当作养子留在身边，日后您找机会当面去问问您的嫡母韦贵妃，自然就会明白了。"

"真是这么回事吗？那先生今天必须实话告诉本王，否则本王定会夜不能寐。"

"既然殿下一定想知道，那在下就只有实话实说了。"罗令则这时喝了口茶，然后缓缓说道，"当今皇上与昭靖太子都是先帝代宗的沈妃所生，因为当年安史之乱皇族匆忙逃难过程中没能带上沈妃，致使沈妃失落民间至今下落不明，所以昭靖太子和陛下在患难中一直手足情深非常友爱。然而，不幸的是昭靖太子后来卧病不起，当时还是雍王的当今皇上在此期间亲自侍疾左右，渐渐与昭靖太子的侧妃韦氏产生感情并怀了殿下您。只是这种事情皇上一直都不好明说。昭靖太子殁去后，天下人都以为殿下您是昭靖太子的遗腹子，可惜的是韦妃在生殿下您的时候血崩也殁了。圣上登基以后，愧对韦妃，就把您过继为皇子，令您的三姨娘韦贵妃抚养。事实上，您的嫡母韦贵妃对此事的来龙去脉，知道得清清楚楚，只是此乃宫廷秘事，不可告人！"

舒王听了大为惊讶，一时间心里七上八下，脑袋也一片空白。

"殿下突然知道这些自然一时难以接受，但是您要知道一点，当今圣上确实真心疼爱您，您确实是嫡嫡亲亲的皇子，这也是我们这些人愿意助您夺嫡的根本原因。"

舒王此时心里很乱，一时不知道说什么才好，只是说："本王知道了。"

罗令则接着说："要知道，太子经营多年，朝野上下也已经布置了一些势力，现在有圣上在上面压制，他们还难成大器，但是也不可小觑。时下太子体弱多病，圣上心里对太子的地位已经有所动摇，这也正是殿下最好的机会。历朝历代为了皇位流血无数，既然走上夺嫡这条路，就没有回头的余地了。故而，还请殿下务必坚定信心！"

舒王李谊好久才从混乱的思维中清醒过来，忽然发出一声冷笑，郑重地说道："既然本王是父皇的亲生儿子，那本王就心安理得，有资格去争那个位子了。上有父皇宠爱和母妃支持，朝中又有一些重臣暗中鼎力，且身边还有先生的谋划，本王一定要坐上那把龙椅！"

19 官市之害

徐州兵败后，杜佑反躬自责，上书德宗，请求引退。但德宗以为杜佑老成持重，乃朝中不可或缺之股肱之臣，且深谙用兵之道，遂婉言拒绝，仍任命杜佑为淮南节度使，且又将濠州、泗州划归淮南，并命杜佑兼任濠泗等州观察使，仅仅过了一年，到了贞元十九年（803 年），又拜杜佑为检校司空、同中书门下平章事，实为登阁入相，执掌相权。

出将入相，来到京城，杜佑有意提携刘禹锡，且今日朝中也确实需要推陈出新，新进一批年轻能干的正直之臣，于是，经他推荐，再由御史中丞李汶向德宗上奏，称刘禹锡清正廉洁、官声上佳，请求任命其为监察御史。与此同时，禹锡好友柳宗元也由蓝田县尉被提拔为监察御史。而在一年前，韩愈先已由四门博士转为监察御史。这一年，韩愈 36 岁，刘禹锡 32 岁，柳宗元 31 岁。三位大文学家生活在同一个朝代已不多见，而竟同在御史台朝夕相处、合作共事，则真的在文学史上绝无仅有，堪称传奇。

在唐代，入流任一小官，正常情况下一般要经历无数台阶多岗位转换历练，如在任正字、校书之后，过若干年，放一中县、下县，做两任县尉、参军，转眼十年也就过去了；倘若以文才见长，加上时运遭遇还不坏，或许入职弘文馆，再沉埋数年，仍不免要出调于某州某府，所任职位一般也就是参军、别驾，如果能顺顺当当地确保自己为人处世无大错，如此一晃少则又要十年。这样算来，即使再能干之人，就这么熬来熬去，多半也熬不过时间，即使有朝一日能够出将入相也早已经熬白了头，"廉颇老矣"！

而现在，刘禹锡、柳宗元还有韩愈能够这么快就晋升为监察御史，也真的算是非常幸运，颇为难得。

也确实，监察御史虽说品级不高，只是正八品上，但因其负责纠举百官、巡按州县、察视刑狱和整肃朝仪，权力和责任却都十分重大，因而御史台威严逼人，就连京兆尹等官在路上遇见，都会疾速让路，礼让三分，所谓"尹避台官"。故时人有监察御史"振举百司纲纪，实为八品宰相"之说。

刚到而立之年就能任此要职，刘禹锡自然有些喜不自禁，以为从此便可一展抱负，大显身手。

幸运和幸福就像一对孪生姊妹，往往接踵而至。这年的中秋，京兆府水运使薛謇在家中大摆筵席，盛情邀请刘禹锡等人来府上做客。因为都是一些文人雅士，席间酒酣耳热之后自然少不了吟诗唱和，这种时候，文采出众的刘禹锡即使不想出风头都难：

暮景中秋爽，阴灵既望圆。

浮精离碧海，分照接虞渊。

………………

刘禹锡一首诗还没写完，众人就啧啧有声，叫好不绝，其中有一个人更是两腮粉红，芳心荡漾。

这个人便是薛謇的女儿。

当时，薛謇的女儿正是豆蔻年华，生得唇红齿白，貌美如花。此时此刻，尽管她并不在场中，而是"局外人"，但在隔壁绣楼上听到众人吟诵刘禹锡的诗歌，且已事先得知刘禹锡丧偶经年，禁不住春心萌动，对这位早已蜚声京城的大唐才子心生爱慕，且当晚就主动出击，情意绵绵地向刘禹锡写信表白，愿结同心，白首偕老。阅人无数、很有眼光的薛謇也很看好才华横溢且年轻有为、在仕途上行情看涨的刘禹锡，对爱女这一勇敢的选择自然举双手赞成，乐见其成，竭力撮合。

青春靓丽而又风情万种、善解人意的女孩在爱情方面很容易攻无不克，所向披靡，很快，其实在内心中对美丽爱情也很渴望的刘禹锡就心甘情愿成了薛姑娘爱情的俘虏，两人男才女貌，山盟海誓，在这世上情愿结为连理，双栖双飞。

这年的金秋十月，仕途大顺、行情看涨的刘禹锡又一次抱得美人归，与青春美丽的薛家姑娘举行了隆重的婚礼，并买下光福坊一处宅院作为新居，从此琴瑟和鸣，夫唱妇随。每当劳累了一天的禹锡回到家里，与蜜月中的新娘总是如胶似漆，新娘在他的怀中依偎缠绵。每当禹锡夜读，也总有小鸟依人，红袖添香。

只可惜，这样的幸福并没有持续太久，很快，刘禹锡就又感到了苦恼。

这样的苦恼当然不是爱情的苦恼，而是事业的烦恼。

原来，来到御史台任职后，刘禹锡很快就意识到，监察御史这个职位其实并不像它外表那样光鲜亮丽，威风八面，即使是整个御史台也已经今非昔比，风光不再。

而之所以会这样，乃是因为从唐玄宗设置九节度使开始，朝廷就开始让阉人取代御史台的大臣，出任监军使。当年，宦官边令诚曾长时间在安西四镇监军。安史之乱中，他凭借天子的一纸敕书，竟然在大营中诛杀名将，威权赫赫。到了德宗一朝，监军使正式拥有了自己的印信，成为长安天子在藩镇中的耳目。高力士、李辅国接受表奏、上呈御览的差事逐渐演变为左、右枢密使，取代门下省上传下达。两枢密使执掌枢密、预闻机密，与两神策军中尉并称"内庭四贵"。他们的赫赫权势，完全可与外朝的四宰相内外制衡。在阉人们中间，逐渐多了弓箭库使、皇城使、武德使等名目繁多的位置，超越了内侍省的本来职守，分割外朝省、寺的权力。

宦官们的内诸司使在宫城北侧，被称为"北司"。宫城南面的中书、门下两省，乃至整个外朝则相对被称为"南衙"。就因此，晚唐的朝廷，在某种程度上是南衙北司共治天下的朝廷。而且，不是东风压倒了西风，而是西风压倒了东风。

不用说，这西风就是北司的阉宦。

说来，德宗一朝真的是极不正常，尤其不可思议的是，德宗皇帝对宦官们极为信任，对监察御史们反倒并不相信，不仅不相信，而且还命北司宦官刺探百官行止、民间舆情，就连御史台本身也在北司的严密监视之中，在某种意义上，完全变成了"宦官治天下"的局面。

"怎么能以宦官治天下呢？这太不正常了！"有一天，刘禹锡与柳宗元两人在一起私下议论时发牢骚说。自从来到御史台了解到越来越多的内情后，刘禹锡越来越感到这种做法极不正常，急需改革。

"这些阉竖无孔不入，无缝不钻，擅权乱政，真是越来越不像话了！"柳宗元自然也有同感，愤愤不平地说。

"阉竖者，给宫掖扫除事，古以奴隶蓄之。可是如今这些天子家奴却狗仗人势，日益猖狂。设若这种局面不尽快得以改变，长此下去，我大唐王朝又会像汉朝一样，迟早会毁在这一帮阉人的手里！"说到这里，刘禹锡忧心忡忡。

"是的，庆父不死，鲁难未已。如今之世道，百弊丛生，阉竖当道，致使朝廷纲纪尽失，无奈天子暮年，放任自流，一筹莫展！"柳宗元摇首叹息，"眼下，只能静观天时，等待明主！"

的确，当时之世，虽不能说君暗臣佞，一竿子打翻一船人，但阉竖、强藩再加奸僚，为数确乎不少。阉宦权柄在握，强藩重兵在手，尽管朝中重臣也不乏忠贞能干之辈，但多年累积的弊政非数人之力所能去除。

"真的不能再等了！但愿这一天能早一天到来！"

其实，并不仅仅是刘禹锡和柳宗元这两个激进派对宦官当道、为非作歹而义愤填膺，渴望改革，即便是与刘、柳政见不同、思想偏右的保守派韩愈也对宦官们有恃无恐的做派不以为然，看不顺眼，那天，因为实在忍不住，便愤然上疏直谏。韩愈把直谏的枪口瞄准了宫市上。

的确，这些年最让百姓深受其害的无疑就是宫市，即宫中宦官到市面上采办东西，起初是低价强买，劣物置换，后来干脆"白望"，即看中了便随意找一借口，予以没收，白白拿走，完全就是明抢。

当初，宫中物品由京兆官吏代办，后来权力全都归了宦官。那些被称为中官的阉党，自恃非常高贵，不想亲自动手，他们雇一些泼皮无赖在长安市上横行霸道，公然抢夺。

每天只要开市，朱雀大街东市、西市开市交易，着黄衫、跨花马、脑满肠肥的领头宦官就出现了，马屁股后头紧随十多个随从宦官，一律的黑幞头加白衫子，真的如乌鸦一般。在他们身后则有大群身穿杂色衣衫的人，来回奔突，这些人就是宦官们雇来的走狗和打手。

每当看到这样的场景，韩愈就怒不可遏。贞元十九年将尽的时候，他上了一封表章，直谏宫市的弊端，说年节临近，民间日子尤为艰难，请求朝廷罢除宫市，减轻百姓负担。

还在当年第一次来到长安，刘禹锡就目睹了宫市那丑恶的一幕，对于宦官们在宫市时的为非作歹、欺行霸市深有感触深恶痛绝，因而对韩愈的直言上疏大为称赞，深表支持。所以，当那天，听说韩愈上疏直谏，要求罢除宫市，见到韩愈，刘禹锡连声称赞道："退之兄，佩服！佩服！"

韩愈一时有些发蒙，上下看了一眼刘禹锡道："佩服什么？梦得何出此言？"

刘禹锡说："宫市之害，早已弄得民怨沸腾，黎民百姓深受其害。这些年朝野内外正直之士无不义愤填膺，然却敢怒而不敢言。如今，退之兄上疏切谏，为民请命，伸张正义，真是大快人心，万民称赞！"

韩愈疑惑顿消，随即点点头，不无得意地说："宦官权势极大，吾这次上疏无异于以卵击石！但这世上从来都不乏为民请命之人！佛家有言，我不入地狱，谁入地狱？！我等饱读圣贤书，自当效法先贤！若人人惜命，皆畏惧宦官，那宦官气焰只怕会愈发嚣张！退之不才，愿为螳臂当车之人！"

"宫市之害，早已深入骨髓，不除之，国无宁日，民不聊生！梦得愿与退之兄同行！"刘禹锡语气恳切地说。

谁知，韩愈直言上疏，一纸弹劾奏章上去，因为极大地触动了宦官以及京畿一些权贵的利益，他们纷纷构陷韩愈"妖言惑众"，而德宗也有意偏袒宦官，对韩愈的直谏大为震怒，旋即将韩愈贬为连州（今广东连州）阳山县令。

连州远在岭南，那里气候恶劣，瘴气害人。

韩愈启程之际，妹妹尚在病中，皇命催迫，他虽百般恳请缓行，也未获得应允。

科举多年，好不容易才步入仕途，如今突然遭贬，这使韩愈没有任何思想准备，更是百思不得其解。这种时刻，他便疑心是刘禹锡和柳宗元出卖了他。他记得那天闲来无事，与刘禹锡和柳宗元三人在小苏州酒楼饮酒聊天，聊到时局的时候，韩愈感慨道："天若浑浊无光，万物凋残；君若昏庸无道，万民受难。"话刚出口，他就后悔了，觉得自己不该在刘、柳面前说出如此大不敬的话来，因此授人以柄。

这时，刘禹锡接过话道："上苍之状不可更易，人君之意却可改变。所谓天，无非草木禽兽一类，岂能闻得人言？凡事还在于人为。"

"难道是因为刘、柳两人在圣上面前告密，故意害我所致吗？"被贬后，韩愈越想越疑心。的确，他与刘、柳虽然关系还算不错，但却性格不同，而且政见有异。刘柳激进，韩极保守，特别是刘、柳二人经常出入东宫，与王叔文走得很近，韩愈颇看不顺眼，甚至为此说过刘、柳。他想，会不会是刘、柳因为记恨自己而把自己给出卖了？

于是，一时气愤，他就写了一首诗：

> 同官尽才俊，偏善柳与刘。
> 或虑语言泄，传之落冤仇。
> 二子不宜尔，将疑断还不。

韩愈这样想这样说，未免有些以小人之心度君子之腹。刘禹锡和柳宗元为人交友一向光明磊落，从不暗中害人、卖友求荣，更不落井下石、暗射冷箭。实际上，刘禹锡和柳宗元不仅没有暗害韩愈，在忽然听到韩愈贬官的消息时，还又惊又愤，非常难过，益发觉得如今时局堪忧，已到了非改不可的程度……

20 鹦鹉祝寿

贞元十九年五月二十七日，是德宗皇帝李适的61岁生日。寿诞那天，众皇子和朝中三品以上的官员齐来给德宗祝寿。

这天，德宗非常高兴，特意让歌舞班子前来作乐跳舞，请大臣们与他一起观看。他坐在金銮殿上，悠悠说道：

“朕已经数月没有观赏歌舞了。今天朕的兴致特别好，故此，请众爱卿一起观看朕的祝寿歌舞，君臣同乐。”

祝寿歌舞开始了，首先是教坊舞姬们的乐舞表演。

舞姬们袅袅婷婷，先是风摆杨柳般一齐走到场中央。随着丝竹乐器演奏之声冉冉而起，丰乳肥臀、香气扑鼻的舞姬们踏着节拍翩然起舞，一个个莺莺燕燕的，花枝招展，美丽多姿，特别是当她们挥动手臂，那长长的轻纱制成的衣袖飘然如云，煞是好看。

尽管身体不适，头痛不止，但太子李诵这天还是强撑着来给父皇祝寿。他坐在前排的位子上，尽量强打精神、聚精会神地看着乐舞。他记得首先表演的是剑南节度使韦皋献来的《南诏奉圣乐》，然后是骠国献来的《骠国乐》，后来表演的是什么他记不得了，只记得最后演出的压轴节目是《中和舞》，那是由父皇于贞元十四年亲自创作的诗歌：

芳岁肇佳节，物华当仲春。乾坤既昭泰，烟景含氤氲。
德浅荷玄贶，乐成思治人。前庭列钟鼓，广殿延群臣。
八卦随舞意，五音转曲新。顾非咸池奏，庶协南风熏。
式宴礼所重，浃欢情必均。同和谅在兹，万国希可亲。

就在李诵出神的时候，一阵喝彩声把他拉了回来，一看，原来是一个宦官正在表演蹴鞠，脚法端得花哨。而且，更让人惊奇的是，在表演蹴鞠的时候，这个宦官竟然能够把鞠球踢到空中，然后就势在地上或前空翻或后空翻，能连续翻好几个跟头，再稳稳地或用脚或用头或用肩膀把鞠球接住。如此腾挪跳跃，却毫无闪失。

这种时刻，就连德宗看了也忍不住跟着众人不停地喝彩。那宦官见皇帝欣赏，表演得越发卖力。

旁边俱文珍见皇帝感兴趣，就说道："这是老仇家的孙子，几年不见，这小猴子倒是越发伶俐了。"

德宗便点点头说："赏他点东西吧！"

那宦官表演完了，俱文珍就命他过来，谢皇帝恩。旁边起居官上去问了姓名，记下来。那小宦官尖嘴猴腮，领赏谢恩的动作确实像个猴子，惹得众人又是一笑。

等到歌舞杂技节目表演结束，所有演员一齐登台谢幕从场中退去后，接下来便是众大臣及皇子们上前贺寿了。

给父皇祝寿时，太子李诵先站起身，众位皇子也一一地从座位上站了起来，然后由太子领头来到了场中央齐刷刷一起跪倒在地，齐声祝祷："祝父皇福如东海、寿比南山！"

李适今天看起来心情很好，看着众儿子这般孝顺一起来给自己拜寿，他的心中自然非常高兴。虽说天家无父子，但作为父亲，他还是希望家和万事兴，希望自己的儿子们能够手足相亲，团结互助。

"好，好，好！——都起来吧！"德宗微笑着抬了抬手道。

祝寿之后自然是献贺礼，给皇上的贺礼无疑是少不了的。

按照长幼有序，众皇子中，自然先由太子李诵贺寿。

今天李诵献给父皇的贺礼是一株翡翠雕刻的桃树，青枝绿叶上面长着一颗又大又红的蟠桃，看起来栩栩如生，极为喜庆。李诵跪倒在地，恭敬说道："父皇，儿臣为父皇献了一个寿桃，祝父皇寿比南山，长生无极！"

李诵献过寿礼之后，其他众皇子也一一敬献，所献寿礼无非是北海的夜明珠、南海的血珊瑚以及金如意、玉佛像之类，祝寿的话语也都大同小异，但唯独二皇子——舒王李谊的贺礼与贺词明显与众不同，令太子李诵心头一惊。

在上前给德宗贺寿敬献礼物时，舒王李谊双手高高捧着个鹦鹉笼子，走到陛阶前跪着说道："父皇，儿臣没有众皇兄皇弟们这般的阔绰，拿不出这等稀奇罕见的玩意儿来。不过，儿臣以为今天是父皇的大寿，只要是一家人在一起乐呵乐呵，图个吉祥添个喜庆就再好不过了。父皇寿诞，儿臣只是准备了一只鹦鹉献给父皇，不知父皇是否喜欢？"

见此情景，在场的诸位皇子都不禁有些意外，其中有些嘲讽冷笑的，心中说道：李谊啊李谊，父皇平日里对你百般疼爱，可是到头来，父皇大寿你却拿这等不值钱的玩意儿来糊弄父皇，我看父皇以后还会不会再那么疼你！

但就在这时，也不知舒王低着头轻声跟笼里的鹦鹉说了句什么，那鹦鹉便声音清脆地说道：

"儿臣叩见皇上！"

"儿臣祝父皇寿比南山，万寿无疆！"

"哎呀，这，这鹦鹉咋这么会说话？"一听鹦鹉说话，刚才还有些神情倦怠的李适顿时喜笑颜开，兴趣盎然。

一看舒王李谊别出心裁，竟然"鹦鹉祝寿"，玩出这种花样，太子李诵心头顿时一沉，心想："这舒王也太有心机，太处心积虑了！如此的出其不意，这般祝寿不就是为了别出心裁、与众不同吗？而且，他方才所说的这一番话，不就是说其他皇子劳民伤财、不懂节俭吗？今天自己虽然为了父皇的大寿费尽心思，却不如这舒王送的一只小小鹦鹉来得实在，出尽风头。自今以后，有这样一只鹦鹉每天在父皇面前说'儿臣叩见皇上''儿臣祝父皇寿比南山，万寿无疆'！那父皇能不天天想着舒王，感念舒王的好吗？……"

这样一想，李诵当下就心中郁闷，头晕目眩，视野模糊起来，觉得这舒王真是越发难以对付了，想想自己以前总是不怎么把他放在眼里，看来确实是麻痹大意、骄傲轻敌了！

"好，好，好！还是二皇儿深得朕心！朕就喜欢这只会说话的鹦鹉！"德宗龙颜大悦，这时喜滋滋地走到鹦鹉面前，逗着鹦鹉道，"来，给朕再说一遍！"

鹦鹉果然又欢声叫道：

"儿臣叩见皇上！"

"儿臣祝父皇寿比南山，万寿无疆！"

德宗此刻满脸是笑，内心的喜悦不言自明。本来他就疼爱自己的这个"侄子"，其实是自己的私生子，如今众位皇子都是进献宝物，太过俗套，却唯独舒王李谊鹦鹉祝寿，别出心裁，因为体谅百姓疾苦，不去劳民伤财准备那些庸俗之物，而是送来了一只活蹦乱跳很会说话因而讨其喜欢的鹦鹉，更是让德宗眼前一亮，心花怒放！

看到德宗皇帝如此表现之后，方才还在心中冷嘲热讽、想看舒王笑话的皇子们，这会儿也都面面相觑，闹不明白父皇这到底是怎么了，竟然疼爱不是自己亲生儿子的二皇子如此之深，竟然对舒王这等装腔作势、明显虚伪的话都可以相信，简直是太偏心了！但是，对此他们也无能为力，只能在心中为太子李诵的储君之位担忧，暗暗捏一把汗。

21 变法的共识

那天从父皇那儿祝寿回来，太子李诵心里未免有些抑郁，晚上睡在床上辗转反侧，几乎一夜无眠，第二天起来，感到头昏脑涨，走起路来竟然飘乎乎的，有些头重脚轻，于是便赶紧让人请御医罗令则到东宫诊治。

罗令则仔仔细细地给太子把了脉，看了舌苔后，就语气平静地说："太子殿下只是偶感风寒，想必近日又有些疲倦，休息不好，才会这样。只要注意休息，再稍加调理，应该无甚大碍！"

随后，罗令则又开了一服气血缓补的膏方，膏方是秘制的大组方、大复方，所用药材无不是天造地设的灵性药材，其中像虫草、雪莲、决明子、葛根、桃仁、熟地黄、龙眼肉、酸枣仁、玉竹、茯苓、灵芝、山药、山楂、黄精、阿胶、枣花蜜，还有鹿茸、龙胆等，几乎应有尽有。

这服膏方乍看起来的确是个良方，因为诸药相辅相成，旨在从益肾健脾入手，给太子李诵调体质、养气血。但是，让一般人看不出破绽的是，罗令则在这方子里却稍稍做了些手脚，他故意加重了阿胶和鹿茸的分量，几乎是寻常用剂的五倍。这还不算，方中另示以龙胆也即眼镜蛇胆入药，用量也超乎寻常近一倍多。这种方子，若是对于身体强壮的病人来说，无疑是个扶正祛邪的治病良方，但对于像太子李诵这样身体已极度虚弱的人而言，则所谓物极必反、过犹不及，只会起到反作用。的确，药性太强，补药也会变成毒药。

听说太子身体有恙，那天仿佛约好了似的，韦执谊、韩泰、刘禹锡、柳宗元都接二连三来到东宫看望李诵。

这些日子，为了庆贺德宗寿诞，装饰一新的大唐帝京几条繁华街道群情涌动，热闹非凡，一派节日气氛。因为金吾开禁、万民同乐的旨意下达，每到夜晚，一盏盏花灯亮起，一个个百戏班子开演，一瓶瓶赐酒下发，一挂挂鞭炮响起。……这种时候，无论是朝中的权贵，还是民间的百姓，都会走出家门，拥上街头，四处游玩，尽情欢乐。而操着南北口音的小商小贩则歌唱一般竭力吆喝叫卖，与顾客们不停地讨价还价，直将偌大的长安城衬托得愈发热闹不堪。

这天下午，刘禹锡和柳宗元是提前下班从御史台前往东宫的。天还未黑，百万身着节日盛装的升斗小民就拥上街头，以至于许多街巷都被熙熙攘攘的人群堵塞。

"好多人、好热闹！天子寿诞，普天同庆。今年的上元节怕是也没有这么热闹吧？"傍晚时分，看着朱雀大街两侧槐树上满满挂起的大红灯笼，还未天黑，人们就三三两两从四面八方拥上街头，走在熙熙攘攘的大街上的柳宗元禁不住感慨道。

"是啊，俗话说得好，'宁做太平犬，不做乱世人'。如今这世道，百姓也真的很难过上几天像这么幸福快乐的生活！"与柳宗元并肩同行的刘禹锡也大为感慨。

"天下太平，真是百姓之福。这些年，虽然早已不是'国破山河在，城春草木深'那样的光景，但京城已很久没有这么热闹了！也许，只有天宝年间，安胡儿没有叛乱的时候，长安才有如此热闹的景象吧！听老辈人说，那时候哇，这朱雀大街两边的槐树上不仅挂满了灯笼，有的树身上甚至还围上了各色锦缎，花灯一照，那才真叫漂亮。更甭说皇城两市这些地方了！"

两人边走边说，很快便来到东宫，因为都是熟客，门卫也不阻拦，问都没问，就点点头让他俩径自进入宫中。

两人进到宫中，看到王叔文、王伾、韦执谊还有韩泰也在这里，显然都是来看望太子殿下的。

"微臣监察御史刘禹锡拜见太子殿下！"

"微臣监察御史柳宗元拜见太子殿下！"

"二位御史免礼！"虽然尚未痊愈，但也许是吃了御医罗令则开的药，太子看上去气色还不错，精力也还好。

"子厚、梦得，怎么才来？"王叔文一看刘禹锡、柳宗元来了，立即笑着招呼他们。

"侍读就知道子厚、梦得今天要来，你看，二位人还没到，侍读就早已虚位以待，准备迎接二位了！"韦执谊这时也冲刘禹锡和柳宗元点点头，笑着插话道。

"谢谢侍读！"柳宗元说，仔细一看，在韩泰的身边，果然有两个空着的檀木圆凳并排放在那里。

"谢谢诸位！"刘禹锡也跟着拱拱手，笑着说道。

说时，两人已先后在韩泰身边落座。柳宗元因为比刘禹锡小一岁，一向对禹锡以兄视之，入座时两人相互谦让一番，柳宗元便坐在刘禹锡下首，紧挨着韩泰坐下。

"子厚，梦得，"韩泰拍了拍柳宗元的膝盖半开玩笑说，"二位御史近来在忙什么公务？"

有一段时间，韩泰曾和刘禹锡、柳宗元、韦执谊、王伾等人时常聚集在韦夏卿的府中听名士施士匄讲《毛诗》，施士匄讲《毛诗》不仅饶有趣味，而且很有思想，给人启迪。也正是在这里，因为志趣相投，大家在一起产生了很深的感情，而且也潜移默化地形成了经世致用、兴国安邦的思想和志向，不知不觉地在心中播撒了锐意革新的种子。

还没等柳宗元、刘禹锡答话，韦执谊又接过话来问道："梦得，子厚，最近你们御史台怎么这么风平浪静？好像没听说要弹劾谁哇？"

刘禹锡摇摇头说："自从韩昌黎遭贬之后，这些日子，御史台一下子就冷清了。"

唐朝的御史台最主要的职责就是"整肃纲纪、察举百官"，表面上看，这是一个很牛的衙门，即便是一个小小的监察御史也有"八品宰相"之称。但实际情况却不完全是这样。这就像是一个烫山芋，一般人看了，觉得这山芋又香又甜，未免垂涎欲滴，但对拥有这烫山芋的人来说却未必就是好事，因为拿着吧，烫手，要吃吧，又烫嘴。

在御史台任职，大抵就像这种情形。

千万别以为御史台风光无限，可以没事弹劾这个弹劾那个的，权力很大，法力无边，要真是这样以为那就太天真了！

其实，很多的时候，御史台弹劾谁不弹劾谁完全是见风使舵、见机行事，对那些势力很大、后台很硬的一般尽量不去碰他，否则就是自找麻烦，甚或是老鼠戏猫，没事找死的节奏。

但御史又不能谁都不弹劾，这样不仅没政绩，而且无论是皇上还是百官都不会满意。

既然这样，那应该怎么办？一般情况下，御史们为了敷衍塞责，通常都是拣软柿子捏，选一些权势不大、后台不硬的官员去弹劾，而且，一般也很注意火候，弹劾的问题多半并不严重，都是一些鸡毛蒜皮的事情。否则，很容易结下仇敌，不知什么时候就会遭到或明或暗的报复。

韩愈就是最典型的例子。

身为监察御史，韩愈就是因为弹劾时没拣软柿子捏，而是向德宗上书直谏，提出"内罢宫市"等言论，无异于得罪了整个宦官集团；上书《论天旱人饥状》，又得罪了虽然欺上瞒下但却很有实权的京兆尹李实，因而由监察御史被贬为阳山县令。

谈起韩愈，翰林待诏王伾捧起茶碗抿了一口，皱了皱眉头说道："韩昌黎这人虽然有些固执己见，思想陈腐，但他疾恶如仇，上书要求'内罢宫市'，弹劾李实，却是对的。"

柳宗元点点头说："我大唐自开国以来，监察御史就有权力闻风上奏，纵然言语不当，也不因言获罪。但没想到昌黎兄身为监察御史，上书言事却获罪被贬！"

本来，太子李诵坐在那儿只是听着众人说话，并未言语，但这时却开口说道："寡人听闻今年关中地区发生旱灾，从正月至现在没有下雨，庄稼种不下去，农民颗粒无收。按我大唐规例，受灾地区朝廷不仅应及时予以赈灾，而且应给予减免租赋，但因京兆尹李实报喜不报忧，谎言上奏父皇曰：'今冬虽旱而麦苗甚美。'于是租赋不但没有得到减免，官府反而加紧追征。逼得农民不得不拆屋卖瓦、砍树卖木或卖掉麦苗缴交赋税。有些农民迫于生活，竟然把妻子休掉，断粮农户甚至卖儿鬻女换取口粮。李实欺瞒圣上，实在可恶，罪无可赦！"

刘禹锡说："天宝十三年，关中一带发生水灾，玄宗皇帝忧淫雨连绵，伤田中禾稼，百姓受害，就昭告天下说：'淫雨连绵不断，天下有事可以直言。'可是，奸相杨国忠却叫人找来长得很好的禾苗献给玄宗皇帝看，并欺骗玄宗皇帝说：'雨水虽多，但并不伤害庄稼。'如今，李实所为，与当年奸相杨国忠实出一辙！……如此下去，若不改弦更张，只怕又会重蹈覆辙！"

王叔文说："梦得所言极是！本朝自安史叛乱以来，历四十载，积弊与日俱深，若不力行变法，早晚危及国本！"

太子李诵这时也点点头，说道："侍读所言，与寡人这些天所思所想可谓不谋而合。寡人昨日读到一篇文章，晚上睡觉，还在想着变法之事。"

说罢，李诵走到案几边，将一本倒扣着的线装书拿起来，咳嗽两声，清了清嗓子，然后朗诵道：

> 不知治者，必曰："无变古，毋易常。"变与不变，圣人不听，正治而已。则古之无变，常之毋易，在常古之可与不可。伊尹毋变殷，太公毋变周，则汤、武不王矣。管仲毋易齐，郭偃毋更晋，则桓、文不霸矣。凡人难变古者，惮易民之安也。夫不变古者，袭乱之迹；适民心者，恣奸之行也。民愚而不知乱，上懦而不能更，是治之失也。人主者，明能知治，严必行之，故虽拂于民，必立其治。说在商君之内外而铁殳，重盾而豫戒也。故郭偃之始治也，文公有官卒；管仲始治也，桓公有武车：戒民之备也。是以愚戆窳堕之民，苦小费而忘大利也，故荦虎受阿谤而振小变而失长便，故邹贾非载旅。狃习于乱而容于治，故郑人不能归。

才听两句，刘禹锡就知道太子李诵朗读的原来是《韩非子·南面》的最后一段。

读罢，李诵重又把书按原样轻轻扣到案几上，然后，目光扫视了一下众人，语气益显严肃地说：

"寡人无才，但这些年深居东宫，也时常涉猎诗书，悉心故典。唯觉无论何朝何代，只有变法才是出路。春秋时期，诸侯争霸，尤其是天子东迁之后，凡实行变法者，便会民富国强，直到走上称霸之路。而因循守旧之辈，都不见什么像样的业绩，最终只会陷入衰落灭亡的泥沼。是故管仲相齐而齐霸，李悝相魏而魏强，变革使然也。一旦放弃变革，故步自封，就会重新由强而弱，甚至丧命亡国！"

韩泰说："太子殿下心忧天下，剖断深刻，刚才所言，令微臣如醍醐灌顶，深受启发。当年春秋五霸，之所以能够中兴，能够崛起，能够强国，能够富民，能够称雄称霸，深思细想，也确实因为变法所致。也难怪春秋战国时期，变法渐渐成为一种潮流，各大小诸侯国竞相以变法为时尚！"

刘禹锡也慷慨陈词道："天下大势，概莫能外，所谓变者强，不变者弱；早变者富，迟变者穷；快变者霸，慢变者亡。如今我大唐沉疴日久，百病丛生，以臣观之，当务之急，唯有变法，不变则亡，大变则强！"

今日在东宫乃是私人聚会，在座诸位俱为好友知交，这些人经常聚在这里与太子李诵密议时政，谋划大局，因而即便真说了什么不当的言语出来，也断然不会有人告密或主动去传到外面。因而，众人在言谈之间，也就畅所欲言，几乎没有半点的顾忌。

起先，在大家谈论变法的时候，韦执谊坐在那里低着头一直都在沉思，这时，他抬起头，捋一捋自己的胡须道："变法当然是对的，不变法则不能复兴我大唐社稷。但变法需要谋定后动，需要考虑变法的内容和时机，设若贸然行事，很可能会适得其反，事与愿违！"

"那是当然！"刘禹锡点点头，接过话说，"常言说：事以密成，事泄而败。有些事情，比如变法的主张、变法的好处等，我们可以大讲特讲。但有些事情，比如变法的具体内容、具体安排等，则需要我们深思熟虑，从长计议，而且还需秘而不宣，静待时机！"

在说到最后一句"静待时机"时，刘禹锡故意加重了语气且把语音拖长，大家一听，自然明白他说这句话的意思。

是啊，如今德宗皇帝早已暮气沉沉，心灰意冷，若是指望他在这时候振衰起敝，变法革新，岂不是缘木求鱼、痴人说梦？所以，唯一的希望就是静待时机，等到当今圣上百年之后，太子登基，力行变法，革除弊政。

王叔文这时会意地一笑，朗声说道："梦得说得对，为今之计，变法还需少安毋躁，静待时机。好在，来日方长，有的是时间从长计议，精心谋划！不过，既要变法，就要早做准备。叔文以为，他日变法，光靠我们这些人，还是势单力孤，还需要联络结交更多支持变革的人士，而且是多多益善。如今在朝高官显要，均系陛下旧臣，且多为老迈庸碌之辈，不足以倚重，当拣选当世少年才俊位卑者，共图来日大业！"

几个人说着话，不觉天色已晚。柳宗元说："天已不早，我们也该回家了，让太子殿下早点休息吧！"

太子李诵挽留大家，说："天已这么晚了，诸位爱卿就请在本宫用膳吧。"

既然太子盛情，大家也不推辞，于是就都留在东宫共进晚餐。

因为太子违和，忌食荤腥，更忌饮酒，这晚上东宫招待大家吃的是槐叶冷淘。槐叶冷淘是唐代的一种过水凉面，其制法大致是采青槐嫩叶捣汁，和入面粉做成细面条，煮熟后放入冰水中浸漂，其色鲜碧，然后捞起以熟油浇拌，吃起来味道非常鲜美……

昔日杜子美有诗《槐叶冷淘》云："青青高槐叶，采掇付中厨。新面来近市，汁滓宛相俱。入鼎资过熟，加餐愁欲无。碧鲜俱照箸，香饭兼苞芦。经齿冷于雪，劝人投此珠。愿随金騕褭，走置锦屠苏。路远思恐泥，兴深终不渝。献芹则小小，荐藻明区区。万里露寒殿，开冰清玉壶。君王纳凉晚，此味亦时须。"杜甫很少作诗单纯用来赞美食物，可以想见槐叶冷淘绝非等闲。在当时，它可是太官也即御厨所做的宫中美食。

用膳时，因为有众人陪伴，这天太子李诵的气色很好，兴致很高，食欲也很不错。见此情形，大家都颇感欣慰，因为，无论是大家的希望，还是复兴大唐的希望，势必都已落到了太子李诵的身上。

22 岳父的忠告

这天傍晚，在御史台中忙了一整天的刘禹锡收拾笔砚，正准备下班回家，这时王叔文的仆人飞步赶来递上名刺说："王待诏有请先生。"

刘禹锡不知何事，当即备马到了翰林院。王叔文正在焦灼烦躁地来回踱步，一见刘禹锡，他便急切地发问："梦得你听到什么消息没有？"

刘禹锡一时丈二和尚摸不着头脑，不知道王叔文所说何事，就问："什么消息？"

"有人密报，左补阙张正一诽谤我等结党，你在御史台竟不曾听闻？"

刘禹锡当即一愣，说："张正一？"几乎是在同时，脑海里忽然浮现出不久前发生的一幕……

那天，他和同僚吕温、程异在平康坊一处幽静素雅的桃红馆小酌。三个人一边观看歌伎歌舞，一边开怀畅饮。三杯酒下肚后，几个人一时言语激进，忘了顾忌。

吕温为程异斟了一杯酒，道："钱粮为天下之本，程员外处事勤勉，又精于理财，才堪大用，他日待太子即位治国，定会受到重用。"

程异一听，赶忙称谢，郑重说道："王公、梦得引荐之恩，岂能轻易相忘？即使性命攸关，亦当义不容辞！"

吕温说："朝局不定，世事难料，愿我等永结同心，立志革新，生死不改初衷！"

程异愈发激动地霍然起立，望空一拜："苍天在上，煌煌可鉴，我程某他日若有负于恩人挚友，人神共灭，不得善终！"

刘禹锡忙扶他坐下，说："有心便可，师举（程异字）何必发此毒誓？"说时，歌伎的一曲《杨柳枝》正好唱到结尾，禹锡看到邻桌几位文士模样的人正在朝自己这里张望，且小声说着什么，只听有个人还说了"王叔文"三字，旋即话音低了下去。

刘禹锡觉得此人有些面熟，但一时又想不起来，等到结账时询问桃红馆的老鸨，方知刚才邻桌做东的人叫张正一，在职左补阙，近日宴请朋友，时常光顾这里。

对"张正一"这个名字，刘禹锡显然并不陌生，因为"远水澄如练，孤鸿迥带霜"的作者就是张正一。

此时，刘禹锡回忆起了这件事情，就说："张正一请人吃酒，是因为新近召入朝廷，逢上喜事，他毕竟是个文士，当会与人为善，总不至于无事生非，乱发言论吧？"

王叔文不以为然，说："张正一原是以上疏被皇上召纳的。那天他们提到叔文之名时便压低声音，可见心里有鬼。我等中虽已人才济济，可惜手中尚缺权柄。若为奸人陷害，岂不遗恨千古？此事韦郎中已知，必须先发制人。"

刘禹锡听了，沉默下来，过了一会儿，依然有些不忍心说道："仅是听到称说姓名就疑人偷斧，对人下手，很不厚道，若是传扬出去，于我辈声誉，恐百害而无一利呀！"

王叔文道："皇上对文臣一向多有猜忌，况乎往昔结党惹祸之事屡见不鲜，即使无伤，也需警惕。万一发生诬告，轻则贬逐，重则夺官，甚至命悬朝堂之时，你我何以应对？况且，你我贬逐事小，若是牵连到了太子，必将使朝堂不稳、黎民遭殃，革新之事尽付东流！"

听王叔文这么一说，刘禹锡这才感到问题严重，心想，若张正一等人果真与我等为敌，壮志未酬便要化作春梦一场，岂不遗恨无穷？再说王侍读、韦郎中主意已定，自己即便竭力反对也无济于事，于是也就同意了。

到了第二天，韦执谊觐见德宗的时候，顺便上了一道奏疏，说左补阙张正一等朋聚为党，游宴无度。德宗立即派宫中密使来了一番暗访，发现张正一果然与六七名关系不错的官员经常在一起来往过密，于是，便以"私结朋党，图谋不轨"的罪名将张正一、王仲舒等七人逐出朝廷，远贬僻地。

朝野上下不知内中隐情，传言纷纷，矛头一致指向韦执谊，责骂他是卢杞、裴延龄之后又一奸臣，如今本朝此等人物不断，祸难何时能尽啊？

韦执谊听了，并不介意，只是付之一笑。

但执谊的岳父杜黄裳听说之后，却很是为自己的女婿担忧。

这天，在宫中当值结束后，韦执谊回到家里，刚进门妻子杜氏就走了过来，要他陪她一起去娘家看她的父亲杜黄裳。她说她的父亲前几日生病了，有些发烧，她俩得去看看他老人家。

执谊一听就抱怨妻子说，你咋不早说呢？杜氏立即笑着反唇相讥道："我咋早说？你这大官人这些日子成天价在朝中忙得不亦乐乎不见人影，你让我向谁说？"

一看杜氏说个没完，执谊就笑着赶紧打断她，说："少说废话！走，走，走，还是赶紧去看父亲他老人家要紧！"

韦执谊的老岳父杜黄裳在本朝是出了名的。之所以那么出名，倒不是因为他与大诗人杜甫同属一族，而是因为他是朝中有名的直臣。他年轻时考中进士，又中制举宏词科，受到宰相杜鸿渐的器重，被朔方节度使郭子仪辟为从事。大历十三年（778年），郭子仪入朝，命杜黄裳留守朔方，主持军务。李怀光趁机假传圣旨，欲诛杀大将温儒雅等人，以取代郭子仪。杜黄裳辨认出诏书乃是伪造，质问李怀光，李怀光吓得流汗，承认犯了罪。当时诸将中凶狠骄横难管制的将领，黄裳都以郭子仪的命令调动职务，安排到别的地方，士兵由是不敢骚乱，因而稳定了军府局势。杜黄裳的机智和果断，初露锋芒。

后来，杜黄裳回朝任黄门侍郎。当时，裴延龄任宰相，此人阴险奸邪，一意媚上，深得德宗宠信，朝野内外无不避让。但杜黄裳却对其从不巴结。

贞元七年，杜黄裳知贡举，恰好裴延龄的儿子裴操参加博学宏词科选拔考试。裴延龄想请杜黄裳予以照顾，谁知杜黄裳却刚正不阿，竟当众驳了裴延龄的面子。这一年，裴操果然榜上无名。如此一来，裴延龄自然对他一直怀恨在心，这以后，杜黄裳竟十年没有升官。

这天，韦执谊和妻子杜氏来到岳父家的时候，杜黄裳正躺在床上，双目紧闭，额头上搭了块湿毛巾。

夫人在他床边不停地问道：

"老爷，你感觉好点了吗？"

"老爷，你心里还那么难受吗？"

"老爷，你想喝水吗？"

"老爷，你饿不饿，想不想吃点儿东西？"

…………

可是，无论怎么问，杜黄裳睡在那儿就是不说话，连眼皮儿都不动一下。这让他的夫人更加为他担忧。

"老爷，你病到底怎么样了？你倒是说句话啊？"说这话时，夫人竟有些控制不住，急得哭了起来。

"我还没死哪，你哭个啥丧啊？"杜黄裳忽然瞪大眼，冲自己的夫人吼道。

就在这时，韦执谊和妻子杜氏来了。

"爹，你好点了吗？"一进门，韦执谊就迫不及待地问候道。

一听是女婿韦执谊说话，杜黄裳再装不下去了，这时就微微睁开眼，问道："是执谊来了吗？"

"爹，我和执谊回家看您来了！"杜氏抢先回答道，"爹，怎么样，您好些了吗？"

"唉，被你娘烦死了！"杜黄裳这时故意抱怨说，然后侧转身，看着自己的妻子假装生气说，"老婆子，我生病想图个清静都不成，你老在我耳边唠里唠叨、唠里唠叨个啥？再这样下去，我就是病不死，也要被你给唠叨死了！"

"爹，你别不知好歹！我娘这是关心你！"杜氏笑着为母亲打抱不平。

"是啊，爹，你这些天病了，我娘要照看你，也挺辛苦的！"韦执谊这时也笑着说道。

"还是女儿女婿心疼我！"老夫人故意叹了口气，悠悠说道。

一看一家人其乐融融，杜黄裳的病顿时好了很多，于是他便伸出手，拉着自己的妻子说："扶我坐起来，我要和执谊说几句话。"

"爹，我来扶你吧。"韦执谊边说边走过去将杜黄裳扶坐了起来，并为他披好上衣。

"去，你们娘儿俩出去，我有几句话要和执谊说。"杜黄裳说。

"爹，有什么话不好当我和我娘面说？"杜氏故意说。

"你们女人家懂什么？去，和你娘到厨房做几个菜，晚上我要和我女婿好好喝两盅！"

等妻子杜氏搀着岳母走出房间后，韦执谊急切说道："岳父大人如此郑重其事，必有教我。"

杜黄裳这时却并不着急，慢悠悠地说道："执谊现在一定公务繁忙吧？"

"如今朝中事情实在太多。"

"皇上现在怎样？都说'伴君如伴虎'，执谊在皇上身边感觉如何？听说有个左补阙张正一上疏弹劾太子侍读王叔文等结党，不知是否确有其事？"

韦执谊一时不知道岳父突然问这话的意思，就说："岳父大人如何知道此事？"

杜黄裳冷冷一笑，说道："如今朝中有谁不知道王叔文结党？"

略略沉吟了一会儿，杜黄裳又开口说道："当年我跟随郭令公见识过了多少风风雨雨，功比山高的郭令公终其一生战战兢兢，不越雷池一步，才能恩宠如一、大树常青。如今朝廷虽然看似风平浪静，但是一不小心，就会粉身碎骨，万劫不复。"

韦执谊还是不知道岳父杜黄裳为什么会说这话，就说："执谊愚钝，还请岳父大人明言！"

杜黄裳于是便不再拐弯抹角，而是直截了当说道："执谊，如今朝中多有议论，说你和王叔文、刘禹锡等人经常聚集东宫，营私结党。"

"没有的事！……纯属捕风捉影。"韦执谊一听，顿时有些紧张，于是涨红了脸赶忙辩解道。要知道，在当时，皇帝最忌讳臣下特别是东宫结党。

"你最近难道不是与翰林待诏王叔文、王伾走得非常近？"

韦执谊此时未免有些心虚，便保持沉默。

"贤婿，你在翰苑掌握的是王言草诏，除去公务外千万不要牵扯其他方面，尤其是东宫的事，这是陛下的家事，瞬息万变，稍有不慎，便有倾覆的危险！"

韦执谊不以为然，便对岳父解释说："执谊以前一直伴随在圣主身旁，极为亲近，是圣主让小婿去接近太子的，并让小婿与太子经常切磋学业，足见圣主并未将其视为家中事，而是当作天下的大事来看待的。"

杜黄裳这时叹口气，语重心长地说："贤婿，听老夫一句劝吧，以后还是远离东宫，趁早跳出这是非之地吧！……唉，这江山迟早都是皇太子的。他只需安心等待就是，如果做事太显，行事太躁，反倒容易惹出祸端，到头来只会适得其反，事与愿违。"

"太子仁孝无双，一向为世所称，只是想求贤才主持东宫讲筵，并无见不得人之勾当。"韦执谊竭力为太子当然也为自己辩解道。

"即便这样，他也应该夹紧尾巴，装愚守拙，韬光养晦，从长计议才是，免得无事生非、徒惹祸端！"

23 太子中风了！

说来真是祸不单行，这边，张正一的事件虽然有惊无险基本上算是摆平了，但谁知一波未平一波又起，那边，一件更大的祸事又突然降临了，而且，这还是一件天大的祸事——

太子李诵突然中风了！

想想，太子李诵也真的是个悲剧。

自从公元 779 年被立为皇太子之后，李诵就一直在东宫战战兢兢、如履薄冰，二十多年如一日始终韬光养晦，夹着尾巴做人，真正是"只许老老实实，不许乱说乱动"。

史书记载，在他当皇太子的 26 年时间里，只就唯一一件政事发表过自己的不同意见。

这就是反对裴延龄、韦渠牟二人当宰相。

裴延龄，是一个以苛刻猜忌、欺上瞒下而闻名朝野的人。有一件事足以证明他的为人：他死之后，人们竟然互相祝贺，以为从此可以摆脱他的迫害而兴高采烈。

韦渠牟，史书对他的评价是"形神佻躁，无士君子器，志向不根道德"，可见也不是个好人。

当时，朝野内外都对为人奸诈的裴延龄等人借盘剥黎民、聚敛财富而得进用切齿痛恨，然而朝廷之上，大家却都敢怒不敢言。这种时刻，身为太子的李诵"每候颜色，陈其不可"，总是在唐德宗心情好的时候从容论争，指出这二人不能重用。所以，德宗最终没有任用裴延龄、韦渠牟入相。

除了仅有的这一次发表政见之外，李诵其余的时间都在读书，读佛教经典。他也写字，写得一手好字，尤其擅长隶书。他的书法甚至好到了这种地步：每逢他父亲唐德宗作诗赐予大臣和方镇节度使时，一定是命他来代笔书写。

李诵不仅为人正派，而且行事果敢，可谓文武双全，很有才干。建中四年（783年）遭遇"泾原兵变"时，他在随父皇唐德宗出逃奉天时，危难时刻，泰然自若，竟亲自执剑登城，抵抗叛军的围攻，最终取得了奉天保卫战的胜利。

但是，尽管这样，由于"天家无父子"，太子与天子之间的那种微妙关系，特别是有唐以来，历朝的第一任太子都鲜有善终，在二十多年的太子生涯中，李诵只能韬光养晦，夹着尾巴度日。

由于长期压抑的太子生活，心理上的极度抑郁与紧张，加上李唐皇族素有遗传疾病——"风疾"，也就是现代医学上所说的中风和H型高血压，从唐高祖李渊、太宗李世民到高宗李治等，李氏皇族中竟有一大半皇帝患有此症，乃至因此英年早逝，龙驭上宾。故而，在贞元二十年（804年）九月，一直活得很憋屈的李诵突然中风倒下。

这天，王叔文与王伾听到李诵身边的亲信宦官李忠言通报，说太子殿下中风了，无不大惊失色，赶紧备马疾奔而去。

太子近年来常觉头晕目眩，身体不适，但没料到病灾来得这么快。

进得东宫内室，只见王、牛两位妃嫔神情凄切地守在太子床前，御医罗令则面无表情正在为太子殿下把脉，满室弥漫着苦药味儿。王叔文与王伾行过礼后便凑近床头，轻声呼唤殿下。

李诵面色煞白，微闭双目，听到声音吃力地想撑坐起来，但无法实现。口唇颤动半天，才嘶哑不清地道："寡人……病势急猛，万一不测，天下奈何？"

王伾赶忙劝慰道："殿下是国之储君，天下名医尽可择用，不日即可痊愈，殿下安心养病，不必焦急。"

罗令则这时皱着眉头，一副不知所措的样子，故意叹口气说："太子殿下前些日子服了在下开的药后，病情本来已有所好转，没想到今天忽然加重了！"

王叔文这时忽然想起刘禹锡一向对医术很感兴趣，颇通医理，便说："刘御史亦通医道，有可用处，也当尽力，效些微之劳。"于是急忙召来禹锡，让他为太子切脉。

听到消息，刘禹锡匆忙赶来，为太子仔细把过脉后，王叔文把他拉到一旁，小声问道："不知太子病情究竟如何？"

刘禹锡低声道："太子此番病势猛烈。"

王叔文一脸焦急，长叹一声，问道："可有疗法？"

禹锡道："虽然沉重，但不致命。"

王叔文面有喜色，急忙问："如此说来，太子之病尚可痊愈？"

禹锡点点头，说："俗话说：'病来如山倒，病去如抽丝。'太子之病虽然来得突然，但只要假以时日，用对药方，渐渐自会痊愈。"

这时，就听太子李诵用微弱的声音道："诸位退去吧，寡人暂且歇歇。"

走到宫外小路上，王伾长叹一声，压低声音道："看来，太子此番病势猛烈，皇上年事高迈，万一青黄不接……"

王叔文打断他的话道："吉人自有天相。你说的那青黄不接即便出现，我辈都非庸人，岂会束手无策？"话虽硬气，此时王叔文也未免有些心虚，心中满是担忧。

王伾又说："虽说侍读胸有韬略，我等皆有肝胆，但一旦局势突变，朝中必然权力角逐，博弈甚烈。届时我等参议人才虽多，但毕竟人微言轻，无法掌控局势，为之奈何？"

此时此刻，王叔文自然也是忧心如焚，满是焦虑，是啊，一旦局势突变，单靠手下那几个五品、八品的吏部郎中、监察御史，如何能对抗得了那些宦官、重臣，掌控朝廷大局？倘若失手，可就是鱼在砧板上，任人宰割了。想着想着，王叔文心中不觉也产生了几多寒意。

这种时候，王叔文意识到，由于事发突然，把他苦心竭虑盘算的一盘棋局打乱，自己已经不能再韬光养晦，以待天时了！

24 惊不醒的"梦中人"

贞元二十年，看似是个太平年份，但随着太子李诵中风，已经步入晚秋的德宗皇帝几次圣躬违和，帝国上下都嗅到了一丝不祥的气息。而与此同时，朝野内外无不波诡云谲，暗流涌动。在即将面临的政治十字路口前面，各种大大小小的政治势力以及个人无不重新进行选择：或踌躇观望，或党同伐异，或卖主求荣，或两面下注。今日投甲门下，明日为乙上宾；今日互为仇敌，明日称兄道弟，官场党同伐异之怪现状真可谓洋洋大观……事虽可笑，但却并非虚构，绝对真实。

刘禹锡之前上班之余很喜欢听歌，他有个西凉朋友米嘉荣，是个民族歌手，所唱的大西北歌曲苍凉悲壮，动人心魄，其歌唱跟妓馆里歌伎的靡靡之音大不相同，满满的正能量。一有闲暇，禹锡就去饱享耳福。可自从太子中风后，他就再也无暇也没心思去听了。

因为太子重病，情势危急，那些天，心急火燎的王叔文经常召集王伾、韦执谊还有刘禹锡、柳宗元等人在一起，没日没夜地密议时政，筹划大局。

由于种种原因，当时东宫的势力还很薄弱，当务之急，自然是广揽人才，壮大实力。王叔文让大家推荐人才，柳宗元首先推举自己的老师凌准。

凌准，字宗一，浙东新城人，富谋略，有志节，颇有文才，擅长著史，著有《后汉春秋》二十万言，还有《六经解围》及《人文集》等，曾是柳宗元的老师。他弱冠之年心存大志，思谋建功立业，上书宰相以自荐。宰相召之属对，"日试万言"，对其大加称赏，遂用为崇文馆校书郎。

凌准现任浙东廉使判官，颇受圣上瞩目，择时被擢升翰林院也未可知。王叔文觉得，倘得凌准参与，同辈贤俊就能得到富有分量的援助了。

在韦执谊等人的一再奏请下，凌准被德宗从苏州召回任翰林学士，入直禁中。

凌准入朝后，王叔文、王伾、刘禹锡、柳宗元在聚首密议中又不禁想到吕温。对吕温的政治才干，不独柳宗元，连刘禹锡也是很佩服的，柳宗元称赞他"道大艺备，斯为全德"，刘禹锡也说他"年益壮，志益大……歆然以致君及物为大欲"。

眼下，东宫正是用人之际，遗憾的是，吕温不久前出使吐蕃，以侍御史为入蕃副使，路途遥远，一年半载不得归回，值此危难之际，少这样一位足智多谋的贤士实在令人惋惜。

因韦执谊时任吏部郎中，有选士之便利，因此常命刘禹锡、柳宗元察访名士，选用贤能，尤其是京城闻名的青年才俊更在首选之列，以期将那些有意革新者选在身边，以备来日太子一旦登基就能迅速在朝中要害之处安排为己所用的得力人手。

很快，京城内外都知道韦执谊喜好识拔人才，举贤任能，而刘禹锡、柳宗元正在四处寻访人才。一时间，求名逐利之辈如过江之鲫，纷纷主动前来自荐，以致刘禹锡的家中几乎每天都门庭若市。禹锡深感选贤任能责任重大，自是不敢怠慢。每当有客人来访，无不热情接待，详加考察。如此一来，禹锡常感应接不暇，不胜其扰。

一天，刘禹锡忙里偷闲，退朝回家途中难得有兴致到野外去信步游览。行至御沟，但见雨后的垂柳随风摇曳，满眼新绿，山光水色，赏心悦目，一时心旷神怡，诗兴大发，当即口占一首五绝：

> 紫陌夜来雨，南山朝下看。载枝迎日动，阁影助松寒。
> 瑞气转绡縠，游光泛波澜。御沟新柳色，处处拂归鞍。

禹锡正在独自吟哦，忽然听到身后传来一阵爽朗的笑声，随即，那人朗声说道："好一个'御沟新柳色，处处拂归鞍'！梦得日理万机，今日如何有此雅兴来此赏景赋诗啊？"

刘禹锡回头一看，原来是翰林学士王涯。禹锡当年初到长安，是在李绛的那次宴请中认识王涯的，两人从此成了好友。只是近些年，大家各忙各事，虽同在一朝，平时反倒很少见面。

"原来是王十二兄到此！幸会！幸会！"刘禹锡很是惊喜，笑道，"禹锡一时兴起，信口胡诌，不想被兄台听到，让兄台见笑了！"

见到禹锡，王涯也很高兴，相互问候几句，王涯故意笑着问道："梦得如今宾客盈门，不去款待，竟然有兴致来此吟诗？"

刘禹锡听出了王涯话里的讽刺意味，就赧然一笑道："兄台勿要取笑。禹锡在外耽误数年，回京不易，如今只想报效朝廷，多做实事，若有不到之处，还望王十二兄体谅！"说到这里，他四面看看，见附近无人，便正色说道："如今朝局危机四伏，百弊丛生，已到不变不足以存社稷、救黎民的地步。兄有经时济世之才，如今又入翰林学士，将充内职，难道不想为大唐社稷着想，扶危持倾，解民倒悬？"

王涯听了，忽然变得一脸严肃，诚恳说道："梦得切勿操之过急！所谓过犹不及，断断不可。时下国之困境，愚兄也很清楚，但变革之道，不可急于求成。王叔文之辈虽有雄心，却终究不过江南小吏，下没有在州郡任职过，上没有在台省主政的经历，在朝中不仅缺少根基，少有人脉，而且目光短浅，见识浅陋，空谈不仅误国，难以成事，更容易害了自己。要知道宦官之间也有争斗，藩镇相互常相攻伐，如果要解决宦祸与藩镇之害，必须从长计议，谋定后动，行合纵连横之计。"

刘禹锡听了大摇其头，不以为然："兄之所言，禹锡不敢苟同！挑拨宦官、藩镇之间相互内斗而渔翁得利，绝无可能。李辅国、程元振、鱼朝恩之流，前赴后继，大权始终未能归于至尊。时至今日，这种现象更为严重，藩镇与宦官勾结，危害甚烈。若不尽早铲除，除恶务尽，也许用不了十年，这些藩镇与宦官就会僭权犯上，掌废立之事，危及社稷！"

后来晚唐的历史，也真的不幸为刘禹锡所言中。

此刻，王涯很想一语惊醒梦中人，劝好友趁早远离东宫，全身避祸，非常时期，切勿急着站队，以免陷入政治泥沼而难以自拔。但见刘禹锡如此固执己见，完全就是个惊不醒的梦中人，他便叹口气，心想人各有志，不可强求，于是便不好再说什么，只是担忧好友禹锡的前程，生怕他会执迷不悟，误入歧途。

25 顺宗即位

在德宗李适的记忆中，他感觉这年的冬天似乎格外寒冷，以致高踞龙首原上的大明宫在冬日的寒流中是如此清冷、阴沉，即使是到了贞元二十一年（805 年）大年初一也依然感受不到一点春日的暖意与喜气。白发萧萧已生病在床的唐德宗，这天在长安城远远近近、喜庆热烈的爆竹声中一大早就已醒来，迟钝地尽力睁开双眼，茫然看着入宫为他贺岁的宗室诸王。当他的目光迟滞地巡视着长长的队伍，发现那个属于太子的位置像一截断臂一样空置在那里，心里忽然一阵悸动，一阵悲哀。

这时候，已是风烛残年的德宗皇帝好像才忽然想起太子李诵从去年九月中风卧床，已经很久没有来朝见他了，顿时禁不住黯然神伤，不知不觉，两行浑浊的泪水潸然落下。

也许是预感到自己已然来日无多，大限将至，那些天里，终日躺在病床上的德宗皇帝情不自禁地想起了很多事情，他想到了自己苦命的只当了半天皇后就驾鹤仙逝的王氏，想到了太子李诵和舒王李谊……

建中四年（783 年），节度使李希烈起兵反叛，围攻襄城（今河南襄城）。十月，唐德宗发泾原（今甘肃泾川）之兵，东救襄城。泾原与襄城相距千里，五千泾原兵冒雨而往，饥寒交迫，路过京城时，本以为能得到朝廷赏赐，没想到奉命犒师的京兆尹王翃却只给他们粗饭菜羹，且没有任何赏赐。军心为此哗变，愤怒的将士们冲进京城，势不可当。唐德宗闻讯，忙"召禁兵以御贼，竟无一人至者"。见势不妙，唐德宗连玉玺都忘了带，就拼命逃往奉天（今陕西乾县）。

做官掉了印的，史上不乏其人；而当皇帝忘了玉玺的，却极其罕见。慌乱之中，还是王淑妃沉着冷静，把传国玉玺系在衣带上带出京城。逃到奉天后，等德宗缓过神来准备下诏平叛，需要玉玺盖章签发的时候，这才想起自己当时仓促出宫，不曾把玉玺带得，如今诏书上缺了玺文，形同废纸，自然不能发下去。德宗心里万分焦急，回到宫中，只是长吁短叹。听闻此事，这时王淑妃从绣枕下拿出一颗玉玺来。德宗看时，果然是平日常用的那颗御印。德宗喜出望外，顿时拉住王淑妃的手，只是一个劲儿地柔声唤着爱卿。

唐德宗出逃后，朱泚"自白华殿入宣政殿，自称大秦皇帝，改元应天"。为了除掉唐德宗，取而代之，朱泚全力围攻奉天城一个多月。被围期间，城中粮食早已用光，就连唐德宗本人也只能吃一些野菜和粗米。皇帝如此，包括王淑妃在内的其他人就可想而知了。

城外硝烟弥漫，城内缺吃少穿，就连王淑妃刚出生不久的公主也因为饥饿夭折了。这件事对王淑妃打击很大，加上近一年的流离惊恐，兴元元年（784年）七月，回到长安后，王淑妃便病倒了。

摆脱困境后，德宗本想立即册立王淑妃为皇后。由于王淑妃的身体一直没有康复，册立皇后的事情因此耽搁了下来。在以后的两年里，王淑妃的病情一天天加重，直至病入膏肓。为了表达内心的爱意，同时也是为了通过办喜事来驱除病魔的所谓"冲喜"，贞元二年（786年）十一月，德宗宣布册立王淑妃为皇后，加冕仪式非常隆重，重病中的王皇后强撑着与百官见面，然而加冕典礼刚落下帷幕，她便撒手人寰。红事转眼变成了白事，德宗悲痛万分，又为王皇后举行了隆重的葬礼。

王皇后生前为德宗育有一子一女，子即太子李诵，女早夭。

由苦命的王皇后，德宗又想到了他俩共同的唯一的儿子李诵，想起建中四年的秋天，他因"泾原兵变"出逃奉天，太子李诵"执弓矢居左右"，时刻护卫着他，到这种时刻，德宗才真正感受到什么叫"打虎亲兄弟，上阵父子兵"，即便是皇帝也鲜能例外。面对叛军的围逼，当年李诵身先士卒，亲冒矢石，登上城头，与攻城之敌展开激战，带领将士最终取得了奉天保卫战的胜利……

往事历历在目，想到这些，德宗禁不住内心一阵阵感动，那仿佛冬眠太久的父爱在这种时刻渐渐苏醒过来，而几乎是在同时，一种难以言喻的负疚感也油然而生。他觉得这么多年自己实在有愧于太子，有愧于太子长眠于九泉之下的母亲王皇后。想到如今太子李诵只有 44 岁，就中风在床，尽管自己已多次派御医尽力医治，可几个月来却始终不见好转，他不由得痛彻心扉，泪流满面，克制不住地竟然像个孩子似的哭泣道："今天下不靖，合当图治。然天不假年，太子却又突然罹病，言语不能。苍天啊，为何要待朕如此刻薄？"

见此情景，当时待在他身边的几个宦官也忍不住伤心落泪，只有韦贤妃以及舒王李谊的神情非常复杂。

德宗病重期间，韦贤妃和舒王李谊母子俩一直日夜在他的身边侍疾。

贤妃韦氏比德宗大五岁，民间常说女大五，赛老母，当年还是半大孩子的德宗就已经娶了像大姐姐一样的韦氏。也许是有一种"恋母情结"吧，德宗对韦氏很有些类似于当年高宗李治对武则天那样的爱恋与依赖，他们之间更多的还是关心照顾加疼爱的亲人之情。韦氏一直未能生育孩子，舒王李谊寄养在她名下作为养子。所以，一旦李谊登基为帝，母凭子贵，韦氏就是理所当然的皇太后。

也正因此，尽管韦贤妃这么多年来一直默默守在德宗身边，仿佛大姐姐又像母亲般的呵护着德宗，从不争风吃醋，更不后妃干政，惹是生非。但是，德宗还是能从细微处看出，其实在内心中，韦贤妃非常希望自己的养子舒王李谊日后能够承继大统，荣登大宝。

而对舒王李谊，德宗李适多年来也一直对他既爱又怜。是的，就因为当初自己一时风流做出那种不光彩的事情，害得李谊这孩子的真实身份始终不敢公开，自己也跟做贼似的，这么多年了竟始终没有勇气公开承认他是自己的亲生儿子，德宗的内心一直充满了愧疚与自责。

其实，在情感上，德宗一直想让舒王李谊即位，特别是在太子李诵中风之后，这种愿望就更为强烈。他觉得以李谊的才干，完全能够胜任。但是，一想到倘若册立舒王李谊，必定要公开李谊的真实身份，也就形同公开了自己的那些丑事，而且，废立太子关乎国本，一定会在朝野内外掀起惊天巨澜，乃至血雨腥风，危及江山社稷，他又实在没有勇气在自己生命的最后时刻做出如此惊人的决定！

也确实，一想到长眠于地下的苦命的王皇后，想到太子李诵此刻正那么痛苦而又可怜地躺在病床上，他又实在有些于心不忍。更何况，假如那一天舒王李谊真的在自己的灵柩前即位，而又不公开他的真实身份，诚所谓名不正则言不顺，那么，即使太子李诵不去造反，自己其他那十几个名正言顺的亲生儿子也一定会密谋政变或公然反叛，真到那种地步，自己的儿孙就会手足相残，血雨腥风，整个社稷就会风雨飘摇，危在旦夕……

每每想到这，德宗皇帝总是不寒而栗，叹息不止。

事实上，让德宗皇帝在立储一事上一直犹豫不决的还有这样一个人，那就是德宗的长孙——广陵王李淳。

在德宗李适看来，他的这个长孙聪明异常，少有大志，还在六七岁的时候就胸有天下，气度不凡。即使多少年过后，德宗依然记得，有一次他把李淳抱到怀里，逗他说："你是谁家的小儿，如何跑到朕的怀里来了？"

李淳虽然年幼，但却思维敏捷，回答机智："我是第三天子。"

德宗一听感到很诧异，但仔细一想就明白了，祖父是天子，父亲是太子，而他是太子的世子，祖、父、孙三代，他不正好是"第三天子"吗？德宗由此自然喜欢上了这个皇长孙，还在李淳 11 岁时他就封自己的这个皇长孙为广陵郡王，并对李淳寄予厚望。他想，如果日后自己的这位皇长孙能够当上皇帝，一定会是个仁德有为之君。

也正是因为顾虑重重，想法太多，内心其实并不糊涂的德宗皇帝即使到死，对自己身后的接班人之事也始终左右为难，举棋不定，且讳莫如深，于是便只好选择保持永久的沉默……

在巨大的刺激下，贞元二十年的冬天，一直活得很不称心的唐德宗一病不起。等到第二年正月二十三日，总算熬过正月十五元宵节的德宗在伤心与绝望中驾崩于会宁殿，时年 65 岁。

德宗龙驭上宾，因为事发突然，事先没有准备好遗诏。仓促之间，宦官们急召翰林学士郑纲、卫次公、凌准等人到宣政殿起草遗诏。

等翰林学士们都来了，宦官头目俱文珍、薛盈珍等披麻戴孝，早在殿内等候。

翰林学士卫次公先问："大行皇帝宾天之际可有遗诏？"

值守内侍答道："没有。"

神策中尉俱文珍狡黠，赶紧说道："这几天禁中有所计议，但还没有最后确定。要等二三日才能定夺。"

德宗晚年宠信宦官，宦官尤其是德宗身边的红人俱文珍炙手可热，以致朝臣们行事说话都要看宦官们的脸色，尤其是在俱文珍面前多半都不敢说话。但太子李诵却不管不顾，见到宦官特别是俱文珍，常常都不给他们好脸色看。对此，俱文珍等宦官早有察觉，当然心知肚明，因而都对太子心怀嫉恨，如今，自然不希望太子李诵继位，所以，才故意这样模棱两可地回答。

郑絪一听觉得有点儿不大对劲，于是就赶紧追问道："三日以后？国不可一日无君，三日之内何人临朝主政？"

俱文珍皱着眉没有说话。中官薛盈珍这时不紧不慢应道："方今太子重病未愈，可由舒王暂为摄政。"

众学士明白这是宦官在密谋另立，也明白若是强硬于己不利，只得默不作声。

关键时刻，凌准想到缠绵病榻的太子李诵，想到叔文与子厚诸君的急切期望，当即快步出列，义正词严地说道："昔者周公摄政，乃因成王年幼；王莽摄政，意在汉室江山。国若一日无君，旨意出于摄政者，天下百姓，遐迩四夷，将作何议论？今太子虽有疾，得良臣辅佐亦可理事，况天下名医如云，何忧病不能瘥？"

凌准刚一说完，卫次公也立即响应，朗声说道："太子虽然有病，但他是先帝确定的储君，这是大家都知道并且承认的。如果实在不得已，也应该立太子的长子广陵王李淳。否则，天下必然大乱！"

毕竟邪不压正，做贼心虚，再说这时期的宦官还没有嚣张到肆无忌惮擅行废立之事的程度，一看大家都很反对，俱文珍便朝众宦官丢了一个眼色，和颜悦色道："所言有理，所言有理。不过现已正午，大事不可仓促，当于今晚拟写诏书，明日清晨宣示。"

商量遗诏时，太子身边的"二王"即王叔文、王伾并没有被宦官喊进宫，革新派的人只有凌准一个。所幸关键时刻凌准首先起来发难，这才使宦官的气焰有所收敛，没敢当场宣诏，但后面的结果依然吉凶难料。

王叔文深知宦官掌握禁军，且里通外合，久必生变，于是决意走一步险棋，令人往太子宫中探视。

当时正是严冬，大雪纷飞。这天为即位之事，众人仍在宣政殿争吵不休，意见不一。忽然间，殿内冷不丁响起一声咳嗽，把众人都吓了一跳。大家循声望去，猛然发现，不知何时太子李诵已经坐在了金銮殿上。

原来，王叔文派人去探视太子，见太子病情稍有好转，便请太子亲往金銮殿，以此证明身体无碍。太子深知兹事体大，遂不顾病体强行前来。

众人见是太子，穿着紫衣麻鞋，不敢怠慢，尤其是那些宦官，更是心中忐忑，遂一起上前跪迎。

太子李诵喘了几口气，强作镇定道：“先皇已去，尔等岂有秘不发丧之理？”

俱文珍连忙跪地应道：“回禀殿下，并非秘不发丧，只是大行皇帝无遗诏，这皇位——”

李诵怒上心头，怒斥道：“大胆！寡人尚在，何人敢作非议？”

王叔文趁机喝道：“太子病愈，何人再敢散布谣言，当以谋大逆论罪！”

俱文珍、薛盈珍等宦官顿时如霜打一般蔫了下来。

见此情形，王叔文决定趁热打铁，让翰林学士郑絪、卫次公当场写下遗诏并宣布：“皇太子宜于柩前即位。”

见太子能言语、能走动，翰林学士郑絪、卫次公等也立即认可了太子继位的合法性，于是打开金銮殿门。宫中卫士见果然是太子端坐殿中，纷纷入内参拜，山呼万岁。

正月二十四日，德宗灵柩迁移太极殿。两天后，即正月二十六日，45岁的太子李诵即位太极殿。

这就是历史上的唐顺宗（死后庙号），帝王名号（年号）为永贞。

26 义无反顾

太子李诵有惊无险地顺利即位后，王叔文意识到顺宗的皇位依然不稳，这种时候，最好的办法就是能多争取一些朝中重臣支持顺宗，能够站到自己的阵营中来。思虑再三，王叔文首先想到的是武元衡和杜佑。因为自己不好出面，他便让擅长交际的刘禹锡前去充当说客。

武元衡此时是御史中丞，在御史台正好是刘禹锡和柳宗元的顶头上司，禹锡自以为平时和他上下级关系处得不错，而杜佑就更不必说，是自己的父执，两人一向情同父子，所以，接到任务后，他便欣然应允。

可是，出乎意料的是，此番前去，他竟结结实实碰了两个大钉子！

武元衡，字伯苍，出身豪门，乃一代女皇武则天的曾侄孙，年轻时天资聪颖，才华横溢，诗赋文俱佳，曾列进士榜首，因深得德宗赏识而官运亨通，自从任职御史中丞后，与禹锡时有唱和。

那天升朝，刘禹锡早早来到御史台点卯，与也一向早来的武元衡谈诗论文，相谈甚欢。日上三竿时，阁中僚属俱已到齐，等议完日常事务，见大家因朝局之事闷闷不乐，愁容满面，武元衡说："诸位同僚每日辛苦，元衡也深知监察御史常受委屈，左右为难。不过，我等俱食朝廷俸禄，自然要为君分忧，尽责尽职。虽然近来朝野议论纷纷，谣诼四起，还望诸公能摒弃杂念，一心向公，此乃趋吉避凶之锁钥！"说罢，武元衡看了看刘禹锡，然后招呼禹锡跟他一起去了兰台，吩咐禹锡起草几个公文。

吩咐完公事，武元衡定定地看着刘禹锡，意味深长地笑着说道："禹锡这些日子频繁出入宫中，是有什么大事吗？"

刘禹锡此时有心充当说客，一心想争取这位朝中重臣归入自己的阵营，于是就如实说道："禀中丞,如今太子登基,必行新政。"

武元衡一脸惊讶,皱着眉道："哦,梦得如何得知?"

禹锡其时并未察觉武元衡神情的变化,仍一脸诚恳地说:"禹锡听说太子在东宫时虽讷于语言,但却观察细致,思想深刻,朝政内外之弊端无不了然于胸,与王叔文、王伾、韦执谊等一帮经天纬地之才时常在一起商讨,如何匡时济世,变法图强,如今新登大位,一定会革故鼎新,力行新政。可是,新君身边毕竟缺少贤能,若要革除弊政、激浊扬清,必定要广纳贤才方可为之。叔文久仰中丞乃栋梁之材,故而命下官聊表敬贤爱慕之心。若承蒙中丞不弃,登堂为相,我等愚鲁之辈一定鞍前马后,随侍左右。"

没想到武元衡听了勃然大怒,似笑非笑道:"哼,王叔文身边有贤能如君者,要元衡何用?"随即,又铁青了脸,愤然道:"王叔文好大的口气,一介江南小吏,不过依仗太子权势,如今还未实封官爵,便敢封官许愿,利诱本使,与那恃宠擅权的宦官有何区别?我若应允,岂不也成了攀附权贵之徒?更何况叔文之辈党同伐异,排斥异己,元衡羞于与之为伍!"

"这——"被武元衡如此打脸,刘禹锡此时感到非常尴尬,平时能言善道的他这时候竟一下子不知道说什么才好。猛然想起去年张正一等被贬斥之事,张正一与武元衡私交很深,两人之间常有诗文唱和,他想,当时张正一上疏攻击叔文结党,说不定其幕后就有武元衡的授意。

武元衡恼怒万分,心中已将刘禹锡等人视为攀附新贵的势利之徒,更对王叔文结党异常憎恶。从小到大,刘禹锡还是第一次经历此事,虽然受了侮辱,但他还是尽力克制着,面含微笑。等武元衡说完,禹锡想跟他再耐心解释,可是,还没等他开口,武元衡已拂袖而去!

禹锡呆立片刻,心中很是难受,但还是尽力安慰自己道:"若要做成大事,必得忍辱负重!"这样一想,心中也就有些释然,于是便耸耸肩对天一笑,第二天又去游说杜佑。

在朝中,杜佑与刘禹锡关系密切几乎人所皆知,以前禹锡到杜佑府上杜佑都很热情,但这天禹锡登门,从一开始杜佑就不冷不热,面色严峻。而当他说出来意,把王叔文的原话"杜佑相公,声望隆重,治事有方,冢宰之职,可以任之"原汁原味说了出来,谁知,杜佑坐在那里半天,竟不动声色,不置可否。

后来，杜佑打了一个哈欠，吩咐家仆给禹锡斟茶，禹锡只得起身告辞。杜佑也不挽留，当即起身送客。

杜佑神情严肃，默默送禹锡到门口，然后轻咳一声，这才好像很随意地说道："梦得确有才华，然须珍惜羽翼。'天资帝王宅，以我为关钥。能令下国人，一见换神骨。高山固无限，如此方为岳。丈夫无特达，虽贵犹碌碌。'用以励志当无不可，然却千万不可当真，用情太深，否则伤人害己，自毁前程。所谓'潜龙在渊'，'亢龙有悔'，梦得年少，来日方长，切勿锋芒太露，授人以柄，若要仕途亨通，还须藏锋露拙，慎思明辨，切记！切记！"

对杜佑今天的表现，禹锡心中虽有微词，觉得他未免老谋深算，关键时刻不能急公好义、以身许国，而是趋利避害、明哲保身，但对他的临别赠言却很是感动，觉得杜佑对自己的感情还是非同一般，如此赠言显然发自肺腑，语重心长。刘禹锡当即心头一热，鞠躬行礼，然后登车而去。

那日回到家中，刘禹锡未免有些郁闷，晚上睡在床上，半夜辗转反侧，浮想联翩，感慨良多。

如果说那天好友王涯的友情提醒只是在他的心湖上吹起了一阵涟漪的话，那么，今天杜佑的好言忠告则在他的心中掀起了万丈波涛。

在官场浸淫已久，智商与情商都并不低下的刘禹锡当然并不糊涂，对官场的许多潜规则自然早已了然于胸，对朝堂上的那些毁人游戏也多半一本全知。自幼熟读经史，世事洞明，人情练达，他当然知道屈原忠而被谤，愤而投江；冯道媚悦君上，因谀而宠。他当然知道，置身朝堂，谋人永远比谋事重要，精明永远比正直重要，人脉永远比才干重要。他当然知道"枪打出头鸟""出头的椽子先烂"，身在官场，一步天堂，一步地狱，一旦说错了话，走错了路，站错了队，就会回头无路，后悔莫及……而且，自从调到御史台后，他的仕途也还算得意。贞元二十年春，他在监察御史任上，又兼领监祭使一职。到了这年的岁末，顺宗命刘禹锡兼署崇陵使判官。当时，杜佑、权德舆、裴度等自己的这些"靠山"皆已为朝中重臣，刘禹锡当然心里清楚，如果自己只是想着做官，以自己的背景和在朝中的人脉，再加上自己的才干与日积月累的资历，只要为人低调，圆滑世故，不锋芒太露，假以时日，自己有一天也会成为朝廷重臣，即使出将入相列身凤台鸾阁、宰执天下也不无可能，并非奢望！

对自己来说，他想，这当然是一条再好不过也再保险不过的仕途，一路顺风顺水，一路养尊处优，一路荣华富贵！

可是，转而一想，他又觉得这样做太自私太卑微太可怜太渺小了！是啊，难道自己寒窗苦读，"学而优"仅仅是为了做官而做官？难道做官仅仅是为了个人的荣华富贵？难道为官精明、为官自私，只顾个人利益、不顾社稷安危不管黎民死活才是智者？……不，不是这样！也绝对不应该这样！

这样一想，他的耳畔又情不自禁地响起当年在来长安前自己的老师诗僧皎然对自己所说的那番掷地有声的话："读书人当追求'戮力上国，流惠下民，建永世之业，流金石之功'才是啊！再说时移世易，估计用不了几年就会有新皇登基，待明君登基后的用人之际，你岂不是正逢其时？岂不正好经时济世，一显身手？为师希望你抱负远大，志存高远，要做伊尹、颜渊，万不可只做一个年少成名的秀才，一个只会舞文弄墨、吟风唱月却怡然自得的腐儒！""什么时候……都要记住你的济世宏愿，慨然以天下为己任，报效国家，兼济苍生！"

是的，"丈夫无特达，虽贵犹碌碌"！古往今来，有多少人在追求功名利禄、荣华富贵的路上，残酷而决绝地将德行操守如破衣烂鞋一般弃之不顾，最终成为一具虽锦衣玉食、金玉其外但却败絮其中甚或极其肮脏的臭皮囊？又有多少只顾小我不顾大我、只顾独善其身而在国家民族危难之际空谈道义却袖手旁观、无所作为，结果成了无是无非、随波逐流、见利忘义、极端自私的精致的利己主义者？……而这样的人，即使再富再贵，也不过是些庸庸碌碌活着其实并没有太多实际意义和崇高价值的人！

这天晚上，刘禹锡几乎一夜无眠，他想了很久，也想得很多，但最终，他还是毅然打定了主意。

感时江海思，报国松筠心。
空愧寿陵步，芳尘何处寻？

为了革新政治、变法图强、报效国家，久蓄"报国松筠心""忧国不谋身"的刘禹锡，在深思熟虑之后，面对当时矛盾重重的社会现实迎难而上，毅然下定决心，舍生取义，坚定立场，义无反顾地参加了王叔文的革新集团。

27 杜佑称病

新皇加冕，百官朝贺，万国来仪，本该是一件普天同庆的大喜事。可是，就因为顺宗皇帝中风在床，天子登基后，宫中竟无半点喜庆的气氛，反而被一种波诡云谲的气氛所笼罩。

顺宗的病情一直不见好转，登基后始终不能上朝听政，于是乎，各种小道消息不胫而走，添油加醋地在朝野内外散布，甚至有谣言说新任天子已经龙驭上宾，驾鹤西去。

正月三十日，真假莫辨的朝臣们要求皇帝听政。他们说："自汉代以来，新登基的皇帝都是服三日丧就听政，陛下到现在还没听政，我们深感不安。"

大臣们的请求无可厚非且冠冕堂皇，问题是此时的顺宗重病在身，最怕见朝臣，而掌权的革新派也不想让朝臣们见到已命悬一线的皇帝，因此失去对新帝的信心。因而，朝臣们的提议未被采纳。然而，过了两天，宰相郑珣瑜、高郢、杜佑又联名递上奏章，仍然要求顺宗亲政，自然又被拒绝。

可是，再过两天，三位宰相继续上书。这次，他们把话说得很重，说顺宗这样不见朝臣不是长久之计，也不利于时局稳定。事实上，宦官们此时不仅在看顺宗与王叔文们的笑话，而且也在暗中蠢蠢欲动。

这种时候，王叔文觉得再这样拖下去已不行了，于是便同意让顺宗朝见百官。

二月初三，也就是在即位后的第八天，顺宗强打起精神，在紫宸殿朝见百官。这天，顺宗到是到了，不过却不是自己走进来的，而是乘着四人抬的软舆从后殿里转出来的，面色苍白如纸不说，还时不时地颤抖着，显然病情不轻，身边的一众近臣见了，都暗自伤感不已，自不敢多看，各自大礼参拜不迭。

这次的朝见颇具戏剧性，顺宗的气色不好，软弱无力，由着数名小宦官搀扶着下了软辇，晃晃悠悠地行上了前墀，重重地落了座，微喘着抬起了手，对着一众大臣虚虚一抬，然后语气急促而又嘶哑地开口道："诸爱卿都平身罢！"之后，再没说话。

"臣等遵旨，吾皇万岁，万岁，万万岁！"

那些只能在紫宸门外接受朝见的朝官，此刻只能远远地看一眼皇帝，并且顺宗的冕冠压得很低，几乎遮住脸，朝官们不能近看也看不清新皇帝的脸，不仅十分失望，也更加疑心。

这种时候，宰相杜佑老谋深算，主动出列，趋步向前，然后跪下对顺宗说："臣等都担心陛下过于忧伤而伤及身体，要看一下陛下圣容才放心。"

既然宰相把话说到这种地步，此时此刻，顺宗也只有点头，于是左右的太监们把皇帝的冕冠稍稍抬起。百官再拜，他们远远看到，坐在金銮殿上的虽然是顺宗本人，但却面容枯槁，面无人色。

杜佑离得较近，看得真切，于是就说："陛下您这样悲伤，让臣等十分惶恐。请陛下为社稷着想，节哀强身，才是臣等之幸、万民之福！"

当时，刘禹锡就在现场，看了恩公杜佑的所言所行，当即明白了他这样做的用意与心思。毕竟，久经宦海，杜佑早已老成持重，或者说老谋深算。因为在内心中，他其实对王叔文以及刘禹锡等革新派抱有同情心，也很愿意他们能够锐意革新，消弭弊政，但是当此之际，他又不敢贸然行事，轻易下注，一切只有等到在对顺宗的病情基本了解之后才能酌情做出自己的决定。

而现在，在见到顺宗之后，杜佑已经心中有数，知道自己该怎样拿捏分寸了。仅仅过了两天，这天杜佑退朝后乘轿回京城安仁里府第，到了门前，他抬脚跨下轿辇，没走几步，忽然颤颤巍巍起来，仆役一看，赶紧过来扶他，可还没等仆役扶住他，他就忽然东摇西晃了一下，然后猛然往前倒去，摔倒在地上。……

这一摔，竟然把脚和胳臂都摔断了，从此，杜佑便名正言顺，称病不再上朝。

王叔文听说后立即以顺宗的名义，让刘禹锡前去看望杜佑。来到安仁里府第，禹锡看到杜佑正呻吟着躺在炕上，头上和脖子上都贴着膏药，手上和脚上都缠着白纱布绷带。

望着鼻青脸肿的杜佑，刘禹锡很是心疼，于是赶紧走到他的炕前，关切地问道："恩公，皇上让我来看望您，让您安心养病。"

"敬谢皇上！臣已老朽，怎劳皇上挂念？"

杜佑说着，仿佛要硬撑着起床谢恩，但撑了半天，却没有能够起来，于是便干脆躺在那里，小声地呻吟着，不再说话。

"恩公如此难受，一定伤得不轻。要不要请太医过来为恩公诊治？"

"不用！不用！"杜佑一听，皱皱眉，赶紧咧咧嘴，不冷不热地说道，"圣上的心意老夫领了。老夫并无甚大病，只是摔了一跤，跌断了腿和胳膊。俗话说，'伤筋动骨一百天'，只需要静养一段时间就行了，无须大动干戈、兴师动众地请太医过来诊治。"

"那恩公这些日子一定要好好养伤，保重身体！"

"谢谢梦得关心！"杜佑呻吟了一下，依旧不冷不热地说。

以前，杜佑一直对禹锡关爱有加，禹锡对杜佑也一直心存感激，两人一直情同父子。可自从禹锡与王叔文之党相善、走得较近后，杜佑与他之间的关系就变得有些微妙，两人在一起时已不似往日那么亲近，更不再像往日那样可以无话不谈了。

禹锡立在那里，沉吟片刻，就又鼓起勇气恳切说道："小侄今日此行，一来奉圣上口谕，看望恩公；二来也是受叔文之托，求教恩公。如今新政伊始，如逆水行舟，不进则退。恩公德高望重，且文韬武略，若能周公吐哺，为国分忧，定能革新图治，天下归心！"

可是，就在禹锡说话时，杜佑却闭上眼睛，才一会儿竟然发出了鼾声。

见此情形，禹锡未免有些尴尬，知道杜佑已不想再和自己说话，愣了一会儿，想想只好起身告辞，悻悻地说一声："恩公，你好好休息吧！"

杜佑听了，没有回答。

谁知，在禹锡快要跨出房门的时候，杜佑却忽然悠悠说道：

"梦得贤侄，老夫生病在床，恕不远送。只是如今外面天冷路滑，回去时你可要多加小心，自己的路可得千万走好！你还年轻，小心走路，可别像老夫这样，一不小心摔倒，自毁前程啊！"

刘禹锡听出杜佑话里有话，弦外有音。不知怎的，此时此刻他的身上忽然感到了一丝寒意。回去的路上，他老是回味杜佑临别时说的一番意味深长的话语，同时又禁不住回想着刚才在安仁里杜佑府第看到的情形，未免有些疑心，心想，杜公在自家门前平地上摔倒，怎么会摔伤成这样？

仔细一想，他就清楚这其中究竟是怎么回事了。

其实，这天刘禹锡来探望时，从始至终，杜佑的心里也不好受。因为，在内心中，他对这些年宦官擅权乱政、藩镇拥兵作恶也深恶痛绝，因而对王叔文和刘禹锡他们的变革当然非常赞同，非常支持，但是，在官场浸淫多年，饱经沧桑，他又深知仕途险恶，波诡云谲，稍有不慎就会失足坠崖，惨遭不测。因而，虽然身为检校司徒，并兼任度支盐铁使，在此期间，暗中他故意"渎职"，时常撂挑子，不问政事，以便"放权"给自己的副手度支盐铁副使王叔文，但在明面上，他却尽量与王叔文和刘禹锡保持距离，不予合作。而等到那天近距离看到顺宗李诵形容枯槁、面如死灰后，他就更加认定王叔文、刘禹锡他们的变革已经无法持久，结局堪忧，却又爱莫能助。这种时候，思来想去，情急之中，他便只有出此下策，称病不朝了。

28 命悬一线的改革

说来，政治有时候很像下注，下不下注？什么时候下注？往哪下注？下多少注？这其中实在有太多的玄机与奥妙。那些不懂政治不谙官场世故的愣头青自然很难窥其门道，更难登堂奥。

那天充满玄机的朝见百官结束了。朝臣们见到了顺宗，都明白顺宗的身体状况根本不能亲政。这既让顺宗的地位暂时稳定了，同时也埋下了隐患。

对此，王叔文、王伾等革新派自然也心知肚明，掂量得出。当天，朝见结束后，王叔文立即召集大家开会，会场的气氛非常严肃。他面露忧色，嘱咐众人道："今日太子登基，可谓险中求胜，虽胜亦危！我等必须抢抓机遇，速行革新，力推新政！"

"正是！"王伾点头称是，果断说道，"事不宜迟，我等唯有以快取胜！记住，速度就是我们的生命！我们决不能贻误时机，给宦官们反应的时间！"

刘禹锡建议道："新政伊始，当下紧要之处在于人权、财权和人心。人权在于丞相，财权在于度支，人心在于废去苛政！"

凌准说："新政伊始，必须深得民心。百姓对宫市一直痛恨万分，对五坊小儿更是恨之入骨，如今当以霹雳手段，迅速拔除宫市，遣散五坊小儿，以赢得百姓拥护，停止各道进奉，以赢得天下人心。"

韦执谊这时若有所思，有些犹疑道："倘若这样做，必然会导致权宦不满。"

王叔文断然说："我等都知道当下朝政痼疾，无非宦官乱政、藩镇割据，今审时度势，必须对症下药，革除顽疾。"

刘禹锡当即表示赞成，说："罢宫市，遣散五坊小儿，再选定若干罪恶昭彰之阉宦，予以严惩，以示皇威。只有这样，才会敲山震虎，使中贵宦官不敢轻举妄动!"

众人商量后,王叔文不敢自作主张,当即与翰林待诏王伾面见顺宗,以达圣听,听候圣裁。毕竟,顺宗虽重病在床,但心智健全,头脑清楚。

在听了王叔文和王伾的上奏后,顺宗原本蜡黄的脸忽然涨得通红,他嘤嘤呀呀了半天,却始终无法表达出自己的意思,见此情形,侍立在一旁的王伾赶紧取来纸笔,让顺宗用笔去写。顺宗费了很大的力气,方才握住御笔,然后抖抖颤颤地在纸上歪七扭八地写下如下几句:

　　为天下苍生,为大唐社稷,惟求变法,别无他途。
　　钦此!

写完,笔从床上滚落,迅疾掉到地上。

这时,王叔文和王伾看到顺宗叹息一声,闭上双眼,泪水顿时溢满了眼窝。想到以前未发病时,顺宗的书法可是有口皆碑天下一流,而如今他竟病成这样,这让叔文和王伾顿时百感交集,一时心中酸悲,潸然泪下。

计议已定,朝廷终于向天下昭告新皇登基之事,同时命杜佑为山陵使,统筹德宗丧仪,武元衡被任命为副使。

谁知,就在王叔文、王伾等其他革新人士一番紧锣密鼓、正要拉开革新序幕之际,平卢淄青节度使李师古突然发兵到西境,企图乘国丧吞并邻近的义成镇。

原来,德宗在世时,为了便于朝廷与北方四镇的联系,并尽可能笼络住四镇,朝廷曾答应四镇在长安城设进奏院,其中魏博、淄青可于永兴坊立院,幽燕、恒冀可于安兴坊立院,院落用地由度支司出官地,无须四镇额外花费。

四镇来京使节无不欢喜,心想这事办得好,归镇后必然有爵禄赏赐。

随后朝廷文吏又宣布称:"田季安官位本为试侍御史,如今已衬不上其魏博留后的身份,所以朝廷擢升其为试光禄少卿,待到服阙后再行升官。幽燕卢龙节度使刘济,官位由原来的侍中升格为中书令、同平章事。至于王武俊的官位本已绝顶,而今不变,加其长子王士真为检校工部尚书。"

魏博、幽燕、恒冀三镇使节听后,顿时无不口呼天恩不止。

那么淄青呢?有道是"不患寡而患不均",宁有一村不能有一店,既然其他三镇节度使都有封赏，那么淄青节度使李师古怎么办？

淄青的使节令狐造满以为，对自家的主子李师古，朝廷也一定会封赏，可是，就在他喜滋滋地询问自家主人加官晋爵的好消息时，没想到朝廷方面的答复却是："平卢节帅李师古者，丁母忧刚刚服阙，不宜骤然升官，继续保持金吾同正不变。"

令狐造颇感意外，也很有些生气，就上前半步，说了句："这田季安才十六岁，也是在为父服丧期间，为何就一升再升？是不是因为田季安是嘉诚公主的养子，高我淄青一等？"

令狐造垂头丧气地回到淄青节镇，把情况原原本本地向李师古报告，一向嚣张跋扈的李师古顿时勃然大怒，一脚把面前的茶几踢翻，发狠道：

"太欺负人了！数年前，朝廷讨伐淮西蔡人，吴少诚吴少阳求援于我，我误会了，把所有蔡人的使者埋在庭院土穴中，用锯子挨个割下他们脑袋，向朝廷纳款，然后我每年还答应朝廷，遵照两税法缴税，原来不过想图个安稳而已，可如今宰堂改弦更张，居然如此刻薄羞辱我，现在我就一个字，悔！"

令狐造见李师古彻底发怒，便劝告说："家庙不过是礼制而已，不过从此事看出，朝廷宰堂大约开始图谋对我淄青动手，节帅得早做定夺。"

"还能怎么定夺？按照先前的来，和魏博、恒冀、幽燕联手，对抗朝廷，我就不信田季安、王武俊他们不懂唇亡齿寒的道理。"

正好，没过多久，德宗驾崩，李师古屯兵曹州（今山东菏泽），企图乘国丧之机借道宣武，占领义成军辖下的郑、滑等州。

当八百里加急羽檄传来，满朝皆惊。尤其是王叔文，更是坐卧不宁。要知道，平卢淄青节度使李师古拥有雄兵十万，地盘最大，势力最强，财力也最为雄厚，就因此，以前朝廷"一听其所为"，"邻藩皆畏之"。

军情火急，如弦扣弓，王叔文紧锁眉头，在心中反复思考却不知所措。就在这朝廷上下一阵恐慌之际，亏得宣武镇节度使韩弘出面声援义成，让李师古有所忌惮，不敢妄动，这才化险为夷，避免了一场兵祸。

这时，王、王、刘、柳诸人方才安下心来，商议各人担任官职，处置革新首要事务。

很快，顺宗连续下诏，任命王叔文为起居舍人（贴身秘书），兼翰林学士，可以出入宫禁，随后又兼任度支、盐铁副使等要职。王伾任左散骑常侍，充翰林学士，也可出入禁中，参与机密。

为了更牢地将财政大权抓在手中，王叔文又让刘禹锡任屯田员外郎，兼判度支盐铁案，协助杜佑、王叔文管理财政；命凌准由翰林学士参度支，调发出纳；命陈谏为仓部郎中，加强了朝廷对于财权的控制；命柳宗元为礼部员外郎，掌管礼仪、享祭、贡举之政。

在王叔文集团中，韦执谊最有宰相之望，因此，韦执谊被擢升为尚书左丞、同中书门下平章事，负责制置文诰，管理六部，推行新政上命下达、监督执行之事。

如此一来，王叔文主决断，王伾主管往来传授，韦执谊负责文诰，刘禹锡、柳宗元等人采听外事、谋议唱和的全新朝廷官员班子已然形成。

就这样，以"二王刘柳"为核心的革新力量在顺宗的全力支持下，逐渐拉开了对德宗时期积重已久的经济、政治、军事等各方面弊政的拨乱反正与改革序幕……

对于早已积重难返、病入膏肓的大唐帝国来说，这是一次百年不遇的可望借此中兴的极好机遇。可是，就因为中风在床的顺宗业已命悬一线，使这次所谓的"贞元革新"从一开始也命悬一线，危机四伏，险象环生，且急于求成，近乎火中取栗、顾此失彼的改革注定了只会半途而废，胎死腹中。

29 先拿贪官开刀

　　因为中风在床、行走艰难，顺宗听政时，并没有坐在御座上，而是在座后另设一张软榻，榻前垂帘，由于不能说话，只以点头或摇头示意，由中官李忠言传宣旨命。宫中侍候李诵继位时的太监只有李忠言一人，李忠言也是唯一理解和支持王叔文、王伾、刘禹锡、柳宗元等改革新政的宦官，故而对王叔文所奏要事，都一一呈请顺宗。

　　唐朝中期以后，土地兼并日益严重，广大农民沦为依附豪族地主的佃户。由于百姓逃散，户口锐减，朝廷税收萎缩，造成财政困难。此前，身为太子的李诵一直忧心于此，曾不断向王叔文等人了解"人间疾苦"。

　　在东宫期间，李诵经常与王叔文等私下谈论政道，从历代兴衰治乱到当今朝政无所不及，因为"旁观者清"，对本朝的这些顽疾自然再清楚不过，因而立志执政后大刀阔斧进行改革。

　　遗憾的是，还未即位，李诵就中风不愈，也真的是"长使英雄泪满襟"！

　　但尽管这样，缠绵病榻的顺宗还是"垂帘听政"，全力支持"二王"强力推行新政。

　　有感于当时政治腐败、藩镇割据、宦官专权、阶级矛盾和民族矛盾激化，在顺宗的首肯下，王叔文等革新派推行的新政大致有如下内容："钱谷为本"，控制财权；兴利除弊，减免赋税，废除宫市、五坊使等；调整官员政策，选贤荐能，提拔人才；抑制藩镇势力，收夺宦官军权，打击贪官污吏。

　　在具体实施新政时，革新派们决心先拿贪官开刀，严惩贪墨。

　　那天，王叔文代顺宗颁布诏令，推行新政，决定以反腐开道，且一开始就揪住了一个巨贪：将贞元二十年时瞒报灾情、民愤极大的京兆尹李实贬黜为通州长史，抄没全部家产。

李实的罪行并不只是瞒报灾情，其实，他早有前科。当年，他在任山南东道节度使军需官的时候，就因为生性苛酷，克扣军费，因此激起兵变，愤怒的士兵异常愤怒，想要杀他，幸亏李实翻越城墙逃走，得以不死。但就因为他的宗室身份乃是道王李元庆的四世孙，所以，尽管李实贪污军饷，德宗皇帝不仅没有怪罪他，反而对他十分恩宠，给他一提再提，先是升任司农少卿，很快又提拔他担任京兆尹，致使他愈加跋扈，恣意妄为。

李实一案是顺宗即位后，王叔文等革新派最先遇到的贪腐案，也是一桩很头疼的案件。

其实，在究竟先拿不拿李实开刀，究竟应该如何拿李实开刀？一开始，王叔文、刘禹锡等革新派们在讨论时众说纷纭，意见不一。

当时，韦执谊提出自己的意见说："李实乃帝室宗亲，在朝中又很有势力，严惩贪官固然必要，也很重要，但先拿李实开刀恐怕不妥，弄不好会惹出事来，难以收拾，还不如柿子先拣软的捏，杀个鸡给猴看。"

但王叔文却很不赞成，他说："所谓'射人先射马，擒贼先擒王'。既然要打贪官，就要杀猴给鸡看。若是杀鸡给猴看，猴根本不会在乎，如此杀鸡又有何用？"

就在两人意见相左、一时难以决断时，没想到，李实此刻自己反倒主动来撞枪口。如此一来，革新派们想不动他都不行了。

这天，刘禹锡正忙着交割公务，忽然属吏跑来报告说，在京兆尹府衙门前发现大摊褐色血迹，差役正在清洗，经查实方知，是李实下令杖毙抗税百姓所留痕迹。

原来，德宗死后，鉴于贞元二十年京郊大旱，京城周围都出现了饥荒，刚继位的顺宗皇帝下诏明令各级地方官要关心民瘼、体恤百姓，不能向百姓强迫征税，更不能因此逮捕杖杀百姓。

然而，身为京兆尹的李实却压根儿不把百姓放在心里，也不把皇帝的圣旨放在眼里，在顺宗的诏令下达后依旧我行我素，不仅强行向百姓征税，而且竟然先后杖杀百姓几十人！

刘禹锡愤恨地对柳宗元道："皇上已经下诏蠲免今年租税，李实抗旨征税在先，草菅人命在后。看来罢黜之事刻不容缓了！"

柳宗元连连点头："当即刻与王公、韦相计议。"

刘禹锡和柳宗元迅速与王叔文、韦执谊等人议定，悄悄将京兆尹下属的县令、胥吏召来，查究实情。这些人思量着"一朝天子一朝臣"的惯例，全都"出卖"李实，将这位上司平日劣迹逐一告发。

由于案情重大、证据齐备，如今已不是该不该拿李实开刀的问题，而是如何处置他的问题了。

刘禹锡说："欺凌群僚、残害百姓、聚敛民财，罪不容诛！宜奏请皇上，下诏赐死。"

王叔文点头称是，转向韦执谊，问："即刻草拟奏疏？"

韦执谊摆手道："不可仓促。李实是帝室宗亲，所犯又非反逆大罪，即便上奏诛之，皇上也不会应允。依在下之意，不如奏请贬官。"

王叔文一听又犹豫起来。

刘禹锡发急道："王子犯法与庶民同罪，李实不诛，如何慰抚黎民？王公、韦相，不可因一念之仁，贻患后世啊！"

一直沉吟不语的柳宗元这时开口了，他说："梦得权且冷静。诛杀那是对异姓功臣，起于屠贩、垄亩、行阵之间的微贱之人而言。皇家之亲，天子贵胄，非叛逆大罪不宜诛杀。"

王伾、凌准也附和道："贬官为宜。贬官已是重办了，前朝薛邕贪盗官财巨万、卢杞祸国殃民，不都是远贬他方吗？"

刘禹锡冷静想想也是，便不再坚持自己的意见。

两日后，顺宗诏命：贬李实为通州长史，抄没全部赃物。

"新皇锐意治贪，对贪官污吏动手啦！"消息一出，朝野街巷，百姓无不拍手称快！

那天，深受其害的百姓得知李实出京的路线，纷纷将石头藏在袖里，成群结队地在道路上"欢送"着他，等他的马车刚一过来，一起用石头作为送别他的"礼物"砸他，几乎将贪官李实砸死在车中。

百姓之困，又在徭役过重。王叔文常在江湖，自然深知，于是又代顺宗颁布诏令，宣布蠲免关内百姓所欠诸色课利、租赋、钱帛，再次重申两税法，禁绝各种杂税及例外进奉。同时，又遣放后宫宫女三百人及掖庭教坊女乐六百人，令她们回家与亲人团聚；同时裁减宫廷内部的翰林医工、相工、占星等冗食者 42 人。

一时间，宫门内外哭泣跪谢之声日夜不绝，百姓闻知，无不感动，称颂圣恩。

通过蠲赋税和减徭役两项措施，新政迅速获得了百姓的支持，王叔文等人大喜过望，迅速将斗争的矛头对准了宦官。

宦官之弊，千头万绪，宫市之罪，首当其冲。所谓"白望"已横行多年，京城百姓初享新政之惠后，无不翘首以待，期盼着新君能一举剪除宫市之害。

二月初六日一早，罢除宫市和放逐五坊小儿的敕令眨眼之间便像长了翅膀一样飞遍了长安的大街小巷，百姓奔走相告，欢呼雀跃。及至出门上街，发现这天大街上再也看不见那些穿着黄衫、神气活现的太监在街市上"白望"，却看见平日耀武扬威的内侍郭忠政垂头丧气地领着十几个哭丧着脸的宦官一起走出宣徽院的大门。而宣徽院的大门前已经贴出告示，围观的百姓看了方知，郭忠政等 19 名宦官因宫市"白望"敲诈勒索百姓民愤极大已被罢职，赶出宫廷，而宫市之事也已经立即禁止。

这时，人群中忽然有人跪倒在地，一下子哭出声来，大声喊道："老天爷啊，你总算开眼啦！"然后，飞也似的跑到不远处的一家店铺买了一长串爆竹在大街上点着，"噼里啪啦"地燃放了起来……

"皇上圣明啊，新皇圣明！我等草民有救了！"

"这才是王朝兴盛的迹象啊！"

"我大唐王朝又要中兴了！"

许多小商小贩先是跑出来围观，且议论纷纷，然后竟不约而同地一齐跪倒在大街上，感恩戴德，泪流满面。

二月二十四日，病情有所好转的顺宗登临丹凤门，围观百姓山呼万岁，欢声雷动，消息很快传遍东西两市、一百零八坊。一时间，整个长安城此起彼伏，到处都响起了百姓庆祝的鞭炮声，当然还有震天价响的锣鼓声和踏歌声，间或还有"圣皇万岁"的口号声。

这是长安城多少年来从未有过的情景。

30 拒收贺礼

将近半夜，雨停了，不过空气里满是潮气。天上的云依稀飘散，一轮明月重又高挂天空，照耀着人间的一切。那些大户人家的豪门宅院里，还不时地传来猗猗的犬吠和呱呱的蛙鸣。清冷的风吹过，给人留下一身鸡皮疙瘩，所以许多人早早就进入了梦乡。

大唐永贞年间的一个春夜，长安城中，万籁俱寂。突然在大明宫通往光福坊的一条大街上，传来一阵清脆细碎的马蹄声，踏破了子夜的寂静。骑在高头骏马上的人穿着官服，虽然紫袍的颜色在黑夜里难以辨认，但他垂鞭按辔，却器宇轩昂、姿态潇洒。

此人不是别人，正是在朝中忙碌了一整天一直到现在才匆匆赶回家的刘禹锡。

那些天里，刘禹锡和王叔文等几乎每天都运筹帷幄之中，夜以继日忙着参议禁中，谋划国家机密大事。

因极具才干，故而深受王叔文青睐，刘禹锡的职务在短期内不断调升。除王叔文、王伾和韦执谊之外，顺宗一朝革新派当中的重要人物就数他了。

在朝内，他利用和宰相杜佑的旧僚属关系，帮着杜佑实际帮着王叔文掌握全国财政大权；在朝外，他和同党诸人探听消息，制造舆论，结纳人才；再加上禹锡又富于文采，写得一手好文章，很为王叔文所器重。王叔文经常把许多公文交给他起草，因而禹锡也就自然成天忙得不可开交。

"感时江海思，报国松筠心。"这种时候，刘禹锡总是无怨无悔，以苦为乐，他把这场改革弊政的革新运动看作是宏愿济世、兴国安邦，实现自己政治抱负的绝佳机会。

作为这一革新集团的核心人物，刘禹锡此时表现出了特殊的执政才干。尽管每天府上门吏接纳书信日有数千，他都不辞辛苦，从无怨言，哪怕简单几句，也要全作回复，以至于每天消耗一斗面制造糨糊，用来缄封。

这期间，夫人薛氏为他生了个儿子，刘禹锡虽然高兴，但却忙得整天连抱一下儿子都没时间，只在忙碌间隙为儿子取名叫刘咸允，然后写在信笺上，让童仆去送给夫人。那天儿子满月，他本想回家给儿子办满月酒，却又因为急事，无法回家……

今天晚上，本来还有许多公干需要急着处理，但因为心里实在想着刚坐完月子的妻子薛氏和襁褓中的儿子咸允，禁不住又是思念又是愧疚，于是，忙到子夜时分，忽然心血来潮，他便骑上马回家。回到家里，已是二更时分。

见刘禹锡半夜回来，刚刚醒来给儿子喂奶的夫人薛氏连忙叫醒两名婢女起来侍候丈夫，为刘禹锡脱去罩袍，打水洗脚，又热了一碗鸡汤让禹锡趁热喝了。

随即，薛夫人又唤婢女抱着儿子给夫君看看，自己则坐在炕上，幸福地望着禹锡亲抚着儿子那红红的小脸蛋逗笑取乐。

见刘禹锡终日忙于公事疲劳不堪，难得有点清闲的时光，过了一会儿，薛夫人便心疼地叹一口气道："你也太累啦，没日没夜的，赶快上炕早点睡吧。"

刘禹锡脱衣上炕，忽然看到炕桌上有一对光洁如玉、蕙质秀雅的青瓷花瓶在暗夜里散射着清冷的光芒，一看就知道是宫中之物，顿时吃了一惊，赶忙问妻子薛氏道："这花瓶是哪儿来的？"

薛氏道："我正要和你说哪，这是薛公公昨天派人送来的。"

刘禹锡知道，薛公公也就是宫中的大宦官薛盈珍，是自己的岳父薛謇的族人，论辈分还是妻子薛氏的堂叔。

"他送这东西干什么？"刘禹锡有些不高兴，皱着眉头说。

"他听说我刚生了个儿子，说他这个族叔没什么好送的，就拿这一对花瓶为我送月子贺喜。"

"你怎么乱收人家的东西？"刘禹锡一时有些生气。

"我不要，但薛公公执意要把东西留下。我有什么办法？"

"他说了什么话吗？"

薛氏想了想，就说："哦，对了。薛公公说祝贺你如今官运亨通，青云直上！不过——"

"不过什么？"刘禹锡急切地问。

"不过，"薛氏显得有些忧心忡忡地说，"薛公公临走时让我转告你，说是看在都是自家亲戚的分上，他想忠告你，说希望你能得饶人处且饶人，凡事都要为自己留条后路！"

"谢谢他的忠告！"刘禹锡这时冷笑一声，愤然道，"该做什么不该做什么我自己知道，暂时还用不着他来提醒！"

"薛公公也是好心！"薛氏还想解释，刘禹锡这时显得有些不耐烦，就摆摆手道："他是好心还是坏心我自然知道。这事就不说了吧，记住，你明天赶快让人把花瓶送到宫里还给他，以后少和他来往！"不知怎的，对于宫中那些狐假虎威、擅权干政的宦官，禹锡心中本能地有一种厌恶和反感。

"为什么？"薛氏不解。

"朝堂的事很复杂，一句话两句话说不清楚。你只管按我说的话去做就是了！"

薛氏疑惑地看着他，然后温柔地点了点头，说："好吧。"顺势依偎到他怀里，与他一起睡到炕上。

贴着妻子睡下，忽然嗅到薛氏身上那股哺乳女性特有的好闻的乳香，一股暖意顿时涌上心头。睡觉时，薛氏只穿着一件粉红色绣花短衫，裸露出圆润白嫩的香肩，分娩后那一对日日被乳汁胀满的乳房更显丰满，想到结婚两年来比自己小了十几岁的妻子的种种温柔和体贴，禹锡禁不住将她轻轻搂到怀中，在她的脸上亲吻起来……

等做完那事后，刘禹锡忽然冷不丁地对薛氏道："我跟你说的话你都记住了吧？"

薛氏一时莫名其妙，就问："什么话？"

刘禹锡说："我不在家的时候，要是有人来我们家，送的钱物你可千万不能收，免得授人以柄！"

"哦，"薛氏说，"我知道，你就放心吧，我又不是那种贪财之人。薛公公的那一对花瓶，我明天就让人送还给他。"

看到妻子这么通情达理、善解人意，刘禹锡这时觉得自己刚才有些话说重了，于是便颇有些歉疚地说："朝堂之内本就是是非之地，如今又正是多事之秋。凡事还是小心为好，免得到时后悔莫及！"

薛氏这时就故意显得不耐烦地说："知道了！知道了！你还有完没完啊？赶紧睡觉吧！"说着，她自己先忍不住"扑哧"一声笑了起来。

一看薛氏高兴，禹锡于是便把搁在心里已很长时间的话语说了出来，他轻轻扶拍着妻子的肩膀与她商量道："哦，等有空闲我们派人去洛阳把老母亲接到长安来吧？母亲年事已高，我们再忙碌，也得赡养照顾。她老人家远在洛阳，难得照应，等接来长安，方偿夙愿。只是母亲来了，日后要让你更加受累了！"说着，他便在妻子的额头上亲了一口。

薛氏枕在禹锡的臂弯里，温柔地说："你不说我也早有此想法。唉，你那么忙，路途又太远，两年间我们只回洛阳看望过老人家一次，停留的时日也不太多。是早该把老人接来啦。接来后，你只管忙你的，我总可以朝夕伴老人家说说话，嘘个寒，问个暖，好歹有个照应，尽点孝心。再说，老人家几番捎信儿，老是惦念她的孙子哪。……"

因为平日很少有机会和丈夫谈心，此刻薛氏非常兴奋，小鸟依人般躺在禹锡怀里，一个劲儿地说这说那，说着说着，却发现禹锡已经发出了鼾声……

31 宦官的毒计

这天，一大清早，整个内侍省内就乱作一团。那些以前每天都趾高气扬、狐假虎威、欺压百姓的大小宦官竟然全都哭丧着脸，一些宦官还像死了爹娘一般哭哭啼啼。

被顺宗诏令遣散的五坊小儿们此刻正跪在俱文珍、薛盈珍面前苦苦哀求把他们收回，声称即使把自己全部家产拱手奉送也没有怨言。一时间，哭诉声和"咚咚"的叩头声响成一片。

所谓五坊，是指专门替皇帝养雕、养鹘、养鹞、养鹰、养狗的机构，而小儿则是指那些在五坊为皇帝饲养这些宠物的小太监。

这些在五坊里当差的小太监，一年到头吃饱了饭不干正经事，到处向百姓敲诈勒索。他们要敲哪家的竹杠，就把鸟网故意张在人家的门口或者井架上。谁要是在家门口进出，或者到井里去打水的时候，碰到了鸟网，就说谁吓走了供奉皇帝的鸟雀，围住他痛打，直到这家人出钱赔礼，他们才扬长而去。

此外，这些五坊小儿还经常在酒店里大吃大喝，吃得醉醺醺的，然后七倒八歪地一拍屁股走人。酒店主人若是向他们要酒钱，不是挨骂，就是挨打。有一次，几个五坊小儿喝了酒不仅不付钱，还把捉来的一袋蛇交给店主说："今儿个大爷没带钱，把这些蛇放在你这里做个抵押吧，过几天我拿钱来取。不过，这些蛇可都是宫里为皇上捉鸟雀用的，你得小心饲养，要是饿死了一条，小心你的脑袋！"店主人吓得要命，苦苦哀求五坊小儿把蛇带走，至于酒钱，当然不敢再要了。

以前，这些五坊小儿一个个神气活现的，而如今，一个个天塌了似的，蔫头耷脑，哭爹喊娘的，完全一副尿样。

这些天来，身为宦官首领，俱文珍和薛盈珍们的日子其实比这些被遣散的小太监更不好过，因为担心自己的命运，不知道后面会是怎样一个结果，因而他们也都一直提心吊胆，寝食不安。

昨天晚上，因为失眠了大半夜，约莫三更时分，薛盈珍好不容易才昏昏睡去，没想到天还没亮就被这些已被遣散的宦官哭哭啼啼的声音吵醒，所以，此时此刻，眼泡浮肿的他显得很不耐烦，在听了众宦官的哭诉之后，一时遏制不住，便火冒冒地吼道：

"这是圣意，我们能有什么办法！你们这许多年讹来的财物也够你们舒舒服服吃喝一辈子了，如今不回家买田当财主还来闹什么？"

为首的五坊使郭忠政带头跪在那里，带着哭音哀求道：

"小的们被逐出宫，不男不女，如同罪人，若是就这么回到乡里，日后还有什么颜面活在世上？如今，小的们只求待在宫中，情愿一辈子在宫中当牛做马。求公公们开恩，在皇上面前多多美言！"

俱文珍虽然此时也很恼火，但心机极深的他在心内暗骂几句，便显得满脸同情之色，叹口气说道："各位在宫中当牛做马多年，如今落到这步田地，俱某也实在不忍心哪，只是王叔文一帮人如今在皇帝身边，劝说陛下下了这道旨意，俱某也无能为力啊！"

郭忠政哭着道："小的们也情知俱大将军为难，只是我等服侍先帝多年，皇上如今不能如此待我等，我等要去找皇上收回成命！"

"哎，这是干什么？这不是犯上作乱吗？难道你们的脑袋能比羽林卫的刀快吗？出了宫又不是没有活路，再说以后的事情到底会怎样，现在还说不定哪！……"俱文珍话里有话，说着上前两步，弯下腰将跪在自己身边的郭忠政等几个宦官一一扶起，温言相劝道，"起来，起来！别这么没出息！你等都先离去，待咱家禀奏皇上，再做安排。"

郭忠政等五坊小儿叩谢后散去，还未走远，薛盈珍便朝地上啐了一口唾沫，然后恶狠狠地骂道："呸！王叔文这帮奸人真是得志猖狂，竟敢干预北司的事，断老子们的财路。前朝那些权要大僚在咱家面前，要么唯唯诺诺，要么不敢硬抗，哪见过这等不知趣的！"

这些内阉头领，平素受了宫市使、五坊使不少孝敬，自然胳臂朝里拐，同情偏袒他们。前些日子，皇上停了宫市使郭忠政等十九名宦官的俸钱，郭忠政当时也是这样来哀求他代为通融，但当时韦执谊、王叔文等人还未升职，出自皇上独断，他们无可奈何。现在韦执谊及其背后的"二王刘柳"一朝得势，即刻虎口夺食，侵犯北司，本就心理阴暗、以前一直颐指气使的权宦们如何能咽得下这口恶气？

薛盈珍虽参与内侍省机要，位高权重，但平素倚重的智囊却是城府极深的俱文珍（刘贞亮），这时便催促道："刘公一向足智多谋，如何整治这帮奸人，尽速拿个主张！"

俱文珍半天沉吟不语。他不贪钱财，思量的只是如何长久扎牢根基。沉思了片刻，他终于说道："南衙众臣，无论言与不言，总是嫌恶我等，王叔文之举正中他们下怀，大快人心。若是单单我等与王叔文作对，反而容易使奸人招致同情。不过，王叔文、王伾之辈俱是出身寒微，一旦得志，必定树党招怨，若是我们暗暗给他火上浇油，那些高门朝臣岂不就拍案而起了吗？"

薛盈珍这时急着追问道："油从何来？"

俱文珍这时狡黠一笑，然后得意地说："咱家早已派遣精干人等四处打探，颇有所得。京师游手好闲之辈无数，只要赏几个小钱予以收买，要怎样便怎样。若是让这些人无中生有，四处造谣，说王叔文、王伾之辈如何如何、怎样怎样，众口铄金，积毁销骨，到时，那些流言蜚语还怕不会把这些家伙给淹死吗？"

薛盈珍未免有些担忧，于是就说："那要是大家（指皇上）查究起来——"

还没等薛盈珍把话说完，俱文珍摆了摆手，立马打断他的话道："即使大家派人去查，咱家也不惧他，流言纷飞，无从追索。真情固然好，伪妄也无妨。……"

"刘公果然厉害！"薛盈珍这时谄笑道。

"哈哈，这叫'量小非君子，无毒不丈夫'！既然他王叔文不仁，就休怪咱家不义！"俱文珍先是阴沉着脸，随即脸上又很快露出了阴笑……

32 欲夺兵权

唐王朝由盛转衰的最主要原因，一是宦官专权，二是藩镇割据。德宗在世时，宦官掌握禁军已形成一种制度了。他们不仅把持神策军，而且担任各道监军使，几乎控制了全国的军权。宦官进而任枢密使和宣徽使，掌握机要，宣布诏令，操纵朝政。特别是贞元后期，宦官威权日炽，兰锜将臣，率皆子蓄，藩方戎帅，必以贿成。而藩镇拥兵割据，对抗朝廷，政不能行，令不能达，是与宦患一样严重的问题。

新政开始后，王叔文等革新派一心想褫夺宦官手中的兵权，将兵权掌控到自己人的手中。这个"自己人"应该既懂军事，又听使唤。

王叔文最先想到的这个"自己人"，乃是泗州刺史张伾。

的确，王叔文与泗州刺史张伾关系一直很铁。

张伾是一员武将，建中二年（781年）五月，魏博节度使田悦率兵数万围攻临洺。身为临洺守将，张伾忖度临洺兵力有限，不能出战，只得严防死守。这样，坚守月余，城内物资消耗殆尽，士兵多死伤，粮食渐缺，而救兵未到，官兵也因长期孤守而对前途产生怀疑，军心开始动摇。张伾见形势紧张，无激励士兵之策，一狠心只得叫独生女儿出来与将士们相见。他含着泪说："这些日子，将士们不顾生死辛苦守战，如今，伾之家已无尺寸物与公等，独有此女，幸未嫁人，愿出卖之，为将士一日之费。"

见此情景，众皆大哭，说："誓为将军死战，幸无虑也！"

顺宗亲政后，为了能尽快掌控兵权，免生后患，王叔文便让顺宗下诏，尽快召张伾入京为右金吾卫大将军。

没想到，这边皇帝的诏书还在通过驿站传递，那边，以前一直身子骨很是硬朗的张伾却突然暴病身亡，非常蹊跷。

更令王叔文不安的是，隐隐约约听到张伾之死与宫中那几个宦官头领不无干系。

如此传闻显然并非空穴来风。犹如下棋一样，一看形势不妙，如今宦官们联起手来，已经暗中转守为攻。

因为事情紧急，王叔文将王伾、韦执谊、刘禹锡、柳宗元等众人召到自己府中，立即开会讨论。

听说张伾蹊跷死亡，大家都很惊讶，也很气愤。

刘禹锡感慨道："东汉末年，名臣陈蕃私底下对窦武说：'不除掉宦官，就不能治理天下。'现在的情形也和当年一样啊！"

柳宗元点点头，附和道："梦得所言极是！当今之世，宦祸的确是一大祸害，如不尽快除掉，必定后患无穷。"

韦执谊摆摆手，说道："宦祸宜除，然事不可急，急则生乱。"

凌准道："宗仁（韦执谊字）言之有理。如今中贵手握兵权，倘若打草惊蛇，哪有不被蛇咬的呢？"

刘禹锡说："理自然是这个理，可是如今情况紧急，如果不尽快想出办法，剪除阉竖，于我等只会坐以待毙！"

正说着，仆人来报："有客求见舍人大人，说是从浙西远道而来。"

众人一听，知道王叔文要去见客，便都起身告辞。王叔文这时将刘禹锡叫住，对他说："刚才梦得所言，颇合我意，你先到内室等我一下，等会儿我们再商议商议。"

来者见到王叔文，当即奉上书信，王叔文拆开一看，原来是前年曾经密报张正一妖言惑众之人。因为时间已久，王叔文几乎已经忘记了，如今经对方提醒这才想了起来。那人说："鄙人实是浙西观察使李锜大人麾下部将，奉李观察密令有要事相求。"

王叔文此时方知告密者真实身份，忽然醒悟，原来的告密可能有诈，受骗上当的感觉陡然而起，但事已无法挽回，便不冷不热地问道："李观察何事要在下效劳啊？"

"李观察乃帝室宗亲、忠烈之后，于朝廷大事义不容辞。时下河北三镇拥兵自重，居心叵测，正需忠义之士臂助，而李观察兵微将寡，恐一旦有事力不从心。王公深受皇上信任，若代为美言一番，请将镇海节度权柄授予观察，事成必将重谢！"

王叔文这才知道对方来意，强忍怒气道："如此重大事体，须容在下细加思量。"

"那就有劳舍人大人，某等静候佳音。"那人一揖到地，含笑告辞。

那人走后，刘禹锡刚从内室出来，王叔文便怒不可遏地说道："真是嚣张已极！浙西观察使、盐铁转运使集于一身，天下财利已然在握，还想再要兵权，这不是明目张胆地要造反吗？"

刘禹锡这时却道："李锜贪图节旄，给他便是了。但诸道盐铁使须要夺去。"

王叔文惊异地看着平素性格刚烈倔强的挚友，仿佛一下子不认得刘禹锡了，吃惊道："梦得，你……这是何意？"

刘禹锡笑笑，故意岔开话题道："王公许久未弈棋了，禹锡陪你试试棋艺如何？"

王叔文仔细看看禹锡，心想他这时忽然提出要陪自己弈棋其中必有缘故，于是便铺枰取子，两人对弈。王叔文乃手谈高手，向来胜多负少，下棋时便有些漫不经心。双方来回下了十余着，他见刘禹锡左上方破绽连连，乘机强攻，很快占了三分之二点位，胜利在望。

刘禹锡却不慌不忙地在右上方空旷边角连续扎下七子，布下数眼，连吃对方五子。王叔文发觉有失，忙来救护，刘禹锡又于左方进行反攻，渐而转劣势为优势。

王叔文不愧棋艺高超，又在对方尚未顾及的右下方抢先占点，艰难收回失地，终于以一目之差险胜刘禹锡。

此时王叔文已不似弈棋之前激愤难平，刘禹锡这才娓娓道来，晓之以理："在禹锡看来，无论任用何人，王公必握其权。有夺必有赐，将节旄授予李锜，可安其心，不致速反。我辈根基未稳，无论京军还是外藩，将帅均无交谊，战端一开，将何以应之？此是权宜之计。"

王叔文凝视刘禹锡片刻，猛然一拍棋枰："梦得真乃宰相之器也！"

翌日，李锜的使者带着"节旄可授，盐铁使必解，待诏"的口信返回浙西观察使驻地苏州。

随即，王叔文、刘禹锡与韦执谊等人又在一起商议，决定先从浙西观察使入手，下令解除其盐铁转运使职务。李锜见朝廷新政迅猛，不敢妄动，只得卸掉盐铁使之职，交出利权，再行观望。

眼见利权在握，王叔文集团又开始着手重点考虑最终解决宦官问题。要达到这样的目标，势必要尽快夺取禁军之权。

如此重任，以才干卓著而闻名的韩泰当仁不让，主动请缨。王叔文当机立断，韦执谊立刻制诰，任命以与凌准有联系的老将范希朝为左、右神策京西诸城镇行营兵马节度使，韩泰为行军司马，李位为推官，以便尽快夺取宦官掌握的京西诸镇神策军兵权。

33 世子的阴谋

长安城里坊市界线分明，市是生意场，坊是居住区。坊区四周围着高墙，只有几座门可以进出，大门定时关闭定时开启，都有专门的人负责。坊区内街巷纵横交错，住户不准随意沿街开门面做生意。虽然已经到了晚唐，但长安城的宵禁制度依然被严格执行，一到晚上，整街整巷都是漆黑一片。

这天夜晚，广陵郡王李淳到后院时，俱文珍、仇士良已经先到了。李淳处事谨慎，这种事情他本可以让手下的人去做，但他害怕手下行事不密，关键时刻会坏了大事，故不惜屈尊自己亲自前来，密商大计。

看到李淳不紧不慢地走来，俱文珍、仇士良忙趋步迎上前，不无谄媚地拱手小声道："世子殿下好！"

自从前年上朝途中李淳有意与仇士良相识后，仇士良很快便成了他在宫中的耳目与心腹，后经仇士良引荐，宦官头目俱文珍也暗中与李淳渐渐走近，成为心腹。

李淳走到近前，忙回礼道："俱大将军、仇中尉好。"又转头对俱文珍道："天色一黑，本王就匆匆赶来，想不到俱大将军比本王来得还要早。"

李淳本是要夸奖俱文珍，可是这种时刻俱文珍却表情严肃，脸上一点笑容也没有。

倒是仇士良从容镇定，笑出声来说："为世子殿下大业，奴才敢不尽心尽力？"仇士良说话，完全是巴结讨好的语气。

"王叔文一党着实可恶，竟然反对太子……"这时，俱文珍故意欲言又止，不失时机在李淳面前挑拨离间，说王叔文等革新派的坏话。

李淳这时没有说话，只是在鼻孔里哼了一声。

由于时间紧迫，三人说了几句闲话，随即屏退左右，正式开始了密谈。

很快，约莫半盅茶的工夫，密谈就结束了。最后，就听李淳小声道："逼宫？……此计甚好，那就按俱大将军的计划办吧。只是，此事务必要计划周密，要注意保密！……好吧，就这样吧。两位公公果然是本王福星，本王之事就拜托二位了！"

说罢，广陵郡王李淳一转身提前一步走了。随即，一直低头哈腰站在那里的俱文珍和仇士良也很快分了手，各自悄无声息地消失在黑暗中……

34 山雨欲来

十五的月亮既圆又亮。月华似碎银一般洒在终南山与长安街上，落在渭水中银光闪耀。

"十五的月亮就是不一样！"这天晚上，在光福坊的家中，刘禹锡正抱着襁褓中的儿子，难得忙中偷闲，陪妻子薛氏在自家院内散步。

"咱关中的月亮比哪里都圆！"今晚，能有幸和丈夫在一起散步，薛氏一脸的幸福与惬意。

这种时刻，抱着自己刚出生不久的儿子，禹锡的心中也是满满的幸福。

恰在此时，仆人匆匆跑来报告："王学士遣人到府，说有要事相请。"

刘禹锡赶紧告别妻子，回家穿好官服，上马出门，匆匆来到王叔文府上。

此时王伾、柳宗元已在。刘禹锡心中不由有些慌乱，不知出了什么变故。

见到刘禹锡，王叔文劈头便问："梦得近日可听闻流言纷纷，诋毁我等？"

原来是听到了流言。刘禹锡努力从记忆中搜索，一时不知如何应对才是："是不是称我等排斥同僚？还是说我等结交藩镇？……在下近日公务繁忙，并未听闻。"

王叔文摇摇头说："不是。近日有谣言说我青云直上，羞于提说旧日弄臣贱职，将翰林待诏一体罢黜，以灭痕迹！"略略停顿了下，王叔文又苦笑道，"还有出奇的呢，称王常侍广纳贿赂，贮于大柜，夫妻俩为防失窃，夜卧其上！至于藩镇，不只结交，还以钱易职，面谈价格！造谣者说得活灵活现，倒好像是在窗边偷看到的！"

刘禹锡想，罢黜三十二名翰林待诏，确有其事，是王叔文为裁撤冗员所为，自然也有安置新人之想。至于王伾夫妻大肆受贿、夜宿柜上的传闻，刘禹锡确实不得而知，便询问王伾道："莫非常侍偶有收礼之事，为人乘隙？"

王伾气愤地辩白说："岂有这等荒唐事？简直是无中生有、血口喷人，真是气煞人也！"

柳宗元道："还有说梦得的，说你任用私人、怀邪乱政、大肆受贿。如此说来，我辈在他们眼中简直成了一帮奸党。"

想到为了兴利除弊、锐意革新，自己每日食不甘味、寝不安席，招来的却是此类纷纷流言，刘禹锡顿时气得全身发抖，但他很快便镇静下来，铁青了脸道："谣言生于何处？如此无中生有，可恨至极。定要查个水落石出！"

柳宗元较为冷静，这时摇着头道："小人不容君子，自古如此。我辈以天下为己任，大业若成，流言自息。若夫此时兴师动众，大肆追查，一时闹得鸡飞狗跳，人心惶惶，岂不正中了奸人之计？"

王叔文这时也冷静下来，认为柳宗元所言有理："子厚言之有理。谣言止于智者，只要我等行事周正，洁身自好，谣言自会不攻自破。梦得，当务之急还是要征召贤臣，更大力度地推行新政。凡贞元末年贬逐之臣，如今均可酌情召回。名单你和子厚先去拟吧。"

刘禹锡点头接受任务，和王伾、柳宗元一起告退。

随即，刘禹锡和柳宗元便开展调查访问，不几日便拟好了一批人选报于王叔文。王叔文当即报于顺宗，顺宗均予同意，遂与韦执谊等商议，草拟诏书。

可是，就在革新派专心致志、全力以赴除弊布新之际，朝中突然又发生了一件事情——

这天早朝，各位大臣奏事完毕后，正要散朝，侍御史窦群突然从文官班列中迈出，高声喊道："臣窦群有本要奏！"说罢立即自袖中取出奏疏念道："为户部屯田员外郎刘禹锡挟邪乱政事：户部屯田员外郎兼判度支盐铁案刘禹锡，蒙陛下擢用，主理利权，不思公忠体国，反任用私人，变乱成法……臣以为不宜在朝，应予贬谪。特此敦请圣裁！"

窦群的奏本好似巨石击水，立即激起巨大波澜，引起朝臣强烈反应。队列中顿时起了骚动，有人惊讶，有人愤激，有人议论，有人询问，有人窃喜，有人沉默观望……

因为事发突然，毫无心理准备的韦执谊一时张皇失措，看到王叔文对胆大妄为者怒目而视，要迈步出班，这才忽然清醒过来，忙抢前奏道："此事容中书省细加斟酌，再覆奏圣裁。"

　　龙椅上的顺宗由于身体原因并未听清窦群的奏对，看到下面似有乱象，便向身旁的李忠言投去询问的目光，李忠言忙道："侍御史窦群参奏，言语鲁莽，引起惊扰。皇上不久即可见到覆奏文状，不必急躁，保重龙体要紧！"

　　看到李诵挥手，李忠言便大声宣令："奏事已毕，卷班退朝！"

　　回到户部治事堂，刘禹锡依然怒气难消，愤然道："狂妄已极，狂妄已极！一定要把此人远贬蛮荒！不如此制裁，他人必争相效法，我等如何理政？"

　　柳宗元、韩泰也附和道："确须惩一儆百。"

　　这种时刻，王叔文显然也已失去了冷静。他想，看来确有一股势力，携风带雨，夹枪带棒，明里暗里正在朝自己的革新派汹汹扑来，而越是在这种时刻，自己越是不能退缩。

35 逼宫

三月以来，原本多旱的京城连日阴雨，长安城中传言也像春天的野地杂草丛生，其中，传得最凶的就是：要立太子！

追根溯源，这一传言的始作俑者便是俱文珍。这些日子，他一直在暗中派人在朝野内外散布谣言，且四处放风，要求速立太子，以固国本！

放过风后，俱文珍又紧锣密鼓地立即展开行动。这天，他特地安排了一个宴会，将翰林学士郑絪、卫次公和王涯、李程邀到了一起。

酒过三巡，俱文珍开门见山，直奔主题，说道："诸位都是朝中柱石，社稷安危理当牵挂于怀。眼下二王等人弄权，任用亲故，排斥正人，伪造假传圣旨，无论我辈还是诸位，想必都不能视而不见吧？"

听俱文珍说二王假传圣旨，王涯在一旁听了有些疑惑，就赶忙问道："王叔文一党结党弄权、任用亲故是实，请问公公，说二王等人伪造假传圣旨，有何依据？"

俱文珍一听，双眉倒竖，哼哼两声，阴笑道："谁人不知当今圣上书法天下一流？连先帝在时都大为称赏！'为天下苍生，为大唐社稷，惟求变法，别无他途。钦此！'你想，就那歪歪扭扭像蚯蚓一般的几个破字，请问王大学士，还有诸位，你们有谁会相信这是当今圣上的手迹？恐怕连三岁小儿也不会相信吧？……在咱家看来，完全就是他王叔文之流伪造圣旨！就冲这，他王叔文就该当死罪！"

王涯虽然觉得俱文珍这道理说得未免有些牵强有些武断，有些居心叵测，心想，皇上虽然暗哑，瘫痪在床，但并未糊涂，即使他王叔文胆子再大，也断然不敢伪造圣旨。但这种时刻他也不敢反驳，于是就不置可否地笑了笑，没再说话。倒是郑絪和卫次公因不满"二王刘柳"执掌权柄以来让他们老坐冷板凳，这时都大发牢骚，只听郑絪摇着头叹息道："二王结党乱政，我辈岂能不忧？然而朝中四相，有一半都是他们的人，贾、郑二相年高老迈，如何奈何得了他们？"

俱文珍笑笑："郑学士只知其一，不知其二。韦执谊是王叔文同党，然而迫于公议，也未尝事事同心。杜佑相公虽与刘禹锡有知遇之交，毕竟顾及朝臣颜面，对二王只是敬而远之罢了。不过，侍御史窦群弹劾刘禹锡，却能幸免于贬官，有点耐人寻味啊！"

郑絪问："依刘公之见，应该怎么办呢？"

俱文珍正色道："方今皇上久病不愈，朝野为之忧虑。诸位应知如何举措吧？"郑絪不肯接话，转脸观望卫次公，卫次公胸有积怨，立即表达意见道："当是立太子为首要之事。"

郑絪这才说："卫学士所言极是。不知二公以为谁人宜立？"

"古来成法，立嫡以长。"俱文珍道，"眼下我辈与诸公勠力同心，共维朝纲。若奸佞得以扫除，当以大权归于老成之臣。"

俱文珍显而早已胸有成竹，于是又和众人商定好了立储的计策。郑絪、卫次公等人大喜，连饮好几杯，然后带着六七分醉意告辞散去。

第二天上午，俱文珍以其知内侍省之便，传令宫中侍卫、宦官回避，按照昨晚约定，亲自带领郑絪、卫次公和王涯等几个翰林学士来到顺宗寝殿之外，用他那公鸭嗓子故意夸张地大声禀报："老奴俱文珍，求见圣上！"

听到报告，王伾慌忙跑出来，见门外竟无一侍卫，有些反常，于是下意识地用身子挡住宫门，沉下脸警惕地喝问："你等何以如此放肆？圣上病卧静养，不见外人！请各位速速离去！"

俱文珍一声冷笑，嘲讽道："王翰林果然忠心！老奴听闻学士最近很风光，府上每日车水马龙，朝野内外大小官员竞相求见学士，不惜破费万金，致使学士一家晚上睡觉都不得不睡在成箱的金银上！如此忙碌，还有闲暇忠于职守，护着圣上，真令老奴感动万分！"

众人哈哈大笑，王伾涨红了脸，气愤之中竟用家乡江浙方言呵斥道："是何奸人造谣？等本学士查出来，定斩不饶！圣上寝宫非尔等放肆之地，再不退去，休怪阿拉无情！来人，来人哪！"

俱文珍这时朝地上"呸"地吐了口吐沫，阴笑道："连官话都不会说的南蛮子，竟想垄断圣意，真是自不量力！把他拉开！"说罢，挥了挥手，顿时有两个宦官跑过来将王伾的胳臂反剪着拉到一旁。

王伾动弹不得，气得高喊："阿拉是朝廷命官，天子近臣，休得无礼！"

俱文珍冷笑道："好一个天子近臣，欺上瞒下，假传圣旨！对你无礼还是轻的，重的怕是还会砍你脑袋！"

"什么'假传圣旨'？你，你，你血口喷人！"王伾这时已气得说不出话来，从小到大，他还从来没被人这么侮辱过，而且，如今欺侮他的还是一帮太监！但这种时候，他知道已无法讲理，于是就愤怒地喊道："李内侍，有人闯进宫来了！"

听到王伾喊声，李忠言赶忙出来阻拦，可是哪里能阻拦得住？很快，俱文珍便带领众人径直闯到顺宗病榻前。

此时，顺宗面前只有爱妃牛昭容在一旁侍奉汤药。见俱文珍气势汹汹地带领众翰林学士而来，牛昭容吓得赶忙退避偏殿。

虽然俱文珍和翰林学士郑絪、卫次公、王涯、李程等人并不喜欢顺宗，但看到在病榻中的顺宗形容枯槁，不能言语，心中多少还是有些同情，且也多少有些忐忑。即便俱文珍明知自己幕后有广陵郡王撑腰，今天这出"逼宫戏"其实就是广陵郡王李淳在幕后策划和导演的，但这种时候，这种场景，他还是心里有些发虚，有些发怵，见到顺宗也立马低眉顺眼，不敢放肆。

见俱文珍等几个人闯了进来，顺宗显然已经猜出几分，这时便投以询问的目光。郑絪迟迟疑疑道："臣有……臣有……"因为心中胆寒，他此时忽然说话结巴，竟然不知如何说好，额上冷汗早冒了出来。

见郑絪话说不利落，顺宗又以期待的目光示意他讲下去。

郑絪壮了壮胆，"扑通"一声倒身下拜："启禀陛下，臣狂悖欺君，罪该万死！臣实有事关国本之议，特冒死进谏！"

到这时顺宗已完全明白是怎么回事了，便挥手命他起身。

郑絪自怀中掏出一方早已折好的素纸展开呈上："敬请陛下亲览。"他在最后两字上加重了语气。

顺宗示意李忠言将纸接过来呈给他看，只见上面赫然写着四字："立嫡以长。"

看了纸张，再看看郑絪和俱文珍以及几个翰林学士，然后望着床上的龙饰，想想自己的疾病，顺宗沉吟片刻，叹了口气，随即点了点头，之后便紧闭起了双眼，再也不愿睁开。

一看顺宗点头应允，俱文珍和几位翰林学士都喜不自胜，不约而同地一起跪倒在地再三拜谢，然后鱼贯告退出殿。

"阿嚏——圣上终于同意册立太子了！"走到殿外，俱文珍忽然禁不住打了个喷嚏，然后深深地吁出一口长气说道。

此时，他才发觉背上冷汗涔涔，早已湿透衣衫。他想，今天的事实在太冒险了，要是弄不好，可就是掉脑袋的大事！

36 册立太子

贞元二十一年三月二十四日，广陵王李淳被册立为太子，改名为李纯，也即历史上所说的唐宪宗。

四月六日，顺宗驾临宣政殿，册封太子。大臣们目睹太子仪表堂堂，器宇轩昂，均倍感欣慰。

大典结束后，伴着杂沓的脚步声，议论声赞美声像沸水般响成一片。

"太子神清气爽，仪态庄重，至大尊荣加身，不露一丝喜笑，真乃天子之器呀！"武元衡走到人群中央，兴高采烈，朗声赞叹。

"德宗生前就对广陵郡王极为赏识，寄予厚望，如今册立东宫，实乃众望所归、万民拥戴！"翰林学士王涯也大为称赞。

"是啊，是啊，真是社稷有望、苍生有幸呀！"卫次公满脸是笑地一个劲儿地附和着。

"此乃天佑我大唐，太平盛世许是要重现了！"郑絪竟然喜极而泣。

"有此太子，是我大唐之幸，咱家之福啊！"因为有拥立之功，无论是在人前还是人后，这种时刻，俱文珍都无法掩饰自己的一脸得意。

可此时此刻，王叔文却脊背发凉，心情沮丧。

前些天，俱文珍带领几位翰林学士擅自闯入顺宗寝殿逼宫，逼迫顺宗册立太子，这是王叔文事先没想到的，而且，更令他事先没有想到的是，顺宗在没有和自己以及王伾商量之前竟然就点头答应了俱文珍们的立储请求，一下子打了自己一个措手不及，从而陷自己也陷整个革新派于非常被动非常危险的境地当中……

当获悉这一消息后，王叔文甚感震惊，因为无论从情感上还是理智上，他都极不情愿让广陵王李淳储位东宫。于是，他急匆匆跑去顺宗寝殿，对皇妃牛昭容和内侍李忠言埋怨道："皇储大事，宫里怎么不加斟酌？"

之前，皇妃牛昭容多次暗示，希望自己的儿子入承大统。王叔文这时说这话的意思，就是李忠言和牛氏为何不予反对。

"李内侍也是出于无奈。不过，诏中仍称'令有司择日册命'，看来宫中已预有力焉。"王伾竭力想替李忠言开脱几句。

王叔文气得跺脚，连连说："天命一出，如何再改？！误大事矣！误大事矣！"

的确，作为跟随皇上近二十年的老臣，王叔文太了解广陵郡王了。这位皇子心机颇深且精力充沛，意志顽强，对自己的决定常常执着得近于偏激，将来绝不是一个能轻易相处、更无法驾驭的天子。而且，从种种迹象看，李淳对其父皇顺宗包括整个革新派的主张与措施也颇为不屑，很是反感。

"倘若李淳嗣位，"王叔文心想，"自己的革新主张与措施势必会很难推行，正在进行的革新则会半途而废，前功尽弃，甚至，连自己及整个革新派的性命都会堪忧！……"

想到这些，王叔文自然满心忧虑，可是，他想，立嫡为长乃封建纲常，自己当初就是以此为由坚持要使李诵即位，如今自然无由反对，只能期望顺宗病情好转，令李纯的太子之位有名无实。

"可是，皇上的病能好起来吗？"王叔文心里一点底都没有。

大典结束后，回去的路上，在宽阔的龙尾道上行走，王叔文感到自己的步伐是那样的沉重……

当时，在大典现场，刘禹锡也是愁眉紧蹙，心情沉重，自从那天忽然听到俱文珍逼宫的消息，他就有一种不祥的预感，今天在现场看到俱文珍看到武元衡看到卫次公当然还有太子李纯的神情，这种预感就更为强烈。他想："木偶不会自己跳，幕后定有牵线人。如果没有广陵郡王李淳在幕后指使，那些阉宦和翰林学士定然不会胆大妄为到如此地步！"

其实，在内心中，刘禹锡对广陵郡王李淳印象并不坏，但是，一想到如今李淳已经册立为太子，以他那种刚愎自用的强势性格，今后定然不会任由叔文等革新派们自行其是，推行变法，禹锡的心头便忽然笼罩上了一层阴影。

"唉，宏图未成一半，权柄却要……落于他人之手了！"他在心中感叹道。

情不自禁地，他的脑海中不知怎的忽然跳出杜子美的《蜀相》诗句："出师未捷身先死，长使英雄泪满襟！"……

这种时候，宰相韦执谊的心情自然也极为复杂，非常难受，不过，当他看到新册立的太子那么神情自若，眉宇间透着一股英气，便禁不住在心中这样想道："要是能说服太子，让太子能对新政予以理解和支持，则善莫大焉！"于是，他便急忙召请刚任命为太子侍读的陆质，嘱托他趁为太子讲解经义之机设法将新政的必要性和正当性灌输给太子，以争取太子对革新的理解和支持，并特别提醒："千万要顺乎自然，不可草率唐突，以免弄巧成拙。"

身为革新派的陆质自然心领神会。

于是，那天在讲到"三人行，必有我师焉。择其善者而从之，其不善者而改之"时，陆质借机发挥道："孔圣择徒不分贵贱，择师不问庸智，如此方能博采众长，修成显学。圣王明主遴选有才之臣，亦不在于高门寒素。"

太子李纯何等精明，顿时听出陆质话中有话，但他却面无表情暂时沉住气不说话。

陆质斗胆接着道："譬如度支副使王叔文虽出身寒微之门，却至尊崇信，宰相倚重，力施新政，万民称善，太子可知否？"

李纯一听，立马拉下脸，瞪起眼睛，厉声斥责道："遴选朝臣岂是寡人应为之事？陛下只命先生讲解经义，为何节外生枝，议论朝政？"

一看说到王叔文与新政，太子明显不悦，陆质吓得胆战心惊，连连告罪，慌忙退出东宫……

当得知这一情况后，韦执谊心中顿时凉了半截，而王叔文、刘禹锡和柳宗元等革新派们也都心如汤煮。

37 王府刺客

深夜，一个黑影幽灵一般悄悄贴近广陵郡王府。从身形看，此人绝对是个武林高手，不仅走起路来蹑手蹑脚，速度极快，而且翻墙越室如履平地，悄无声息。还才一会儿，那黑影便施展轻功，轻手轻脚地蹿到王府屋后，噌噌噌爬到一棵枝叶茂密的树上潜伏下来，并从高处仔细观察起来。

广陵郡王的卧室有数扇木格窗，到了夜里室内全都黑灯瞎火，只有一扇窗户内还亮着灯光。在宫中，谁都知道广陵郡王迟起晚睡，有夜读的习惯。等了半天，等那窗户内灯光熄灭，又过了约莫半个时辰，那黑影便从树上悄悄滑了下来，然后一闪身来到最后熄灭灯光的那扇窗户边，也不知用了什么招数，很轻易地就将窗门轻轻打开，然后纵身翻进窗内。

室内，黢黑一片，待眼睛慢慢适应后，那黑影便展开行动，只见他猫着腰在地上连续翻滚了几下，就滚到了四周镶以木质围栏且用蚊帐罩住的拔步床边，然后，突然站起身，手脚麻利地从袖中抽出一柄短剑，顿时手起剑落，于黑暗中用力朝睡在床上的那人颈部砍去……

"对不起了，广陵郡王，去死吧！"那黑衣人小声但却凶狠地说道。

可是，还没等他把话说完，就听他刺下去的剑忽然"当啷"一声，发出很大的响声。原来，那床上睡着用被子盖着的并不是广陵王李淳，且也不是真人，而是一个铜人。这铜人被这黑衣人用剑这么猛力一砍，便忽然发出了很大的响声。

那黑衣人顿时吃了一惊，知道自己中计了，于是赶紧扭过头就逃。但还没跑几步，就听有人在屋梁上哈哈大笑，并用那尖细的声音冲他笑道："这位客人，既然来了，就别走了！……请问，你到底是什么人？"

话音未落，一道剑光就直冲黑衣人的头部刺来。

那黑衣人也不答话，只管招架，见一道剑光犹如夜空中的闪电从空中刺向自己，他本能地向后一倒，那寒光哧的一声将头顶的纱帐和床板削成两截，旋即又迅捷无比地奔他的胸口而来。

有道是：行家一出手，便知有没有。只这两招，那黑衣人就判断出这个说话声音尖细像是太监的人无疑是个大内高手，自然更加不敢恋战。于是，当看到一道剑光又冲自己的胸部刺来，自己已经退无可退，在此千钧一发之际，他便就势一滚，滚到那位大内高手的侧面，还没等这位大内高手反应过来，他便从腰间拔出一飞镖，"嗖"地朝那大内高手掷去。

那大内高手听到声音，知道黑衣人准是使用暗器，于是赶紧躲闪，但因为距离太近，实在躲无可躲，于是情急之下，他便只好用左手去挡飞向自己腹部的飞镖，尽管他的左手戴着牛皮手套且练过朱砂掌，但还是被那飞镖刺伤了。

"卑鄙刺客，竟然使用暗器！"说着，他顾不得疼痛，将手上的铜剑贴着地面向黑衣人的小腿扫去。

但还是慢了一步，就在他刚才用手去挡飞镖时，那黑衣人紧走几步，赶紧跑到之前打开的窗前，然后纵身一跃，便跳到了窗外。这时，他正要追出窗外，那黑衣人又嗖嗖朝窗内扔出两枚飞镖，于是他只好暂且贴到墙边躲闪。

片刻之后，待他施展轻功纵身跃出窗户，四处寻找，那黑衣人早已不见了踪影，只有风吹着树叶，发出沙沙的响声。

于是，他便叹口气，回到了屋内，赶紧点灯察看左手伤情。

在灯光下，才看清原来这位大内高手乃是宦官陈弘志，广陵郡王李淳的心腹太监。

幸好只是受了些皮肉之伤，未伤及骨头，陈弘志这时便用平时一直随身携带的药草略作包扎。

正在这时，就见李淳从拔步床背后的密室里出来了。

"怎么了？伤着了吗？"李淳关切地问。

"启禀王爷，奴才只是受了点皮外伤，不碍事。"

"能知道这个刺客是受谁指使的吗？"

"启禀王爷，奴才不知。奴才刚才与他交手时，尽量找他说话，但这个黑衣人自始至终都没说话。”

“不说话？……那就说明刺客一定是个熟人，害怕一说话被人听出是谁！”

“奴才刚才也是这么想。从刚才奴才与他交手看，这刺客暗器凌厉，轻功迅捷，剑法也很出众。……幸亏王爷料事如神，早有防备，要不，今儿个可就被这刺客得手了！”陈弘志讨好地说。

原来，自从德宗龙驭宾天，继位的顺宗又中风在床，有感于形势险恶，为防宫廷政变，遭人暗算，广陵郡王李淳便每天晚上都不睡在自己卧室的拔步床上，而是用一铜人假装自己睡在那里，自己则藏到床背后的密室内就寝。

事实证明，广陵郡王这样做是对的。

“今夜的事就到此为止吧，不要向任何人透露半点消息！”

“是，奴才一定守口如瓶！”

“以后更要严加防守，不可大意！”

陈弘志低眉顺眼，赶紧回答道：“奴才知道了。奴才一定照王爷的吩咐去办！”

说来，不知道是否是天意，从小就戒备心很强的广陵王李淳虽然早有防备，未能让刺客得逞，没有死于刺客的剑下，但最终却被自己的心腹太监陈弘志所害。

此乃后话，暂且不提。

38 低徊的陶埙

这天深夜，舒王李谊最宠爱的乐伎胡柳儿还在一间四周窗户用厚厚布帘遮蔽的室内舞台上翩翩起舞，急速旋转。当她旋转时，整个裙摆都飘飞起来，就像一把打开转动的红伞。她的这套动作叫作"胡歌十八旋"，是由西域传入中原来的。丰乳肥臀小蛮腰，有着魔鬼身材的胡柳儿身穿紧身薄透的胡纱裙，拖着长长的彩袖，用一只脚尖着地，身体急速旋转，同时轻舒广袖，做出嫦娥飞天飘飘欲仙的动作。

这套舞兼具胡舞的刚劲洒脱和汉族舞的轻柔曼丽，姿势十分优美，再配上富丽堂皇的舞裙和犹如淙淙溪水般叮咚悦耳的丝竹之声，在夜晚红烛摇曳恍若梦境的背景下，望去真如仙女下凡一般，妙不可言。

正因如此，"胡歌十八旋"在长安瓦舍勾栏中十分盛行，但由于这套动作难度太大，普通的舞姬一口气顶多只能旋转十三四下，即便是那些当红的金牌舞姬，十八圈转下来，也不免面红耳赤，气喘吁吁。

可是，胡柳儿却可以连转五十四圈而脸不红气不喘，再加上她那魔鬼身材，这也正是舒王李谊对她着迷之处。几乎每次，作为对她的奖赏，当她跳完"胡歌十八旋"之后，他都会大声地为她喝彩，然后走过去顺势搂住她的杨柳细腰，把她抱起来，深情地亲吻着她，用他厚厚的嘴唇以及贪婪的舌条在她红润的脸上以及肤如凝脂的细长脖子和青春四溢、丰满坚挺的胸乳上恣意游走，百般爱抚，而她在这种时候也总是柔弱无力，半是撒娇半是兴奋地依偎在他的怀里浅笑低吟，风情万种……

但今天，在参加完太子册封大典之后，晚上回到王府，他却一直神情恍恍，魂不守舍，即使是在刚才观赏胡柳儿跳"胡歌十八旋"时，也始终心不在焉，以致当她跳完后弱柳扶风一般朝他鞠躬、很想得到他的爱抚时，他竟忘了为她喝彩，更没有走过去将她揽入怀中，而是神思恍惚，只顾在那儿喝着闷酒……

的确，册立太子一事，心如汤煮的其实并非只有革新派们，舒王李谊更是心情沮丧，满怀失望。

父皇德宗龙驭上宾前，因为太子李诵中风在床，形同废人，舒王李谊原本以为枢前即位非自己莫属，但最终还是太子李诵登上大宝，御宇天下。尽管这样，李谊依然没有死心，他觉得，即便顺宗登基，就他那弱不禁风的身体也断然不会嗣位太久。而一旦顺宗驾崩，朝政不稳，自然"兄终弟及"。所以，这些天来，他一直在耐心等待，静观其变，甚至为了掩人耳目，还故意眠花宿柳，以声色自娱。可现在，令他始料未及的是，半路上竟突然杀出来个程咬金，想不到广陵郡王李淳竟突然捷足先登，正位东宫，明摆着是要"父终子及"，这让他禁不住感到了失望与惊恐！

半夜时分，御医罗令则像个幽灵似的悄悄进了舒王府。当他轻手轻脚走进舒王的书房时，舒王李谊猫爪挠心似的早已急不可耐地等在了那儿。

"怎么样？得手了吗？"李谊瞪大了眼睛望着罗令则，急于从他的脸上寻找答案。

"没有。都怪在下无能！"罗令则说时叹口气，低下头道，"看来，广陵郡王早有防备。没想到，今晚在下潜入他的室内，在他床上用剑刺到的竟是一个假人！在下情知中计，赶紧要走，却没想到早有一个武林高手等在了那儿，挡住在下去路。在下与他过招，竟没占到上风。要不是在下连用暗器伤了那位高手，乘机逃走，只怕今夜已见不到殿下了！"

舒王一听，顿时头冒冷汗，一屁股瘫坐在那里，半天说不出话来。

"皇上的病怎么样了？"喘息了半天，想了想，舒王李谊又有气无力地问道。

"时好时坏。"

"先生的药为何总不见效？"舒王没好气地说，随即顺手拿起一个金如意，不自觉地在身上使劲挠着。

"回禀殿下，在下已设法用哑药让圣上无法再开口说话。只是皇上身边耳目众多，再说，每次为圣上看病，开的药方还要经太医丞审定后方可下药，若要结果他的性命，在下也是有心无力，不敢乱来。再说在下也怕牵连到殿下，故轻易不敢造次啊！"

"既然这样，那就算了！先生以后也不要再去给皇上治病了，治也没用！真是白费力气！"李谊不知道是生气还是绝望，说完，恨恨地将金如意用力掷到地上。

"事到如今，殿下也甭泄气，还是另想办法吧！"

"有何办法？"

"既然'药'字不行，'刺'字不成，那就另换一字吧。"

"再换何字？"舒王这时张大了嘴，目光忽然显得有些呆滞。

罗令则这时没有答话，而是走到书案前，用手指蘸着茶水，在书案上写了一个大大的"兵"字。

李谊看后，神色有些紧张，但在书房中来回踱了几步后，定了定神，仿佛自言自语道："看来，事到如今，也只好这样了！"

随后，他便和罗令则坐到一起，耳语密议了一番。

分手的时候，舒王忧心忡忡地叮嘱道："此去路途遥远，干系重大，先生千万小心！"

第二天一早，从舒王府内传来一串低徊的乐音。仔细辨别，原来是一只陶埙发出的"呜呜"的声音，在舒王府的上空悠悠飘荡。那声音时疾时徐，时断时续，满含着焦虑、不安，也满含着渴望与期待。

39 王叔文的昏招

定律一：在官场，权力和势力是成正比的。有权力则必须有势力，否则权力就会没有根基，难于立足。

定律二：政治家若空有原则而没有手腕，缺少策略，便不可能久在其位，因而所做的事情很可能会半途而废。

很可惜，王叔文书生一个，显然对这些官场定律没有参透。

也确实，围棋对弈，王叔文绝对是个天下一等一的高手，但官场对弈，他的棋力却很一般，乃至屡出昏招。

"刘辟这步棋"无疑就是他最大的昏招。

那是四月的一天，将近宵禁时分，有一个人单骑缁衣，风尘仆仆来到王叔文府上，悄悄找到王叔文。

来人姓刘名辟，是剑南西川节度使韦皋的支度副使。"支度"与"度支"不同，是负责地方财政的长官。刘辟进来，一见叔文便道："屏退左右！"

王叔文不认识他，看到递上来的名刺才晓得面前的这个人是韦皋的亲信刘辟。对于韦皋，叔文当然多少知道他的一些情况。此人当年代替入朝的张延赏而镇蜀，任剑南西川节度使，因对吐蕃有功封南康郡王，顺宗即位，又加"检校太尉"。叔文心想：韦皋在蜀二十多年，除了和青楼诗人、女校书薛涛男欢女爱，演绎了许多才子佳人的风流韵事，为时人增添了几多饭后谈资外，于正事则乏善可陈。这些年来，他重赋敛以事"月进"，弄得蜀土虚竭、怨声载道，时誉极坏。叔文以为，时下与这样的人勾结，只会玷污了自己的名声。

"此番他派人来见我，是何用意？"想着这些，叔文不动声色，将刘辟引入内室。

见面后，两人略略寒暄几句，王叔文便问道："刘将军，你我素无来往，今日千里迢迢突然登门，不知有何见教？"

"我家太尉闻学士荣居权枢，心怀至诚，为君分忧，任劳任怨，特命下官来京拜谒学士。"刘辟说得意味深长，随即，刘辟递上一纸册页，"今有礼单奉上，请王大人笑纳。"

王叔文哈哈一笑，婉言谢绝道："有道是无功不受禄，本官与韦大人无亲无故，绝难收受礼物。"

"同朝为官，虽说文武有别，也当相互关照。交往也总有开头嘛，有了今日这交往不就起始了？从此也就有了交情。"刘辟以为王叔文只是客气，便再次把礼单递上，"大人不能让末将一直这么举着吧？"

王叔文只得接过，信手翻开，不由得大吃一惊。那礼单头几行便令他大开眼界，到底是节度使，韦皋出手就是大方：黄金五千两，白银一万两，珍珠十升，珊瑚树十棵……王叔文看罢，当即将礼单退回："刘将军，如此厚礼，本官不敢收受，烦请完璧归赵，谢过韦皋大人。"

刘辟不肯接："王大人，末将几千里路，已将礼物从蜀地带来，大人拒收，这让末将如何回去交差？"

王叔文肃然道："常言说，礼下于人必有所求，太尉与仆素不相识，又远在千里之外，托君赴京专谒，不知韦将军在朝中有何事情，但说无妨，只要本官力所能及，无论有否礼物，本官都会照办。"

"足下快人快语，那刘辟就实话实说了。辟此次入京，确有他事要向学士禀报。"

叔文点点头，笑了笑道："请讲。"

刘辟咳嗽几声，竭力挤出笑容道："韦将军远在蜀地信息不通，闻知朝中就要削减外镇威权，还要调外镇进京任职。这些传言沸沸扬扬，闹得外镇人心浮动。韦将军不知是真是假，特意让末将进京打听虚实。敬请王大人明示！"

王叔文脸上露出一丝冷笑，故意含混其词地说："此事嘛，朝中重臣确实也曾议论过，只是尚无定论，万岁还没有打定主意。不过看这趋势，适当削减外镇权力，倒也势在必行。"

"这个，各外镇几十年皆在一处镇守，大都是父死子继，已形成习惯，突然改变，只怕各外镇都难以接受。"

"旧的习惯，不利于朝廷百姓的，就要加以改正。比如，有的外镇连钱粮赋税也不上缴，官吏委任也是自己做主，俨然就是独立王国。长此下去，大唐国名存实亡，老规矩不改，如何得了？"

"看起来，这主张是大人给皇上出的？"刘辟故意试探道。

"不光本官，还有一大批贤臣，众人都是这个主张。"说罢，王叔文再加一句，以令其死心，"皇上基本也是这个意思。"

"大人，如果一意孤行，就不怕引发反弹，激起变故？"刘辟奸笑一声，既是提醒，显然也是故意拿话给王叔文施加压力，"而且，前些日子，宫中诸内侍及诸中使、左右中尉遣人入蜀致意太尉，云圣上欠康、群小用事，朝中均有请太子监国之意。太尉不明详细，故使辟入京朝觐，以请圣意。"

说完，刘辟又笑了笑，拿眼偷偷瞧着王叔文是何反应。

王叔文此时尽管还是不动声色，但心里已开始升腾怒气，他已知道此人的来意，不外乎一是威逼，二是利诱。叔文强压怒火，冷冷地说："太尉既与贵近之属往来密切，又来找叔文作甚?!"

刘辟赶紧道："足下此话差矣，太尉岂是趋炎附势之人？"说着，话锋一转："皇上龙体康健，固是万民之幸，设若一旦不预，则社稷堪忧矣！太尉身受国恩，自也不能坐视不问。故禁中所谓请太子监国之议，也是不无道理。不过……"说到这里，刘辟故意欲言又止，只是用眼盯着王叔文。

王叔文心想，跑到我这里来讨价还价了，且听他怎么说，于是便说："韦太尉意欲叔文何为？足下就明说了吧。"

"太尉的意思是——"刘辟放低了声音，"太尉使致诚于足下，足下若能使太尉都领整个剑南三川，则必以死相报足下；足下有太尉之助，何忧其他？足下若不愿意嘛——"刘辟这时故意拉长语调，一语双关，"太尉当然也有相'酬'之处。足下是明白人，不用多说了。"

王叔文的怒火这时再也按捺不住，大喝一声："住口！"

猛然听到这炸雷一般的声音，刘辟整个被吓了一跳，吃惊地望着他。

"韦皋自擅强藩，图谋不轨，真是胆大妄为！他把我王叔文看成是什么人了？叔文岂能以天下社稷安危与尔等做交易！"

是的，王叔文一身正气，他革新的目的就是革故鼎新，消除弊政，对那些擅权乱国的宦官与藩镇集团开刀。如今，他若是与藩镇蝇营狗苟，暗中交易，那还革什么新，革新还有何意义，又有何必要？

王叔文不是那种欲达目的不择手段的人。这是他的高尚之处，当然，也是他的致命短板。

听了王叔文的呵斥，刘辟愣了片刻，但很快缓过神来，道："足下不怕犯众怒吗？！"

"你敢威胁我？"叔文一拍桌子，大声叫道，"来人！给我绑了推出去斩首！"立时就有四五家丁破帘而入，将刘辟按倒在地，杀猪一般捆绑起来。

刘辟吓得满地打滚，结结巴巴地道："王……叔文，你，你，你想干什么？我家太尉看得起你，才派下官与你结交，你却不识好歹！杀了我不要紧，我家太尉闻知，定会提兵来与你讨个说法！只怕到时你连后悔都来不及了！"

王叔文听了更气，咆哮着说："今日权且饶了你，待明日非亲手斩了你不可。"

翌日，韦执谊、刘禹锡等人闻讯赶来，大家都劝王叔文冷静，切莫感情用事。

韦执谊先令卫士退下，然后对王叔文说："学士切勿意气用事！韦皋者何人，执谊自然知道，可是眼下形势逼人，需以今日之忍让换取筹谋之时间。韦皋势力遍布三川，暂且笼络住他又有何妨？学士再请深思，眼下韩泰赴奉天谋取神策军权已有多日，至今未归，吉凶难料，万一失败，我等可有替代之策？如果能争取韦皋为外援，三川之兵足以与神策诸军抗衡，朝中反对势力闻知，一定不敢轻举妄动！"

韦执谊情词恳切，说得在理。但正在气头上的王叔文却不以为然，他气愤道："断然不可！天下事，无非'公义'二字！我等正直不阿之辈，若割三川以结藩镇，则失公义！失公义则事必败！"

见王叔文如此固执，韦执谊就再劝道："学士所说固然有理，但凡事不可拘执，还需权宜变通才是。今天的事就让本官做主吧，驳回韦皋请封，但刘辟却万不可杀，且请放回！"

然后，不等王叔文表态，韦执谊便下令放了刘辟。

刘辟虽捡了条性命，但因为受了如此侮辱，却并不感激，而是怒气冲冲地走了。

王叔文没有料到以前对自己一直言听计从的韦执谊今天竟会自作主张，一时有些发愣，怔怔了半天才讷讷道：

"韦相公，你好主张，好主张啊！不杀此贼，难昭天理！你处处迫于公议，懦弱犹豫，要坏吾等大事的！你难道忘了我们当初的约定了吗？"

因为气愤，此刻的王叔文不仅已经完全失去理智，也已经完全失态。

韦执谊并不气恼，仍是一脸谦恭，耐心解释道："执谊自不敢忘。但执谊以为，欲成其事，必用权谋，必通权变。执谊目前行事谨慎小心，并无他意，不外乎是力图曲成吾兄之事而已。"

但这种时刻，正在气头上的王叔文哪里听得进韦执谊的好言相劝？还没等韦执谊把话说完，王叔文铁青着脸，气咻咻地早已拂袖而去。

此时此刻，刘禹锡与柳宗元站在一旁非常尴尬。

韦执谊看着王叔文急速离去的背影，摇摇头，忽然长叹一声。他想，"刘辟这着棋"王叔文不仅走了一步"臭棋"，很可能还是一步"死棋"，由此将会带来一系列无法挽回的灾难，倘若如此，新政就真的没救了！

40 扳倒王叔文！

那天，为了从宦官手中夺取兵权，王叔文果断决定以右金吾大将军范希朝为京西左、右神策军节度使，度支郎中韩泰为其行军司马，以夺回禁军军权。谁知，范希朝被任命为右神策统军、韩泰被任命为行军司马的消息当天晚上就泄密了。

其实，与其说是消息泄密，还不如说是有人主动告密。因为，从后来的情形看，宪宗即位后，范希朝不但没受王叔文牵连，反而得到了升迁，大约也就知道这位告密者是谁了。

仔细想想，也不奇怪，范希朝本是神策军宿将，与宦官有千丝万缕的联系。甭说他不是王叔文的心腹，即便是王的死党，在这种时候，既然形势已经基本明朗，他也不会跟着王叔文一条路走到黑，而要考虑自己的出路。要怪只能怪王叔文识人不准，用人失察。

所以，当那天老将军范希朝带着韩泰去接管神策军，临别的时候，王叔文和韩泰的心中显然很有些悲壮，很有些壮士出征的感觉，而范希朝的内心一定会感到有些滑稽，有些像在演戏。

只是，悲剧的是，恐怕一直到死，王叔文和韩泰都始终被蒙在鼓里，浑然不觉。

也正因此，这边，韩泰还未出禁宫，那边，俱文珍便已早早得到消息。他密令使者通知各地将领，不要听范希朝的，否则一切后果自负。

结果，范希朝带着韩泰到奉天视察军队，将领们竟然没有一个出来与他俩见面。范希朝这时显得无可奈何，只是一味地叹息，韩泰见此情景则大惊失色，赶紧飞马回来报告王叔文。

心急火燎、满心失望的韩泰一见叔文，声音哽咽：

"王公，韩泰有负重望！与范仆射至奉天时有半月之久，竟无一兵一卒至。可能大事不好！"

事到如今，王叔文自然能猜测到是怎么回事，但他不明白这一计划是如何走漏风声的？此时此刻，叔文已觉得整个人像是坠入了无底的深渊，眼前一片黑暗。是啊，倘若手中没有一兵一卒，连自己的脑袋都保不住，还奢谈什么革新？

到这时，王叔文才后悔自己忙中出错，走错了"刘辟这着棋"，但此时，悔之已晚！

"奈何！奈何！"叔文此时大脑一片空白，早已乱了方寸。

韩泰搓着手，急得在原地踱步，也想不出任何良策。

王叔文原以为只要有皇帝的圣旨，任命老将范希朝为京西左、右神策军节度使，让他带上韩泰等几个人去接管禁军，夺回禁军军权应该不是什么难事。但王叔文的书生气就在这里。他太看重皇帝的诏令，而小看了宦官对神策军的控制。他没想到，这些平时狐假虎威的刑余之人关键时刻也会抗旨不遵。

官宦们在明白了王叔文的心思之后，密令神策军中的护军中尉们不交兵权，对范希朝等人也是避而不见。如此一来，即便有顺宗的圣旨，也找不到任何人去宣读，如此一来圣旨便形同一张废纸。

面对宦官们拒不交出兵权，革新派一点办法也没有。

而恰在此时，说来也真是祸不单行，又冷不丁冒出来个"羊士谔事件"。

宣歙节度府巡官羊士谔是进士出身，严格说来，他与叔文的老友吕温还是同门，关系一向不错。不过此人性情浮躁，好出风头，在这一点上也有点像他的另外一位同年窦群，喜欢见风使舵，博取时誉。他五月份出差来京，听说王叔文等人正招致了大多数人，当然是和他同类的那些正统朝官的不满，眼见有利可图，再加上一时冲动，竟在大庭广众之下，公开弹劾王叔文，指斥王叔文的种种"奸恶"，顿时轰动了京城。

对此，王叔文当然无法忍受，他想，假如允许一介小官如此猖狂，骑到头上，那自己的威严何在?！于是，盛怒之下，王叔文决心杀一儆百，遂请宰相韦执谊出诏命将之斩首，但是韦执谊不同意。王叔文又要求在大理寺就地杖杀，韦执谊还是不同意，他认为羊士谔纵有不是，也罪不至死。

一看韦执谊几次违拗自己的命令，王叔文心中积聚多日的怒火一下子爆发，因为情绪失控，不仅当着不少人的面大骂韦执谊忘恩负义，盛怒之下甚至还动手打了韦执谊一个耳光！弄得朝廷中人人皆知，成为笑话。

刘禹锡、柳宗元都是出自韦执谊的提拔，这种时候，也不好对此妄加评说，一时间大家的心情都很郁闷。

六月二日，韦执谊将羊士谔贬为汀州宁化县尉，算是对王叔文做了一点妥协，但是人们都已清楚，两个新政最主要的人物实际上已经分道扬镳了！

这对反对派来说，无疑是莫大的喜讯。

此时刘辟还在京城，游说王叔文既不成，恼羞成怒的他便转而执行另外一项任务。一个月来，他已同宫中的某些人达成了共识，这个共识就是：扳倒王叔文！

革新派本就势单力孤，缺少援手，如此一来，也就更加危机重重，陷入绝境。

俱文珍当然不会让剑南节度使韦皋独当此任，那样的话声势就太小了，而且也会孤掌难鸣，难以成事。

不过，令他欣喜的是，一直在暗中观望的太原严绶处的监军李辅光看准时机，很快就向他表明态度：扳倒王叔文！声称河东节度使严绶届时亦将出面，绝不袖手。另外，荆南节度使裴均是俱文珍的旧识，当年都在窦文场门下出入，自然也不会不给面子。

俱文珍想，看来一切都已万事俱备，剩下的只是时间问题了。

却说刘辟回到四川，才见到韦皋，就迫不及待地将在京城受到王叔文的羞辱，添油加醋全说了。

当时韦皋与自己的小情人——"女校书"薛涛正在怄气，那天一个人带着随从来到深山打猎。听了刘辟的话后，韦皋半天没有言语。这时，正好有一只野兔从他前面草丛中惊慌地穿过。韦皋立马弯弓搭箭，然后，"嗖"的一声，瞬间便将这只野兔射杀。到了这时，他才恨恨地说道：

"真是'竖子不足与谋'！侍读小儿，缺智少谋，如何能够成事？王叔文，既然你如此不识好歹，不明事理，也就休怪老夫与你势不两立了！"

六月十六日，被王叔文彻底得罪了的韦皋将一册《请皇太子监国表》径直递到了门下省，请皇上"权令皇太子亲监庶政"，这已然完全就是"逼宫"。

同时，韦皋又有《上太子笺》，出语就更直接：

> 圣上远法高宗，亮阴不言，委政臣下，而所付非人。王叔文、王伾、李忠言、苟胜之徒，辄当重任，赏罚任情，堕纪紊纲，散府库之积以赂权门。树置心腹，遍于贵位；潜结左右，忧在萧墙。……愿殿下即日奏闻，斥逐群小，使政出人主，则四方获安。
>
> …………

想当年高宗因体弱多病，遂有武则天代唐之事，这是本朝历史上极不光彩的一件事。如今，韦皋把今上比作高宗，又曰"所付非人"，连带把当今天子都贬损责备了一番，若非出自幕后的授意，恐怕韦皋绝对没有这么大的胆子。韦皋在信中还直接点名道姓，将王叔文等一帮革新派人士直呼为"群小"，更显得是有恃无恐，有备而来。

随后两天，严绶、裴均的笺表继至，虽说辞各异，但内容和目的完全相同。由于暗中有一股强大的势力在幕后推动，门下省立即按照本朝处理臣下上书的制度，覆奏画可，加印转发。如此一来，朝中很多人振奋不已。有重兵大将作为后盾，所有的人都似乎有一种公理在身的感觉，大大地出了一口闷气，以为势单力孤的王叔文一党，已如兔子尾巴，不会太长了。

41 乌云般的黑子

朝堂中的人，很容易趋炎附势，很容易见风使舵。在朝堂之中，人们很容易势利，很容易违心，很容易轻浮，很容易莽撞，很容易虚荣，很容易急功近利，犹如社会潮流一样，有时候还很容易媚俗，很容易盲从，过分追求一种浅薄的时尚，一种感官的刺激，陷于一种集体无意识的狂欢与浮躁之中而不能自拔。

而在朝堂之中，影响人们的风向标、指南针或者说指挥棒，说白了，其实就是权力。如果没有权力，人们很容易自以为是，互不买账。而在权力面前，许多人往往自觉不自觉地会变得低声下气，会变得奴颜媚骨，会变得是非不分，会变得毫无正义。即使是一些正身直行的人，也很难保持人格的完全独立，往往在一种无可奈何的境地中表现出一种随大流的从众心理，只管从个人的利益出发设法明哲保身，尽力趋利避害。在这种时候，能够不落井下石就极为难得了。对一些重大的事件或者一些重大的政治主张，却很少有人去深究它是否真的正确，更很少有人能够做出独立判断，能够尽力从是否合乎一个国家和民族的生存发展与长远利益的角度考量，从而做出自己正确的也是正义的选择。

如在王叔文革新一事上，宪宗一朝的文臣武将就表现得过分情绪化、势利化，朝野上下的大小官员并不去辨别革新的是与非、好与坏，只是从个人的感情好恶以及对自己是否有利，就急吼吼地忙于站队，过分势利地站到了能够使自己趋利避害的一边，从而对王叔文一党口诛笔伐，喊打喊杀。

这当然是对一个国家一个民族前途和命运的严重不负责任。

在王叔文一党革新的初期，由于看不清形势，当时朝堂内外，许多人都在明里暗里地观望，而等到形势渐渐明朗，当看到宦官们由于有太子李纯幕后的支持而渐渐呈现出一种明显的胜势，当其时也，那些世故势利的文臣武将便开始把自己的政治赌注押到了宦官的一方。尽管他们的心中其实并不缺少是非与善恶，尽管他们中的许多人其实在内心都很同情王叔文一党，而对那些擅权作恶的刑余之人心存鄙夷，很是憎恶。

不能不说，韦皋就是这样一个政治上的投机分子。这么多年来，在他的心中虽有善恶，但在他的行动上，权衡追逐的永远都是利益。

最先表明态度、主动站队到宦官阵营的节镇大将，便是势力遍布三川的剑南节度使韦皋。

既然这位藩镇的重量级人物一下子站了出来，旗帜鲜明地作出了政治表态，对于一群多半只是文人秀才的王叔文革新派来说，形势自然就更加岌岌可危了。

果然，在韦皋将一纸几乎轰动长安的《上太子笺》递送到门下省后，仅仅过了三天，王叔文又遭打击，经过俱文珍等宦官的密谋，显然还有新立太子李纯幕后的暗中授意，六月十九日，顺宗颁诏，任命王叔文为户部侍郎，赐紫服，免去翰林学士一职。

王叔文显然并不糊涂，接到诏书，他长叹一声，拍着授官制书道："这是何物？一道墙壁啊。我每日到翰林院商量公事，削去学士之职，日后有何因由入院呢？"

是的，以前身为翰林学士，每天出入禁中，待在皇上身边，他王叔文所说的话也就等同于皇上的话，无异于就是圣旨，就是诏令，而现在，削去学士之职，再难见到顺宗，今后，他的话将变得一钱不值，连屁都不如。

如此一来，革新又从何谈起，如何继续？

此时此刻，犹如万箭攒心，王叔文心疼欲裂，他感觉到自己的权力已被削弱，今后，一切只能靠王伾和李忠言维持这艰难的局面了。

他知道，新政这局棋已到了万分危急的地步，如果不赶快扭转这种局面，势必会全盘皆输。

但事到如今，王叔文早已乱了方寸，不知所措。

身为永贞革新的主将，王叔文此人显然缺少城府，缺少雅量，更缺少韬略，缺少权谋，而在危急时刻又不能镇定自若，从容应对，缺少挽狂澜于既倒的气度与本领，故而，无论是其本人还是整个革新，其最终的失败与悲剧也就可想而知、在所难免了。

王叔文被任命为户部侍郎，赐紫服，免去翰林学士职后，许多人出于各种目的都纷纷来向王叔文道贺。

"王公跻身户部堂官之列，今后一定大有可为，真是可喜可贺呀！"

可是，王叔文听了却哭笑不得，一脸的无奈。

这种时候刘禹锡也感到寒意四袭，欲哭无泪。他知道对王叔文的这一任免意味着什么，心想，这一准是宦官集团的阴谋，"免去翰林学士职"，无异于釜底抽薪，就意味着王叔文今后再也不能随时出入禁中，面见圣上。而难以见到圣上，无法领取旨意，王叔文就没有了尚方宝剑，新政自然就成了无本之木、无源之水，今后定然再难推行了！

说来真是祸不单行，上天似乎故意要惩罚王叔文，不早不迟，他的母亲偏偏又在这时突然去世了！

叔文的母亲病重已有时日，尽管老人家年岁已大，患病也不轻，但叔文没料到，不早不迟她会在这种时候过世。

这些天来，灾难可谓接踵而至，当这天突然听到这个消息，王叔文顿时涕泪横流，喃喃自语道：

"这是老天存心要灭亡我吗？"

不知怎的，此时此刻，他忽然想到了项羽，想到了项羽的垓下之围与四面楚歌，心中忽然有了一种穷途末路的感觉。

因为心情沮丧，情绪失控，这天，王叔文一人发了疯似的打马来到终南山下，然后系好马，一个人一路哭着一路跌跌撞撞地爬到山上，站在无人的山巅对着无人的山谷仰天长啸：

"啊——！都说老天有眼，苍天啊，叔文我且问你，你究竟长没长眼睛？为何分不清是与非、正与邪？为何要让叔文如此走上绝路？为何要让一场原本正大光明旨在拯救大唐的革新突然陷入绝境？……"

可是，这种时候，无论他怎样哭诉，怎样呐喊，都落叶无声、青天不语，只有太阳在云层里穿梭，只能听到他那带着哭音的话语在山谷里悠悠地回荡。

后来，他行走到一块相对平坦的山坡上，一下子躺倒在地上，一会儿又猛地站了起来，弯腰捡起一根树枝，在坡地的泥土上画了十九道纵横，再从地上捡了许许多多的小石子，在那画出的棋盘上一个人下起了围棋。

像以往与人对弈一样，他用左手执黑先行代表敌方，用右手执白后行代表自己。

对于围棋，他一向是非常自信的。每当与人下棋，他总是执白后行，但即便这样，这么多年来，他也无一败绩。

可是，不知道为什么，当他今天一个人对弈，尽管代表他自己的白棋从开始到中盘都一直占尽了优势，棋盘上白子的数目都远远多于黑子，而且白子看起来都遥相呼应，白花花地密集地堆积在了一起，怎么看都觉得黑子已根本无法对白子进行围攻。

谁知，眼看白棋就要志在必胜、锁定胜局的时候，却突然风云突变！

原来，就在他的右手落下一枚白子，以为代表自己的一方就要大功告成、稳操胜券时，突然，他的代表敌方的左手却冷不丁来了个"黑虎掏心"，往中间猛然落了一枚黑子。顿时，整个盘面白棋的形势竟然急转直下，产生雪崩效应，而且再也无法挽回，以致很快白棋就被吃掉一大片。到最后，黑子的势力越来越大，大到白棋再也无力反抗。

就这样，原本并不占优的黑棋竟然反败为胜了！

他很惊讶，不知道为什么，自己竟然把自己给下败了？

"为什么？这到底是为什么？"一开始，他怎么也想不通，但到后来，他站在终南山上，看着暮色苍茫的辽阔大地，忽然觉得这片关中平原就像是一个大大的棋盘，而自己，如今就像是这棋盘上的一枚孤零零的白子。

如此一想，犹如顿悟一般，他便忽然有些想通了。

是的，以前，他一直非常自信，总以为自己是个手谈高手，是个打遍天下无敌手的超一流棋手。而现在，痛定思痛，他才恍然大悟，原来自己压根儿就不是棋手，更不是什么超一流的手谈高手。事实上，自己也只是一枚棋子，一枚很普通的棋子，一枚运气很坏的棋子，而且，事到如今，他觉得，自己完全成了一枚就快没有气的棋子！

此时此刻，他忽然有些头晕目眩，眼前发黑。恍惚间，他感到也不知道忽然从哪儿冒出了那么多黑子，犹如乌云般的黑子，一下子遮蔽了天空，正在咄咄逼人、势不可当地朝自己也朝整个革新派席卷围逼而来……

这种时候，他忽然有些心虚，也有些紧张，一时竟不知道如何是好。

42 绝不同流合污

有唐一代，按照规定，母亲亡故则必须丁忧，起码要停职居哀三年。如不是非常情况，比如皇帝下诏"夺情""起复"，是不允许有所变通的。

这不啻是置叔文于死地，难怪他要如此惊慌不已了。

当然，惊慌的并不仅仅是王叔文，整个革新派突然间也都陷入深深的忧虑和恐惧之中。

是的，如今，新政正遭遇着那么严重的危机，危若累卵，倘若王叔文一走，回家"丁忧"三年，整个新政必然会完全倾覆，乃至灰飞烟灭，万劫不复……

一想到这，刘禹锡便犹如万箭穿心，极度痛苦，万分焦急。

"事到如今，王侍郎说什么也不能走！"这天，和柳宗元、韩泰聚在一起商量，刘禹锡皱紧眉头拍案说道。

"是的，大难来临，王公不能在这时离开！"柳宗元附和。

"可是，不离开就只有让皇上下诏夺情，"韩泰踱着步说，"梦得，子厚，最近我们一起为王侍郎的起复奔走吧。"

于是，三人立即开始分头行动。刘禹锡思来想去，决定试着去杜佑、武元衡和曾赏识、拔擢柳宗元的东都留守韦夏卿那里求助。

禹锡先去找自己的恩公杜佑，但杜佑一直避而不见。

硬着头皮，禹锡又去御史台找武元衡。这回，武元衡倒是见了禹锡，可是一见面就对禹锡冷嘲热讽，奚落道：

"我当是谁？原来是名动朝野的刘员外！听说尊驾不日即有出将入相之望，腾达在即，今日何以光临小衙，有何指教？"

此时此刻，刘禹锡脸上自然是红一阵白一阵，内心感受委实难以言喻，但为了能让王叔文"起复"，为了挽救新政，他还是忍耐着，强颜欢笑，竭力奉承，苦苦求情。

可是，武元衡似乎并不领情，对刘禹锡的苦苦求情嗤之以鼻，他跺一跺脚，大声训斥道："当今朝中，宰辅重臣有谁不知道朝政弊端？不过时机不到，隐忍待发而已。王叔文一介腐儒，纸上谈兵，自以为能再造乾坤，不过治标不治本，看似出手迅猛，实际只会激化局势，令宦官与藩镇加速勾结，反而威胁大唐社稷。如此窃权乱政，实不足取！梦得以八品监察御史一下子升迁到掌管天下财富权要之位，朝野内外深感不平，议论纷纷，诚所谓'众口铄金，积毁销骨'！足下如今已处累卵之势，却还不知居安思危、谦冲自牧，居然跑来游说元衡，难道不知急切贾祸、大难将至吗？"

刘禹锡临走的时候，武元衡神色稍微和缓了些，叹口气对他说："看在同台为官的分上，元衡再劝你一次：梦得若肯听我的话，赶快悬崖勒马，远离王叔文之辈；如果不听我的话，以后就不要再来找我！"

危难时刻，杜佑、武元衡都不愿伸出援手，韦夏卿就更是不愿出手相助。

而柳宗元、韩泰四处奔走求情的遭遇和刘禹锡也几乎大同小异，如出一辙。到这种时候，刘禹锡才忽然感到自己是那么无助，那么无能！

这之前，即使再苦再累，他都苦中有乐，乐在其中，总是激情洋溢、劲头十足，可是，现在他却忽然感到自己一下子就身心俱疲、心力交瘁起来，整个人像突然散了骨架似的，整天打不起精神。白天在衙中公务已懒得去理，晚上早早回到家中则常常杯不离手，酒醉之余便倚门呆立，时而吟出悲凄的诗句——

> 沉沉夏夜兰堂开，飞蚊伺暗声如雷。
>
> 嘈然欻起初骇听，殷殷若自南山来。
>
> 喧腾鼓舞喜昏黑，昧者不分聪者惑。
>
> 露华滴沥月上天，利觜迎人看不得。
>
> 我躯七尺尔如芒，我孤尔众能我伤。
>
> 天生有时不可遏，为尔设幄潜匡床。
>
> 清商一来秋日晓，羞尔微形饲丹鸟。

晚上睡到床上，妻子薛氏见刘禹锡痛苦情状，自然心疼不已，便依偎到禹锡的怀里做温柔状，且劝慰道："酒醉伤身，愁闷伤心，夫君这些日子何苦要自伤其身呢？"

刘禹锡叹气道："我早通医理，岂有不知？只是如今朝中一日比一日凶险，不仅壮志难酬，连性命也不知将在何处，怎不让人肝肠寸断？"

"天无绝人之路，莫非王侍郎、韦相公也无对策吗？"

刘禹锡发出一阵苦笑，摇着头说："此时，他们也是自身难保啊！"

薛氏默默凝视着他，犹豫片刻说道："还有一条救急之路，不过只能保得夫君自身，不知夫君可愿一试？"

刘禹锡有些好奇，赶忙问道："什么救急之路？"

"家父近日闻得要出任殿中侍御史，入朝谢恩。夫君若肯，可恳请家父走宫中门路，留朝任事，希望很大……"

原来如此！刘禹锡早就听说岳父薛謇因是宫中大宦官薛盈珍的族人，私下与薛盈珍多有来往，关系甚好，内心对此颇为不屑。只是身为女婿，之前他一直不好说什么，更不好干预，觉得人各有志，何必强求？只要自己洁身自好即可。

刘禹锡翻了下身，背对着薛氏道："小人怀利，君子怀忧，夫人所言也不是没有道理。但若与阉党沆瀣一气，同流合污，变法革新又有何意？岳父大人那种处世之术，我不愿学！无论什么时候，我刘某都绝不与那些阉宦同流合污！"

薛氏聪明伶俐，她也知道禹锡素来痛恨宦官擅权乱政，但事到如今，舍此已别无他途，所以，她便温情脉脉，将自己的酥胸贴到丈夫的背上，好言相劝道："大丈夫能屈能伸。只要保住官职，万事都可有为。夫君应当细加思量。"

"折腰摧眉，壮士不为。"刘禹锡态度坚决地道，"此事休要再提！"

薛氏暗自叹息一声后，便没再说话，只是起身吹灭床头的蜡烛，忧心忡忡，大半夜都没睡好。

刘禹锡更是心事重重，一直睁眼望着黑魆魆的床顶，难以入梦。

夜色深沉，虫鸣唧唧。禹锡躺在床上辗转反侧，思前想后。

他想，妻子刚才所说的话也并非全无道理，也许求助岳父，留在朝中，等到日后升迁，或许可以解除同辈诸君之难？如此忍一时之辱，未必不是良策。

可是，转而一想，他又对此很快予以否定："不，我不能这样做，坚决不能！"他想，新政推行未久，即告失败，同辈蒙难，自己早已被人视为叔文奸党，更为阉党所恨。如今为了一己之私，仅仅为了能留在朝中，就去摇尾乞怜阉党，自取其辱，不仅遭世人唾骂，还让同辈的"奸恶"得到证实，纵然厚颜苟活于一时，也必将遗臭万年，为后人所不齿！而且，还是那句话，"丈夫无特达，虽贵犹碌碌"，如果自己仅仅是为了当官而当官，贪图个人的荣华富贵，即使做再大的官，又有多大的意义和价值？

既然这样，那就任凭风吹雨打，坐等贬逐荒野吧。

这样一想，他的心中既有些悲伤，也有些悲壮，但也很是坦然。

说来，刘禹锡的性格中似乎天生有一种乐观的基因，凡事总是尽量往好的一面去想。半夜醒来，他又换了个角度思考，心想：也许结局不会那样糟吧？毕竟，太子并非平庸之辈，一旦登基，也必将以铲除藩镇、振兴朝纲为要务，与新政自会一脉相承。而且，太子登基后，若要励精图治，自然需要人才辅弼。凭自己与子厚的政务历练、凌准的超群史才、韩泰的通晓兵机、陈谏的理财能力，总不会沦落天涯、老死荒野吧？退一万步说，太子纵然对王叔文深恶痛绝，也断不至于对王叔文一党一概否定，更不会斩草除根、赶尽杀绝吧？……

43 顺宗成了太上皇

以前，俱文珍与李纯见面双方都很保密，一直暗中进行，可是到了贞元二十一年的七月，在俱文珍看来，时机已经完全成熟，不再需要隐瞒。

这天，他便大模大样进了东宫，觐见太子李纯，跪地说道：

"启禀殿下，现在外有藩镇声援，内有朝官支持，既有神策军在手，王党又失势无靠；太子英明睿智，众望所归，敬祈殿下早日监国，亲监庶政！"

太子李纯神色严峻，坐在那里半天没有说话。

俱文珍跪在那里，见太子半天没有反应，便偷眼观察太子，却猜不出一向心机很深的太子李纯此时究竟作何感想，一时心中未免有些惴惴不安。

但开弓没有回头箭，既然话已出口，也只有继续往下说了，于是，俱文珍又硬着头皮说："陛下久病不愈，尚需静养。而今军国大事刻不容缓，社稷安危系于一旦，万望太子殿下早登宸极，顺天应人！"

"唉——"太子李纯这时叹了一口长气，终于开了尊口，伤心道，"父皇方登大宝，本当鼓舞精神，振作朝纲，无奈天妒英才，如今父皇病风且喑，何堪神器之重？既然这样，寡人也只能权且监国，为父皇分忧了！"说着，忽然潸然泪下……

第二天，王伾入宫时发觉，往常侍疾皇上的内侍李忠言突然无声无息地消失了，从此再也没有露过面。有人说他已重病在身，命在旦夕。过了两天，皇上的宠妃牛昭容也莫名其妙地消失了踪迹，人们再也没有看到她。而王伾自己，也被拒于皇帝寝宫之外。

这天，王伾在那里呆若木鸡地站立了很久，耳边忽然想起俱文珍那天所说"欺上瞒下，假传圣旨"这句话来，越想心里越感到害怕，忽然口吐白沫，倒在地上。

第二天传出消息，王伾中风，卧床不起，从此闭门谢客，再不上朝。

七月下旬的一天，翰林学士郑絪、卫次公、王涯等人奉诏入宫。在太极殿侧阁，宦官俱文珍、刘光琦、薛盈珍、薛尚衍正等着他们，在座的还有两位东宫的内侍吐突承璀和西门珍。

俱文珍对翰林学士们宣布："皇上有旨，令太子权勾当军国政事。请诸位学士即刻草拟诏诰。"

七月二十八日，诏书发下。百官在东朝堂朝见太子，太子哭着宣布："因圣上未康，寡人权监国是而已，就不答百官的拜贺了。"群臣听了，无不感动落泪。

到这种时候，无论是王叔文还是刘禹锡，无不感到大势已去，回天无力！

这天，太子独自去见父皇，站在顺宗的病榻前，四周阒无一人。事前，他已下令不许一人进来。

望着已经不能动弹的父皇，太子李纯心中波涛汹涌。他这时才真正明白为什么父皇迟迟拖延册立法定的继承人："照这种样子，任何人都可以挟天子以令天下，更何况那些不满于自己这位嫡长子的小人呢！"

想到此，李纯不禁咬牙切齿，自言自语道："王叔文，你的末日到了！"

贞元二十一年八月初二，就在太子监国两天后的这天夜里，太子和他的亲信东宫内侍西门珍、吐突承璀几乎是一夜未睡。第二天，两位东宫内侍又与俱文珍在内侍省会晤了半日。当天中午，翰林学士们再一次被召入宫，在皇上的寝殿太极殿接受了俱文珍宣布的皇帝诏命。

八月初四，发下了皇上的禅位诏。诏书说：

> 朕获缵丕业以来，严恭守位，不遑暇逸，而天佑匪降，疾恙无瘳，不能奉宗庙之灵，实实有愧于心。一日万机，不可以久旷，天工人代，不可以久违，宜令皇太子即皇帝位，朕称太上皇，居兴庆宫，制来称诰。请所司择日行册礼。

就这样，太子李纯即皇帝位，顺宗成了太上皇。

八月初五，已是太上皇的顺宗正式告别了只"睡"了七个月的皇帝宝座，坐在步辇上，被内侍们抬着迁居兴庆宫。兴庆宫位于长安东郭，是本朝的玄宗皇帝所置，因在大明宫及皇城中的太极宫之南，又称南内。

顺宗虽然中风，不能说话，但他的神志却一直都很清醒。当他被抬进宫中的花萼相辉楼时，他忽然完全明白过来，自己已像当年的玄宗一样遭到了软禁！

这时候，可怜的顺宗突然疯狂地蠕动着身体，喉咙里发出一种模糊的呢喃声，但事已至此，如今谁也不关心他说什么，更不在乎他说什么。而且，无论他说什么都已经太迟，都无关紧要了！

有几位宫中的老侍卫望着这一切，痛苦地低下了头。

这天，太上皇又有诏：命太子宜于本月九日即位，并改元"永贞"，大赦天下。

八月初九，李纯即皇帝位，大赦天下，史称唐宪宗。

然而，极具讽刺意味的是，就在新皇登基"大赦天下"的同时，宪宗李纯就迫不及待地掀起了对王叔文革新集团的贬逐浪潮！

还未到初九，初六这天即有制命贬王伾为开州司马，王叔文被贬为渝州司户。开州和渝州两地分别距京城一千五百里和两千七百多里。

九月十三日，新帝诏贬神策行营节度行军司马韩泰为抚州刺史，司封郎中韩晔为池州刺史，礼部员外郎柳宗元为邵州刺史，屯田员外郎刘禹锡为连州刺史。其余众人，也都被贬为偏僻荒远的下州刺史。

永贞元年的这场革新犹如燃放的烟花，曾经一度照亮了大唐黑沉沉的夜空，那烟花看上去是那么美丽，那么绚烂，那么耀人眼目，只可惜，转瞬即逝，竟是那么短暂！又像是一场大戏，才刚刚开场，却又在无可奈何中突然仓促收场了！

到此为止，一场被后人称为"永贞革新"的改革前后仅仅持续了146天，就这样昙花一现，骤然以悲剧谢幕了。

然而，这场悲剧中的一些主要人物，他们的悲剧命运却显然才刚刚开始……

44 刘禹锡被贬

"奉天承运，皇帝诏曰——"宣旨的宦官南宫怀珍将圣旨宣读完后，阴阳怪气地催促道，"刘大人，接旨吧。"

尽管这之前已早有预感，可是当这一天真的如暴风雨来临，刘禹锡的心中还是有些惊愕，有些失措，以致刚才圣旨中究竟说了些什么，他都没有听清，只听到那句"即日起贬刘禹锡为连州刺史"，然后便呆呆地跪在那里，一时竟忘了说一句"谢主隆恩"，更忘了恭恭敬敬去接圣旨。

南宫怀珍显然等得不耐烦了，这时冷笑了笑，跺了跺脚催促道："刘大人，快接旨吧！"

刘禹锡一惊，赶忙站起身接过圣旨，脸上竭力挤出微笑补充一句："谢主隆恩！"

宣完旨后，南宫怀珍面无表情地转身就要离开，但刚走了两步，他却又忽然转过身，冲正愣怔在那里的刘禹锡不阴不阳地说道：

"刘大人，咱家看你是个难得的人才，不妨忠告你两句：自古有才易自傲，但恃才自傲很容易头撞南墙，命途多舛。刘大人乃高世之才，拔萃出类，本该效命朝廷、赤心奉国。如今被贬荒地，连咱家也感到惋惜。临别时，咱家也好心地奉劝你一句：所谓吃一堑长一智，刘大人以后可要学聪明点，千万千万不要自逞己能，自毁前程，而要夹着尾巴为官做人噢！"

说罢，南宫怀珍扬长而去。

望着南宫怀珍的背影，刘禹锡一时不知作何感想。

说来，命运真的有些恶作剧。就在年初，作为王叔文革新集团的首要人物之一，刘禹锡还那么雄心勃勃，志兼天下，在大唐的权力中枢志得意满，甚或有些炙手可热。可当他正想一展宏图、揽辔澄清之际，没想到，才仅仅只有五个月，却忽然从权力巅峰一下子跌入政治的泥潭……这让刘禹锡内心有着难以言喻的愤懑和忧伤。

在大明宫的大殿前，他兀立良久，对着静默的雕梁玉砌心潮澎湃，悲叹：今日一别，何时得还？

唐朝对贬官的处置是极其严酷的。贬官是罪臣，戴罪之身形同囚徒。遭贬官员从朝堂下来，连家都不能回，就要被押送出城向贬地奔行。遭贬家眷也得随行。所以当天刘禹锡便带着时年已经 76 岁的母亲和怀有身孕的妻子薛氏及尚未学会走路的儿子一家人，凄凄惨惨离开长安，赶赴连州。

途经洛阳时，堂兄刘申锡同情刘禹锡的不幸遭遇，毅然带着自己的儿子刘蔚情愿跟着禹锡前往连州，从此一起风雨同舟，相依为命。

在洛阳，刘禹锡与亲戚朋友们匆匆道别。亲朋好友依依不舍，设宴款待。刘禹锡感从中来，即席赋诗一首，题为《赴连州途经洛阳，诸公置酒相送，张员外贾以诗见赠率尔酬之》：

> 谪在三湘最远州，边鸿不到水南流。
> 如今暂寄樽前笑，明日辞君步步愁。

连州在哪里？离长安有多远？刘禹锡不知道。此刻，酒不醉人人自醉，举杯消愁愁更愁，溢满胸怀的落魄失意，正如潮水一般，一次次漫过心田。

为什么新政会是这样一个结局？为什么自己当然还有王叔文、柳宗元等革新派同人兴利除弊、功在社稷却反而遭到贬谪？

刘禹锡感到很委屈，委屈到真想号啕大哭一场，然后再大醉一场，从此就在洛阳、在自己的老家永远不再醒来。

人有时很奇怪，瘦削的肩头能扛起盛名与地位，却撑不起污名与委屈。忘记委屈，也许不难，古代不就有许多隐逸之士，或是亲近自然，或是沽酒买醉，放浪形骸，意图忘却烦忧吗？就像陶潜，"采菊东篱下，悠然见南山"，还有阮籍、刘伶，常于竹林下，酣歌纵酒，忘怀避世。特别是那个李白，失意地离开长安后，游山玩水，饮酒作诗，不亦乐哉！

然而，此时此刻，刘禹锡却很难忘记委屈，忘记痛苦，甚至，还有愤懑和屈辱！

可是，无论是委屈还是痛苦，抑或是愤懑与屈辱，天子的圣旨是不能违抗的，在洛阳只待了一宿，刘禹锡便又匆匆赶路。

这时，他反倒有了些坚定，略带嘲讽意味地自语道："忠而被谤，贤而被逐，这样的悲剧有哪个朝代不会发生，不在上演呢？"

离开洛阳，耳畔传来了一声雁唳。振振长衫，捋捋长须，西风古道，刘禹锡重又骑上了那匹高头骏马。

想当初，刘禹锡得势时，朝野内外有多少人想着办法攀附巴结，以致他整天迎来送往，难得清静，而现在一旦失势，则人人视之如瘟疫，避之唯恐不及，只有这匹忠实的坐骑依然如故，并不趋炎附势，仍旧对自己的主人忠心耿耿，愿意承载着他，哪怕跋涉千山万水……

也难怪有人感叹：人不如畜！

长安渐远，连州在望。刘禹锡想，这样也好，"且放白鹿青岩间"，一片青山绿水，正好让自己有些浮躁的心暂时可以安静下来。

然而刘禹锡并不知道，这时在长安正酝酿着又一场说大不大、说小不小的风暴，而且，很快就会又一次殃及他以及他的已经被贬的革新派同人。

45 "太上密诏"

秦州这地方坐落在陇东山地的渭河上游河谷中，北面和东面是高峻绵延的六盘山和它的支脉陇山，南面和西面有嶓冢山和鸟鼠山，四周山岭重叠，群峰环绕，是汉唐时期边防上的重镇。

就因为镇守在这里，这些年，陇右经略使刘滩一直过着"风花雪月"的生活。

之所以说他一直过着"风花雪月"的生活，乃是因为秦州这地方一年四季经常有风，春夏秋冬漫山遍野次第盛开着蜡梅、春兰、月季、玫瑰、含笑、牡丹还有红枫、天竺、银柳、紫薇等各色各样的花儿，而且因为地处高寒地区，冬季雪月漫长，一年中几乎有近一半的日子野外都是冰天雪地。

记得贞元十年，俨然逃难似的带着将士来到这里防秋的时候，刘滩对这里的环境与生活一度很不适应。但随着时间的推移，几度风雨几度春秋之后，如今他不仅早已经适应了这里的环境，而且还喜欢上了这里的生活，觉得自己能够镇守在这"莽莽万重山，孤城山谷间。无风云出塞，不夜月临关"的秦州之地未尝不是一种幸福。

也确实，虽然身为一方节镇，手握重兵，但刘滩并不贪得无厌。这些年，虽说他也不时招兵买马，积蓄实力，但他从没有想过有一天要背叛朝廷，更没有想过要割据一方，称王称帝。而之所以没有这样的野心，乃是因为平时喜欢读书从小熟读经史的他深知，古往今来，并不是什么人都能改朝换代的。因为，毕竟"瘦死的骆驼比马大"，许多时候，即便是朝廷再不济也比任何一个藩镇都要强大。就说安禄山吧，当年虽然一身兼任平卢、范阳、河东三镇节度使，兵强马壮，自以为不可一世，可是后来又能怎样？起兵叛乱，结果还不是照样以卵击石，死于非命？

　　就因此，这些年刘滩知足常乐，平时只管养尊处优，快快活活地做自己的陇右经略使，把自己的小日子过得倒当真有些风花雪月，风流快活。

　　那天，具体是在九月下旬的一天下午，外面烈日当空，刘滩待在室内，先是处理了几件不咸不淡的军务，然后又坐在那里不急不慢地喝了一壶茶后，看看时辰还早，觉得有些困倦，便回寝室休息。

　　穿过曲曲弯弯的甬道来到寝室，推开门，看到银柳儿刚洗好澡，换了一身枫叶红的短衫短裤，正仰着头半倚半坐在床上，用一把月牙形的梳子梳着一头湿漉漉的秀发。看到刘滩推门进来，她便娇嗔着说："怎么到现在才来啊？刘大人军务这么繁忙？"

　　"怎么？想我想急了吧？"刘滩这时关上门，刚才还一本正经的他顿时换了一副面孔，嬉皮笑脸油腔滑调地说。一边说，一边急切切地走到银柳儿身边，猫着腰从背后将她一把抱住，两只手立即不老实地伸进她的内衣，在她的胸前忙活一阵后，就急着要干那事。

　　银柳儿顿时咯咯笑了起来，随即扭了扭身子，冲他佯怒道："去去去！你个馋猫！等不及了？快去洗洗！"

　　等刘滩匆匆洗完回来，银柳儿早把自己脱得一丝不挂，像个"大"字似的躺倒在那张宽大的合欢床上。谁都知道，银柳儿虽为军妓，却是秦州这地方出了名的美人。虽然已经不是第一次了，但是每次看到她青春美丽的胴体，看到她那白生生的脖子，那雪白高耸微微颤动的酥胸……他都抑制不住内心的狂跳与渴望。于是，他忙不迭地赶紧爬到床上，嬉笑着近乎有些贪婪地搂着她，就鸡啄米似的在她的脸上狠狠亲了起来。

　　"你这人，贼似的，真是馋猫！"她满脸绯红，钗横鬓乱，假装有些生气地瞪着他。

　　"我就是贼！我把你这仙女似的美人儿偷来，我就是贼！我的小亲亲，小糖人儿！"他这时呼呼喘着气，一边嬉皮笑脸地说话，一边开始迫不及待地在她的身上乱搓乱揉，并顺势骑到她的身上……

　　"哎哟！哎哟——"银柳儿有些夸张地呻吟着，用一只小拳头在他的背上和屁股上鼓槌一样轻轻地捶打着，娇喘着取笑他道："你这哪像是个镇守边关的大将军，简直就是个偷鸡摸狗的贼头儿！"

他这时早已欲火中烧，只管老脸皮厚地说："你这人咋这么啰唆？咋干这种好事儿还不闭紧了嘴巴？……不过，还真让你说对了？干这事儿，就是皇宫里的皇帝也都是这么个德行。嘻嘻，这种时候谁他妈的还能装得像个正人君子？还不都像是个偷鸡摸狗的贼头儿！"

"贼头儿！贼头儿！你是偷我的贼头儿！"她吃吃地笑着，这时也开始用情起来。

就在这时，忽然门外有人敲门。刘澭一听顿时有些来火，心想谁他妈这么不懂事儿？这种时候敲门，他娘的这不是存心跟老子过不去吗？但又一想，这种时候有人敲门，一定是有什么急事儿。

如此一想，他赶紧一骨碌从银柳儿身上翻滚了下来。毕竟，人在江湖，身不由己，关键时候，还是正事儿要紧。

果然，穿好衣服，开开门，就见卫士赶紧过来向他报告，说有一个风尘仆仆从长安来的人，自称身上带着皇上的密旨，如今正急等着要见他。

虽然身在秦州，距离长安遥远，但陇右经略使刘澭却无时不用一只眼睛日夜关注着长安的风吹草动，他在长安的耳目也无时不在通过秘密渠道把长安的消息及时报告给他。

最近一段时间，他惊叹朝廷风云变幻，接二连三竟然发生了那么多事情，先是太子监国，旋又顺宗禅让，太子嗣位，王叔文一党彻底清除，全部遭贬……虽然在内心中他一直盼望自己的"恩人"舒王李谊能够夺嫡成功，问鼎神器，暗地里未免也在盘算筹划，但看到宪宗李纯背后势力那么强大，且皇权地位很快就得到巩固，他便很快心如止水，打消此念，不再对舒王李谊抱任何幻想。

的确，他觉得，"人不为己，天诛地灭"，任何时候，都要首先为自己着想，倘若一步不慎，就会酿成大祸。

这天下午，卫士向他报告，说有一个人悄悄地从京城来到秦州要求见他。来人自称是山人罗令则，说有一件惊天动地的大事相告。此时正是顺宗禅位称太上皇不久，刘澭很敏感，听到卫士报告后顿时一愣，觉得事有蹊跷，还是小心为妙。于是，他特地让卫士引着那人到他的密室会见，为防不测，又传令士兵屏后埋伏。

"请问来者何人？有何贵干？"一见面，还没等来人站定，刘澭便面色威严，突然发问。

"令则从京中而来，专请使君出兵勤王。"来人从容自若，且单刀直入，并不避讳。

刘滩一震，喝道："山人请谨慎其言！此话怎讲？"

"令则有太上密诏！"

"密诏安在？"

"事出无奈，太上只使令则传口谕而已。"

"这如何叫本使相信？"

罗令则凛然而言："宫中内禅，实乃太上皇情非得已，如今人主幽闭旁宫，阉竖拥兵擅权，列祖大业，危若累卵！太上素知使君忠义孝勇，深晓逆顺之理，故将宗庙兴危尽付于使君，诏令使君赴京行废立之事。"

此刻刘滩心里惊骇万分，他竭力控制着自己的情绪，尽量平静地说："然则废立若何？"

"使君请递掌过来。"罗令则镇定自若，不露声色。

刘滩伸过此时略显颤抖的右手，只见罗令则在他掌心点横竖撒地慢慢画了几个字。

刘滩已感觉出来了，罗令则口中虽称是"太上密诏"，但暗中分明写的是"舒王"二字！他的心猛地一缩，额头上顿时直冒冷汗！他想，太上皇即使欲行废立之事，也断然不会想到册立舒王，传位舒王。这分明是假传太上皇之旨！于是，静思片刻，几乎下意识地，他突然一拍几案，大声骂道："大胆狂徒，竟敢妄构异说，犯上作乱！左右，给我拿下！"

一听这话，罗令则迅疾从腰中拔出一把短剑，直扑刘滩。但就在这时，他站着的地板忽然塌陷，原来下面是一陷阱。见此情形，他赶紧施展轻功，脚一点地，腾地跃起。谁知，就在他腾空而起时，他头顶上的天花板上原来点缀的那些花草也忽然变成了一张罗网迅速落下，立即将他紧紧网住，拽入陷阱。他正要挣扎，立时就有几名刀斧手从陷阱四周屏风后冲出来，把他按倒在地，七手八脚地将他五花大绑起来。

罗令则怒发冲冠，大声喊道："刘滩，你这阴险小人，你可要想清楚！宗庙倾覆，你就是千古罪人！"

其实，刘滩早就已经权衡过了，此时此刻当然无须斟酌，两派的力量对比本就一目了然，所谓识时务者为俊杰，刘滩当然不是个傻瓜，而且，他也根本没必要为舒王李谊赴汤蹈火，万死不辞。话说回来，即使赴汤蹈火，那又怎么样呢？无非是以卵击石，无济于事。但这样的事情，他想，也只有傻瓜才会去做。

"左右，给我用刑，叫他供出指使之人！"

此刻，罗令则知道舒王交办的事情已经无法成功，一种悲剧感涌上心头，他猛地挣脱了按住他的兵士，指着刘滩的鼻子骂道："你这忘恩负义的小人，你忘了当年舒王是怎么待你的了吗？知恩不报，何以为人？不用动刑，我罗某不是怕死的人！现在就可以告诉你，我等同志甚多，约于德宗迁葬时发动，这是太上之旨，你就是知道了也没有用！"

刘滩又羞又恼，急令严加看管，又着人星夜驰驿上报长安。宪宗获悉，脸色都变了。

未过几天，罗令则被押解到京城。获知罗令则就是一直名为给父亲治病、实则暗中毒害父亲太上皇李诵的御医，宪宗异常愤怒，立即责令大理寺对罗令则严加审问。同时，禁军又大肆搜捕，共获得十数个嫌疑分子，即刻全部杖杀。

十月初二，曾经有望承德宗皇帝入继大统的舒王李谊在销声匿迹几天后，突然被宣布"因病去世"。

有传说，舒王在被饮鸩自尽前，忽然大放悲声，痛哭流涕，号啕道："先帝啊，你为什么生我？为什么要只管自己风流，偷偷摸摸生下我这个孽种？……是的，我是孽种！我原本就不该来到这个世上！我更不应该出生到这个充满阴谋、杀戮和罪孽的帝王之家！"

说着说着，到了最后，他忽然一下子安静下来，随即将那杯钦赐的鸩酒一饮而尽。然后，他便慢慢坐到地上，掏出自己随身携带的那只心爱的陶埙，轻轻放在嘴边，然后闭上双眼，如痴如醉般悠悠地吹了起来，直到气绝身亡。

"呜……呜呜——"

刹那间，一阵苍凉悲壮的声音响起，隐隐带着一股令人不寒而栗的阴寒诡异之气。

"呜……呜呜——"

那声音里有哭泣，有倾诉；有凄楚，有哀怨；有忧伤，有愤怒；有挣扎，有绝望……

"呜……呜呜——"

仿佛整个大明宫乃至整个天地都在悲叹，都在呜咽，都在流泪。

舒王去世后，史载，新帝宪宗很是哀痛，为此废朝三日。

不过，对其他人，宪宗就不会那么客气了。罗令则等人虽被杖杀，但宪宗依然怒气未消。

其时，天下舆论汹汹，传闻四起，对宫廷内禅之事影射甚多，质疑宪宗有悖孝道之说广为流传，同时，朝中也风言风语，舆论汹汹，议论对王叔文一党贬斥太轻。

于是，正气不打一处来的宪宗再贬韩泰为虔州司马、韩晔为饶州司马、刘禹锡为朗州司马、柳宗元为永州司马，又贬河中少尹陈谏为台州司马、和州刺史凌准为连州司马、岳州刺史程异为郴州司马。

到此，加上韦执谊被贬为最偏僻的崖州司马，王党的八位成员皆被贬为远州司马，再加上"二王"，即"王伾、王叔文"，史称"二王八司马"。

"司马"在本朝是州府的属官，是一个有职无权的闲官，二万户以上的州，司马的官阶也只有从六品上。中唐时期，司马这个闲官多半用来安置被贬谪的官员。

从刺史再贬司马，由此可见宪宗对永贞革新、对王叔文革新集团是多么切齿痛恨！

46 知人知面不知心

因为母亲年迈，妻子怀孕，儿子又小，再加上道阻且长，扶老携幼，行走不便，贬谪路上的刘禹锡一家走得很慢。

"秋生！"刘禹锡一路上沉默寡言，很少说话，忽然开口，把跟随他的仆人秋生吓了一跳，秋生赶忙应道："员外，您有什么吩咐？"

刘禹锡道："你去问问，这是到哪里地界了？"

秋生立即跑到路边，走过两条田埂，去问一个正在田间耕地的农夫，然后跑回来说："咱们已过宜城，已到江陵，再走不到一个时辰就到江陵城了。"

"哦……"刘禹锡若有所思。

江陵在唐朝是个不错的地方，不过江陵一地三名，又被称为荆州、渚宫。唐肃宗乾元二年（759 年），诗人李白流放夜郎，行至白帝遇赦，乘舟东还江陵时作《早发白帝城》，诗中描摹自白帝至江陵一段长江，水急流速，舟行若飞，诗人那种遇赦后喜悦激动的心情跃然纸上。

"连在夺嫡之争中严重站错了队的李白都能遇赦，自己很快也会获赦吧？"骑在马上，刘禹锡这样想着。

忽然，一只野兔从路边的草丛里蹿出来，急速从他的马前横穿过去，高头骏马惊得长嘶一声，腾空而起，然后定定地站在那里，任禹锡怎样驱赶，再也不愿前行。

秋生这时跑过来，向刘禹锡请求道："员外，马受了惊，又累又饿，看来还是在这儿先歇一会儿吧。"

"好吧。"刘禹锡点点头，因为骑马骑得实在太累了，两腿生疼，他便跳下马来，让秋生牵着马，自己一个人信步往前走着，在这条曲曲弯弯细又长的官道上默默感受着岁月轮回、造化变迁的点滴痕迹。

时已深秋，萧瑟的秋风吹着飘零的落叶，更增添了秋日的落寞与凄凉。此时此刻，忽然感从中来，刘禹锡朗声吟道：

> 南国山川旧帝畿，宋台梁馆尚依稀。
>
> 马嘶古道行人歇，麦秀空城野雉飞。
>
> 风吹落叶填宫井，火入荒陵化宝衣。
>
> 徒使词臣庾开府，咸阳终日苦思归。

就在刘禹锡不胜感慨，一边行路一边吟诵的时候，从前方忽然驶来一匹快马，转眼间那马就在刘禹锡面前停下，从马上瞬间跳下来一人，朝刘禹锡拜了一拜，问道：

"请问客官是不是刘员外？"

刘禹锡愣了一愣，答道："我已不是员外了，我现在已是刺史……"

那人一听，顿时欣喜道："果然是刘员外！我家老爷姓韩，名愈，字退之。听闻员外要从江陵路过，特意吩咐小的前来迎接员外，恭请员外去府上一叙！"

贞元十九年的时候，关中干旱，韩愈上书反映实情，并力陈宫市的危害，言语中颇多涉及当朝权贵，所以被贬到阳山做县令了。不过，韩愈有自己的靠山，他和朝中当红宦官俱文珍的关系处得不错，先到阳山当了一段时间的县令，后来在朝中有人运作的情况下，量移到了荆南，如今任职法曹参军，类似今市公安局局长。

"退之兄，久违了！睽违一载，孰料你我今日竟在这里相逢，何不令人感叹世事无常！"见到韩愈，禹锡禁不住悲喜交集，又是喜悦，又是叹息。

"梦得向来豪爽，为何今日却作萎靡之态？"韩愈看上去却神情怡然，如沐春风。

韩愈当然不理解刘禹锡此时的心境，就像前年韩愈遭贬被逐出长安时刘禹锡很难理解他那时的心境一样。

说来，命运仿佛故意在和刘禹锡开玩笑，存了心要让在他人面前一向不愿服输的刘禹锡难堪似的，就在那天，韩愈在一酒肆之中设宴款待他，并请了江陵和岳阳的几个友人作陪，大家一起相谈甚欢，觥筹交错之际，不早不迟，却忽然传来制命，将他从连州刺史贬为朗州司马！

连遭贬谪，刘禹锡心如刀绞，但这种时候，他却不愿显得太过痛苦。何况，一人向隅，满座为之不欢，所以，他竭力镇定自若，显得满不在乎地大笑着说："这样也好！朗州不过在长沙之下，倒省了禹锡许多路途颠簸，也是好事！刺史劳碌不堪，司马却很清闲，甚好甚好！"说罢，端起一大杯酒，一仰头一饮而尽，也不知是喝酒过猛一下子喝呛了，还是悲从中来，他竟一下子大咳起来，连眼泪都咳出来了。

众人见此情景，无不充满同情，都想劝慰禹锡几句，可又一时不知道从何说起，说些什么才好，于是便都低了头，只管吃菜喝酒，不便多言。

刘禹锡向来心气很高，且喜怒从不形于色，这种时候自然更不愿让大家扫兴，于是他又很快恢复平静，与朋友们推杯换盏，谈笑自若起来。

刘禹锡与韩愈曾是监察御史任上的老同事。如今尽管是在荆蛮谪地相逢，但两人都很高兴，并抵掌畅谈饮酒诵诗。韩愈被贬离京时，一直以为是刘禹锡和柳宗元向权臣告的密，害了他。可是当刘禹锡把这次受贬事情的原委都讲出来，简要谈了贬斥李实和罢除宫市两事，韩愈这才知道自己以前实在是冤枉了刘、柳二位好友，心中未免有些愧疚！

一时感动，韩愈对刘禹锡的遭遇给予了很大同情，认为他的被贬是"受诬"的结果，劝他不要消极沉沦，并用李斯被逐和邹阳被囚而后重用、大出政绩的史例来比拟开导，认为刘禹锡政治上还是有前途的。嘱咐他不要"畏"，也不要"怨"，该说的还得说，不能"谦然自咎，求知于默"。

这些话给刘禹锡的印象是极深的。韩愈在文学家中素以正儒著称，他的心性修养算是正统而且深厚的，在当时已经文名籍籍，而且又先有遭贬的类似经历。所以听了他的话，刘禹锡当时非常感动。在初经贬谪、十分沮丧的时候，朋友的理解和鼓励无疑给了他极大的勇气，去直面以后的生活，而且这次谈话使他想通了人生穷达的道理。

所谓君子坦荡荡，小人长戚戚，刘禹锡为人处世向来高风亮节、心胸坦荡，因为天涯沦落，分别的时候，他对韩愈推心置腹：

"韩十八兄回京之后，想必会听到诸多关于'二王刘柳'等人的故事传说。正所谓欲加之罪，何患无辞！我等在位时，尚且谣言四起，如今被贬后定会众口铄金。兄若知我，自然不会相信；若是相信，我也能理解。弟今所虑者，只是担心兄中正刚直之秉性，去年敢于弹劾御前受宠之佞臣，又敢抨击先帝禁言之宫市，天下人对兄无不敬佩。然而，此一时也彼一时也，如今新皇登基，对持不同意见而以言惑众者决无宽贷，倘若兄果真以为禹锡等蒙冤在身，也希望兄切勿面折廷争，免触圣怒。弟敢断定，退之兄回京后定有好事者以叔文革新之事要你表态，兄大可不必顾忌我与子厚，对我等大加责难，以求自保，我与子厚绝无半点怨言。"

韩愈听了，心中既感动又惭愧，于是紧握着禹锡的手说："方才听梦得言说革新之事，愚兄虽对王叔文之人有所不齿，然其敢于贬斥李实并罢停宫市，确实令人瞩目。只不过可怜贤弟高才，连遭贬谪，可惜！可惜！"

刘禹锡硬汉一个，从不服输，这时便说："何惜之有？禹锡过去从未治理郡县，骤擢台府，百官难以心服，备受讥议亦在情理之中。此次贬为司马，一旦量移可望获授刺史，正可弥补履历欠缺。异日政绩在手，重登阙廷，再为大唐建功不迟！"

"好！如此才是豪气盈天之刘梦得！"韩愈拍手笑道。

刘禹锡赶忙拜谢，互道珍重，这时才禁不住热泪盈眶……

自贬谪以来，刘禹锡在路上遇见过好几个故友，这些人都对他表情冷淡，避之唯恐不及，只有韩愈对他盛情款待，这让禹锡异常感动。

说来真是所谓知人知面不知心，尽管这次江陵相会，刘禹锡与韩愈相谈甚欢，且情真意切，韩愈给了禹锡莫大的精神安慰与鼓励，让禹锡内心充满了感激，但是，令禹锡没有意料到的是，两人才刚分手，韩愈就迫不及待地写出了幸灾乐祸、投井下石的长诗《永贞行》。

在这首诗的开头，韩愈就骂二王刘柳是"小人乘时偷国柄"。然后又云："董贤三公谁复惜，侯景九锡行可叹。国家功高德且厚，天位未许庸夫干。"意思是说，西汉帅哥董贤因为年轻貌美，被喜欢同性恋的汉哀帝宠爱，才22岁就当上了三公之一的大司马，哀帝甚至提议把皇帝的位子让给董贤。哀帝去世，董贤恐惧地自杀了，现在还有谁为董贤可惜？南北朝时北方武将侯景，率兵投降梁朝之后犯上作乱，杀死梁朝皇帝，通过加九锡等方式，自己即位做了皇帝，最后身死非命，侯景的篡位行径令人哀叹。国家积累了深厚的功德，最高统治者的位置岂容此等小人篡夺？

显然，韩愈诬称"二王刘柳"是董贤、侯景一类篡谋大位的乱臣贼子，巨奸大恶。韩诗如此刻薄，连一些古人都看不过去。清代大学者何焯评论韩愈这首诗时说：王叔文欲夺宦官兵权，这件事不能因为讨厌王叔文这个人而加以否定。"九锡""天位"等用语，实在太过分，韩愈简直要把"谋反"的帽子扣到二王刘柳头上。

其实，在王叔文等人把持朝政时，韩愈正在江陵做他的法曹参军，王党好也罢，歹也罢，都和韩愈没有多大关系，更何况王叔文革新集团新政的最大亮点就是罢除宫市，这和韩愈当初上书的主张是一致的，然而，不知道韩愈一提到王叔文等人——何况过了好几个月，王叔文也被赐死了，为何还那样切齿痛恨？即使多年以后，韩愈在编写《顺宗实录》时，也是站在宪宗一边的，对永贞革新依然那么深恶痛绝，横加指责。

这是令人难以理解的。

47 诗人不幸朗州幸

朗州，即现在的常德市，地处湖南西北部，东临洞庭，北控荆襄，南包潭岳，西扼川黔。在唐代，朗州归属荆南道管辖，具有浓郁的荆楚文化气息。这里地势低洼，洪涝频发，少数民族杂居，经济落后，巫风盛行，在中唐属最不发达地区之一。

说来，真的可谓"诗人不幸朗州幸"，虽然朗州之名早就有了，但朗州的名声却是因为与两位诗人的特殊关系或曰不解之缘而流芳百世。一位是屈原，另一位便是刘禹锡。昔日楚三闾大夫屈原因"信而见疑，忠而被谤"，被楚怀王放逐江湘，屈原于此怀玉投江。而现在，另一位大诗人又"忠而被谤"，贬谪到了这里，让朗州又一次因诗人而出名。

由此可见，在所谓的历史中，文人的力量有时远比那些所谓的当朝权贵乃至帝王强大得多，但这种力量多半不产生于当代，而是具有后溢效应，或许这样才更接近历史的本真。也确实，历史从来不以一种势利的阿谀攀附权贵的眼光看人，而是以一种尽量公正客观的视角，想把一些真正有价值的人或事物变成永恒。但能够变成永恒的东西，并非那些被岁月掏空了的金玉其外、败絮其中的生命，也不是那些看似无限风光不可一世的权力和金钱，而是那些在悲惨和苦难中孕育出来的某种带有神性和诗意的东西。它有时甚至不必用墨写的文字去记录，而是活在人类的心灵与血液中，代代相传，成为人类精神最为珍贵的文物与遗产。

刘禹锡带着两个家庭、十余口人，到朗州时已是秋天，但这里刚发生过一场严重的水涝灾害，"生人禽畜，随流逝止"。洪水过后，州治武陵城中一片狼藉，疮痍满目，灾民流离失所，哀鸿遍野。

因为成天忙着赈灾，刺史宇文宿只见了刘禹锡一面，简单寒暄几句，交代了一些事情，便又火急火燎地忙于筹措赈灾钱粮、安置灾民之事，只令几个衙役随从禹锡，听候差使。

一到朗州，刘禹锡便立即着手做两件事情：一件自然是职责所在，参与赈灾，救济灾民；另一件便是尽快安家。

按朝廷规制，州司马不得居于官府馆驿，需自寻住所。禹锡只好自己选址盖房。在武陵城内外四处察看了两天，最终他选在沅水之畔、招屈亭旁建了几间茅草房，将工作、生活兼学习场所一条龙解决。

招屈亭是当地人为纪念屈原怀玉投江所建。建成之后，招屈亭便成为郁郁不得志者吊古伤今的所在。刘禹锡选此处居住，自然有此寓意。

当然，刘禹锡选此"结庐"，还有这样两层意思：一是这边风景独好。用他的诗句说，这里"百草当门茅舍低"，前临沅江，后绕竹篱，旁边是大片的枫林与橘树，鸟雀在林间鸣唱，秋日，芦花瑟瑟，还有红艳的枫叶可看。二是刘禹锡不愿大兴土木，靡费太多。尽管，刺史宇文宿已有言在先，刘司马盖房等安家费开支均由府衙承担，但毕竟朗州州小财薄，再说如今又是灾年，民不聊生，一向关心民瘼、体恤民情的刘禹锡实在不忍心为自己一家盖房多花一分灾民的救命钱。

而且，当时在刘禹锡觉得，自己在这里待的时间一定不会太长。因为其时临近岁末，一旦改元大赦，自己就将量移他处，所以也没必要大兴土木，只要在这里临时盖个草房子将就着住一段时间即可。

草房子很快就盖好了，房屋上梁那天，当地许多相识或尚未相识的乡邻都纷纷前来道贺，说一些祝福的话语，按当地风俗，禹锡也吩咐家人事先蒸了许多热气腾腾的米糕招待大家。刺史宇文宿不知从哪里得到消息，这天也一大早跑来了，不仅给禹锡送来了两条用红纸包好的喜糕，而且还送来了两床刚用新棉絮成的棉被，让禹锡在这个寒冷的冬天心里感到特别的温暖。

按唐初规制，州司马应主管本州纪纲众务，通判列曹，本该是州内举足轻重的官员，但到了中唐以后，州刺史职权强化，司马渐渐成了闲官。尤其是边远下州，州司马干脆成了"冷板凳"，成了朝廷贬谪官员的专门职位。不过，州刺史们心里都很清楚，这些从京城被贬谪来的司马，虽说暂时"凤凰落毛不如鸡"，但他们至交故友遍及朝野，人人都有达官显贵在朝中伺机援引，说不定哪天就会东山再起，飞黄腾达。所以，刺史们虽说是"领导"，但一般都不敢以上官自居，反而将其视为潜在的政治资源，主动与暂时属于自己下属的这些"司马"结交。

盼赦，量移，这是迁客的共同心态。刘禹锡自然也不例外。

初贬朗州时，刘禹锡对朝廷、对宪宗一直抱有热切的期望，他期盼很快就能得到赦令。他坚信新政原本就是正义的，既然是正义的，就一定能够得到新皇宪宗的理解和支持。在赴贬所途中所作的那首《荆门道怀古》一诗中，他这样写道："徒使词臣庾开府，咸阳终日苦思归。"诗中流露出他渴望早日回到长安的急迫心情。当然，想回长安，并不只是想改变自身眼前恶劣的处境，离开这一片穷山恶水，更重要的是想继续回到朝廷，重整改革大业，实现自己的政治抱负与济世宏愿。

在刘禹锡的热切盼望中，元和元年（806年）的改元大赦敕文终于传到了朗州。刺史宇文宿这天接到敕文，立即亲自跑去向刘禹锡报喜。

宇文宿来到招屈亭旁的刘宅时，刘禹锡的妻子薛氏挺着个大肚子正在屋外西墙边上一边晒着太阳一边纳着鞋底，刘禹锡则正在那里糊着窗户纸。昨夜风大，把新糊不久的窗户纸吹破了。

薛氏眼尖，老远就看到刺史宇文宿兴冲冲地朝自己家这边走过来了，就对刘禹锡说："你看，刺史这是要上咱们家来了。瞧他那兴高采烈的样子，必有喜讯！想必是夫君回京有望了！"

等宇文刺史来了后，略略客套了两句，刘禹锡尽力按捺住内心的狂喜，问道："宇文刺史，可是改元大赦的敕文到了？"

宇文宿笑着说："正是！梦得，你的愿望就要实现了！"此时此刻，宇文刺史也很是为刘禹锡高兴。说着，他将手中的《改元元和敕文》递给刘禹锡。

禹锡接敕文时，手不自觉地有些颤抖，他当即打开一看：

> ……大赦天下，改元曰元和。自正月二日昧爽已前，大辟罪已下，常赦不原者，咸赦除之。元和元年正月丁卯。

"新皇登基，大赦天下，天下百姓奔走相告！梦得贤弟，如今时来运转，相信圣上很快就会将你起复！"宇文宿高兴地说。

"是啊，新皇仁政爱民，心系天下苍生，但愿改元之后，能够安车蒲轮，黜陟幽明，革故鼎新，中兴大唐！"这种时候，刘禹锡内心的激动和喜悦溢于言表。

晚上睡在床上，妻子把头偎在他的怀里，欣喜地说："梦得，看情形咱们的孩子能回到长安出生了。"

"还有几个月临产？"

"我刚才算了算，预产期还有三个半月。"

"噢，应该能行吧。"他乐观地估计，尽管语气有些不大肯定。自从遭贬后，由于心情一直不好，对有孕在身的妻子，他几乎忘了应有的关心和照顾，相反，倒是她一直无微不至地关爱着他，呵护着他，经常用女人的细腻与温柔体贴他，安慰他。想到这些，他忽然有些感动，便在她的额头狠狠亲了两口，未免有些歉疚地说："这么多天来，让你和母亲跟着我受连累了！"

"我倒没什么，我只是担心母亲她老人家年纪大了，经不起折腾！还有肚子里的孩子……"说着，她忽然有些伤心，禁不住哽咽起来。

"就快好了，一切都会好起来的。"他心疼地安慰着她，用手轻轻抚摸着她的隆起的肚皮。然后又将头伸进被窝，将耳朵紧贴在她的腹部。在她的肚脐上方，他听到了轻微的胎心音。

哦，那是他的即将诞生的孩子心跳的声音！那个在苦难中陪着他和妻子一起走过千山万水的孩子，很快就要诞生了！今生今世，他一定不会忘记在他出生前后的这一段特殊的历史！曾经的苦难一定会使他变得更为执着，更加坚强！……

第二天一早，刘禹锡黎明即起，起来后，他先是洒扫庭院，然后坐到案前，铺开信笺开始写信。他想给自己的恩公，此时已官拜司徒、同中书门下平章事，封岐国公的杜佑写信，想请他念及旧日的情分，为自己在宪宗面前说情，及时援引起复自己。

可是，磨好墨后，提起笔来，他又一时不知道该如何书写。

"唉——"几乎是下意识的，他放下笔，重重地叹了一声，心想："我与杜公虽相识多年，一度情同父子，然而去年杜公为度支盐铁使时，王叔文为度支盐铁副使，叔文有架空杜公、自专其政之意，因而命自己遇事常常绕过杜公。如今想来，确有不妥。当时正是百谤交至，杜公纵然亲我，奈何人人谤我，怎能不疑我有背叛恩公、攀附新贵之心？……及至自己贬谪出京，杜公未置一词，自己几次登门求助，杜公都避而不见……如今再给他写信，杜公还会念及旧情，愿意帮自己这个忙吗？”

如此一想，禹锡实在有些不太自信。

可是，转而一想，他又觉得自己和杜佑毕竟交情匪浅，当年自己中进士后没多久，就去了淮南幕府做掌书记，当时杜佑被裴延龄排挤到地方做节度使。后来杜佑“回翔”京城做了宰相，自己也跟着升任了监察御史。凭借着这些老交情，他认为杜佑对自己一定不会不管不顾的，而且，他想，即使当初杜公身边有小人进谗言，相信数月已过，他也早已悟透真相。如今自己给杜公写信，一方面向他求情，另一方面也正好消除误会，只要情词恳切，相信杜公一定心生怜悯，向自己伸出援手的。

想到这里，禹锡忽然有了信心，于是，他再次提起笔来，开始在信笺上笔走龙蛇起来：

> 故吏守朗州司马员外置同正员刘某，谨斋沐致诚，命仆夫持书，敢献于司徒相公阁下：……

一时间，刘禹锡心潮澎湃，文思泉涌，许多的苦恼、感慨与渴望一起喷涌而出……

不知什么时候，太阳已经爬上了积雪的山顶。冬天，清晨的阳光从新糊的窗户纸上照射进来，显得格外明亮和温暖。

48 杜佑的心事

　　日暮时分，杜佑在宅邸用过晚膳，到庭院里散了一会儿步，至掌灯时分，便蹒跚着脚步习惯性地踏进书房，准备静下心来，用功读书。

　　年逾古稀，他感到自己的身体和精力已大不如前，越来越不济了。年轻时一目十行且过目不忘，而现在，却越来越记不住事情，且有许多事情，做起来已感到越来越心有余而力不足了。

　　进到书房，他先呆坐在书案前，一时还集中不了那纷乱的思绪，便随手翻弄着案边的一堆文稿。他是个很严谨的人，做事喜欢有条不紊，公文书牍，哪些应该白天在衙门中处理，哪些应该回到家中处置，甚至什么书放在哪里，他自有规矩。蓦然间，不知道是有意还是无意，在一大堆文稿中，他的手指又很快触碰到那沓厚厚的信笺，看到那熟悉的字迹，他的心怦然一动，连忙小心翼翼地抽出来，禁不住凑近灯光又仔仔细细地看了一遍，一时间，他的胸中又情不自禁地开始荡起了一圈圈情感的涟漪……

　　这沓厚厚的信笺是刘禹锡从千里之外的朗州寄来的。在这封《上杜司徒书》中，刘禹锡回顾了自己跟随杜佑几年的温馨往事，剖白了自己在顺宗朝朝乾夕惕、忠于国事的心迹，诉说了自己身在朗州却心存魏阙对长安的无限思念，以及相信父执杜佑"必思有以拯之"的希望。

　　在信中，刘禹锡反复强调，自己所求，其实只有"公道"二字。无论为官还是为民，只要能让他得到公正的对待，摆脱被强加的罪名，他都将视杜佑为再造之父母。

　　在信中，刘禹锡说他身在贬谪之地"猿哀鸟思，啁啾异响。暮夜之后，并来愁肠。怀乡倦越吟之苦，举目多似人之喜。俯视遗体，仰安高堂，悲愁惴慄，常集方寸。……"

信写得情词恳切，感人肺腑。几乎每次读它，杜佑都心潮起伏，潸然泪下。其实，在心中，杜佑又何尝不同情刘禹锡的遭遇和处境？

虽然，在表面上，杜佑没有亲自参与王叔文集团的"永贞革新"，在王叔文集团实施"百日新政"时始终不冷不热、若即若离，但在实际上，王叔文新政与他在《通典》中所阐明与突出强调的观点不谋而合、一脉相承。因而在内心，他其实对革新派的主张和做法暗中都持赞同与支持态度。而且，王叔文集团核心成员中，有半数都在杜佑治下任职，正是杜佑对革新的暧昧态度，才使得王叔文集团能够在短时间内迅速掌握国家的财政大权。

但是，杜佑的世故与聪明之处就体现在这里，在他看来，如果王叔文集团的革新能够成功，他便是再造盛唐的精神领袖，功在社稷；如果王叔文的革新失败了，那么他就是被王叔文集团架空夺权的最直接的受害者，届时只需用一纸声泪俱下的控诉奏章便可化身为与王党势不两立因而遭受迫害的功臣。因而，结果无论谁输谁赢，他都能够不管风吹浪打，成为最后的赢家。

毕竟，在宦海沉浮数十载，实事求是地说，杜佑深谋远虑、谋定后动的老辣的政治经验是王叔文集团包括刘禹锡在内的所有革新派所严重缺乏的。

一切果然如杜佑所料，王叔文集团革新失败后，作为"受害者"，杜佑不失时机地将一纸早已写好的奏折呈送给宪宗，对王叔文集团用现身说法予以控诉和声讨，从而旗帜鲜明地与王叔文集团划清了政治界限。

宪宗刚刚登基，根基不深，正好需要有像杜佑这样的政治大树背靠着乘凉，于是对杜佑的表现大加称道，将他与王叔文集团一好一坏，在政治上树立了两方面的典型。

不过，虽然老谋深算，但杜佑毕竟是一个宅心仁厚、正直善良的人，他上书控诉声讨王叔文集团只是企图自保，而并非是要将王叔文集团彻底打倒，再踏上一只脚。当看到宪宗对王叔文集团出手这么重，他又忽然有些后悔有些内疚了，觉得自己未免有些乘人之危、落井下石的小人行径。而这，严重不符合他这辈子为官做人的原则，也和他在《通典》中所说的仁义道德背道而驰。就因此，他的心里一直都感到不是滋味，那未泯的良心一直都在隐隐作痛，不断自责。

所以，当那天接到禹锡千里之外的来信，看到禹锡依旧对自己是那么信任时，他的脸上一阵阵发热，心里感到很不是滋味。他觉得，官场很难有自己独立健全的高尚人格，从政很容易使人变得自私与丑恶，在权力、地位与名利面前，人很容易失去自我，变得自私、贪婪、猥琐乃至丑陋与肮脏……而在这方面，他觉得禹锡却有些初生牛犊不怕虎，竟然能够出淤泥而不染，为了革故鼎新，为了匡扶济世，竟然能将自己的功名、自己的前程置之度外！他知道，那些谣言说刘禹锡等革新派贪污、擅权全是扯淡，全是无中生有，别有用心！也正因此，一想到刘禹锡，想到自己曾经一次次拒绝他的求助，杜佑就禁不住感到深深的愧疚与不安！

其实，在还没接到刘禹锡的朗州来信前，那天看到皇帝改元并大赦天下的敕文，杜佑就很想向宪宗上书，为刘禹锡求情，但是三思之后，却又有些犹豫。因为，他知道，在立储问题上，明显缺乏权谋、缺乏韬略的王叔文集团算是彻底把宪宗给得罪了！如今，宪宗最恨的莫过于王叔文集团，如果自己贸然行事，为刘禹锡求情，弄不好就会触怒宪宗，引火烧身……这样一想，他便有些迟疑了，不久，即使收到了禹锡的来信，他也竭力劝自己设法冷静下来，切忌感情用事。是的，多年的宦海沉浮早已在不知不觉中把他训练成了一个自私冷酷的动物！凡事在做之前都要反复权衡利弊，都要以是否利己、明哲保身为最高标准！

但今晚，他的内心却忽然暴露出最柔软的部分，在不知道究竟是第几次看完刘禹锡的信后，他忽然决定要向宪宗上书，为刘禹锡求取宽宥。他觉得只有这样做，自己的心里才会好受些，才会对禹锡少一些愧疚。

当然，在这个时候向宪宗上书，还因为，时值夏绥银节度留后杨惠琳作乱，宪宗诏令征讨，正是钱粮调运亟待用人之际，故而宪宗登基后虽然尽废革新，但却独独保留了财赋转运之策。杜佑认为，眼下自己手下很缺像刘禹锡这样能够独当一面的人才，当此改元大赦之际，禹锡以理财之能也理应量移，蒙受大赦之恩。于是，他便提起笔来一气呵成，把一纸奏折写好，并反反复复看了几遍。

第二天上朝，杜佑大胆上奏。以前，杜佑每次入宫奏事，唐宪宗都加以优待，尊称司徒，而不直呼其名。但今天，宪宗看了杜佑的上书却顿时沉下脸来，勃然大怒。

原来，宪宗在东宫时，宦官们为怂恿他行不孝之事，故意编造谎言，称刘禹锡、柳宗元帮王叔文密谋另立东宫，宪宗由此对刘禹锡和柳宗元等恨之入骨。对此内情，杜佑自然不知，所以今日无意中哪壶不开提哪壶，不小心触到了龙鳞，惹得宪宗龙颜大怒。

宪宗不仅当场驳回了杜佑的请求，一气之下，还罢了杜佑盐铁转运使之职，从此，杜佑头上就只有司徒、同中书门下平章事的虚职头衔。

杜佑做事一向老成持重，但没想到今天不仅没帮成禹锡，反而自己栽了跟头，因为触怒了宪宗，丢了盐铁转运使这一实职，心中好不懊恼！

这以后，杜佑一直很郁闷，因为爱莫能助，因为回天无力，在纠结与痛苦中，他便干脆不给刘禹锡回信，一任刘禹锡在千里之外的朗州望穿秋水，苦苦等待。

49 一个人对弈

等待是难熬的，也是痛苦的。

等待，没有休止符的等待，像一把琴，弹奏的都是痴情与渴望的旋律；像一只蚕，抽出的都是一丝丝苦涩与自缚的茧。

在给恩公杜佑寄去那封信后，刘禹锡望眼欲穿，一直都在等待。然而，在日复一日月复一月的苦苦等待中，他却最终没能等到恩公杜佑的好消息，等到的却是一则更为不幸的消息——就在这年（元和元年）的八月，宪宗下诏：

> 左降官韦执谊、韩泰、陈谏、柳宗元、刘禹锡、韩晔、凌准、程异等八人，纵逢恩赦，不在量移之列。

当时，刘禹锡伤风感冒，正在咳嗽，忽然听到这个消息，猛然大咳起来，几乎要咳出血来。

"怎么会这样？怎么会是这样？"他不理解，也无法理解。他觉得皇上这样做，实在是太绝情、太残忍，而且也太蛮不讲理了！

是的，从史书上看，唐宪宗这人很有才干，也很有抱负很有作为，但就是有些刚愎自用，而且也颇有些心胸狭隘，作为一国之君，怎么说都显得缺少容事、容言、容人的气度和雅量。

更让刘禹锡惊愕不已而又难以理解的是，在此期间，他又听到太上皇李诵突然驾崩的消息，而且，就在太上皇仙逝的前一天，宪宗突然下诏宣布"太上皇旧疾衍和"。公布太上皇病情，这是本朝历史上罕见的事，颇让一些政治敏感之士困惑不已。更让人想不到的是，第二天太上皇就驾崩了，年仅 46 岁。

顺宗作为"永贞革新"的总策划与总后台，他的"内禅"和驾崩，分明是宦官集团的幕后策划与操纵使然，但当时无人敢言及此事。顺宗之死，是历史上的一桩疑案，即使是在当时，也有人对此怀疑。其中，刘禹锡便是怀疑者之一。

当顺宗李诵驾崩的消息传到朗州后，对明主顺宗怀有知遇之恩的刘禹锡深感悲痛和惊愕，深知宫廷险恶、迷雾重重的他认为顺宗死得可疑。他亲历"永贞革新"，又位居要职，对宫廷斗争的残酷性十分了解。他怀疑顺宗是非正常死亡，可能是被谋杀的。

认为皇帝谋杀太上皇，这种看法在当时是非常危险的，但刘禹锡并不忌讳表达这一观点。刘禹锡性格倔强，不平则鸣，敢爱敢恨，从不低头。他认定自己正身直行，光明磊落，坚持理想不动摇，对顺宗的死表现得极为悲痛。

刘禹锡的命运，与顺宗的关系极为密切。顺宗即位，他受重用；顺宗退位，他遭贬谪；顺宗被害，他特别伤悼。因此，在得到顺宗被害的消息后不久，他便痛苦地写下了《武陵书怀五十韵》。

诗的开头写的就是顺宗被杀的事："俗尚东皇祀，谣传义帝冤。桃花迷隐迹，楝叶慰忠魂。"关于项籍杀义帝即楚怀王的史实，《史记·项羽本纪》《汉书·高帝纪》《汉书·项籍传》都有记载，人所共知。禹锡用这个典故，不言自明，是以义帝之冤死暗喻顺宗之被害。

在当时，许多人特别是官场中人对顺宗"内禅"以及暴崩都噤若寒蝉，讳莫如深，刘禹锡却公开写诗，哭吊顺宗，为顺宗被害鸣"冤"，这实在有些大胆，有些"糊涂"，也很是有些"另类"。

当然，"另类"的不只是刘禹锡，王叔文集团的另一位成员李谅，于元和初在彭城县令任内，也写了篇政治小说《辛公平上仙》，以"传奇"的形式"含沙射影"，曲折表达了顺宗被杀的隐事。

就在顺宗暴崩后不久，王叔文也被宪宗李纯"赐死"。

那天，皇上"赐死"的诏书以及一条自缢的白练是神策军右卫大将军、知内侍省事俱文珍特意亲自专程前来传达给王叔文的。

当俱文珍一行到达王叔文处所的时候，王叔文似乎已经知道了自己行将赐死的消息，早已经静静地等在了那里。而且，非常惹人注目的是，他的身上从头到脚都是白色——白头巾、白褂子、白裤子，还有白鞋白袜，竟然清一色都是白色！

以前，为了革新，特别是在整个革新过程中，王叔文常常显得心思很重，脸上不自觉地总是写满了忧思、焦虑、担忧，甚至到了后来连做梦都显得忧心忡忡，总是有一种掩饰不住的紧张和恐惧。而现在，当俱文珍故意以一种威赫的声势在他的面前宣读宪宗的圣旨、宣判他的死刑的时候，不知道为什么，他反而好像什么都放下了，无论是心中还是脸上，都已完全没有了忧思，没有了焦虑，也没有了丝毫的紧张与恐惧。

是啊，既然生无可恋，死又何妨？又有何惧？

于是乎，在这种时候，他忽然变得出奇的安详与平静，一种一生中从没有过的安详与平静。甚而至于，当俱文珍将那条让他自缢而死的白练扔给他的时候，他像是要做一个游戏，要做一次表演，脸上不自觉地竟然流露出了一种欣慰的微笑。

这让俱文珍很是感到诧异，他原本以为王叔文听到自己被赐死的诏书以后一定会吓得大哭，即使不哭，在接过那条将要勒住他的脖子让他自缢而死的白练的时候，王叔文也一定会神情紧张，四肢发抖，充满绝望。但没想到，此时此刻，他王叔文竟然无所畏惧，不仅不慌张，不绝望，而且还傻乎乎的，竟然露出了微笑！

更令俱文珍感到不可思议的是，在行知将死之际，王叔文居然莫名其妙地向他提出了一个请求。

"我想下棋！"王叔文目不转睛地看着他说，"让我最后下一次棋吧。"

还没等俱文珍反应过来，答应他，王叔文已经将棋盘认认真真地摊开，铺好，铺在了地上。

然后，他便开始全神贯注地一个人对弈起来。

"哈哈哈，一个人下棋？疯了吗？"俱文珍有些好奇，他本想阻止王叔文，不让他下棋，不让他这么耽误时间，想让王叔文早一点去死。但是，想了想，觉得王叔文都已是快死的人了，自己还是成全他，发一次善心吧。

"咱家倒要看看他一个人是怎么下棋的？这个疯子！"想到这里，他的脸上露出了一丝阴笑。

这天，王叔文显然加快了下棋的节奏，只见他落子如飞，很快，一筐白子就只剩下了不多的几粒。就在这时，刚才一直在那儿不言不语、只是埋着头下棋的他忽然说话了。

"我是白子，你是黑子！"他冲此刻正一脸茫然在那儿看着自己的俱文珍说道，"在围棋中，黑白永远势不两立。我本想把你这黑子净杀的，也算是为国除害，而且，我一直以为获胜的应该是我。按道理，获胜的也应该是我！"

俱文珍这时嘴角咧了咧，忽然大声冷笑道："但可惜，你输了，最后获胜的却是咱家！你，马上就要死了！被皇上赐死了！哈哈、哈哈哈！"

"不！白棋没有输，输的只是我自己这一粒白子。我死了，我这粒白子虽然被你截杀了，但还有那么多的白棋活着。日后，他们一定会继续围住你，直到彻底把你截杀！"

说罢，王叔文抬头望一望天空，见时候已经不早了，便异常平静地拿起那条白练，走到院中，来到一棵树下，然后让仆人端来一把椅子，自己站了上去，细心地把那条长长的白练系到树上，留下一个活扣，再踮起脚把头伸了进去，让白练一下子套住了脖子。

在做这些事的时候，看不出王叔文有半点的犹豫和恐惧，那神情就像是一个农民在驾辕准备到地里去干活，又像是一个杂技演员在做表演前的准备。等把这一切准备工作都做完后，他踮着脚尖，让脖子套进白练系的环扣中，然后用双手拽着上面的白练，最后冲站在下面的俱文珍说道：

"我王叔文一生行的是正道，无论是生是死都是一粒光明磊落、堂堂正正的白子！而你俱公公走的则是邪门歪道，无论什么时候都是一枚黑子！我去矣，不过，请你放心，即使到了阴间，我也还是一枚白子，我会继续截杀你这黑子，永远和你势不两立！"

说完，他猛地将脚下的椅子踢翻，然后双目一闭，两手一松，瞬间自缢身亡。

本来，宣读完赐死的圣旨，俱文珍就可以走了，但他很想看看王叔文是怎么死的，于是便一直留在了现场。

现在，王叔文死了，尸体吊在树上像是在悠闲地荡着秋千。这让俱文珍很不解恨，特别是王叔文临死前对他的诅咒更是让他气急败坏，心怀恐惧。他瞪着三角眼，想了片刻，顿时计上心来。

于是，他立即召集来十几个小太监，让他们每个人都捧着个砚台赶紧磨墨。等墨汁磨好后，他便让这些小太监重新扶好椅子，先后站上去，要他们将王叔文的尸体从头到脚用墨汁全部抹黑。

很快，原本白头巾白褂子白裤子白鞋白袜的王叔文便变成了一个彻头彻尾的"黑人"！

但即使是到了这种时候，俱文珍依然不罢休，他环绕着王叔文滴着墨汁的尸体连续转了三圈，仔仔细细地查看有没有没被抹黑的地方，然后，亲自站到椅子上，拿着砚台和毛笔，在已经泛白了的王叔文尸首的脸上又上上下下左左右右地涂抹了一遍，一边涂还一边骂骂咧咧道：

"王叔文，咱家要你也成为一枚黑子！一枚永远的黑子！"

此时此刻，在场的小太监们都不敢吭声。他们觉得俱公公这么折腾作践一个死人，简直是疯了！

王叔文被赐死的噩耗，身在朗州、消息闭塞的刘禹锡是在将近半年之后才听到的。闻此噩耗，他深感悲痛，对宪宗的残忍极为愤慨。可是，他又不敢公然为王叔文哀悼，更不敢为王叔文鸣冤，于是，就只好把悲哀与愤恨诉诸笔端，曲折隐晦地写了一篇《华佗论》，借曹操杀华佗一事来抨击宪宗杀王叔文：

> 吾观自曹魏以来，执死生之柄者，用一恚而杀材能众矣。又乌用书佗之事为？呜呼！前事之不忘，期有劝且惩也。

意思是说，我看自曹魏以来，那些掌握死生权柄的人，因一怒就杀掉人才的情况是很多的。我又何须写华佗的事呢？唉！不忘记以前的事情，是期望能收到劝善又惩恶的效果。刘禹锡说执掌生死权柄的残忍和奸佞小人的助纣为虐是自曹魏以来的普遍政治现象，当然也包括中唐在内，以此暗示此文主旨是为王叔文的死鸣不平。

在宪宗朝，王叔文的话题一直是个禁忌，人们要么对其避而不谈，要么就是迎合形势，争相对其口诛笔伐，坚决批判，彻底打倒，竭力将其"污名化"。仔细想想，这其实也是历史上几乎所有革新者共同的悲剧与宿命。从商鞅到王叔文，再到王安石和张居正，甚至于光绪帝，中国历史上的革新者大多不得善终。

宪宗对王叔文深恶痛绝，但尽管如此，刘禹锡一辈子都没有"背叛叔文"，而是不断为其鸣冤，欲为其翻案。这一方面固然是刘禹锡重情义；另一方面也是他始终坚持理想，坚定信念，始终不渝地认为"永贞革新"是正确的，是经得起历史检验的。

　　用世俗或曰势利的眼光看，刘禹锡的迂腐或呆傻就在这里，而倘若换一个角度来看，"生命诚可贵，爱情价更高。若为真理故，两者皆可抛"，刘禹锡精神的可贵与崇高也恰恰就体现在这里。

　　古往今来，在这个世上，特别是在官场，精明世故、见风使舵、见利忘义的人如过江之鲫，实在是太多太多了，而像刘禹锡这样始终坚持自己的政治理想与政治信仰、宁为玉碎不为瓦全的"政治傻子"却又太少太少了！

50 患难之交

因为在政治上被宪宗几乎宣判了"无期徒刑"，因为痛苦与无奈，在朗州的岁月里，内心无处安放的刘禹锡很多的时候，只有也只能寄情山水。

好在令刘禹锡颇感欣慰的是，刺史宇文宿并没有因为这道"纵逢恩赦，不在量移之列"的诏书而用势利的眼光看他，从此对他轻慢与疏远，而是依然如故，对他这个"问题下属"尽力关心和照顾。而他来到朗州刚刚结交的一些新朋，也依旧经常喜欢和他来往。这其中有寓居朗州的《易经》大家顾象。顾象是吴郡人，流寓常德。他"食力于武陵沅水上"，即在武陵沅水上靠力气吃饭，很可能是放木排搞运输，做木材生意。他因为研读《易经》，在武陵很著名。有曾任弘文馆校书郎、大理评事，晚年退居沅水之畔过着隐士般生活的董颋。

说来，《易经》大家顾象真可谓是刘禹锡的"救命恩人"。

那是元和元年的夏天，由于二儿子刚生下来后就得病，"热疮发于臀腿间"，以致"昼夜啼号，不乳不睡"，刘禹锡为此心急如焚。

为了能治好小家伙的病，那些天里，粗通医理的刘禹锡几乎想尽了各种办法。那天，被二儿子哭闹得几乎一夜未睡的他天还没亮，就心急火燎地一个人跑到山中采药。

来到山中，在没有路的路上，深一脚浅一脚地走着，一不小心，刘禹锡的右脚踩进了一个也不知是哪个猎人挖的陷阱里。那陷阱上用草叶故意遮盖着，是猎人用来捕捉野兔和野猪的。刘禹锡的右脚踩进去，顿时就被里面尖利的竹签给刺穿了，鲜血顿时就不断地流了出来。

见此情景，刘禹锡赶紧一屁股坐到草地上，然后迅速脱下外衣，用力撕下一块布条，忍着巨大的疼痛，将右脚的伤口紧紧地捆住。懂得医术的他知道，如果不迅速勒紧伤口，赶快止血，自己就会有生命危险。

等捆住伤口后，他吃力地站起身，想赶快下山回家救治。可是，还没走两步，他就一阵眩晕，疼得几乎快昏死过去。

怎么办？这里远离村庄，人迹罕至，如果不尽快下山，一旦自己失血过多，发生休克，就会有性命之忧。

这时候，一向镇定自若的他忽然感到了一丝丝的焦虑与恐惧。

但就在这时，不远处的山谷间传来了一阵窸窸窣窣的声音。刘禹锡一听就判断出，那一定是有人经过时走路的声音。

果然，就听一个男人在空旷的山谷间声音高亢地吟诵道：

> 子曰：
> 君子安其身而后动，
> 易其心而后语，
> 定其交而后求。
> 君子修此三者，故全也。
>
> 危以动，则民不与也；
> 惧以语，则民不应也；
> 无交而求，则民不与也；
> 莫之与，则伤之者至矣。

禹锡禁不住有些奇怪，他想，是什么人这么早就来到山中？而且竟然还会背诵如此难懂的《易经》？想必此人一定是个饱学的鸿儒吧？转而又想，在这种穷乡僻壤，怎么可能会有这样的饱学之士呢？该不会是哪个喜好《易经》的山中道士吧？《易经》中的学问真是深奥，其中蕴藏着许多极为深刻的哲理。想来，我们的祖先真的非常早熟，还在远古的时候，我们的祖先就懂得了那么多治国安民兴邦的大道理！

这样想着，忽然，他感到了一阵锥心的疼痛，而几乎是在同时，他发觉那人的声音正渐行渐远，于是，他顿时反应过来，当即拼尽了力气大声地呼喊道：

"救命、救命啊！——"

要说，还真是居高声自远。在这空旷的山中，禹锡的呼救声顿时便在山谷间悠悠地回荡。

很快，听到救命声后，那人便气喘吁吁地跑了过来。

"怎么了？你——"

"我、我受伤了！你看——"刘禹锡这时用力抬起那只伤脚。

"哇，伤得这么严重，而且还在流血！"那人摘下戴着的箬笠，弯下腰仔细看了看后，也很是吃惊，便说："我们快下山处理你的伤口吧，否则，是会有危险的。"于是，在他的搀扶下，刘禹锡便一瘸一拐地下了山。

因为是山区，附近没有郎中，他便把刘禹锡带到自己家，自己亲自替刘禹锡包扎伤口。

"我叫顾象，也算粗通医理，平时也常给附近的乡邻医治些跌打损伤的小病。今天你幸亏遇上了我，要不，在那深山老林中，你可就麻烦了！"

顾象看起来也挺精干，他先看了看刘禹锡的伤口，随即端来了一盆盐水，替刘禹锡清洗伤口。随后，他又从家里找了块咸猪皮，又找了根松树枝用火点燃，然后吩咐刘禹锡趴到一条长板凳上。刘禹锡顺从地趴到长板凳上，顾象这时自己也坐下来，用力将刘禹锡的右腿放到自己的膝盖上，并顺手将那块咸猪皮放到刘禹锡的伤口上，再用那燃烧的松树枝慢慢地烤咸猪皮。

刘禹锡刚开始还不觉得疼，等那咸猪皮渐渐烤热了乃至发烫后，便感到疼痛难忍，尽管他咬紧牙不让自己喊叫，但还是痛苦得几次都挣扎着想要站起来。

这时，顾象紧紧按住刘禹锡的后背，不让他动，说一会儿就好了。刘禹锡紧咬着牙关，但汗水早已湿透了他的全身。那烤热的咸肉皮油一滴滴地滴到他的伤口上，那种钻心的疼，让他一辈子都忘不了。

但就是这次烤咸猪皮，竟然治好了他的伤口，而且还没有留下任何伤痕。

后来，刘禹锡才知道，原来那天顾象是用火把咸猪肉皮烤热，让滚烫的咸猪油滴到自己的伤口上，这样就不会发炎了。

就这样，刘禹锡与顾象成了患难之交，从此，两个人经常在一起谈论《易经》，探讨医术。

比较而言，刘禹锡与董颋的相识则要轻松浪漫许多。

那是去年的春天，一天闲来无事，刘禹锡兴致所至，忽然跑去沅水之畔垂钓。到了傍晚，落日熔金、倦鸟归林时分，他正要收拾鱼竿，准备回家，这时，忽然从江面上传来一阵悠扬美妙的琴声。

循声望去，禹锡看到一叶小舟正从对岸向这边不远处的野渡驶来。一个戴着青箬笠、披着绿蓑衣的老者正坐在小舟的船头，怡然自得地弹着一把古琴。此时此刻，很有一种夕阳西下、渔舟唱晚的意境。

很小的时候，禹锡就很喜欢弹琴，这些年来，谪居朗州，离群索居，没事的时候，他就更喜欢抚琴自乐。所以，这位老者所弹之曲，禹锡一听就知道是古琴曲《伯夷操》。伯夷就是司马迁《伯夷列传》中那位义不食周粟、最终宁愿饿死在首阳山的隐士。

古之贤者多善操琴，伯夷就是一位古琴大师，他创作的古琴曲《伯夷操》代代相传，世世相因，琴风所致，令人心旌摇荡，感怀激越，云开雾散，天清气朗，由此为这位古代隐士又增添了一大传奇。

果然，一曲弹罢，只见那老者抱着古琴，慢慢站了起来，对着江面大声地吟咏道：

> 登彼西山兮，采其薇矣。
>
> 以暴易暴兮，不知其非矣。
>
> 神农、虞、夏忽焉没兮，我安适归矣？
>
> 于嗟徂兮，命之衰矣！

说时，小舟滑着水面已经划行到岸边，在野渡口停泊下来。艄公跳下船来，用缆绳将小舟系好，然后兀自一个人捧着一葫芦浊酒边喝边离开渡口，也不管那弹琴的老者是去是留。

说也奇怪，那弹琴的老者等艄公走后，却并没有上岸，只是摘下箬笠，脱下蓑衣，然后竟又坐到船头，依旧物我两忘地弹起古琴。只见他轻扫琴弦，一曲《招隐》便油然从他的指尖泠泠流出，清如溅玉，颤若龙吟。

此情此景，让刘禹锡看得呆了。情不自禁地，他开始挪动双脚，向这位老者走去。等走到近前，他便静静地立在那里，全神贯注地聆听从老者古琴中流淌出的美妙的琴音。

等老者一曲弹罢，刘禹锡回过神来，立即抚掌赞道："好一曲美妙动听的《招隐》！"

也许是此前太专心致志、心无旁骛了，直到这时，这位老者才注意到刘禹锡在他的旁边驻足聆听，于是便抬起头来，淡淡一笑，歉然说道："惭愧！惭愧！老夫不过一村叟野老，哪里懂什么音律？不过是即兴瞎弹一气，自娱自乐罢了！"

说罢，老者轻笑一声，仿佛不经意的，拇指又轻轻勾弄琴弦，叮咚一声如同溪水流过青石，流进荷塘，沁人心脾。然后，在袅袅余音中，只见他抬起头来，仰望苍穹，任寒风吹起他的白发与衣襟，略一沉吟，便开始气沉丹田，朗声吟诵左思的《招隐》一诗：

刘禹锡：唱著君王自作词

> 杖策招隐士，荒途横古今。
> 岩穴无结构，丘中有鸣琴。
> …………

西晋时，左思见天下混浊，遂归隐不仕，后来即使齐王冏召他为官，他亦辞疾不就。在隐居的岁月中，只有那把古琴始终不离不弃地陪伴着他。而现在，看这情形，刘禹锡想，这位老者，无疑也是一位依附于山林与琴相伴的隐士吧？

的确，在这世上，每逢乱世，总有一些绝非沽名钓誉的高洁之士，因为看不惯官场的混浊，不愿同流合污，因而愤世嫉俗，洁身自好，情愿远离庙堂的喧嚣，归去来兮，恬然隐居于山林之中，尽力去寻找那一片属于自己的宁静与归宿。

想到这里，刘禹锡抱拳躬身说道："老先生真是过谦了！就冲刚才先生所弹的两首传世名曲，还有你的高超琴艺，梦得就知道先生乃是雅士高人！"

"愧不敢当！愧不敢当！董颋不过一凡夫俗子，才疏德薄，恨无所为，在这世间，虚度人生，不过一匆匆过客罢了！"说到这里，老者忽然若有所悟，显得有些且信且疑地上下打量着刘禹锡说，"什么？先生莫非就是遭贬谪来到朗州的刘司马刘大人？"

刘禹锡点点头，笑着说："正是鄙人。怎么，老先生也知道梦得吗？"

这时，董颋放下古琴，赶紧下了船，走到刘禹锡跟前，有些惊异也有些激动地说："哎呀！原来真是与王叔文一同革新弊政的刘禹锡刘大人？请受老夫一拜！老夫真是有眼无珠，失敬！失敬！唉，刘大人心忧天下，为国分忧，如今忠而被贬，流落异乡，真是可悲可叹！可敬可佩！"说着，董颋真的弯下腰来，长叹一声，朝刘禹锡躬身一拜。慌得刘禹锡赶紧朝他还礼。

就这样，两人相见恨晚，很快就成了莫逆之交。

除了顾象与董颋这些文人雅士，在朗州，刘禹锡的患难之交中，也有像康将军这样性格豪爽的武将。

刘禹锡有一首诗名曰《喜康将军见访》：

> 谪居愁寂似幽栖，百草当门茅舍低。
> 夜猎将军忽相访，鹧鸪惊起绕篱啼。

康将军原本行伍出身，曾在剑南节镇当兵，因为作战英勇，多次立功，从卒伍间一名最普通的士兵逐渐提升为一名中级将领。但后来，因为逐步认识到藩镇与朝廷之间、藩镇与藩镇之间的明争暗斗乃至兵戎相见其实不过是相互间的利益角逐，特别是藩镇之间，很多时候都是狗咬狗一嘴毛，根本无所谓正义与非正义，最后，兵连祸结，生灵涂炭，受损害的都是可怜的百姓，因而那天因军饷被上司克扣，产生争执，一气之下，他便自愿解甲归田，从此在这穷乡僻壤隐姓埋名，打发此生。

虽然读书不多，识字很少，但这康将军却性格豁达，为人豪爽。因为同是天涯沦落人，他和刘禹锡关系也非同一般。

南方的春天比长安来得要早。才刚到了三月，杜鹃花和梨花就漫山遍野地开放，空气中随处都散发出一阵阵扑鼻的芳香。刘禹锡家的小菜园地里也一片郁郁葱葱，生机勃勃，充满了活色生香，成了一片绿色的世界。

那天下午，天气晴好，阳光普照。因为衙门没事，禹锡便扛着把锄头到院外自家的菜园里翻地。这地原本是块荒地，自从禹锡一大家子人来到这里居住以后，整天要吃要喝的开销很大，所以，今年开春，妻子薛氏和禹锡商议好，便在自家的院外开垦了这片荒地作为菜园，想种些蔬菜供自家吃，以减少开销。菜地开垦好后，夫妻俩在地里种上青菜、菠菜、水萝卜、大葱、韭菜还有大蒜等，还才不到一个月，等下过几场春雨后，这些鲜嫩的蔬菜便都绒黄嫩绿，争先恐后地冒出了头。

没事的时候，刘禹锡就喜欢到菜园地里劳动，或是浇水，或是锄草，或是施肥……只有在劳动时，他才会感到快乐，感到心安，才会暂时忘记孤独和寂寞、痛苦和烦恼！

这天下午，禹锡在菜地边上，又开垦了两垄荒地，然后分别点上南瓜和葫芦。还在小时候，他就知道这句民谚："三月三，南瓜葫芦齐上滩"，这时候，是种南瓜和葫芦最好的时节。

因为下午干活有些劳累，晚上，禹锡很早就吹灭灯盏上床睡了。可是，才睡了不过半个时辰，就听门外有人敲门，边敲门边大声喊道："梦得，这么早就睡了吗？"

刘禹锡一听，就知道是康将军的声音。于是赶紧披衣起床，开门一看，果然是康将军站在门外。

原来，这天康将军进山打猎，颇有收获。晚上戴月归来，用马驮着沉甸甸的猎物，因为不愿独自享受，想到刘禹锡家人口众多，平时一家人省吃俭用的，日子过得清苦，便特意绕道来到禹锡的茅舍。

"梦得，今天我的收获不错，喏，把这只野兔送给你。等明天让嫂子烧好，给孩子们开开荤、解解馋吧。"

"好好好，康将军，谢谢！"禹锡也不客气，赶紧接过野兔，笑着说，"这下孩子们有口福了！我替孩子们谢谢你！"

一个人只有在艰难中才会感受到友情的珍贵。正是由于有顾彖、董颋以及康将军这些好朋友的陪伴，才让刘禹锡在朗州的岁月中不至于太过于孤单和寂寞。

第二天中午，禹锡让妻子薛氏把野兔烧好，因为不愿一家人独享，他便特意请来刺史宇文宿和顾彖、董颋以及康将军等几个好朋友到家中一起"有福同享"。

一听说请自己去吃野兔，几个人谁都没有推辞，很爽快地全都答应了。

不过，大家来吃饭也不是白吃，刺史宇文宿来时抱了一坛自己亲手酿制的陈年白酒，一进门，就笑着大声地跟正在忙着做菜的薛氏开玩笑说："嫂子，今天这餐客，饭菜由梦得请，喝酒嘛，那就由我来请喽！"

薛氏赶忙跑过来一边沏茶，一边微笑说道："宇文大人您真是太客气了！您能赏光光临寒舍，我和梦得就已经感激不尽了，这酒，怎么能让您来请？"

禹锡这时也走过来，请宇文刺史在堂屋坐下，然后接过妻子薛氏的话道："是啊，宇文刺史，你我之间还客气什么？"

宇文刺史朗声笑道："我这哪里是客气？实不相瞒，我这是想来炫耀，是要让朋友们尝尝我自己酿的美酒！"

正说着，顾象、董颐以及康将军三个人也都同时来了。

因为都知道刘禹锡家人多，日子一直过得紧巴巴的，平时在江中放木排的顾象来时手中提了两串晒干的咸鱼，隐士董颐则将他平时在山中采集到的蘑菇木耳带了一大袋来。

中午吃饭时，大家大快朵颐，大碗喝酒，谈笑风生，好不热闹。在说了一会儿朗州最近发生的一些要事趣事后，趁敬酒时，宇文刺史就问《易经》大家顾象道："最近研究《易经》又有何心得？"

顾象道："《易经》的学问极其深奥。我最近研读《易经》，感受颇深，深感无论治国平天下，还是欲成为天下名医，皆须对其理深察体悟，用心揣摩。就说学医吧，医圣孙思邈有云，学医当以易为本，以易为源。梦得，你说对吗？"

自从来朗州后，闲来无事，刘禹锡便经常翻看医书，最近正在研读太宗朝著名医学大家孙思邈的《备急千金要方》。这时，一听顾象问他，就点点头回答道："吾兄所言甚是！我大唐太宗朝'药王'孙思邈曾云：'不知《易》，不足以言太医。'又云：'凡欲为大医，必须谙《素问》、《甲乙》、《黄帝经》、明堂流注、十二经脉、三部九候、五藏六腑、表里孔穴、本草药对、张仲景、王叔和、阮河南、范东阳、张苗、靳邵等诸部经方。又须妙解阴阳禄命、诸家相法，及灼龟五兆、《周易》六壬，并须精熟。如此乃得为大医。若不尔者，如无目夜游，动致颠殒。次须熟读此方，寻思妙理，留意钻研，始可与言于医道者矣。又须涉猎群书，何者？若不读五经，不知有仁义之道，不读三史，不知有古今之事，不读诸子，睹事则不能默而识之，不读《内经》，则不知有慈悲喜舍之德，不读《庄》《老》，不能任真体运，则吉凶拘忌触涂而生。至于五行休王、七耀天文，并须探赜。若能具而学之，则于医道无所滞碍，尽善尽美矣。'"

说到这里，刘禹锡停了停，站起身敬了大家一杯酒后，又接着说道："《易经》要学，包罗万象，包孕深广，其中富含的学问极大极深。正像刚才顾兄所说，医国如同医人，皆须体察深悟，把脉精准，方可对症下药，不致误国害民！"

孙思邈终身不仕，隐于山林，甘当隐士，平时亲自采制药物，为人治病。所以，说到孙思邈，曾任弘文馆校书郎、大理评事后因无心仕途、辞官退居武陵过着隐士般生活的董颋这时也来了兴致，插话道："是啊，孙思邈精于医学、学问，当年隐居终南山中，曾和平时生活中'三衣皆纻，一食唯菽，行则杖策，坐不倚床'的一代名僧道宣律师结为林下之交，每一往来，议论终夕，由此成为千古知音，传为千古佳话。"

正说着，桌子底下也不知什么时候钻进来了两条狗，因为争抢骨头，这时候忽然打起架来，边打边叫，并很快从桌下打到桌外。只见那条花狗抢了根大骨头，夹着尾巴在前面跑，一条黑狗则用力在后面追。那花狗跑了会儿，一看无法甩开黑狗，于是就索性不再逃跑，而是迅速掉转头，头低着，用嘴叼着骨头，目光凶狠地瞪着黑狗，做出一副拼命的架势，并呜呜地发出警告和威胁。

那黑狗一看花狗不再逃跑，而是和自己开始对峙，于是便不再追赶，这时就一屁股坐在地上，昂着头也凶巴巴地瞪着花狗。在虚张声势地与花狗紧张对峙了一会儿后，想必觉得再对峙下去已无利可图，毫无益处，黑狗便站起身，掉转头，摇着尾巴重又跑到餐桌底下寻找食物。

康将军刚才一直看得津津有味，此刻便拊掌笑着对大家说："诸位，看到了吗？两狗打架，打又不是真打，像不像这些年藩镇与朝廷之间干仗？"

宇文刺史哈哈一乐，说道："哈哈，你还别说，那虚张声势的架势，还真有点儿像是那么回事！"

这时，康将军端起一大碗酒，站起身，一仰脖子，"咕嘟"一声一口喝干，然后用衣袖抹了抹胡子上沾的残酒，大声说道："刚才诸位说的什么'易经''难经'俺不懂。俺老康不像你们肚子里喝过那么多墨水，但俺懂得一个道理，就是要想这天下太平、国泰民安，无论天子还是臣民都要守规矩，不胡来！"

宇文刺史鼓掌道："好一个守规矩，不胡来！康将军，你这话可是说中了要害！"

顾象这时也晃着脑袋说道："然也，然也！治国如何才能使天下太平、国泰民安呢?《易经》里面《大有卦》说得非常清楚。《大有卦》上卦为离为火,下卦为乾为天。《象》曰:火在天上,大有。君子以遏恶扬善,顺天休命。这意思不就是要天子守规矩、不胡来,方能百姓安居乐业、天下太平吗?"

刘禹锡也感慨道:"是啊,'守规矩,不胡来'!天宝之乱,不就是因为明皇晚年贪图享乐,骄奢淫逸,因而不守天子之道,恣意胡来,致使纲常紊乱、天下板荡的吗?自从安史叛乱之后,这么多年来,我大唐就一直兵连祸结、山河破碎,即使到如今都国无宁日、民不聊生!追根溯源,还是因为为君者不守规矩、骄奢淫逸所致。不过,还是康将军说得对,要想天下太平,国泰民安,不仅天子要'守规矩,不胡来',还需要天下臣民都要'守规矩,不胡来'才行!可如今,无论朝堂中还是藩镇内,有多少阉宦和节镇能够'守规矩,不胡来'?还不是像狗一样,一个个为了抢骨头不断地打来打去?"

董颋说:"我看,除了'守规矩,不胡来',还要用贤良,只有朝廷能够任用贤臣,遏恶扬善,官场才会清明,世道才会变好。我大唐才能够海晏河清,成为一个太平世界!"

宇文刺史是个乐天派,豁达乐观,一看大家议论朝政,气氛一下子变得有些沉重,于是便赶紧岔开话题,笑着提议道:"喝酒!喝酒!诸位说说,我这自酿的美酒味道如何?"

"不错!不错!"康将军带头把碗举起来,真心赞叹道,"这酒酒香浓郁,香中带甜,口感纯正,算得上是酒中好酒!"

"用咱武陵桃花源的水酿制的美酒还能差吗?"董颋用一种怡然自得的口气称赞道。

因为大家都是好朋友,这时顾象便笑着打趣道:"应该说,咱武陵这地方的水好,宇文刺史酿酒的手艺更好!宇文刺史,你这酿酒的手艺比杜康也不遑多让!"

刘禹锡这时也打趣道:"此酒只应天上有,人间哪得几回饮?以后诸位想喝美酒,就到刺史府找宇文刺史!"

宇文宿一听哈哈大笑,故意夸张地拍着胸脯说:"好,以后诸位想喝美酒,尽管找我!来,干!"

于是大家一起举起碗来同干。

如此一来,气氛重又变得活泼热闹起来。

51 伤我马词

在朗州的岁月是刘禹锡一生中最痛苦最伤心的时期，痛苦不仅仅是精神上的，也有生理上的，不仅仅来自政治，也来自生活、家庭和亲情。

是的，在朗州，刘禹锡失去了自己许多最宝贵的东西。所以，说朗州是他的伤心地、断肠地，显然一点也没夸张。

朗州春季多雨，外出不便，一整个春天，刘禹锡除了当个闲差，处理些公务，都蜗居家中读书度日，心情烦躁。好不容易盼到初夏时节，天气晴好，那天他便吩咐差役去请刺史宇文宿，相约同去武陵探寻陶渊明笔下的桃源胜境。

刘禹锡在招屈亭边的小木楼没有马厩，自到朗州后，他一直请附近的一户农家给自己饲养那匹高头骏马。因今天要骑马出游，他便去那户农家牵马。

谁知刚走到那户农家的篱笆外，他便听到屋内这家男人在骂自己的女人：“你这没用的贱货，你不是一向吹牛说你很会养马吗？刘司马花钱请你照看他的马，你却把他的马给养死了，如今你让我怎么跟刘大人交代？这么大的牲畜我们家又怎么赔得起啊？”

一听说自己的马死了，刘禹锡大吃一惊。

“我的马，我的马怎么了？”他急忙推开柴门走了进去，第一眼就看到自己的坐骑倒在马厩里早已死去。农妇口吐白沫，四仰八叉躺在马的身边，踢腿打滚地大哭着，农夫则站在那里叉着腰对她大骂不止。

见刘禹锡来了，夫妻俩顿时又惊又慌，一起跑过来跪到他的面前磕头。

农夫这时声泪俱下哭着说道：“司马大老爷，都怪我家这贱货没用，把您的马好好地给养死了。您要是愿意，我把我们家套车的那匹马赔给您吧！实在不行，就让我这没用的田舍奴给您当牛做马也行……”说着，忽然一扬手，狠狠扇了正与自己跪在一起的婆娘一大耳光，那婆娘被打后乘势又瘫倒在地上，吓得呜呜大哭起来。

自己的马死了，刘禹锡当然不会叫这一对本已很可怜的夫妇去赔，他只是很惊讶自己的马原本很健壮，为什么跟自己来朗州才只有半年，竟突然死去?!

看到自己的高头骏马死在马厩，刘禹锡很难过，于是，他便走进马厩仔细观看马尸，才几日不见它竟已瘦骨嶙峋，鬃毛也失去了光泽。令刘禹锡惊讶的是，自己的这匹高头骏马尽管已经死了，但它那早已失去生命光辉的浑浊的双眼却"死不瞑目"，依旧圆圆地睁大着，而且竟然望向北方，望向长安! ……

禹锡忽然红了眼圈，不忍再看，就问："此马死前有何征兆?"

那农妇这时抽抽噎噎地答道："司马大老爷，您这宝马自从来到我们家以后，民妇就用最好的料喂它，一日三餐都喂它吃喂它喝，不敢有半分马虎。马厩里铺垫的干草隔一天就要换一次，马粪更是天天清理，对它真是比对自己的儿女还要尽心。可您这马也真奇怪，性子刚烈，自从到我们家后，它总是不爱吃东西，天天要不是没精打采的样子，就是老昂着头朝着北面一个劲地长啸，身体则是一天比一天瘦弱。这几天它干脆什么都不吃了，马眼还好像总在流泪的样子。今天一大早我起来喂它，发觉它已经死了。司马大老爷啊，民妇说的句句都是实话，要是有半句假话，下雨天就让雷把我劈死! 呜呜呜……"

听到这里，刘禹锡一时也禁不住情绪失控，忽然泪流满面。

想到去年的今日，自己骑着这匹漂亮的高头红骏马行走在长安城从大明宫到自己家的路上，那时自己是怎样的踌躇满志，意气风发! 而现在，贬谪至此，不仅自己遭罪，而且也让这匹高头骏马成了"替罪马"，陪伴着自己跋山涉水来到朗州，才只不到半年就因不服水土而死。马通人性，死前，还一直眼望着长安，仿佛至死都渴望能重新回到旧地，回到长安……

想到这些，刘禹锡一时心如刀绞，愧疚万分。

因为觉得这匹马多半是因为从北方来到南方不习南方水土而死，乃是因自己而死的，心中愧疚，刘禹锡便觉得应该厚葬它，于是便选了南山中的龙渊泉将其安葬。

为了厚葬此马，他先请人将马火化，又特地买了一个上好的坛子将马的骨灰装进去，然后自己亲手仔仔细细地将坛口封好，再请人运到龙渊泉安葬。

在葬马时，他心潮起伏，感慨万千。一个人默默地想了很久，也流着泪想了很多。他想起永贞革新时与自己并肩奋斗的好友们，想起他们当时是怎样的豪情万丈、激情洋溢，无不想扶社稷、安苍生，做出一番兴国安邦、留名青史的伟业。可是转眼间便被雨打风吹去，如今都天各一方，贬谪天涯，一再遭受着不公正的待遇！

他想，在新皇的眼中，难道只有温驯乖巧的人才是可用之才吗？难道新皇不知道，伯乐选千里马，都要访问乡野，在最烈性的野马中左挑右选，才能得到一匹绝世名马？马尚且如此，人才岂不更为难得？纵然王叔文之党得罪了今上，难道今上就没有一点容人的雅量、宽阔的胸襟去包容这些视大唐国祚为生命、一心想匡扶社稷兴国安邦的忠臣志士吗？如今，如果这些革新派志士都像自己的坐骑这样，因为水土不服，沦落天涯，客死异乡，那岂不是大唐的莫大损失与天大笑话！……

葬马的时候，他禁不住泪流满面，为自己的这匹高头骏马深深地鞠了一躬，然后又挥笔在龙渊泉边的一块岩石上写下了一首《伤我马词》：

> 生于碛砺善驰走，万里南来困丘阜。
> 青菰寒菽非适口，病闻北风犹举首。
> 金台已平骨空朽，投之龙渊从尔友。

表面上，刘禹锡的《伤我马词》是吊唁病死的爱骑，说马是因为南方的山岭沼泽不适合奔腾而"莫得申其所长"，"不得其所而死"。实际上是借马自悼，为自己被贬朗州，不得施展才干、一展所长，如今只是空有一片报国之心而伤悲。

的确，仔细想想，如同千里马一样，刘禹锡不也"生于碛砺善驰走"，如今贬谪朗州，不正"万里南来困丘阜"吗？

刺史宇文宿闻知此事，也特意前来参加马的葬礼，他替刘禹锡惋惜："梦得坐骑如此雄骏，尤其是那一双眼睛闪闪发光，精芒暴射，去年初见时愚兄曾十分羡慕。谁知道，唉，可惜了！"

这种时候，刘禹锡委实有些难过，黯然说道："刺史有所不知，此马乃大宛血统，当年在朝为官时，同僚多蓄马三五匹，却多不如意，而禹锡独此一马，朝夕相处，跟随禹锡多年，与我感情深厚。想不到——"说到这里，一时激动，他忽然说不下去了，而泪水却不自觉地又夺眶而出。

一看禹锡难过，刺史宇文宿赶忙安慰道："梦得不必难过！须知千里马常有，而伯乐也常有！是千里马总会遇到伯乐，只是要等待机缘。愚兄坐骑虽不能说是骏马良骥，然却颇适本地水土，贤弟若不嫌弃，可先将就骑之。等来日机缘一到，梦得再寻宝驹，亦不为迟！"

都说患难见真情。古往今来，官场之中有太多太多势利之徒，但官场之中也有重情重义之人，只是这样的人实在是太少太少，如宇文宿便是。

刘禹锡听后心头一热，禁不住感激地向宇文宿深深作了一揖，不仅感激宇文宿借马之慷慨，也为宇文宿的善心所感动。

52 痛失爱妻

这天的清晨，天气有些阴晦。

由于这些天连续奔波劳累，昨天晚上，刘禹锡感觉头昏脑涨，昏昏沉沉地睡了一夜，一觉醒来，竟比往日迟了半个时辰。于是他匆匆忙忙地赶紧坐起来，穿衣起床。

这时，贤惠的泰娘早已经将他的衣裳叠得整整齐齐地摆放在床边。等他梳洗好后，泰娘又将一碗热气腾腾的面端来递到他的手上，侍候他趁热吃下。面是用刚熬好的鸡汤下的。为了熬鸡汤，给刘禹锡滋补身子，泰娘半夜里就起床劳作了。

"老爷，快趁热吃了吧!"泰娘温情地说，看到刘禹锡神情憔悴，她委实感到心疼。

从泰娘手中接过鸡汤面，刘禹锡心中一阵感动，看到眼前的泰娘虽然徐娘半老，依旧乳峰高耸，皓齿明眸，丰乳肥臀小蛮腰，他一时未免有些不能自持，于是便有些动情地说道:"泰娘，你辛苦了!"

"老爷，你千万莫这样说，泰娘不辛苦，再说，奴家就是再辛苦，侍候老爷也是应该的。这辈子能待在老爷身边，为奴为婢，实在是泰娘八辈子修来的福气。泰娘不求别的，只求老爷您保重身子! 如今嫂子走了，家里还有老夫人，还有那么多孩子，老爷您可千万要保重身子，好好活着!"说着说着，泰娘的眼圈渐渐有些红了。

听了泰娘的话，望着美丽贤惠的泰娘，情不自禁地，刘禹锡这时又想念起了自己刚刚死去的妻子薛氏。

一生中，刘禹锡最爱也最感激的其实还是自己的妻子薛氏。薛氏是禹锡的续弦，是在禹锡的前妻裴氏断弦一年多之后情愿与禹锡结为伉俪的。

薛氏出身名门，也算是大家闺秀、千金小姐，比禹锡小了十几岁，不仅年轻貌美，而且知书达理、温柔贤惠。能够与薛氏有情人终成眷属，连禹锡每每想起都觉得是自己上辈子修来的福分。可是，说来也真是红颜薄命。薛氏当初嫁给禹锡时，禹锡身居大唐中枢正是春风得意之时，可是，仅仅一年未到他便从权力高峰一下子跌入政治深渊，而且，贬谪后又被宪宗判了"无期徒刑"。对此，从小娇生惯养的薛氏虽然苦不堪言但却从不抱怨，不仅与丈夫风雨同舟、患难与共，而且还经常以女性的温柔与体贴对丈夫百般加以呵护与抚慰。

想想也真是"诚知此恨人人有，贫贱夫妻百事哀"，在长安的时候，夫妻俩花好月圆，称心如意，可自从由车水马龙、繁花似锦的长安贬到了这偏远下州、蛮荒之地，各种各样始料未及的灾难便接踵而至。

在刘禹锡遭贬谪发配来朗州时，薛氏正怀着第二个孩子。元和元年正月大赦，薛氏本以为禹锡能够起复，这样自己就能回到长安分娩，但没想到最后等来的却是圣上的一纸"纵逢恩赦，不在量移之列"的诏书，她想，自己也就只有在瘟疫肆虐的蛮荒之地生育了。

元和元年五月，薛氏在朗州招屈亭的小木楼里生下一子，由于怀孕期间薛氏一直营养不良，加上这期间又遭遇了那么多的不幸与苦难，婴儿生下来就得病，"热疮发于臀腿间"，即使"涂以诸药，无益"，依然病情加重，以致"昼夜啼号，不乳不睡"。夫妻俩为此焦急万分。

幸亏刘禹锡从小因受"不为良相，便为良医"影响，在攻读"四书五经"之余，也留心医药典籍，对医理颇有心得，为了能治好儿子的病，这期间他只得自己读医书，用蛋黄、头发的偏方治疗。最后，虽然"果如神立效"，侥幸把儿子的病治好了，但是，被这么一折腾，产后尚在坐月子的薛氏身体却被拖垮了。

尽管这样，她还是尽力呵护体贴自己的丈夫，没日没夜地辛勤操劳，心甘情愿为自己的丈夫遮风挡雨。

刘禹锡从小体弱多病，到朗州后，潮湿与瘴疠经常使他肢体疼痛，病疮疼痒，不绝于身，折磨得他"中年似老翁"。蛮荒之地没有良医可求，他不得不自己替自己"看方理病源"。除此之外，他的眼病也很严重，以致"看朱成碧"，而且使他落下终身的病根。由于视力下降很快，两眼经常发胀、疼痛，在朗州期间，刘禹锡不得不靠减少看书甚至不看书来保护视力。

薛氏对丈夫一直温柔体贴，为了让禹锡少用眼睛看书，她便经常坐在禹锡身边读书给他听。

那天，由于刘禹锡的眼病犯了，红肿奇痒，他便带着妻子薛氏到山中去采一种名叫川芎的草药，准备采这种草药回来与白芷和薄荷一起煮水服用，治疗眼疾。午饭过后，禹锡扛着药锄，薛氏背着背篓，夫妻俩一起来到野外采药。等采好药后，感觉有些累了，看看时辰还早，禹锡便让薛氏将背篓里新采的川芎倒在坡地上摊开来在阳光下晾晒，然后便和妻子一起坐在一处避风向阳的青草地上憩息。

这种时候，不知道为什么，他忽然想到了《毛诗》中的那首《国风·卷耳》，于是就对身边的薛氏说："把《毛诗》中的那首《卷耳》背给我听好吗？"

薛氏从小能文会试，而且特别喜欢《毛诗》。当年还待字闺中时，一本《毛诗》就被她背得滚瓜烂熟。这时听了禹锡的话，她便点点头说："好吧。"然后，清了清嗓子，开始为他声情并茂地背诵起来：

240

> 采采卷耳，不盈顷筐。
> 嗟我怀人，寘彼周行。
> 陟彼崔嵬，我马虺隤。
> 我姑酌彼金罍，维以不永怀。
> 陟彼高冈，我马玄黄。
> 我姑酌彼兕觥，维以不永伤。
> 陟彼砠矣，我马瘏矣。
> 我仆痡矣，云何吁矣！

四周万籁俱寂，只有白云在天上飘飞。这种时候，刘禹锡闭着眼睛，很认真地听着薛氏的诵读。等她背诵完，他便慢慢睁开眼睛，很真诚地说："你背诵的声音真好听！就像林间的画眉鸟一样美妙动听！"

听了禹锡的赞美，薛氏忽然像少女一样满脸绯红，娇嗔道："你莫不是取笑我吧？"

禹锡这时将她搂进怀里，亲吻着她，然后开怀大笑说："好妻子，我说的是实话。采药东篱下，悠然听《卷耳》。这种时候，听你读书实在是一种人生的享受。"说到这里，他一时有感而发，深情地凝视着她说："这辈子能娶你为妻，与你在一起，真是我前世修来的福气啊！"刘禹锡说的是真心话。在他看来，妻子薛氏不仅年轻貌美，温柔贤惠，而且善良大度，非一般女人所能及。"只是，"他忽然叹口气说，"跟着我贬谪到此，这些年让你受苦了！"

"死生契阔，与子成说。执子之手，与子偕老。"她脱口吟了《毛诗》中的两句诗，然后说："禹锡，你忘了当年新婚那天晚上你我发下的共同誓言了吗？这辈子，只要和你在一起，无论吃怎样的苦，受怎样的罪，我都不在乎！"

都说女人是柔弱的，但是，心中满怀着爱情的女人却往往会表现出异乎寻常的坚强。

听了她的话，想到这些年她虽然吃苦受累，但却一直对自己体贴入微，且始终无怨无悔，他禁不住有些感动。"是的，'死生契阔，与子成说。执子之手，与子偕老'！"他喃喃道。

都说"贫贱夫妻百事哀"，在朗州的岁月里，禹锡与妻子薛氏一直相濡以沫，相依为命。

那日闲来无事，禹锡与薛氏相携着，难得有雅兴到集上去闲逛。

武陵集市，异常热闹。才一大早，沿着沅水两岸，道路两旁，就有数不清的商贩各自占住自己的地盘，摆摊设点，吆喝叫卖之声此起彼伏。放眼望去，市集虽然杂乱，但货物却琳琅满目，令人眼花缭乱、目不暇接。各种香味扑鼻的小吃，酒菜，菜蔬，水果，糕点，以及布帛、器皿、家具农具等，可谓应有尽有。

日上三竿时，集市上早已人山人海，熙熙攘攘，而叫卖声、交易声与各种牲口的叫唤声更是一片嘈杂，热闹非凡。

在一芝麻胡饼摊点，妻子薛氏买了几个刚出炉的香气扑鼻的芝麻胡饼，夫妻俩一人吃一个，剩下的准备带回家给儿子和侄子们享用。两人正在边走边有说有笑、有滋有味地吃着芝麻胡饼时，忽然听到集市一隅传来婉转悦耳却又如泣如诉的琵琶声。

禹锡和薛氏禁不住驻足聆听，伴着嘈嘈切切的琵琶声，就听有个女子哀婉动人地唱道：

……十三能织素，十四学裁衣，十五弹箜篌，十六诵诗书。十七为君妇，心中常苦悲。君既为府吏，守节情不移，贱妾留空房，相见常日稀。……感君区区怀！君既若见录，不久望君来。君当作磐石，妾当作蒲苇。蒲苇纫如丝，磐石无转移。……

"哦，原来是《孔雀东南飞》！唱得真好！"薛氏从小熟读诗书，听了一会儿，就跟刘禹锡说道。

歌声凄婉，琵琶声咽。闻听此歌，禹锡一时也被吸引，内心感动，便和薛氏一起走到近前，只见一窈窕女子怀抱着琵琶，神情凄哀，满脸憔悴，正在那儿行乞卖唱。

一曲唱罢，禹锡正要鼓掌叫好，但见那丰乳肥臀却姿态优美的女子忽然珠泪涟涟，哽咽不止，于是便动了恻隐之心，上前将一枚碎银放在她的面前，道："夫人琵琶弹得真好，歌也好！"

那妇人这时抬起头来，见刘禹锡一副官人模样，连忙起身施礼道："让官人破费了！"

刘禹锡见这妇人举止优雅，落落大方，就问道："我且问你，因何来到此地？"

那妇人含泪道："我名泰娘，本是韦尚书家中的侍女，尚书在吴郡时收养了奴，并教会奴乐器和歌舞，后来又把奴带回京城。尚书死后，奴从尚书家出来流落到民间，后被蕲州刺史张愻收留。后来张愻被贬到武陵后死去，奴就无家可归了。这里地处荒芜而且偏远，没有人能知道奴，所以每日奴只有抱着琵琶强颜欢笑，卖唱为生。"

泰娘说罢，泪流不止。刘禹锡听后，想到自己如今也天涯沦落，无可奈何，心里一时也很难过。由于同病相怜，心生感慨，他即兴吟道：

泰娘家本阊门西，门前绿水环金堤。

有时妆成好天气，走上皋桥折花戏。

风流太守韦尚书，路傍忽见停隼旐。

斗量明珠鸟传意，绀幰迎入专城居。

长鬟如云衣似雾，锦茵罗荐承轻步。

舞学惊鸿水榭春，歌传上客兰堂暮。

从郎西入帝城中，贵游簪组香帘栊。

低鬟缓视抱明月，纤指破拨生胡风。

繁华一旦有消歇，题剑无光履声绝。

洛阳旧宅生草莱，杜陵萧萧松柏哀。

妆奁虫网厚如茧，博山炉侧倾寒灰。

蕲州刺史张公子，白马新到铜驼里。

自言买笑掷黄金，月堕云中从此始。

安知鹏鸟座隅飞，寂寞旅魂招不归。

秦嘉镜有前时结，韩寿香销故箧衣。

山城少人江水碧，断雁哀猿风雨夕。

朱弦已绝为知音，云鬟未秋私自惜。

举目风烟非旧时，梦寻归路多参差。

如何将此千行泪，更洒湘江斑竹枝。

薛氏心软，见此情景更是伤心落泪。闻知泰娘孤苦无依，一个弱女子天涯飘零，顿时动了恻隐之心，于是便和禹锡小声商量道："泰娘孤身一人，无家可归，实在可怜之至！正好咱们家尚需女佣，若泰娘不嫌家中简陋，就随我一起照顾儿女如何？"

刘禹锡心想，妻子薛氏自幼长于官宦之家，又一直生活在北方，这些年随自己谪居朗州，水土不服，生活多有不便，且如今身体日渐虚弱，眼下又有身孕，正好需要有个人服侍照顾，于是便点点头说："你决定吧。"

薛氏说："只要你不反对，我就和泰娘说了。"

没想到薛氏过去和泰娘耳语一番，泰娘喜极而泣，当即收起琵琶，欣然跟着禹锡夫妻去了招屈亭家中。

刘禹锡本以为这样就可减轻妻子薛氏的生活负担，不至于太过操劳，而且，有泰娘在身边，也好有个陪伴，没事陪她说说话。但令刘禹锡万万没想到的是，元和七年（812年），妻子薛氏在生女儿时因接生婆接生出了问题以致产后大出血，突然撒手人寰。

弥留之际，薛氏紧握禹锡的手，百般感慨，万般无奈，唯有泪千行，对丈夫言道："我何其有幸，嫁给夫君，成亲以来夫妻恩爱已有十年，对一个女人来说今生足够了。遗憾的是，与你相爱至今现将要永别，还未报答你的深恩，还没有和你享够这人间的情缘，还有，这些孩子都还小！……"说罢二人五内俱焚，相拥而泣，真个是生离死别，难舍难分，泪如泉涌，万箭攒心。

爱妻突然离他而去，刘禹锡一度痛不欲生。谪居朗州后，刘禹锡精神上一直异常苦闷，这些年来，是妻子薛氏一直陪伴着他，与他相依为命，且一直呵护着他，关心着他，无论在物质上还是精神上都给了他那么多无微不至的关怀，而现在，老天爷真是太狠心了，竟然连他唯一的也是最心爱的人都夺去了！

妻子走了，忽然间只留下三个未成年的孩子，还有一个需要赡养的年逾八旬的老母，自己今后的日子还怎么过呀？那些日子，悲痛欲绝的刘禹锡形销魂散，瘦骨嶙峋，甚至靠拄着拐杖才能勉强行走，独处时总是以泪洗面，凝思苦想，常常回想和妻子薛氏恩爱交融的时光。

薛氏下葬那日，为表达对爱妻的深情，躺在病榻中的禹锡勉强撑起虚弱的身子，亲临葬礼，并含泪写了《伤往赋》，沉痛悼念自己的爱妻。

人之所以取贵于蚩走者，情也，而诞者以遗情为智，岂至言耶？予授室九年而鳏，痛若人之天阏弗遂也，作赋以伤之，冀夫览者有以增伉俪之重云。

叹独处之悒悒兮，愤伊人之我遗。情可杀而犹毒，境当欢而复悲。人或朝叹而暮息，夫何越月而逾时。太极运乎三辰，转寒暑而下驰。有归于无兮，盛夏于衰。犹昧爽之必暮，又安得而怨咨？我今怨夫若人兮，曾旭旦而潜晖。飘零日及之蕚，倏忽蜉蝣之衣。川走下而不还，露迎旸而易晞。恩已甚兮难绝，见无期兮永思。

我行其野，农民桑者，举案来馌，亦在林下。我观于途，神版之夫，同荷均挈，荆钗布襦。羽毛之蕃，鳞介之微，和鸣灌丛，双泳涟漪。蠉蠉伊虫，蠢蠢伊豸，游空穴深，两两相比。何动类之万殊，必雄雌而与俱。物莫失俪以孤处，我方踽踽而焉如。

我复虚室，目凄凉兮心伊郁，心伊郁兮将语谁？坐匡床兮抚婴儿，何所丐沐兮，何从仰饴？襦裤在身兮，昔围蹉跌；鞶囊附臂兮，余馥葳蕤。诚天性之潜感，顾童心兮如疑。晓然有难继之墓，漠然减好弄之姿。

指遗袜兮能认，溯空帏兮欲归。

我入寝宫，痛人亡兮物改其容。宝瑟僵兮弦柱绝，瑶台倾兮镜奁空。寒炉委灰，虚幌多风。隙驹晨转，窗蟾夜通。步摇昏兮网粘翡翠，芳褥掩兮尘化蜘蟊。阅刀尺之余泽，见巾箱之故封。玩服俨兮犹具，繁华谢兮焉从。想翩仙兮是非，求倦察与冥蒙。信奇术之可致，嗟此生兮不逢。徒注视以寂听，恍神疲而目穷。还抱影以独出，纷百哀而攻中。

系曰：龙门风霜苦，别鹤哀鸣夜衔羽。吴江波浪深，雌剑一去无遗音。悲之来兮愤予心，泪如行行浉浸淫。怅缘情而莫极，思执礼以自箴。已焉哉！苒苒生死，悠悠古今。乘彼一气兮，聚散相寻。或鼓而兴，或罢而沉。以无涯之情爱，悼不驻之光阴。谅自迷其有分，徒终怨于匪忱。彼蒙庄兮何人，予独累叹而长吟。

《伤往赋》一开始，他就"责怪"妻子太狠心，说新婚之夜，你我不是发下共同的誓言"执子之手，与子偕老"吗？可你为什么不守信，如今才人到中年就急着把我一个人扔下，让我过着孤苦伶仃的生活呢？这份夫妻情不仅不会随着时间的流逝变淡，反而会越来越浓。他"埋怨"妻子，怎么你像初升的太阳，很快就隐去了光辉；怎么像木槿，朝开暮落；像蜉蝣，朝生而昔死？虽然如古歌里唱的"露晞明朝更复落，人死一去何时归"！但是，"恩已甚兮难绝，见无期兮永思"！

接着刘禹锡用"我行其野""我复虚室""我入寝宫"，睹物思人，极尽怀念之情。他说自己行走在野外，看到从事耕种桑麻生产的农夫，回家有妻子准备饭食；不回家，妻子把饭食送到田间。路上有小商小贩，夫妻相互帮衬，有肩挑，也有手提。就是那些飞禽水鸟，哪怕是水中的鱼类，草丛中的虫子，它们也都双栖双飞，邕邕和鸣。万物都不失去自己的伴侣，为什么唯独我就一个人孤孤单单？

回到家里，爱妻啊，因为你已不在，空空荡荡，满目凄凉，惨不忍睹。你走了，如今我能和谁说话？坐在床边，只有独自抚摸婴儿。你突然走了，今后谁为孩子洗头擦身？孩子每天都在长大，衣裤不合身了谁来替他更换？以后端午节谁为孩子在手臂上系挂香囊？孩子现在还不懂这些，可是身为父亲，我知道这是父爱无法代替的啊！看着床上的东西，你的上衣至今还在那里放着，但是衣服的主人，我的爱妻啊，你难道就不想回来与我相依为命、白首偕老了吗！……

都说"男儿有泪不轻弹，只因未到伤心处"，爱妻薛氏突然离去，突然间刘禹锡感觉到天都塌了，用泪水写成的《伤往赋》感天动地，几乎让所有读到它的人都心痛欲裂，潸然泪下！

长歌当哭，肝肠寸断，爱妻离去，思念无期！可惜，可叹，可悲！薛氏驾鹤西去，刘禹锡的爱情支柱突然坍塌了，才只有 40 岁的他从此再未续弦。母亲年事已高，无奈，三个未成年的孩子只有交给家中女佣泰娘代为抚养。

好在，泰娘感恩刘禹锡夫妇对自己的厚爱，且心地善良，这以后，不仅对禹锡关怀备至，也竭力像一个亲生母亲一样给孩子们关爱与呵护。

246

53 贤相的遗愿

这天清晨，含元殿内，宪宗正襟危坐，案前放着一大叠奏折，百官在殿中衣冠肃静，鸦雀无声。偶尔只有房顶上啾啾的鸟鸣，以及微风掠过大明宫的屋檐，被风吹动的铜铃不时发出轻轻的叮当声。

这是李吉甫去世后，宪宗的第一次朝会。众臣看到宪宗通红的眼睛和凄哀的神情，都知道圣上心情很不好。

也难怪宪宗心情不好。宰相李吉甫是他的左膀右臂，如今又正是征剿淮西藩镇叛军的关键时刻，作为力主对淮西叛军用兵征讨的柱石人物，李吉甫英年早逝，猝然暴薨，对宪宗不能不说是一个巨大的打击。

因为心情不好，这天的早朝很快就结束了。宪宗挥一挥手，宦官梁守谦立即尖细着声音说："有本奏事，无本退朝！"

这种时候，大臣们都很识相，谁都不愿意在圣上心情不好时奏事自讨没趣，于是便都噤了声鱼贯而出。

等朝会过后，朝臣们络绎散尽，宪宗依然枯坐在那里，老僧入定似的回想着李吉甫生前的点点滴滴……

李吉甫是宪宗登基后任用的一位贤相。宪宗最早注意到他并留下深刻印象是在元和元年的八月。

一天，时任宰相的郑馀庆正在政事堂中大光其火，他对一位跑到他们几个宰相身边指手画脚的堂后官大声呵斥道："放肆！你是什么身份？竟敢在这里指手画脚？给我滚出去！"

事出有因。这位堂后官名叫滑涣，在中书门下已有不少年了，但尽管如此，他也只是个吏员，朝中等级森严，按常理绝不敢如此放肆。他之所以有这个胆子，敢在宰相们面前指手画脚，是仗着和宫中宦官、任知枢密一职的刘光琦关系匪浅。刘光琦是宫中的老人，对拥立宪宗、打倒王叔文起了很大的作用，此人对国家事务从来都喜欢染指，不时要按照己愿指点干涉一番。他经常指使这个滑涣，动辄打探宰相们的行踪，不时地对宰相施加影响。

杜佑、郑絪都是老实人，不敢得罪他，此次郑馀庆实在是忍无可忍，终于火山爆发，对其破口大骂。一看郑馀庆动怒，滑涣只得灰溜溜地跑了。

可郑馀庆却为此付出了代价，未过多久就被罢相，改任太子宾客。

对此，有一位中书舍人看不下去了，便秘密给宪宗奏上一本。表奏中他没有就事论事，只是向皇上密报说，政事堂吏员滑涣擅权专恣，任意妄为，接受了无数贿赂，请皇上下诏予以查处。

宪宗览表，顿时就火了，发怒道："这还了得！"当即就下令宰相采取反腐行动。

这天，整个中书省四门被突然关闭，任何人不得出入。神策军士们直奔堂后突击搜查，果然人赃俱在，获得了滑涣受贿的证据。九月，滑涣被贬为雷州司户，不久赐死。

宪宗心里对上表的这位官员大加赞赏，联想起早先计议征讨刘辟时，杜黄裳力主进攻，朝中一片反对声，也只有这位官员坚决赞同，并建议另征江淮之师，取三峡之路，声东击西，以分敌寇之力，计策十分精当。宪宗当时就采用了他的策略，对他刮目相看，如今更对这位刚毅而有谋略的大臣有了一种强烈的印象。

这位官员就是李吉甫，当时是中书舍人。

元和二年（807年）正月，杜佑退休，杜黄裳也出镇河东，实际上已不再行使相权。十九日这一天，翰林学士李吉甫和裴垍受命草拟拜相诏书，两人在学士院分头垂帘草拟，互不知晓。

吉甫当时起草的内容是命武元衡入相，书罢，吉甫控制不住自己的失望情绪，连声叹惋；而另一头的裴垍却一语不发。

其实吉甫并不知道，裴草此刻拟的制书却正是拜他入相。

裴垍写完，才起身向吉甫道贺，毫无失落与嫉妒之意。

这种时刻，吉甫未免有些感动和汗颜。两人闲谈时，吉甫几次落泪。

因为感动，他对裴垍道："吉甫流落江淮十多年，不想今日蒙恩若此！"说到这，他的声音已经哽咽："为人臣子报皇帝陛下恩德，唯有提拔贤才而已，君有精鉴之识，还希望能为我多推举贤才，吉甫定当不遗余力！"

裴垍也很受感动，遂拿来纸笔，一气写了三十多个姓名。果然，吉甫没有食言，宣麻登相后，仅数月之间，便一一选用，且知人善任，人尽其才，一时朝野为之称赏。

都说于细微处见精神，一个人的处事性格与审美情趣、价值取向，从一两件典型乃至很小的事情中就可以看出端倪。元和元年，李吉甫首先上书斥逐了知枢密使俱文珍。

当时，大宦官俱文珍正依仗拥立之功而权倾一时。李吉甫不畏强暴，对其弹劾，将其驱逐，令朝野为之振奋。而后，他又见解独到，力主讨伐刘辟。先去宦官，又平藩镇，纯然与王叔文一党的永贞革新如出一辙。

刘禹锡当时在朗州获悉此事，对李吉甫大为称赏，并投书于他，希望李吉甫能对自己以及"八司马"施以援手。

永贞革新期间，李吉甫不在京城，与刘禹锡交往不多，只是当年在杜佑淮南幕府期间与刘禹锡有数面之缘。但由于在内心中，他一直对永贞革新是赞同的，对永贞革新失败后王叔文一党的凄惨命运颇为同情，而且，对"八司马"特别是刘禹锡、柳宗元的才名也早有耳闻，所以，在收到刘禹锡的来信后，看到信中禹锡自述永贞中遭受漫天非议，以致百口莫辩，沦落荆南，爱才若渴的李吉甫顿时起了恻隐之心。于是，他决心要为国举贤，尽力帮助禹锡等永贞革新失败后不幸遭贬的才智之士重回朝廷，报效国家。但当时程异从"八司马"中刚率先起复，此时若再上书为永贞遭贬之士开脱，难免授人以柄，且会适得其反。

是故，李吉甫便决定等待时机，从长计议。但由于很快他便罢相，出镇淮南，为刘禹锡及"八司马"施以援手的事也就只好暂时搁浅了。

三年后，也即元和六年（811年），李吉甫重回朝廷，再登相位，经过一年的运作，逐渐站稳了脚跟，于是便又把起复刘禹锡等人提上了他的议事日程。所幸元和六年风调雨顺，国富民安，天下太平，恍若盛世来临，宪宗自然扬扬得意。李吉甫见时机已到，便有意在宪宗面前为刘禹锡等人说情，而刘禹锡的另一位好友，此时也任宰相的李绛因一直怜惜刘禹锡的才华，自然也少不了在宪宗面前说刘禹锡的好话。

宪宗见"八司马"中率先起复的程异确实很有才干，且任劳任怨，于是便渐渐动了宽宥永贞余党的念头，并下诏以刘禹锡等为远州刺史。在吉甫看来，刘禹锡虽然治郡偏远，但毕竟获得量移，只要假以时日，日后定会升迁。

但没想到，诏书到了中书省时，却被武元衡扣下。就因为当年永贞革新时曾遭王叔文等人的贬逐，武元衡一直对王叔文一党怀恨在心，即使时隔多年，依然余怒未消。于是，他认定以刘禹锡为代表的王叔文余党绝不可用，随即召集十几名言官觐见宪宗，言辞激烈，强烈反对起复刘禹锡等人。宪宗本就对刘禹锡等永贞余党不爽，如此一来，自然爽快答应，立即取消诏命。

自己费了那么多心血，眼看已获成功，竟被武元衡横插一杠子，致使前功尽弃，李吉甫自然恼怒不已，但他又拿同为宰相的武元衡毫无办法。无奈之下，他便给禹锡写信，细说原委，说自己以后再想办法，并劝禹锡一定要亲自上书向武元衡求情，求其谅解，高抬贵手。

接到李吉甫来信，获悉内情，刘禹锡是既惊讶又气愤，他没想到自己曾经的老上司武元衡竟然如此面善心狠。这些年，武元衡与刘禹锡及柳宗元时不时诗词唱和，且他还经常托人给刘禹锡和柳宗元送些小礼物以示问候，可关键时刻，令禹锡颇感意外的是，对自己的前途，武元衡不仅不予关心，反而下此狠手！

但经过弯腰树，哪能不低头？人这一生，有些事有时候不低头是不行的。禹锡左思右想，只好含悲忍泪，委曲求全，于是便向武元衡写了封情词恳切、催人泪下的《上门下武相公启》。

武元衡收到刘禹锡痛彻心扉的求情信后，态度稍稍有些缓和。这时，正值淮西节度使吴少阳病逝，其子吴元济秘不发丧，谎称吴少阳病重，悍然裹挟淮西军将反叛朝廷，一度淮西兵曾攻略到伊阙，朝野震惊。

消息传来，宪宗震怒不已。李吉甫趁机向宪宗上奏，认为淮西镇（治今河南汝南）深处内陆，四周又无党援，朝廷不宜效仿河朔三镇父死子继的惯例，对其妥协，主张趁机出兵夺取淮西。同时，他认为眼下朝廷正是用人之际，请求宪宗延揽天下英才，并将大批积年贬谪的官员召还。

说来真是天妒英才，就在李吉甫煞费苦心地将奏请召还大批积年沉沦官员的奏折又一次呈送宪宗后，十月初三，一代重臣，金紫光禄大夫、中书侍郎、同平章事、集贤殿大学士、监修国史、上柱国、赵国公李吉甫突患急症，不治身亡，年仅 57 岁。

突然失去股肱，宪宗极为悲痛。眼下淮西前线正是吃紧之际，宪宗更觉孤立无援，人才难得。于是，这天朝会后，他便从面前一大堆奏折中抽出李吉甫生前的最后那份奏折，再一次细心浏览起来。

宪宗心里清楚，李吉甫做事一向冲动，为人也很固执，一旦有了主见便会坚持到底，但他对大唐、对自己的忠诚是无可怀疑的。虽然在这份奏折中，李吉甫奏请召还刘禹锡、柳宗元等王叔文余党，但宪宗深感李吉甫生前操劳国事之耿耿忠心，觉得他这样做完全是出于公心，心想这次说什么也要满足一下他生前最后的遗愿，于是大笔一挥，下诏恩准，等李吉甫丧事完毕后，就将刘禹锡、柳宗元等大批负罪之官员召回京城，听候任用。

这回，诏书到了中书省，武元衡没再表示反对，也不好再去反对。毕竟，刘禹锡、柳宗元包括韩泰、元稹在内的这批贬官都是一些朝野共知的贤才。武元衡深知，自己若是再去反对，便有妨贤害国之嫌，势必会不得人心，激起公愤。

54 久违了的长乐钟声

元和九年（814年）年底，刘禹锡收到朝廷召回他的诏书，柳宗元、韩泰、韩晔等当年一同被贬的永贞革新派弟兄也一同被召回长安待命。因触犯宦官权贵，被贬江陵府士曹参军的元稹也在这批被召回的人当中。

在告别朗州时，刘禹锡悲喜交加，望着招屈亭边自己住了整整九年的茅屋，禁不住潸然泪下，心想，这九年来，自己所付出的代价何其惨重！来时和自己患难与共的爱妻薛氏长眠于此，再也不能和自己一同归去；来这里时自己才34岁，而如今却已43岁，而且疾病缠身，貌似老翁……痛失爱妻，青春不再，这一切的一切，都值得吗？

"不值得！这代价太大太沉重了！人生不就是让自己也让家人好好活着过好日子吗？荣华富贵，时至今日，你刘禹锡究竟得到了什么？"一个声音在他的耳边说。

"不，值得，太值得了！"另一个声音当即表示反对，铿锵有力地说，"人生难道就是为了好好活着，就是为了个人的荣华富贵吗？那也太庸俗太卑微了！你在朗州固然失去了你一生最为宝贵的东西，这损失的确是很惨重，但你也并不是一无所获，甚至，所获还极为珍贵，非常难得！如果不是贬谪朗州，如今，你的思想能够那么深刻？你的情感能够那么丰富？你的诗文能够那么感人肺腑、激荡人心，能够穿透时空、流芳百世吗？所以，还是孟子说得好：'生于忧患，死于安乐。'如果这些年来你一直身在长安，即便是官运亨通，如今，你也许会高官厚禄，你也许会夫贵妻荣，但你也顶多只是一个安富尊荣，貌似高大威武、声势显赫，其实俗不可耐、喜欢装腔作势的庸碌政客、凡夫俗子！外表的高傲永远也掩盖不了骨子里的浅薄与自卑！……"

刘禹锡·唱著君王自作词

的确，古往今来，人活在世上，归纳起来，其实都不外乎就像是三种动物：飞禽、家畜与野兽。那些真正有思想有理想有才华的人总想着建功立业，总想着大有作为，总想着保国安民，总想着青史留名，他们就像是天空中的飞禽，一生都渴望着蓝天，渴望着远方，在这个世上，他们中不乏有许多折翅后的雄鹰、涅槃后的凤凰……而另外一些人，则囿于他们的才智他们的经历等，这辈子只想安安稳稳、快快乐乐、舒舒服服、自私自利地过一辈子，也许他们这一生并不缺荣华不缺富贵，但他们却只能说是一些猫狗宠物，甚或只是一些普通的平庸的家畜；而另外一些人，他们当然只是人类中的极少数，因为种种原因危害社会，害人害己，则只能说是人类中的野兽。

显然，刘禹锡属于那种"人类中的飞禽"，一生中都像夸父一样追逐着太阳，追逐着光明，虽然活得一点儿也不轻松，乃至于非常非常痛苦，但却活得崇高，活得厚重！

在谪居朗州犹如孤囚般的炼狱生活中，通过反复的咀嚼与深思，刘禹锡更加深刻地认识了永贞革新的意义和价值！在他的不惑之年，他已更清楚地知道自己一生中真正需要和追求的是什么，对自己今后应该坚持什么、放弃什么，已经看得非常清楚，同时被他看清楚的，还有形形色色的人，特别是官场中那些浅薄势利、尔虞我诈之徒。他觉得，他们其实活得非常自私，非常卑微，非常憋屈，非常可怜，日子过得一点儿也不潇洒。

这年的十二月，刘禹锡启程北上，途中经过永州，好友柳宗元已经特意等在了那里。老友相逢，喜不自禁。当年，两人在长安分手时都满头黑发，如今却都两鬓斑白。

柳宗元见到他，顿时扑上来抱住他，捶打着他的肩膀说："梦得，你怎么才来？九年了，我可是一直在盼着你啊！"说着说着，也不知是兴奋，还是难过，两个人竟都抱头痛哭。

是啊，九年了，两个人这是第一次见面。以前，虽然彼此思念，相互牵挂，却只是诗信往返。妻子薛氏病逝后，因为过于悲痛，刘禹锡得了重病，柳宗元获悉，自永州急忙寄来药方，并专门请了当地医术高超的高僧君素上人前来为他诊治；刘禹锡眼疾复发后，几近失明，又是柳宗元牵肠挂肚，虽然天各一方，再一次请人为他送医送药……

"疾风知劲草，患难见真情"，这种同年之情无疑早已超过了兄弟之情乃至父子之情!

元和十年（815 年）的春节，一大批昔日被贬在外的大唐才子回到了长安。那天，当刘禹锡与柳宗元携手回到长安时，已是夜晚，黑暗中已看不清一别九年的长安城如今究竟是何模样，但还在郊外，就远远听到了长乐钟声。

听到钟声，刘禹锡与柳宗元几乎不约而同地一起停住了匆忙的脚步，侧耳聆听起来。虽然时隔多年，那长乐钟声至今依然是那么悠扬，那么雄浑，那么感人肺腑，那么激荡人心，犹如母亲的叮咛、爱人的呼唤!

听到这久违了的长乐钟声，刘禹锡顿时心潮澎湃、感慨万分，当即吟道：

> 雷雨江山起卧龙，武陵樵客蹑仙踪。
> 十年楚水枫林下，今夜初闻长乐钟。

但此时，刘禹锡和柳宗元并不知道，久别重逢的长安其实并没有为他们张开热情而又慷慨的怀抱。

回到长安，禹锡把老母及子女安顿好，每日除了访亲会友，便是耐心等待朝觐圣上，听候任命。可是，等了一月，又等一月，仍然不见任何动静。于是那天，他在路上见到旧日番官，心中感慨，回到家中便泼墨写道：

> 前者匆匆襆被行，十年憔悴到京城。
> 南宫旧吏来相问，何处淹留白发生?

又过了些日子，依然没有动静，刘禹锡等得真是有些急了。的确，在朗州荒废了十年，他很想早日走马上任，为国效劳，可是，不知道为什么，圣上却一直迟迟不做决定，对他们这些昔日的贬官长时间不去任用。

这天，几个回京"待岗"的"江湘逐客"因为闲来无事，便聚到一起喝酒赏花，包括柳宗元、元稹在内，大家都有和刘禹锡一样的感受，觉得时光飞逝，渴望早日回朝、早日就职，尽快实现自己的报国宏愿。

席间，回想逝去的时光，大家都不禁生出一种只争朝夕的紧迫感。刘禹锡即席诗赠柳宗元道：

彩仗神旗猎晓风，鸡人一唱鼓蓬蓬。

铜壶漏水何时歇？如此相催即老翁。

这次归来，他们有云开雾散的感觉，对重回台省、建功立业也有着许多希冀和人生规划。

喝完酒后，见天色还早，几个人闲着无事，便想一起到哪里逛逛。

长安三月，正是桃花盛开的时节。刘禹锡听说京城有一处道观名叫玄都观，里面的道士种了很多桃花，再加上玄都观是当时的游览胜地，还完好地保存了玄宗时期著名道士叶法善的精舍。他便提议大家一起到玄都观去观赏桃花，众人都说好，于是大家就一起骑着马到玄都观去了。

来到玄都观，但见游人如织。刘禹锡与柳宗元、元稹三人走在一起，一边赏着桃花，一边说着各自在贬谪地的故事。三人正说得津津有味，忽然看见一穿着紫袍者被一群人前呼后拥众星捧月般地迎面走了过来，那穿紫袍者趾高气扬的，所到之处，游人纷纷避到路旁，为其让路。

迎面相遇时，那人和元稹点点头，打了个招呼。刘禹锡觉得此人好像有些面熟，却又实在不认得他，于是等他走远，便问元稹刚才这人是谁。元稹便小声说道："中书舍人李逢吉，如今是圣上身边的红人。"

"哦。"禹锡忽然想起来了，永贞革新时，自己身居大唐权力中枢，当时有许多人都主动来拜访他，讨好他，巴结他，希望能够得到重用，其中就有一个自称是李逢吉的人。但当那天他与李逢吉谈了一次话后，发觉此人说话虚伪，喜欢背后议论他人是非，便心生恶感，对其冷淡处之。没想到，十年不见，如今此人倒成了人物！

一想到此，刘禹锡原本轻松愉快的心情顿时烟消云散，取而代之的是不屑与不快，以及愤愤不平。他当即口占一首七绝道：

紫陌红尘拂面来，无人不道看花回。

玄都观里桃千树，尽是刘郎去后栽。

也怪刘禹锡口无遮拦，不知收敛，且才思敏捷，诗写得太好太有名了，才只几天，这首脍炙人口的《玄都观桃花》就不胫而走，迅速传遍了长安城。

55 因诗惹祸

那些天，宪宗一直都在犹豫，心中老是想着怎样安排那些刚刚召回的"江湘逐客"就职。其实在内心中，他并不喜欢这些人，时至今日还依然没有原谅这些人，只是为了满足贤相李吉甫的临终遗愿才情不得已做了这个决定。而当这些"江湘逐客"回到长安后，如今，在究竟如何任用他们这一问题上，他又有些举棋不定，甚至有些后悔把他们召回长安。

与宪宗一样，宰相武元衡这期间也有些闷闷不乐。

他觉得，宪宗只是为了满足李吉甫生前遗愿就让刘禹锡等人趁机起复，实在是考虑欠周。但宪宗诏令已下，这回他不能再驳圣上的面子，只能暂且忍耐，等待时机再作应对。

就在这时，中书舍人李逢吉这天晚上突然悄悄来到武元衡府邸，说有要事相告。

李逢吉长得很是清秀，可以说有些仙风道骨的样子，胡须很长，梳理得很整洁。不像很多高官，李逢吉不喜欢佩戴饰物，连御赐的紫金鱼袋都不挂，只是在腰间挂了很小的一块玉佩。他才思俊丽，能文工诗，虽然也算是一个才子，但为人却是十分刻薄，狡狯阴冷，心机颇深。在内心中，武元衡其实一直不喜欢他，但是，就因为觉得他阴险，平时又掌侍进奏，参议表章，是圣上面前的红人，故而平时对他都尽量表现得客气，从不愿得罪他。但除了公事，私底下两人几乎从不来往。

武元衡有些诧异，不知道李逢吉今晚何故突然造访。

两人见面后，略略寒暄几句，李逢吉便直奔主题，从怀中掏出一首诗来，呈给武元衡看。

武元衡一看，是刘禹锡写的《玄都观桃花》诗，他反复看了两遍，也没看出诗中有什么问题。

李逢吉这时便说："武相公请仔细品味！人言桃花轻浮，为花之下品者。那日玄都观中群贤毕至，复召官们也都前来拜谒，这'无人不道看花回'岂不是以下品之桃花暗喻朝中群贤，并嘲笑同僚是轻浮之人吗？"

"嗯？"武元衡当即眉头一耸，但看到李逢吉一脸阴笑，这时就故意说："不会吧？一首小诗，何必牵强附会？"

李逢吉早知道武元衡与刘禹锡以及柳宗元之间的过节，这种时候便存心偏要哪壶不开提哪壶。"怎么不会？"他冷笑一声，眼神益发显得难以捉摸，"相公再看'玄都观里桃千树，尽是刘郎去后栽'这句，岂不是嘲讽相公您等都是在他刘禹锡走后才被提拔上来的吗？他刘禹锡分明就是含沙射影！"

这正击中了武元衡的痛处。永贞革新时，武元衡因不屑于与王叔文一党为伍，被贬为太子右庶子，官居原本是自己的下属刘禹锡之下，待王叔文一党尽贬之后，才官复原职，重任御史中丞，后升职为宰相。就因此，一向心高气傲的武元衡认为受了奇耻大辱，由此对王叔文以及刘禹锡恨之入骨。

武元衡顿时冷笑道："刘禹锡啊刘禹锡，你真是茅厕里的石头又臭又硬，死不悔改，被贬这么多年，如今侥幸让你回归，你却又无事生非、没事找事，竟敢讽刺朝臣，那就休怪本官对你不客气了！"

一听这话，李逢吉脸上顿时露出一丝阴笑，但转瞬即逝。

武元衡看在眼里，他知道一向心术不正的李逢吉今天特意跑来告密，无非是想利用自己来借刀杀人。而李逢吉之所以要这样做，其一是要报当年刘禹锡在得志时对他李逢吉的轻慢之仇；其二则是他预感到刘禹锡、柳宗元、韩泰等这些"江湘逐客"一旦回朝为官，以刘禹锡等人的资历、威望与才干，很可能会宣麻登相，挡住自己的晋升通道。这是他李逢吉最不愿看到的，于是为防患于未然，他便开始提早出手，企图一击制胜。

政治看似高深莫测，其实说白了就是利益的博弈，是各个利益主体之间的相互算计、相互角逐，你争我夺。其中的借口、手段与行径或冠冕堂皇，或卑鄙下流，玄妙莫测，真是洋洋大观，令人眼花缭乱。

在对待刘禹锡一事上，李逢吉有李逢吉的算计，武元衡有武元衡的考量。武元衡虽然在内心中一向看不起李逢吉动辄喜欢告密的卑劣的小人行径，但是如今，他也想利用刘禹锡的桃花诗做点儿文章。于是，当晚他就写好了奏折，第二天早朝便上书宪宗，要求宪宗开延英殿商议此事。

延英殿是大明宫内宫的宫殿之一，中唐以后，下朝之后的时间里皇帝如果认为有重大事情需要商量时，会让大臣到延英殿议事。而大臣们如果认为有紧急情况需要面见圣上，也可以写下奏表要求开延英殿，这种奏表叫作"牓子"。

进到延英殿，武元衡忽然长跪不起，当即磕头伏地奏道："左降官刘禹锡蒙恩复召，非但不感激皇恩浩荡，痛改前非，反而在玄都观赏花后写诗大放厥词，无视圣上临朝十年来求贤若渴、拔擢满朝贤良之事实，污蔑我主昏庸，将我圣朝君臣全都讥讽为他刘禹锡走后所栽之品格低下的桃花！……"

此刻，内侍宦官陈弘志正站在宪宗身边，他注意到，在武元衡说话时，已经在御案前坐了许久的圣上竟一动不动，脸色非常难看。这时他禁不住突然浑身一阵战栗。他太熟悉宪宗了，宪宗一直是个豪爽的人，这样沉默，不是他的性格。

宪宗对王叔文一党本就一直不爽，这时听了武元衡的上奏就更是怒火满胸。他想，你刘禹锡骂遍群臣也就罢了，竟然还把寡人也顺带给骂了。这千株桃树里面有没有寡人呢？就算没有，那么这千株桃树又是谁种的呢？当然是种桃道士了。宪宗喜好佛学，难免想到刘禹锡是在用道士影射自己崇尚佛学。如此一想，顿时怒从心头起，恶向胆边生，拍着御案道："刘禹锡真乃大胆轻薄之狂徒！朕要重重治他！"

按说，即使刘禹锡犯上，罪也在他一人，与他人无关。但宪宗这些日子正想对王叔文余党再行贬谪，只是一时找不到借口，如今，刘禹锡自撞枪口，宪宗心中窃喜，正好以此为借口，立即将王叔文余党中如今还活在人世的五位司马再次逐出朝廷，远贬天涯！

于是，在沉默良久后，宪宗正色颁下圣旨：

以虔州司马韩泰为漳州刺史；

以永州司马柳宗元为柳州刺史；

以朗州司马刘禹锡为播州刺史。

…………

表面上，五个人都由司马升为刺史，相当于现在的市长，但实际上任职之地却比原先更为穷困偏远，无疑是虚擢实贬，明升暗降！

诏书下达后，不仅刘禹锡、柳宗元等"五司马"如五雷轰顶，即使满朝文武也吃惊不小，深感意外。

惊闻此事，柳宗元悲从中来，痛哭失声，不是为自己，而是为禹锡。他深知，播州地处黔北，只有五万户，极度荒凉，是大唐疆域内下州之中的下州。跋山涉水，他想，如此一路颠簸地前往播州，梦得风烛残年的母亲肯定会有去无回。而撇下老母无人奉养，梦得也一样难逃不孝的恶名。他悲愤于这种积毁销骨的迫害，不忍见禹锡穷愁无措、见死不救，思索再三，便毅然跑去找到御史中丞裴度，向他跪求道："裴中丞，毕竟您是次对官，诏下后可以面圣奏对。下官有一不情之请，愿中丞代为奏上！"

"子厚所奏何事？"

"梦得有老母在堂，若赴远地，定会生离死别。事到如今，'忠'已不可得，不可再失'孝'。而某高堂已逝，无须分心，故愿以柳州与播州相换，某为播州刺史，让梦得柳州刺史，如此两相适宜，烦请中丞奏请圣上恩准！"

都说高山流水，知音难觅，而刘禹锡和柳宗元无疑是这世上真真正正的千古知音！

裴度一听大为感动，眼圈一下子就红了，遂向柳宗元长作一揖，感慨道："柳子厚胸怀大义，感人肺腑。某虽春秋稍长，但却从贤弟身上头回见识什么是真朋友，什么是真友情。度与刘老夫人家族渊源深厚，与梦得也交情匪浅，有贤弟作为楷模，今日不惜死谏，也要为梦得一事尽某全力！"

于是，裴度慷慨激昂，当即就去面圣。见到宪宗，他替刘禹锡求情道："播州实在是太偏远了，那是未服王化的野人住的地方。刘禹锡的老母亲今年已八十多岁了，多半是不能前往了，现在看来是要和刘禹锡永别了。"说着，裴度长叹一声，潸然泪下，然后哽咽着说："刘禹锡这是咎由自取，但可惜，他的老母亲何罪之有？"

见宪宗没说话，裴度这时又说："陛下也是孝子，近日太后凤体违和，陛下亲侍汤药，为天下人之榜样。今若令刘禹锡母子生离死别，这恐怕会让天下人背后议论说陛下有悖孝道。故此，臣斗胆请求，让刘禹锡到稍微近一点的地方任职。"

宪宗对裴度一直都很赏识，李吉甫早逝后，他已有心让裴度宣麻登相。而且，刚才听裴度动之以情、晓之以理地这么一说，他也觉得自己对刘禹锡确实有点过分，人家不就写了那么一首诗吗？对他至于要那么严惩吗？但自己金口玉言，总不能承认自己做过分了，于是就欲扬先抑，铁青着脸道："哼哼，他刘禹锡还算是孝子吗？有他这么做儿子的吗？做儿子首先便要为亲人多考虑，处事要谨慎，不要鲁莽，不能让亲人担心受累。哪像他这样，只会哗众取宠，贪图一时口舌之快，说话的时候全然不顾自己八十岁的母亲，哪谈得上孝道？"然后，踱着步，想了想，叹口气道："好，朕就依爱卿所言。柳宗元虽是罪人，但知孝义，值得称道，仍令其出刺柳州。刘禹锡改授连州刺史，令其到任后务必改过自新，勿使高堂再添烦忧！"

连州（在今广东）虽然比播州（在今贵州）更远，但无论是自然环境还是经济条件等，都比播州要好许多，两州自然不可同日而语。贞元十九年，韩愈被贬出京的时候也是在连州，当时他是在连州的阳山做县令。刘禹锡的地位待遇自然比当年的韩愈要高许多了，这也算是令大家都能够勉强接受的一个方案：从五万户的州刺史，到一个十万户的州刺史，怎么说都算是升官了。

裴度心想，这下好歹可以对刘禹锡以及他母亲有所交代了。

56 千古知音

都说患难见真情，其实，患难也是对人心、人性的大考验。

再次被贬，虽然对于刘禹锡来说，是又一次精神上的折磨和打击，怎么说都是人生中一种很大的不幸，但是，他却因此认识了两个真正意义上的朋友，一裴度，一宗元，知道了在这世上，什么才是真情，什么才叫友爱。

才回到京城，竟又被贬，这让刘禹锡颇感意外。从此一别，他不知道此后自己的双脚还能不能再一次踏入长安。

此时此刻，刘禹锡感到自己最对不起的就是自己的母亲。

"娘，儿子对不起你！"临走的前一天，禹锡走到已经八十多岁的母亲身边，想到母亲真正已是风烛残年，如今又要跟着自己远走天涯，贬谪他乡，心里感到异常愧疚和难过。于是，他含着泪对母亲说："娘，禹锡对不起你，如今又要让您跟着儿子受罪了！"

母亲卢氏一直通情达理，深明大义，看得出，她的心里也很失望，也很难过。而且，身为母亲，她更为儿子禹锡的前途和命运担忧。但在这种时刻，她却竭力控制着自己的情绪，安慰禹锡说："吾儿休要自责，也不要过分难过！"

老人家用自己的双手颤巍巍地扶着禹锡的双肩，深情地凝视着自己的儿子，开导道："既然事已至此，吾儿何必自责？何况，自责又有何用？儿呀，哪里黄土不养人？哪里黄土不埋人？莫非离开长安，就没有天地了？就没有咱娘儿俩的活路了？人生一世，睁眼闭眼就是那么一口气。既然活着，吾儿就要好好活着，快快乐乐地活着，乐乐观观地活着！把自己活出滋味来！活出意义来！"

"娘，儿子听您的话！禹锡懂了，知道以后该怎么做了！"因为内心激动，刘禹锡这时走上前，和母亲紧紧抱在一起。

"这才是我的儿子！男子汉，大丈夫，什么时候都不要泄气！不要悲观！"

听了母亲的话，刘禹锡很是感动，并为自己能有这样一位母亲而感到骄傲，同时，也更加懂得什么才是母爱。

是的，人在最失意、最落难的时候，如果只剩下最后一个人还在关心你、安慰你，并不冷眼看你，不以势利看你，对你不离不弃，对你呵护备至，那么，这个人一定就是自己的母亲。

又要走了！

刘禹锡便赶紧收拾好行装，收拾好心情，竭力振作了精神准备上路。

恰好柳宗元也要南下，于是两人约定一起离京赴任。

临走的时候，门前冷落，没多少人来送他。同侪也都不敢和他来往了，毕竟这种时候谁都想和他撇清关系，划清界限。

挚友相携出了长安，一路南行，来到衡阳。分手在即，经历了几个月来的大喜大悲，重又置身古道西风，柳宗元潸然泪下，赋诗一首，为自己，也为挚友刘禹锡叹息。

> 十年憔悴到秦京，谁料翻为岭外行。
> 伏波故道风烟在，翁仲遗墟草树平。
> 直以慵疏招物议，休将文字占时名。
> 今朝不用临河别，垂泪千行便濯缨。

本是少年得志，却偏偏仕途偃蹇，功业无成。看大雁北飞，感归程无望。听哀猿悲鸣，觉愁肠寸断。面对同样伤恸的挚友与知音，刘禹锡深情作答：

> 去国十年同赴召，渡湘千里又分歧。
> 重临事异黄丞相，三黜名惭柳士师。
> 归目并随回雁尽，愁肠正遇断猿时。
> 桂江东过连山下，相望长吟有所思。

友人情深义重的答诗，让柳宗元心潮起伏。回想少年意气，宦海沉浮，真耶？幻耶？是耶？非耶？刺史比起司马，官职固然是升了，但又何尝值得欣喜？他们已经痛感朝廷敌意之深、压迫之重。今日一别，山高水远，前路茫茫，相见何时？此时此刻，柳宗元真想学陶渊明归去来兮，如能与刘禹锡一起归隐田园，比邻而居，那将是一种什么样的幸福啊！

古人云"黯然销魂者，唯别而已矣"，此时此刻，柳宗元依依不舍，心情沉痛，一气写下了《重别梦得》和《三赠刘员外》：

> 二十年来万事同，今朝岐路忽西东。
> 皇恩若许归田去，晚岁当为邻舍翁。

> 信书成自误，经事渐知非。
> 今日临岐别，何年待汝归？

读着柳宗元俨然用泪水写成的诗句，刘禹锡百感交集，万箭穿心，于是也写下《重答柳柳州》《三答柳柳州》作答：

> 弱冠同怀长者忧，临岐回想尽悠悠。
> 耦耕若便遗身老，黄发相看万事休。

> 年方伯玉早，恨比四愁多。
> 会待休车骑，相随出罻罗。

自古多情伤离别。更何况，有"雁回头"之称的衡阳自古就是伤心离别之地。在这里，他们依依不舍，彼此倾诉着安慰着，抒发着郁结在心头的离恨和患难与共的情意。天涯沦落，英雄相惜。此情此景，真是感人肺腑，催人泪下。

要走了！分手的时刻，两人抱头痛哭。

"梦得，今日一别，我不知道以后还能不能再见到你？"柳宗元泣不成声。没想到竟一语成谶，到柳州不久就与世长辞！想想也真的让人心酸，这些年来，因为遭受了那么多的灾难，父母离世，年轻丧妻，长期遭贬，特别是政治失意、壮志难酬，对柳宗元的身心伤害很大，即使是铁打的身体也经受不住这样的人生折磨！

这时候，刘禹锡也早已泪如雨下，他抽抽噎噎地安慰柳宗元道："子厚，你我虽命途多舛，屡遭劫难，冤深似海，但请再想，陈伯玉（陈子昂）在我们这样的年纪已经冤死狱中！你定要好好保重，勿忘你我约定：待告老还乡后，还做邻居！"

世人往往都误以为文人只知道写诗作文，百无一用，一句"文人"往往故意把文人贬得一钱不值，在政治上不啻是把文人打入了冷宫。但其实，真正的文人往往都世事洞明，人情练达，都很有政治才干，无论是唐朝的刘禹锡、柳宗元、白居易，还是宋代的欧阳修、王安石、苏东坡等，他们在朝在野都颇有政绩，政声卓著。

第二次被贬，刘、柳以安邦之才出刺荒州，尽职尽责，颇有惠政。尤其是柳宗元在柳州，释放奴婢，教化百姓，修缮学宫，整治道路，植树掘井，发展生产，大得柳人敬爱。无论是在柳州还是先前在永州，他都热心指点、悉心教诲青年学子，以至于"衡湘以南为进士者，皆以子厚为师"。而刘禹锡治理连州也有声有色，由于他注重农耕，兴修水利，轻徭薄赋，使得连州那些年连年丰收，财力大增。

闲暇时，刘、柳两人依旧相互关怀，诗文唱和。柳宗元留下的一百多首诗中，题赠刘禹锡的就有十多首。

元和十四年（819 年），也就是刘禹锡出为连州刺史的第四年，刘禹锡不幸痛失慈母。

刘禹锡的母亲卢氏出身范阳王族，虽然可谓是大家闺秀，从小习得诗书，娇生惯养，但一生却颠沛流离。年轻时从夫，由于安史叛乱，她和丈夫刘绪被迫从洛阳逃难到了南方，从此远离故乡；年老时本想叶落归根，在洛阳老家安度晚年，谁知又因为独子刘禹锡一贬再贬，这使她又不得不老年从子，跟随禹锡流放蛮荒之地。

就因此，这些年来，刘禹锡一直深感愧疚，觉得自己对不住母亲，每当想到她老人家这么多年跟着自己遭了那么多罪，内心就隐隐作痛。

在母亲病重的日子里，刘禹锡几乎推开所有的公务与应酬，夜以继日地陪侍在她的身边，想为母亲尽人子最后的孝道。

因为知道自己行将不久于人世，那天老母亲忽然拉住他的手，声音微弱地与他作永远的告别：

"禹锡吾儿，娘要走了，不陪你了。"

禹锡一听，顿时心如刀绞，"扑通"一声跪倒在母亲的床前，一时泪如泉涌："娘，是禹锡对不起你，儿子不孝，这么多年，是禹锡让你遭了这么多罪啊！"他紧紧握住母亲的手说。想到这么多年母亲跟着自己身在异乡吃苦受罪，即使到死也不能回到故乡，这时候，他再也无法控制住自己，浑身颤抖着呜咽了起来。

"吾儿休要自责。你没有错，错的是这个时代、这个世道。吾儿只要问心无愧就够了。这些年来，吾儿孝心可嘉，娘从没怪过你，娘也不应该怪你。吾儿忠君体国，除邪去害，何罪之有？唉，娘到死都坚信不疑，终有一天，圣上一定会回心转意，重用贤良。娘也坚信，任何朝代都需要报国的忠臣，需要治世的贤良！"

最后，娘走得很平静，很安详。临走的时候，她只是不放心禹锡，用尽平生最后的力气，紧紧握住禹锡的手：

"禹锡吾儿，娘走了。娘走后，你要照顾好自己，好，好，活，着！"

闻知噩耗，柳宗元三次派人往连州致祭，致书殷殷相劝，并约定待刘禹锡扶柩归乡丁忧至衡阳时亲往吊唁。

然而，让刘禹锡怎么也没想到的是，柳宗元竟然没能兑现自己的诺言！

说来真是好人不长寿，恶人恶千年。这天，刘禹锡扶着母亲的灵柩来到衡阳，行至前年他与宗元分手处，想与子厚再见上一面，但令他万万没想到的是，在这里他见到的不是挚友，却是从柳州来递送讣告的信使。

"你家员外呢？子厚他，他为什么没来？"一时间，刘禹锡忽然有种不祥的预感。

信使听了，忽然大哭失声："使君，我家员外，没了！"

"什么？"刘禹锡一听简直无法相信，情急之下，竟指着这位信使的鼻子大骂，"你，你胡说！"待弄清确是事实后，他"惊号大叫，如得狂病。良久问故，百哀攻中"。

展读子厚临终辞情哀苦的遗书，禹锡痛不欲生。

柳宗元一生为官清廉，不积私财，英年早逝，竟然家徒四壁。在遗书中，他凄然写道："我不幸，卒以谪死，以遗草累故人"，遗嘱将自己生平文章全部交与禹锡，嘱禹锡代他整理遗稿、编印文集，并将两个还很年幼的儿子托付给禹锡代为抚养。

随即，刘禹锡特意取道柳州，含悲忍痛，安排柳宗元的后事，几番哭倒在柳宗元灵前。他驰书韩愈，托其为共同的朋友撰写墓志铭，接着又向死者生前好友分送讣告。后来带着子厚的两个儿子回到洛阳，他依旧在深夜"南望桂水，哭我故人"，字字血，声声泪，写下了感人至深、流传千古的《祭柳员外文》。

八个月后，柳宗元归葬万年先人墓侧，刘禹锡携亡友遗孤前去祭奠，又写下了《重祭柳员外文》。从此，他不负重托，视友人子如同己子，用心用情全力将柳宗元的两个儿子抚养成人，并呕心沥血编辑柳宗元诗文集，传之于世。

对英年早逝的友人的怀念，并未随着时光的流逝烟消云散。几年后，再过永州，禹锡徘徊于宗元当年卜居的愚溪草堂，触景伤情，心情沉痛，写下了三首沉郁凄恻传之千古的《伤愚溪》。

> 溪水悠悠春自来，草堂无主燕飞回。
> 隔帘惟见中庭草，一树山榴依旧开。
>
> 草圣数行留坏壁，木奴千树属邻家。
> 唯见里门通德榜，残阳寂寞出樵车。
>
> 柳门竹巷依依在，野草青苔日日多。
> 纵有邻人解吹笛，山阳旧侣更谁过。

那天，残阳下那一曲哀笛声中，早生华发的刘禹锡吟咏着他的《伤愚溪》，想着他与柳宗元的深情厚谊，以及当年两人风华正茂、意气风发、踌躇满志地在贞元革新中的所作所为，悲不自胜，感慨万端，久久地，久久地不忍离去……

57 刘禹锡的渴望

刘禹锡似乎与连州有着不解之缘。当初，永贞革新失败后，他先被贬为连州刺史，尚未到任，途中又被贬为朗州司马。十年之后，因为"桃花诗案"，他又被贬为连州刺史，这次终于到了连州。这冥冥中，或许就是"缘分"。

说来，真是"诗人不幸连州幸"，如同朗州一样，连州不仅因刘禹锡的到来而获益于当时，更因为"诗豪"而扬名于后世。清乾隆本《连州志·名宦传》说："吾连文物媲美中州，禹锡振起之力居多。"

的确，刘禹锡牧连州四年半，政绩斐然，到连州上任之后，他即深入民众，体察民情，勤廉守政，力行教育，为发展连州做出了历史性的贡献。

在连州期间，刘禹锡主持修整了海阳湖，增置吏隐亭、芙丝瀑布等亭台水榭十景。公务之余，他与友人畅游其间，作有《海阳十咏》等诗歌。"剡溪若问连州事，惟有青山画不如！"这是刘禹锡对风光如画的连州发出的由衷赞叹。作为连州刺史，他十分关心关爱群众尤其是少数民族同胞的饥寒饱暖。这在他所写的《插田歌》《采菱行》《连州腊日观莫徭猎西山》和《蛮子歌》等诗歌中都可以窥见一斑。

然而，虽然"为官一任，造福一方"，但志存高远的刘禹锡却依然历经苦难，痴心不改，始终"身在江湖，心存魏阙"，虽被贬连州，但他的注意力仍集中在国家命运和人民疾苦上。

在刘禹锡牧连州四年半及因母丧丁忧离官的三年期间，朝廷发生了许多震惊天下的大事，先是宰相武元衡被藩镇所派刺客在光天化日之下刺杀，几年后宪宗本人也被自己一向倚重和宠信的宦官陈弘志以及宦官背后的势力集团所害。此时的大唐真的已经是风雨如磐，危若累卵，气数将尽。

武元衡被刺杀一事，发生在刘禹锡刚到连州不久。

那是元和十年（815 年）六月，长安城内发生了一件惊天动地的大事。这天早晨，宰相武元衡在上朝的路上被人刺杀，暴尸街头，御史中丞裴度也被打成重伤，侥幸活命。案件很快告破，此事的幕后指使者原来是平卢淄青节度使李师道。

事件的起因要追溯到元和九年，淮西节度使吴少阳死，其子吴元济举兵反叛，平卢淄青节度使李师道和成德节度使王承宗都在暗中支持吴元济反叛。几个人原本欺负朝廷软弱，不敢用兵，只会妥协，想到时狮子大开口，讹朝廷一把。

但没想到宪宗闻知此事，雷霆震怒，而宰相李吉甫也是一个强硬的主战派。李吉甫猝死后，接任的武元衡也主张以硬碰硬，绝不姑息。朝廷派军讨伐吴元济后，连战连捷。无力对抗朝廷的吴元济在惊慌失措中，只有向李师道和王承宗连呼救命。

接到淮西求救的书函后，李师道和王承宗数次上表，请求宪宗赦免吴元济。可表文如石沉沧海，再没有激起什么动静。到这种时候，吴元济慌了，王承宗沉默了。

怯懦的李师道此时自然也如同热锅上的蚂蚁。他的门客建议行刺武元衡，说皇帝如此坚决地展开雷霆行动，关键是有武元衡的辅佐。如果武元衡死了，谁还敢再来打？

当时的朝廷，宪宗削藩的意志坚定。自从李吉甫去世后，武元衡掌握了最高军事指挥权。

李师道想想也是，于是便采纳了门客的建议，开始酝酿一个天大的阴谋。

元和十年六月初三，天光熹微。力主用兵淮西的宰相武元衡和往常一样，出了府邸，翻身上马，前往大明宫上朝。就在出靖安坊东门的那一刻，没想到几个蒙面人突然从树丛中蹿出，挥起木棒，狠狠地砸在武元衡的左腿上，武元衡顿时从马上摔落下来，其中一个蒙面人手起剑落，将倒地的武元衡的头颅一剑割下，装进早已准备好的木匣，立即逃之夭夭。

闻讯赶来的金吾军举起火炬，只照见宰相的尸身，正横在一片触目惊心的血泊里。而刺客已割下了他的头颅，杳无踪迹。

夜漏未尽，目睹惨状的早行路人惊骇万分，无不厉声狂喊："贼人把宰相给杀了！"

几乎是在同时，另一位大臣裴度也在通化坊遇刺。

说来也真是幸运得很，确乎冥冥中若有神助。那时的长安男子以戴扬州毡帽为时尚。裴度以前从不喜欢戴帽，但那天清晨出门时，他却戴上广陵师昨日刚送给他的那顶扬州毡帽，才出坊门，刺客就一刀砍在他的毡帽上，裴度顿时跌下马来。刺客以为裴度已死，驱马赶回来想割头颅。跟在裴度身后的仆人王义，这时慌忙用身体挡住主人。刺客上前又是一刀。王义一边大声呼救，一边用臂膀抵挡，刺客将王义当场砍翻，慌忙逃走。

这天，如果没有厚实的毡帽和仆人的舍己救主，裴度一准儿会和武元衡一起共赴黄泉。所幸吉人天相，大难未死。

天明时分，李纯的玉辇刚到紫宸门，就遇到匍匐路上的几个大臣。乍闻噩耗，如遭雷殛的李纯半天都没说出一句话来。平定刘辟时的宰相杜黄裳去世多年了，接替杜黄裳的李吉甫也在去年病故。时下与藩镇的争斗中，武元衡是他最得力的大臣。谁能想到，刺客竟然在长安公然行凶，断其股肱，何等嚣张！

早朝随即被取消了。当几个宰相走进阴森森的延英殿，只看到一个泪流满面的天子。金樽玉馔摆满了案几，却什么也没动过。伤心的李纯已在御床上恸哭了很久，再也哭不出声音了。泪水流淌进嘴里，苦涩的咸味，一直流淌进了这位大唐天子的心底。

然而，宪宗李纯不是他爷爷德宗李适，他并没有逆来顺受，被藩镇的嚣张气焰给吓住，也没有与藩镇妥协，而是决议要将削藩进行到底。案发三天后，他就委任大难不死的裴度接任宰相，把平定淮西藩镇的重任全权交给裴度。

虑事周全、行事果断的裴度没有辜负宪宗的期望，他誓死削藩。元和十二年（817年）十月，他命令李愬雪夜奇袭叛军巢穴蔡州城，活捉反叛朝廷的吴元济，一举平定淮西叛乱，从而在中唐削藩中取得了重大胜利。

但是，诚所谓"明枪易躲，暗箭难防"，虽然几次较量，宪宗都先后赢了向他叫板的藩镇，但最终却莫名其妙地彻底败在了他一向宠信的宦官手里。元和十五年（820年）正月庚子这天晚上，这位被称为"小太宗"的大唐天子竟突然在大明宫中莫名其妙地死去。

皇帝猝死，当时都说是心腹随侍太监陈弘志谋杀了皇帝。陈弘志乃武功高手，此人很少言语，但却阴险毒辣，每天都和宪宗形影不离，对他的生活习惯再清楚不过。他若是谋害宪宗，实在易如反掌。

那么，宪宗究竟是否陈弘志所害？史官对此讳莫如深，对这件事没有只字记录，以致详情不得而知。

对于中晚唐的天子而言，如果说割据一方、拥兵自重的藩镇是狮子和猛虎，一不小心就会朝他扑来，咬不死他也会咬伤他的话，那么，宫中那些不男不女、不阴不阳的宦官以及后妃则像一些毒蛇和蝎子，不知什么时候就会在他的背后直接置他于死地。这真是中晚唐天子的悲哀，也是整个大唐帝国的悲哀。

闲话少说，却说宦官陈弘志之所以要谋杀宪宗，据说是受宪宗的贵妃郭氏幕后指使。而贵妃郭氏之所以要谋杀亲夫，其实也是迫不得已。因为郭氏乃是尚父郭子仪的孙女，元和八年（813年）十二月，百僚拜表请立郭贵妃为皇后，凡三上章，但宪宗却一直借故拖延。

那么，为什么郭氏以原配身份，却始终无法晋位为后呢？新、旧唐书告诉我们，李纯好色。他担心郭氏一旦成为皇后便会利用中宫的权威，钳掣自己征歌选色、寻欢作乐——这当然是问题的一个方面。问题的另一个方面则是——像李纯这样一位强势人物，其实一直都在小心提防着在自己的后宫出现同样强势的女性，不愿当年武则天的悲剧在大唐的后宫重演。

不仅立后问题久拖不决，在立储问题上，宪宗也一直没打定主意，因此严重惹恼了贵妃郭氏——自古以来，皇帝的女人总是想方设法要做皇后的，以郭家的功勋富贵，却迟迟做不了皇后，郭氏能不怨恨？而迟迟成不了皇后，即意味着她的儿子也就成不了太子、储君和将来的皇帝。那些日子里，郭氏做梦都在担心，夜长梦多，自己一天天老去，年老色衰，一旦哪天皇帝喜新厌旧，头脑发热，势必会册立另一个年轻漂亮的女人为皇后，另一个皇子为太子。倘若真是这样，那么等到宪宗百年之后，自己和自己的儿子就很可能人头落地……

原来，自元和十四年（819年）开始，渐渐地染上李唐王室遗传疾病——风疾也即高血压的宪宗受道士蛊惑，一心服用丹药，追求长生不老。由于丹药作用，他的性格变得越来越喜怒无常，动辄打骂身边的宫女与宦官，包括陈弘志。而在立储问题上，宪宗又总是表现得犹豫不决。政治斗争，在后宫中一点都不逊色于朝堂之上。于是乎，在近乎绝望中，满怀怨恨与愤怒的郭氏只有痛下决心，索性谋杀亲夫。而宪宗死后，即位的穆宗，正是郭后的儿子，"母以子贵"，郭氏正是因为儿子当上了皇帝，才名正言顺地成为太后。

盖棺论定，宪宗也好，武元衡也好，其实都极有才干，也很有作为，犹如大唐回光返照的"元和中兴"就是宪宗李纯以及他所任用的一批贤能的宰相包括武元衡殚思竭虑所创造的。由此可见，宪宗以及武元衡包括之前李吉甫的死，委实是大唐社稷不可估量的损失。

从某种意义上说，武元衡以及宪宗李纯的死，对于刘禹锡以及其他"王叔文余党"来说，都是一个意想不到的"利好"。因为，戴在他们头上的"紧箍咒"从此可以彻底解除了！

但是，当接连听到武元衡以及宪宗李纯被害，本能地，刘禹锡的内心还是感到了吃惊，感到了愤怒！

这天，连续几场暴雨过后，刘禹锡到连州城外的湟水边沿路察看江边村庄的灾情。在江堤上行走的时候，他看到一只苍鹰久久地在天空中低低地盘旋。没走多久，他忽然看到这只苍鹰猛然落了下来，凌空扑击，轻飘飘地掠过江面，犹如会轻功一般慢慢滑行。一对翅膀完全张开，足足有三米多。两只鹰爪，如铁石一般伸入水中，很快便又扑扇着翅膀腾空而起，但此刻，它尖利的爪中已然抓住了一条鱼。

这只苍鹰的整个出击过程不过两三秒，迅捷凌厉到了极点，真是来去如风，一击必中。而那条肥鱼，被苍鹰的爪子深深刺入，却仍然未死，在空中拼命扭动着身体，做垂死的挣扎。

刘禹锡平生还是第一次看到这样一种场景，顿时，就被这只苍鹰凶悍威猛的气势震撼了！

这个时候，不知道为什么，他忽然想到了被宦官害死的宪宗、被藩镇刺杀的武元衡，心中一下子升腾起一种强烈的渴望，渴望自己能够变成一只苍鹰，在如今这种危难时刻挺身而出，成为一个铁腕强势的人物，就像这只苍鹰一样突然腾空而起，迅速出击，而且一击必中，用力抓住宦官与藩镇这两头作恶多端的野兽，然后用那锋利的鹰爪彻底将这两只危害大唐社稷的野兽的脑袋击碎！……

是的，这是一个呼唤英雄也需要英雄的时代。

在内心中，刘禹锡一直渴望成为这样一个英雄，只可惜，他却始终无法成为这样一个英雄。

宪宗龙驭上宾后，穆宗于灵柩前即位，改元长庆，并大赦天下。

长庆元年（821 年），"八司马"中除已亡故的韦执谊、凌准、柳宗元、程异和正在丁忧的刘禹锡，韩泰由漳州刺史量移郴州刺史，韩晔由汀州刺史量移永州刺史，陈谏由循州刺史量移道州刺史，正式宣告终结了"八司马"永不量移的噩梦。

长庆元年冬，刘禹锡丁忧期满。当时，他的好友元稹任翰林学士、中书舍人，深受穆宗宠信，经由元稹等好友设法，刘禹锡也终于由连州刺史量移夔州（今重庆奉节县）刺史。

58 "尔曹身与名俱灭"

　　宪宗崩殂后，刘禹锡曾对新即位的穆宗李恒寄予过厚望，为此他曾几次上疏，阐述自己治国理政的思想与主张，希望能革故鼎新、兴国安邦，同时，经过详细的调查研究，他还提出了一份发展夔州经济、文化的建议。但是，因为远离京城，他却错误地估计了江山社稷在这位年轻天子心目中的位置。

　　说来，唐朝自宪宗以后，往后的天子真是麻布袋、草布袋，一袋（代）不如一袋（代），后来的皇帝已经完全不是比贤，而是比烂，简直就是一个比一个烂。唐朝自此也已经无可避免地完全滑入万劫不复的深渊。

　　穆宗即位以后，这位从小生长在宫中、平时只知道游戏享乐的纨绔天子对宴饮游乐表现出异乎寻常而且经久不衰的喜好，而且大兴土木，劳民伤财。登基不过两年，这位荒淫无道的天子几乎就将皇城和京中寺庙全部翻修一新，且每日兴师动众，流连赏玩于琼楼玉宇之间，常常大开宴席，挥霍无度。

　　群臣见朝政日渐废弛，而奢靡之风日炽，实乃国家败亡之象，于是纷纷上疏，乃至面折廷争，然穆宗却不急不恼，依然故我，我行我素。

　　闻知今上歌舞升平、游宴无度，刘禹锡身在夔州除了痛心疾首，常发感叹，却也无可奈何。于是这期间公干之余，他便静下心来，减少交际应酬，按好友子厚遗愿，花了大量时间和心血精心整理柳宗元的遗作。

　　"士穷乃见节义"，"一生一死，乃见交情"，所谓的"高山流水"，俞伯牙与钟子期的故事不过是个传说，而刘、柳二人堪称真实版的千古知音。刘禹锡为柳宗元抚养遗孤，并为亡友整理文集，以及他俩生前那种真正患难与共的友情，千百年来，也不知让多少表面称兄道弟的所谓好友汗颜！

　　在整理柳宗元文集时，他的眼前和耳边经常会出现好友柳宗元的音容笑貌，一次次情不自禁地诵读柳宗元那些掷地有声、饱含人间真情的绝妙诗文，想到与自己同病相怜的好友蹭蹬的仕途与不幸的命运，想到子厚壮志未酬却含恨九泉，刘禹锡总是禁不住扼腕长叹！而他由连州量移到夔州上任的途中，与好友李程相见时的那番谈话也时时萦绕在耳边，让他感慨万千！

原来，从洛阳去夔州上任，鄂州为必经之地。鄂岳观察使李程获悉刘禹锡将赴夔州，便早早派使者在道路旁迎候。

刘禹锡为人豪爽，乐于助人，一向人脉很广，在朝野内外故友甚多。李程便是其一。

李程长禹锡七岁，当年曾与刘禹锡、柳宗元、韩愈等同在御史台为官，且关系甚好。永贞年间，李程任翰林学士，与王叔文有矛盾，在顺宗"禅位"时也"功不可没"，但后来刘、柳被贬，李程却很是同情，常寄书信及诗文抚慰。

柳宗元逝世时，李程因故不能前往柳州祭奠，曾托刘禹锡代作祭文，由此可见三人之交情。

久别重逢，在鄂州，李程竭力尽地主之谊，对刘禹锡盛情款待。有感于刘禹锡丧妻后孤身一人，多有不便，他便不顾刘禹锡再三推托，执意要将鄂州一青春美貌女子送给禹锡做妾，以便日后照顾起居。对亡友柳宗元，李程也是哀思无限，感慨唏嘘。

那天，两人谈到他们共同的好友，刘禹锡当即将藏在书匣中的柳宗元的一篇《愚溪诗序》并《八愚诗》拿给李程看。睹物思人，李程痛心疾首，沉痛吟道：

> 宁武子"邦无道则愚"，智而为愚者也；颜子"终日不违如愚"，睿而为愚者也，皆不得为真愚。今予遭有道而违于理，悖于事，故凡为愚者，莫我若也。夫然，则天下莫能争是溪，予得专而名焉。

李程仕途平坦，且为人也较圆通世故，故而胸中少有"块垒"，但读完柳宗元的《八愚诗》后却未免内心有愧，一脸赧然，感慨道："子厚胸怀经纬之才，能言治乱之史，能辨兴替之道，且在贬谪之地爱民如子，治政有方，颇有政绩，实乃聪明绝顶之人，竟将谪居之地命名'愚溪'，诗中句句不离'愚'

字，叫我等有何面目忝居方镇，尸位素餐？"说罢，摇着头一阵长叹。

这时，刘禹锡也感慨道："人言李表臣（李程字表臣）性懒而放荡，不修边幅，不重礼节，滑稽好戏，今读子厚之诗，方才彻悟，兄长以滑稽示人，掩藏锋芒以待明时，看似糊涂实聪明，其实是真睿智者！而我与子厚在贬谪之地才想通此理，其实才是真正愚钝之辈！"

李程赧然道："梦得兄过谦了！官场之中，见惯了虚伪势利之徒，很少有人能够不趋炎附势、见利忘义，而兄与子厚却能出淤泥而不染，国而忘家，公而忘私，利不亏义，没齿无怨，委实让我等自愧不如，肃然起敬！"

是的，性格决定命运。人的悲剧往往是性格的悲剧。以刘禹锡与柳宗元的才情，当时的大唐朝廷尽管人才济济，但能出其右者屈指可数。然就是因为他们太坚持自己的理想，太看重自己的名节，不愿见风使舵，不愿同流合污，不愿见利忘义，因而便难免一条路走到黑，其结果往往使自己穷途末路，陷入绝境。

刘禹锡、柳宗元当然都不迂拙，更非愚人，他们其实早就意识到了这一点，若是只想荣华富贵，只要不顾人格、昧着良心溜须逢迎、讨好卖乖、巴结权贵，甚至只要明哲保身就够了，但要他们改变自己，做到这样，却比杀了他们还难受！既然这样，也就注定他们的悲剧命运了。

当然，如果换个角度来看，其实也未必就是悲剧。当时，那些左右逢源、很会处事、八面玲珑因而仕途得意，官当得比他们大得多、日子过得自然也比他们幸福得多的人，倘若用历史的眼光去看，到最后其实比刘、柳不知要矮小卑微多少倍，而且转瞬即逝，倒是刘、柳浩气长存，彪炳史册，用杜甫的话说："尔曹身与名俱灭，不废江河万古流！"

这样说来，历史还是有情的，公正的！

今人能读到柳宗元的诸多好文，当然首先要感谢柳宗元本人，其次还应该感谢的无疑就是他的生死之交、重情重义的刘禹锡。来到夔州后，刘禹锡一面处理纷繁复杂的夔州政事，一面埋首案头，花了整整四年心血，于长庆四年（824 年）春终于将整整三十卷《柳宗元文集》整理完毕，付刻刊行天下。

说来也巧，这边，刘禹锡刚把《柳宗元文集》编辑完成，那边，长庆四年正月，穆宗李恒当了四年皇帝后就在 30 岁时一命鸣呼，由他的 16 岁的儿子李湛即位，庙号敬宗。

此时，刘禹锡好友李程出将入相，由鄂岳观察使升任吏部侍郎同平章事。

经李程举荐，敬宗大笔一挥，欣然同意刘禹锡由夔州刺史调任和州（今安徽马鞍山市和县）刺史，虽然仍只是平级调动，但出刺的州已越来越好，而且离长安也越来越近了。

59 西塞山怀古

说来，人是很容易忘记过去的。

元和十五年的料峭春寒已渐渐被人淡忘。天气回暖，世间的男女开始纵情享受起长庆时代的第一个春天。

阳春三月，春暖花开时节，郁郁的湿气从渭河的河面从终南山的林木间蒸发出来，被风一吹，让人感到春意融融。几乎冬眠了大半个冬天的长安城又开始光鲜亮丽、活泼繁华起来。平康里的柳陌花衢游人如梭，朱雀大街和横街上车如流水人如潮；通往城西南启夏门、延兴门的大小道路上也是游人如织、摩肩接踵。青骢马嘶，金铃犬吠，车水马龙，煞是热闹。

"三月三日天气新，长安水边多丽人"，此时，陇右虽然还是春寒料峭，但长安城内却早已是繁花似锦，姹紫嫣红。城南曲江池，烟波浩渺的水面被春风吹皱，泛起层层微澜。微澜涌动，彩舟穿梭，将上巳节的胜景点缀到了极致。

彩舟上面，统御天下的天子正凭栏远眺，浩荡的水面，绚烂的杏花，巍峨的浮屠，还有南国的莫愁佳人纵情袒露着温软的酥胸，以及那脉脉含情、满含诱惑的媚眼与莺莺笑语，一时不知吸引了岸上多少五陵少年、游园公子热辣辣的目光。……到了晚上，虽然实行严格的宵禁制度，偌大的长安城静悄悄的，但在大明宫内歌伎舞童却载歌载舞，纸醉金迷，淋漓地表现着长庆一朝的浇漓世风。

奢靡的春夜里，天子李宥（唐穆宗）很是惬意地坐在千叶牡丹的花海中，倚红偎翠，乐而忘忧地看着千叶牡丹，怒放出深深浅浅的红。还有数以万计的黄白蛱蝶，游戏花间。皎洁的明月光，照亮了花开蝶舞、千娇百媚的风流时光。呼吸着不知是花香还是女人幽幽的体香，李宥抑制不住心中的快意，忽然从牡丹中折了两小枝，分别插到身边两个风情万种、袒胸露乳的美人宝冠之上。

"此花尤能助娇态也！"

年轻的风流天子此时一边说着话，一边淫笑着拧了拧两个正依偎在自己怀里的红绿美人的肥臀，然后兴致勃勃地对给事中丁公著说："生逢盛世，如今士大夫饮宴游乐、沉湎于征歌选色的盛世景象真让人倍感欣慰呀！"

丁公著曾任皇太子及诸王侍读，著有《皇太子诸王训》十卷，听了自己这位学生的话后，一时忧愤交加，情不自禁地叹了口气，然后下意识地向这位成天只知道荒淫奢侈的天子摇了摇头，发自内心地说了句"不"！

是啊，男人最易纵酒好色，那些官场中的男人更是这样。所谓上有所好，下必甚焉。如果一国之君主沉湎酒色，耽于淫乐，那么，那些身在官场中的男人就会无所顾忌、无所约束、恣意妄为，而一个王朝的堕落乃至崩溃也就是可想而知的事情了。

的确，无论是大到一个国家一个民族，还是小到一个家庭一个人，兴旺与幸福从来都是靠奋斗与勤俭得来的。一个只知道奢靡享乐、纸醉金迷的王朝又怎么能够称为盛世呢？这样的王朝又怎么能够得以持久呢？

可是，一个从出生就待在宫中近乎"白痴"、压根儿不知道"哀民生之多艰"的少年天子能知道什么呢？他又怎么能听得懂自己曾经的"太子师"丁公著的盛世危言呢？

其实，并不只是穆宗李宥，在这世上，有多少人能够乐不忘忧、居安思危？又有多少人能够富而不奢、贵而不骄呢？

而一个王朝败落的明显先兆，往往就是酒和色情的恣意泛滥。

穆宗显然很享受这样的酒和色情，只可惜，天不假年，还只在位四年，时年也还只有 30 岁，这位早已被酒色掏空了身子的年轻大唐天子就驾鹤西去了！

说来，唐朝的气数这时真的已经将尽了。穆宗暴崩后，没想到即位的竟是小混混一个的李湛。李湛是穆宗的长子，从小在宫中慢慢长大的他也近乎白痴，不过，在游宴玩乐方面，比起他的父亲穆宗却毫不逊色，甚至有过之而无不及！

当此之际，大唐的国运可想而知。

却说刘禹锡离开夔州时，因为这些年在夔州爱民如子，多有德政，与当地民众结下深厚友谊，夔州百姓成群结队，自发赶来为他送行。淳朴的百姓都知道刘刺史为政一向清廉，从不收受礼物，于是男女老少夹道欢送，同时爱人及歌，一曲接着一曲地唱着刘禹锡在夔州三年来所作诗歌，诸如《竹枝词》《堤上行》《浪淘沙》，"长恨人心不如水，等闲平地起波澜""两岸山花似雪开，家家春酒满银杯""东边日出西边雨，道是无晴却有晴"……

"黯然销魂者，唯别而已矣。"这天，送别的歌曲一曲接一曲，直唱得人人动情，个个落泪，刘禹锡也情不自禁一次次热泪盈眶，并触景生情将一首情真意切的《别夔州官吏》留下来，赠给夔州的父老兄弟：

> 三年楚国巴城守，一去扬州扬子津。
> 青帐联延喧驿步，白头俯伛到江滨。
> 巫山暮色常含雨，峡水秋来不恐人。
> 惟有九歌词数首，里中留与赛蛮神。

有着家国情怀的中国传统知识分子一个最大的优点就是喜欢忧国忧民，用北宋范仲淹的话说就是"是进亦忧退亦忧"，始终抱持着一种入世的情怀和忠君爱国的精神。

刘禹锡自然更是这样。

在由夔州赴和州时，顺江而下，一路上他几乎很少想到自己，心里头老是不能忘怀的，都是一些天下兴亡、明于治乱的大事。

当船行到江水湍急、气势雄浑的西塞山时，刘禹锡特意吩咐船夫把船泊到岸边，然后一个人在没有路的路上向山上登攀。

西塞山，在今湖北省黄石市东面的长江边上，岚横秋塞，山锁洪流，形势险峻，是六朝有名的军事要塞。

公元280年，西晋大将王濬率水师从益州（今成都）出发，沿长江顺流而下，向孙吴发起了毁灭性打击，也是结束三国鼎立局面的最后一战。之前，吴国曾在今湖北大冶以东的西塞山江中据险设防，自以为固若金汤。谁知，这一番布置竟丝毫未能奏效。才只几天，看似固若金汤的东吴防线就被晋军凌厉的攻势突破。东吴都城建业（即金陵、石头城，今南京市）随即失守。吴主孙皓终于亲自主演男一号，演出了"肉袒请降"的可悲一幕。东吴也自此亡国。

登上西塞山，刘禹锡极目远眺，但见长江烟波浩渺，波涛汹涌，虽不见当年首尾相接的如云战舰，以及声震天地的喊杀之声，但古战场那种肃穆苍凉的气势依然摄人心魄，令人动容。遥想当年，王濬率军东征，顺江而下，所向披靡，纵然东吴在西塞山有铁索拦江，有坚固堡垒为屏障，也徒叹奈何，无力抵抗，转眼之间防线即被突破，招致亡国。

想当年，作为三国之一的东吴，数风流人物，也曾有过孙权、周瑜、陆逊等英雄，更有过赤壁之战和让关羽败走麦城的辉煌胜利，从而三分天下，从此镇守江东，几十年中令蜀和魏不敢轻举妄动。可是，等到了孙皓这个昏庸暴虐之君在位时，把个东吴治理得乌烟瘴气，君王荒淫无道，大臣贪墨奢靡，国力迅速衰弱，民心消失殆尽，却还极其天真幼稚地指望用拦江铁索和石头城堡挡住西晋大军东征的脚步，又岂有不败之理？至于六朝之灭亡，又无不肇祸于君臣耽于淫乐而忘了忧患，以致文恬武嬉，不思进取，民不聊生，战备松弛！

以古鉴今，今日的大唐与昔日的东吴以及六朝何其相似乃尔，那国破家亡的悲剧，真的不会再重演了吗？如今的大唐，表面上看似统一，但其实自从安史之乱开始后，又何尝有一天真正统一过？如今，敬宗采取的"销兵"政策又令藩镇叛乱再起，裴度虽在前线苦苦镇压，但却只能勉强僵持，整个国家就像一座冰山，几乎随时都会发生崩塌和瓦解……

"西塞山是否有一天再度成为重兵集结之地？大唐的江山是否会再度因陷入群雄争霸之境地而分崩离析，生灵涂炭？"站在西塞山上，看着滔滔江水，听着拍岸的涛声以及纤夫们沉重的号子，刘禹锡的胸中也像忽然打开了一座闸门，于是有感而发，而非无病呻吟，仿佛骊龙探珠般的，从他的口中忽然吟出了一首令人振聋发聩的千古绝唱《西塞山怀古》：

王濬楼船下益州，金陵王气黯然收。

千寻铁锁沉江底，一片降幡出石头。

人世几回伤往事，山形依旧枕寒流。

今逢四海为家日，故垒萧萧芦荻秋。

后来的事实证明，刘禹锡的预感是对的，就在他写下《西塞山怀古》这首诗后，仅仅过了八十多年，唐朝便在经受了藩镇与宦官一次又一次死去活来的折磨之后彻底灭亡了，而且，大唐的下场一点也不比东吴和六朝好，甚至更糟!

历史就是这样，总是难免会一代代重复，惊人的相似。

"老爷，快下山吧。"不知什么时候，因为不放心刘禹锡一个人在山中独行，管家秋生也爬上山来，关切地说，"山上风太大了，可别吹坏了身子!"

下山的时候，秋生小心地搀扶着刘禹锡。看到秋生满头白发，刘禹锡不由得一阵心酸。想当年，刚离开京城前往朗州时，秋生还才二十多岁，而现在，时光荏苒，一晃二十多年过去，他也已经人到中年，早生华发!

历史漫漫风尘，并没有湮灭太多的陈年遗踪。过西塞山之后，沿途两岸，历朝的遗迹几乎随处可见，这些尚未湮灭无闻的陈年往事和斑斑血泪似乎总在向人们倾诉亡国血泪，让刘禹锡心中大为感慨：逝去的历史没有走远，任何朝代都未能免疫。他想，也许，稍不留神，大唐的明天就会悲剧重演。

是的，"金陵王气"之所以"黯然收"，并不是什么"风水坏了"，也并非山川失气，而是"六代竞奢华"、人事不修的结果。

的确，亡国从来都是奢华与腐败的私生子。

60 和州赈灾

和州原名历阳，在秦朝设县，属九江郡。当年，项羽称西楚霸王时封亚父范增为历阳侯，始建此城。境内有许多楚汉相争的古迹，其中的乌江浦就是项羽兵败不愿东渡的自刎之处，在浦东南约二里的凤凰山上建有霸王祠，境内的阴凌山、四溃山，皆是项羽从垓下突围后与追堵汉兵鏖战之处。南朝梁亡之际，陈朝皇帝陈霸先欲图霸业，拥立贞阳侯以归，南朝梁名将王僧辨过江来迎，会于历阳。两方协和，故改名为"和州"。

和州与夔州相比，地理气候及人文环境无疑要好得多。在唐代，和州属上州大邑，物产丰饶，人文荟萃。据刘禹锡的《和州刺史厅壁记》载，当时和州全境有人口一万八千多户，民风淳朴，固守农桑，生活富庶。但和州由于地处江淮之间，境内水网纵横，每年雨水较多，故而水涝和旱灾几乎连年发生，经常是大旱接大涝，大涝连大旱。

刘禹锡于长庆四年八月到达和州。当时，和州正遇上百年不遇的大旱，旱情极为严重。因为庄稼枯死，颗粒无收，许多人因此活活饿死，一些穷苦人家只剩下孤儿寡母，甚是凄惨。

身为和州刺史、老百姓的父母官，看到和州大地哀鸿遍野，民不聊生，刘禹锡一到任，顾不上休息，立即召集州内田父野老了解旱情，并实地走访。

那天，他一大早便带着自己的仆人秋生一起到乡间微服私访，查看灾情。忙了一天，因为路途较远，路又难走，渐渐天色已晚，无法赶回家中，于是只好就近在一座村庄找到一户农家，权且借宿一晚。

虽然家里突然来了两位陌生之客，但这家主人对刘禹锡和秋生却很热情，不仅慷慨地为他们提供食宿，而且晚饭后，在和禹锡闲谈时还把自家做的麦芽糖端到桌上招待客人。原来，这家男主人姓朱，名山，今年四十多岁。朱山农忙时在家种田，农闲时则用自己种的麦子做了麦芽糖或炊饼到外面走街串巷地叫卖。那晚上，正是在与朱山的闲聊中，刘禹锡听到了这样一个真实的故事。

据朱山说，他们村里有一个富豪，自己一家过着十分富足优裕的生活，但却对自己的佣工非常吝啬、刻薄，经常严厉地督责自己的佣工们起早摸黑地为自己家干活。佣工们经常饱一餐饿一顿，年复一年，体力不支却还要夜以继日、没完没了地干活。

就因此，实在忍无可忍的佣工们纷纷逃亡，逃亡的人数很快就超过了一半，最后连去追捕的人也不愿回来了。到了这种地步，这位富翁才着急上火，忧愁沮丧起来，对自己以前的过错追悔莫及。

听罢这个故事，刘禹锡感慨万分，那晚上竟然夜不能寐，深更半夜点着一盏豆油灯盏，挥笔写下了一首题为《调瑟词》的五言诗，其诗曰：

> 调瑟在张弦，弦平音自足。朱弦二十五，缺一不成曲。
> 美人爱高张，瑶轸再三促。上弦虽独响，下应不相属。
> 日暮声未和，寂寥一枯木。却顾膝上弦，流泪难相续。

所谓调瑟，就是把瑟的 25 根弦的音色调整得匀称和谐。张弦，是调瑟的关键，并不是弦张得越高越好，而是越平越好。所谓平，也就是和，如果有一根弦不和，就演奏不出美妙动听的乐曲。在刘禹锡看来，做官和调瑟一样，只有采取正确的调瑟方法，才能达到弦平音和的效果；如果不懂得调瑟的道理，不得调瑟的要领，就难免会有断弦之虞。

在这首《调瑟词》中，刘禹锡认为执政者必须懂得行宽缓平和之策的道理，必须关心和同情人民的疾苦。他主张执政者对被剥削者应该实行某些让步，以缓和阶级矛盾。诗中暗示，不行大中之道，无论干什么事情都不会成功：调瑟，朱丝就要崩断；理家，佣工就要逃亡；治国，人民就要反抗。

第二天早晨，鸡才刚叫，非常勤劳也极其辛苦的朱山就做好了炊饼，早早挑到外面去卖，临走时吩咐自己的婆娘早晨给刘禹锡和秋生煮了家里仅有的一小把面条，并特意吩咐妻子打了几个平时自家都舍不得吃的鸡蛋招待客人。

吃罢早饭，刘禹锡和秋生便又匆忙赶路。告辞时，禹锡主动支付在朱山家吃住的费用，朱山的妻子说什么也不要，说："俺丈夫昨晚就跟俺交代过了，说就当你们是俺们家的亲戚。亲戚来串门，俺们高兴还来不及，哪还能收你们的费用呢？"

虽然还才四月下旬，早晨的天气还很清冷，但由于朱山的妻子天不亮就起床干活，又是喂猪，又是烧饭，这时头上早已大汗淋漓，且一大清早就穿着一件薄薄的麻布衫，那尚未来得及哺乳的乳头上渗出的乳汁把胸前洇湿了一大片。

朱山婆娘一席话说得禹锡心里热乎乎的，他觉得朱山和他的农妇妻子虽没文化，但一家人都很淳朴、善良，且通情达理。

想到朱山一家生活也不富裕，而且如今又赶上大灾，朱山夫妻俩日子虽比村里一般人家要好一些，但也还是缺油少盐，过得苦巴巴的，临走的时候，趁朱山妻子和秋生在一旁说话，他便悄悄从行囊中摸出十枚开元通宝铜钱，跑到朱山家厨房，放进他家每日做菜烧饭的铁锅里，转身要走，忽然想到昨晚上熬夜多耗了他家几钱灯油，便又回过头来从自己随身带着的布囊中再掏出两枚铜钱，轻手轻脚地放进了锅里。

那些天里，刘禹锡或微服私访，或带着官差四处走访，几乎徒步走遍州内各地，深入到旱情最严重的地区，亲自发动和参加民众抗旱救灾。他知道大灾后必有大疫，所以一边视察灾情，一边用他多年留心搜集到的各种单方、验方为灾民看病，一言一行都饱含着一片真情。

一天，睡到半夜，刘禹锡忽然听到门响，好像是门外有人敲门，那人"咚咚"先敲两下，便又停住，停了片刻，又是"咚咚"两声，每次敲得都不是很重，好像颇有些犹豫，有些胆怯，但又并不死心，不愿放弃。听到门响，禹锡赶忙起床跑去开门，果然，大门外有一个中年汉子正佝偻着腰，很惶恐地站在那里。

一见刘禹锡开门，那中年汉子忽然"扑通"一声跪了下来，眼泪一把鼻涕一把地哭着对刘禹锡说："青天大老爷呀，求您救救我老婆吧，我老婆就快要死了！呜呜……"

闻听此讯，刘禹锡立即穿好衣服，火急火燎地跟着这位中年汉子穿过一条又一条窄窄的田埂来到他家，发现他的妻子果然气息奄奄地躺在一张破旧的床上。

　　刘禹锡详细问了病情，又仔细把了把脉，然后，将豆油灯盏的灯芯挑长，觉得还不够亮，就让那中年汉子又点亮了一盏油灯，这才去拨开他妻子的眼皮和嘴唇，察看病人的眼睑和舌苔。经过仔细诊断，刘禹锡认定这个女人患的是伤寒，于是便亲自为她刮痧、拔罐，随后又开了药方，其中药材有防风、荆芥、薄荷、白芷、甘草之类。第二天，他还亲自到山中去为她采草药。那女人服了他开的药后，果然没几天就渐渐转危为安，并很快好了。

　　当时，被刘禹锡治好病的乡民有很多，这些人和他们的家人无不对刘禹锡感恩戴德，称颂他为"青天老爷，再世华佗"。

61 刺史受贿

和州位于长江下游的北岸，与它对面的马鞍山采石矶以及石头城南京仅一江之隔。这里山水秀美，气候宜人，人民勤劳，物产丰富。但也许是因为位于江南富庶之地，行商坐贾较多，许多人头脑活络，民风自然不如地处偏僻的朗州、连州以及夔州淳朴。所谓一方水土养一方人，仔细想想，这其实也很正常。

来之前，刘禹锡就听说和州这地方官场风气不太正常，贿风有些泛滥。的确，前一任和州刺史就是被这"贿风"吹晕因而大肆受贿，以致最后被人弹劾遭到流放的。

到任后，尽管灾情如此严重，但令刘禹锡事先没有想到的是，当地有许多富商豪绅竟然还有心思纷纷通过各种方式和渠道，竞相给他这位新任和州刺史送礼，且都口口声声说是"见面礼"。

那天，刘禹锡正在公衙里处理一大堆公务，忽然听见当差的衙役在门外与一个人吵架。原来，那人不顾刺史府衙役的拦阻，硬要往刺史府衙里闯。

只听府衙大声呵斥道："喂，喂，你长没长眼睛？长没长眼睛？说你哪，说你哪！……这里是刺史府衙，你瞎跑什么？"

"我要见刺史大人！"是一个男人有些沙哑的声音。

"刺史大人是那么好见的吗？他请你了？"是衙役凶巴巴的声音。

"请倒没请。"那人嬉皮笑脸道，"不过，我有要事见他。"

"没请？"衙役冷笑道，"我就知道，刺史大人这些日子公务繁忙，暂时还没时间见你。等他有时间请你时再来吧，走走走，您哪儿来的还请回哪儿吧！"

那人这时从衣袋里掏出一把显然早已准备好的开元通宝铜钱，悄悄塞到衙役的手中，小声说道："小意思！小意思！"然后清清嗓子，又大声说道："我虽不请自来，但我确有要事想面见刺史大人！"

刘禹锡在衙内听得真切，心想，这人有什么要紧事这么急着要求见我？若是真有什么要事，可别让衙役给耽误了！于是就站起身，想到门外来主动过问此事。

这时，就听衙役依旧显得不耐烦地说："好吧，好吧！你进去了，若是被刺史老爷给轰出来，到时可别怪我没提醒你就行！"但说话的声音已明显比先前温和多了。

一听这话，禹锡赶紧又坐下来，继续埋头批阅那一大堆公文，刚一落座，就见衙役已领着那人进来了。

"启禀大人，这位爷硬说有要事要向您禀报，小的怎么拦也拦不住！……"衙役一脸惶恐，生怕刺史大人怪罪自己，就先替自己开脱说。

刘禹锡没有说话，只是抬起头来，目光直视着那人。只见这人约莫四十岁，身材细长细长的，虽然个子挺高，但脑袋却很小，头一低腰一弯活脱脱就像是个大虾米。

"刺史老爷，在下有事想见您！""大虾米"抱拳拱了一拱，显得很是恭敬的样子。

多年浸淫官场，自然阅人无数，禹锡第一眼看到此人，就觉得这个人乃是个混迹江湖非常精明的商人，于是就微微笑着说道："有什么事？你说吧。"

那男子这时也微微一笑，然后故意显得有些神秘兮兮地说："刺史大人，在下确有要事相告，只是——小的只想单独和您面谈！"

禹锡有些狐疑，但还是点点头，随即吩咐衙役道："那你先出去吧。"

衙役立即走了出去，并且很懂事地把门轻轻关上。

等衙役走后，那人径直坐到刘禹锡的对面，忙着套近乎道："沾刺史老爷的光，在下也姓刘，单名一个财字。在下虽不才，但也是东汉光武帝的后裔，五百年前，兴许和刺史大人您还是亲戚哪！……"

刘禹锡不想和刘财套近乎，这时就皱了皱眉，显得不冷不热地说："本官还有事。你有什么事就快说吧！"

刘财哈哈一笑，依旧不紧不慢地自我介绍说："在下刘财，土生土长的和州人。为了混口饭吃，平时做些贩粮卖米的小本营生。不过，小的今日来，倒不是有什么要紧事求刺史老爷您帮忙，只是刺史老爷您初来和州，小的理当前来拜望，日后也好请刺史老爷有个照应！"说着，刘财便从衣袖里掏出一个金如意放到刘禹锡公干的书案上，说是给刺史大人的见面礼。

那金如意放在书案上金光闪闪，如意上面精心雕刻着一个慈眉善目、神情安详的睡佛，并刻有"官运亨通，福如东海"八字。禹锡初步估算一下，这金如意至少有三四两重。

"你这是干什么？"刘禹锡未免有些吃惊。

刘财这时却很平静，笑着说："一点心意而已。不成敬意！不成敬意！"

禹锡肃然道："如今，那么多百姓饥寒交迫，你还有心想着送见面礼？……好吧，你的心意本官心领了。只是这如意还请你拿走吧！"

"刺史大人，这只是小的一点心意，一个小小的见面礼而已！以后承蒙大人关照，刘财知恩图报，一定重谢！"

"以后的事以后再说吧。若是正事，本官一定尽力帮你去办，绝不推诿。但这如意本官绝不会收，还请你快拿走吧！拿走！"禹锡说着，起身拿起那金如意，伸手递给刘财。

但刘财不仅没接金如意，反而站起身，扭过屁股一溜烟就跑出了门外。等刘禹锡走到门口，那刘财早跑得没影儿了。

等事后一打听，刘禹锡才知道，这刘财乃是和州最大的粮商。

刘财走后，没想到，仅仅过了两天，刘禹锡又遇上了一件向他行贿的事情。这天傍晚，这座与金陵只一江之隔的滨江小城依然热闹非凡，街道上人来人往，做生意小贩的吆喝声此起彼伏。放衙后，刘禹锡信步往家中走去，在穿过那条青石板街道时，不少人向他拱手问好。经过天门山菜馆门口，从里面走出一位店小二，恭敬地拦住他道："刺史大老爷！小的在这儿恭候您老多时了。"

刘禹锡忽然有些发愣，他盯着店小二道："你怎么知道我会经过这里？"

店小二说："刺史大老爷每天放衙回家，都从小的店门前经过，小的能不知道吗？"

"找我有何贵干？"

"有人想请刺史大老爷吃饭。"

刘禹锡当即一愣："谁请我？"

店小二诡秘一笑："刺史大老爷进店就知道了。"

刘禹锡狐疑地跟着店小二进到店里，又小心地踩着一级一级木梯，跟随店小二上到二楼，停在一间包厢的门口。

"刺史大老爷，您请吧！"

刘禹锡略微犹豫了一下，然后猛地把包厢门推开，伸头朝里面看去，只见两个商人模样的人正站在门边，朝自己笑脸相迎。

"刺史大人，欢迎！欢迎！"两个人都弯着腰，拱手朝他行礼。

"你们要干什么？"刘禹锡好生惊愕。

"是这样，禀告刺史大老爷，我叫李天龙，他是我哥，名叫李天虎，我们两个平时做些木材生意，也就小本经营，勉强养家糊口而已。"那个自称李天龙的人说道，"听说刺史大老爷来我们这里做官，小的兄弟两个一直想请大老爷您吃个饭，为您接个风，又怕刺史大老爷不给我们面子，所以也就想到这个主意。若有冒犯，还请刺史老爷多多包涵！"

刘禹锡这时便礼貌地和天龙天虎兄弟俩分别施了礼，然后说道："二位这么刻意要见本官，想必不单单是请我吃饭吧？有什么事就请直说！"

"刺史大老爷，您请坐！"天龙这时显得有些巴结地说道，"小的兄弟俩今日请您真的没什么大事，只是想给大人送份见面礼，这是我们和州的规矩。"

天龙话刚说完，就见天虎打开一个布包，布包里面是一个精致的檀木做的木盒。他从里面拿出一对足有小猫一般大小的玉雕放到包厢的饭桌上。刘禹锡仔细一看，那玉雕温润圆滑，色泽明亮，原来是一对上好的和田玉雕的雌雄貔貅，那雌貔貅背上用阳文刻有"升官"二字，雄貔貅背上面则用阴文刻着"发财"。不能不说，这是一对质地上乘、雕工精湛的玉雕，那一对夸张地张着大嘴却没有屁眼的雌雄貔貅看起来是那样憨态可掬，栩栩如生！

看着这一对活泼可爱的玉貔貅，刘禹锡情不自禁地走过去，仔细观赏把玩了好一会儿。

"刺史老爷，这是小的兄弟俩的一点心意，敬请笑纳！"一看刘禹锡喜爱，李天龙也很得意，这时就凑到刘禹锡耳边说，"以后刺史大老爷有什么需要小的兄弟俩做的，还请尽管吩咐！"

李天龙、李天虎兄弟俩原以为刘禹锡一定会笑纳，因为这些年来但凡他们给地方官送礼，还从没有被拒绝过的。谁知，李天龙话刚说完，刘禹锡顿时回过神来，婉言谢绝道：

"谢谢二位的好意，如此贵重的礼物，本官绝不会收！"

"刺史大人，送见面礼可是我们和州的规矩。敬请刺史大老爷赏脸笑纳！"

"本官从不收礼也是规矩，还请二位能够谅解！对不起，本官还有些事情，先告辞了。"

说罢，刘禹锡头也没回就径直走了出去。

谁知，到了第二天，刘禹锡到外面察看灾情，刚回到府衙，当差的衙役就跑进来，给他送上一个很沉的食篮。

"这是什么？"刘禹锡问道。

"大人，这是天门山饭馆店小二送过来的，说是大人您昨日在他饭馆订的一些食物。"果然，那竹篮上面放着用油纸包着的卤鸭、卤猪蹄等食物。

刘禹锡心里顿时就明白是怎么回事："好，你去吧！"

等衙役走了之后，他把竹篮上面放着的卤鸭、卤猪蹄等食物移开，只见竹篮下面放了一个用油纸里三层外三层紧紧包裹着的檀木盒，打开木盒，里面果然是昨天他在天门山饭馆里面看到的那一对雌雄玉貔貅。

看着这一对玉雕貔貅，刘禹锡一时哭笑不得，不知所措，但这一对雌雄玉貔貅却显得不谙世事，自得其乐，此刻正龇牙咧嘴、憨态可掬地朝他欢笑着……

62 特殊的"义赈"

新来乍到，刘禹锡就被那么多的"见面礼"折腾得心烦意乱，啼笑皆非。

一开始，他先是一一婉言谢绝，坚辞不收，但后来——自从那次刘财在他府衙里行贿以及那天李天龙、李天虎兄弟俩在天门山饭馆行贿后，因为实在推辞不掉，于是灵机一动，从此他便干脆纷纷笑纳，照单全收。

一看新来的刺史来者不拒，很快，社会上风言风语就多起来了。而且，一传十，十传百，几乎变成了公开的秘密。

"哼，天下乌鸦一般黑，新来的那个刘刺史表面上道貌岸然，骨子里一样是个贪官！"

"天下哪有猫不偷腥、狗不吃屎的？"

"千里做官图什么？还不就是贪图个财吗？"

"都说'十个官员九个贪，难得一个是清官'。唉，什么时候我和州才会来个清廉刺史？"

…………

一时间，人们在背地里风言风语。渐渐地，连刘禹锡自己也听到了一些对他的议论，对此，他只是付之一笑。

很快，到和州上任已整整一个月了，刘禹锡扳扳手指合计了一下，估计本地那些给自己送"见面礼"的豪绅富户该送的也都送过了，于是，他便决定举行一个和州抗旱赈灾募捐祈福会。会场就设在刺史府衙前的广场空地上。

这天，他派人把刘财和李天龙、李天虎兄弟俩以及那些凡是给他送过"见面礼"的豪绅富户都一一请来了，而且会前全都给他们披红戴花，让他们坐在主席台前。

募捐祈福会开始后，刘禹锡先请和州香泉观音寺住持烧了三炷高香，登坛引领众人跪求苍天，诵读《大云经》，一起祈雨，祈求上天保佑和州风调雨顺。

祈雨仪式结束后，刘禹锡慢步走到主席台中央，登到一块临时搬来的大青石上，清了清嗓子，满含深情高声说道：

"父老乡亲们，叔叔伯伯、兄弟姐妹们：本官奉当今皇上之命，出刺和州。没想到一来正赶上百年未遇之大旱。如今，放眼和州，赤地千里，飞蝗蔽天，斗米千钱，僵尸载道，甚至发生人吃人的惨剧。禹锡年过半百，从未见过斗米千文、斗麦四百，荞麦花、麦梗、树皮甚至连观音土都成为人人争抢之食物。就在昨日，我还看到一个家庭内十五饥民，上吊七人，饿死五人……"

说到这里，刘禹锡控制不住忽然有些哽咽，略略平复了一下心情，便又沉痛说道："见此特大灾害，本官这些日子心急如焚，彻夜难眠。在座的各位，许多都是豪绅富户，自然懂得穷者不能生存、富人也无法安享富贵的道理。我们饱食终日，深居高卧，四境之内却饿殍遍野，这种时候，倘若我们不竭尽全力去救人，不救自己的乡亲，还算是人吗？见死不救，如何能心安理得度此一生？……

"本官有悲天悯人之心，却无慷慨解囊之力，实为心有余而力不足。幸好本州有诸多家境富裕、慈悲为怀的好心人，逢此天灾，愿为本官排忧解难，纷纷解囊相助。这些日子纷纷特地把扶贫赈灾钱款和物资送到衙门，恳请本官代为义赈。这里，本官代表受灾民众一并向他们表示感谢！救人一命，实乃三生之德，功德无量。感谢在座各位豪绅富户的大恩大德！"

说着，刘禹锡深深地弯下腰，朝正坐在主席台前那些披红戴花的豪绅富户恭恭敬敬鞠了一躬。

鞠罢躬，刘禹锡走下主席台。随后，和州别驾走上台来，高声说道："下面，宣读义赈名单——"说罢，便放慢节奏一一宣读那些豪绅富户的名字以及他们各自捐赠的赈灾钱物。

那些豪绅富户先是听了发愣，心想，自己这之前从未义赈过啊？这新来不久的刘刺史今天在这里究竟唱的是哪出戏？等到这时听到自己的"义赈"款物才忽然明白过来，原来，刚才和州别驾宣布的他们各自的"捐赠钱物"，正是他们私底下送给新来的刘刺史的"见面礼"，而且，分毫不差，于是，一个个都显得既尴尬，又感动，且惭愧……

等别驾宣读完毕，仆役们早把那一箱箱送给刘禹锡的"见面礼"抬到场中。刘禹锡这时自己又当场带头捐出二十两纹银，然后大声补充道："请各位父老乡亲推选五位代表，商量发放救济物资办法，帮助和监督衙门在三日内发放完毕。本官还请了二位古董店老板，请他们评估珍奇宝物，明日起在衙门前义卖，所得银两全部用来买米赈济穷人，任何人不得贪污克扣，否则本官一定严惩不贷！"

刘禹锡话刚说完，人群中忽然有人高呼："青天大老爷！真是青天大老爷啊！"

站在不远处的人群前面，原本只是看热闹的一个衣衫褴褛、拄着拐杖的白胡子老汉这时忽然"扑通"一声跪倒在地，磕着头叫道："我给青天大老爷磕头了！青天大老爷啊，小民给您磕头了！"

忽然之间，衙门前黑压压跪倒一片，且都是一些形容枯槁、骨瘦如柴的穷人，大家一起跪下来给刺史刘禹锡磕头。唯有那些衣着光鲜、披红戴花，曾给刘禹锡送过"见面礼"的豪绅富户一个个神色异常尴尬，感觉跪也不是，不跪也不是，坐在那里，很不自在。

这时，要说还是粮商刘财机灵，只见他拱起双手作了个揖，然后站起身弯腰弓背，低下头，满面羞愧地高声说道："刘大人，您真是青天大老爷啊！"那大高个子弓腰驼背地站在那里，看起来特别显眼。

是的，以前，刘财见到和州那些地方官员时，尽管表面上总是表现得恭恭敬敬，甚至卑躬屈膝，拍马溜须，但是，在内心他却很是瞧不起他们，讥笑他们，认为他们不过是一些狗，一些好吃贪婪的狗而已，只要给他们扔几个肉包子，他们就会变得毫无原则，毫无尊严，就会对你改变态度，网开一面……而现在，他忽然改变了自己以前的看法，觉得在这世上，官与官其实并不一样。一时间，他竟对面前的这位刘刺史那样的佩服、那样的崇拜，而且心生敬畏！此时此刻，在刘刺史的面前，他忽然觉得自己是那样的自私，那样的卑微，那样的猥琐！

见此情景，但见李天龙、李天虎等其余富商、乡绅立马也有样学样，很快便全都站起来，齐刷刷一起弯下腰，低了头，此时此刻，不知道他们都各自想些什么？……

等过了几天，那天清晨，人们从刺史府衙门前走过，忽然看到一块黑漆漆的石碑直立在门前的广场右侧，上前一看，原来是一方《和州赈灾功德碑》，只见上面的碑铭这样写道：

长庆四年，岁在甲辰。

春夏之交，风霾肆虐，禾麦薄收，小民艰食。夏秋以还，酷旱不雨，荷塘干裂，人畜缺水。灵雨既枯，桑田何驾，二麦胥焦，禾黍无苗。顾兹景色，满筹无望，国赋由此而逋，饿殍由此而作。极目和州，遍罹浩劫，岁荒民饥，壮丁流徙，老幼妇女不能出境觅食，将坐以待尽。朝野咨嗟，人心惊惶，以救济灾难，交相诹谋。公怒焉忧之，以救焚拯溺，不容须臾缓。

当此时也，官赈不能遍及，本州首倡义赈。有州内外绅商，殷富之家，悲天悯人，闻风竞起，怀感恩之心，立感恩之德，行感恩之举，或慨解义囊，或募汇巨款，急公好义，行善积德，赈灾济民，不遗余力。由是，饥民赖以全活者无算。

呜呼，孰谓人心之淳，风俗之厚，今不若古哉！

若夫所捐款物之衔名，条在碑阴，兹不赘云。

碑铭的后面，则清楚地记载着义赈者的姓名与钱物。

当看到自己的姓名也赫然在列，粮商刘财和木材商人李天龙、李天虎兄弟等人无不既感动又羞愧，同时，对这位新来的刘刺史莫不心怀感激，肃然起敬。

63 "真是青天大老爷啊！"

对于救灾，刘禹锡并不缺乏经验。因为，在他第一次被贬为朗州司马时，刚到朗州，就遇到了一场大的洪灾。在刺史宇文宿的主持下，他立即投入到了赈灾之中。这次出刺和州，又不幸遇到了百年不遇的旱灾，但无论是洪灾还是旱灾，赈灾的做法都是大同小异的。

大灾之后，和州境内出现了严重的饥荒，许多百姓饥肠辘辘，吃野菜，食树皮，有的甚至吃观音土，一些出外乞讨的老者行乞无门，常常饿死在道上。而一些鳏寡老弱则不断有人饿死于家中却无人收尸，以致一些村庄尸水横流，恶臭满天……

获悉这些情况，身为和州的父母官，刘禹锡心急如焚，寝食难安。这天，他派人去请和州境内那些有名望的富商豪绅，召集他们第二天到刺史府衙商讨赈灾一事。得到通知，那些富商豪绅都很踊跃，第二天都早早聚集到了刺史府衙。

这次，刘禹锡不再像以前那些富商豪绅给他私下送"见面礼"时那样冷淡，而是表现得极为热情，在和他们一一打过招呼或点头致意之后，他站到台前，抱拳说道：

"《尚书》有云：'民为邦本，本固邦宁。'任何时候百姓都是国家的根本。百姓是根，没有根，任何朝代都无法存活；百姓是水，没有水，我们这些人无论是做官还是经商，不仅做不好，且也难以为继，无法生存。如今，我和州百姓正遭遇百年不遇之旱灾。旱灾之后，又出现了饥荒和瘟疫。灾情疫情之严重，不唯本官以前之所未见，恐怕在座各位也罕见。说句实话，面对如此之饥荒和瘟疫，本官也心存畏惧，惶恐不安。但是，越是在这种时刻，越是不能惊慌失措！越是在这种时刻，我和州上下越是要同舟共济，众志成城，携手应对，共克时艰！

"旱灾之年，人命关天。不吃饭要饿死人，眼下，在刘某看来，最要紧的是要关心民瘼，救助百姓，尽快让食不果腹的和州百姓吃上饭。故此，本官今天请诸位来，就是想和大家一起商讨开锅施粥一事。本官想在和州城内外分东西南北，各开设十个粥场，诸位以为如何？"

刘禹锡说罢，扫视全场，只见台下那些富商豪绅此刻全都低了头，保持沉默。于是，他便又饱含深情地说："诸位，此次和州奇灾，全仗富者出资、官府出力，方可救全大众性命。若贫民因饥寒无法生存，斯富民之身家则很难永保无虞。"

说到这里，刘禹锡故意把话打住，意味深长地看了看大高个子粮商刘财，希望这种时候他能站出来带个头。他知道，这种场合，只要有人带头响应，急公好义，慷慨解囊，则其他人也就不好捂紧口袋、一毛不拔了。

粮商刘财显然读懂了刘禹锡看他的目光，这时，就见他上前一步，恭恭敬敬地向刘禹锡鞠了一躬，然后说道："小民以为，开锅施粥，此事不难。难的是如今我和州境内饥民有几万甚至几十万，一个个都饥肠辘辘，如何能救济得过来？况且，你给他吃一餐两餐、一天两天也不济事？这可如何是好？"

刘财说的是实话。他是本地人，又是粮商，对和州再熟悉不过了，知道眼下饥民实在是太多了。

"那你说怎么办？"刘禹锡看着刘财，很想听听他的意见。

"小民以为，可一面开锅施粥，一面向百姓放贷粮食。"

刘禹锡点点头，笑着说："此主意甚好！本官也有此意，而且本官已向皇上上表，请求圣上恩准下令减免和州农民本年的一切税负，并开仓放粮，赈灾济民！"

"感谢刺史大人关爱和州百姓的一片苦心！"刘财拱手道，"只是这样太过耽误时间，若是等到皇上恩准再开仓放粮，这期间少说也有月余，救灾如救火，等到那时恐怕黄花菜都凉了。"

"好，那本官就决定先行开仓放粮，再请天子恩准！"刘禹锡挥了挥手，毅然说道。

"先斩后奏，那大人所担的风险实在太大了！"刘财好心地提醒道，"万一圣上追究起来，只怕——"刘财欲言又止。

"怕什么？"刘禹锡慷慨说道，"为民请命，乃是官员天职。何况眼下我和州百姓遭此百年不遇之天灾，民不聊生，饿殍遍野，只要能救百姓，即使赴汤蹈火，本官也在所不辞，又何惧削职为民？"

顿时，全场响起一片赞叹之声。

刘财显然也被刘禹锡的精神所感动，这时就感叹道："刺史大人爱民如子，义薄云天，着实令小民感动！……赈灾济民，人人有责，这次开锅施粥，刘财情愿捐出一百担白米，救我和州父老乡亲！"

"好！"刘禹锡高声赞道。

"小的也捐出白米五十担！"

"我也捐五十担白米！"

"我捐三十担！"

"我捐十担！"

…………

施粥捐米救济活人的事情算是基本解决了，接下来，令刘禹锡更着急也更头疼的是如何去解决好死人的事。如今，放眼和州境内，几乎每个村都有死人，而且还不是小数目。

尽管这些天来刘禹锡已派人去做收尸入殓之事，但毕竟死人太多，收效甚微，其中最大的问题是缺少棺材。所以，这次把和州的富商豪绅召集到刺史衙门来，刘禹锡也有意让大家商讨解决这一问题。

"禹锡还有一件事情，在这里也想请教求助诸位！"说此话时，他故意走到木材商人李天龙、李天虎兄弟俩面前，面露焦虑之色说道，"如今死人太多，棺材奇缺。若是不用棺材，只是草草埋葬，实在太过残忍，而且，若是草草埋葬，野狗草狐扒坟，将这些裸露的尸首扒出来啃食，不仅罪孽深重，而且很容易引发瘟疫疾病，造成更大的天灾人祸！"

"那怎么办？"李天虎老实，顿时张大了嘴说。

"还能怎么办？天无绝人之路！"还是李天龙头脑反应快，这时他接过话道，"如今尸首太多，已讲不得那么多的仁义道德，若是每个死人都施舍一副棺材，实在难以做到。依小的看来，可以在每个村每个镇集中挖一深坑，四面砌上石头，将尸首集中埋葬，然后在尸坑上面盖上木板，再用土严严实实埋好。刺史大人，不知这样如何？"

"好！这个主意好！如此一来，既节省了时间，解决了棺材奇缺之问题，又可以防止野狗草狐扒坟，更重要的是可以防止瘟疫疾病流行！"

听到刘禹锡称赞，李天龙很是得意，当即一拍胸脯说道："集中埋坟所需木材，我李天龙一人包了！"

"不行，也算上我一份！"

"也算我一份！"

…………

人多半都有从众心理。这种时刻，因受到全场气氛的感染，大家都争先恐后，慷慨解囊。

一看所有的问题都出乎意料很顺利地解决了，刘禹锡大为高兴，觉得和州的富商豪绅大多还是急公好义、富有爱心的，于是就很是感动地说："本官代表和州百姓感谢在座诸位，危难时刻，行善积德，仗义疏财，拯救斯民！你们的善举和州百姓一定会感恩戴德，即使多少年后也一定会铭记在心，记录在册！"说完，朝大家深深地鞠了一躬。

所谓救灾如救火。第二天，和州境内就先后有许多城镇和乡村因陋就简地搭起芦席棚，支起大铁锅，淘米煮粥，赈灾救民。

那大铁锅旁，日夜都有人轮番在那儿添柴烧火，淘米煮粥。施粥处总有那么多的男女老幼在那儿排着长队，捧着空碗，等待施粥。而就在旁边，也排着长长的队伍，许多饥民在那儿等待官府的人为自己登记造册，放贷粮食，然后将贷到的粮食赶紧或抬或挑回自己的家中。

与此同时，刘禹锡又派人召集义工在和州各处抬运尸体，埋入深坑，用稻草芦席严密覆盖，上面再盖上一个木板制成的棺盖，用土填埋成一个大大的坟茔。

那些天里，不单单是刘禹锡成天忙得焦头烂额，粮商刘财和木材商李天龙、李天虎兄弟俩等一些和州的富商也四处奔波忙碌。

以前，这些商贾只知道唯利是图，一心以赚钱为乐事，而现在，在新来的刺史刘禹锡的影响和感染下，也参与到赈灾济民的行列中，并渐渐从中感到了快乐。这种时候，即便是香泉寺老方丈也带着一帮僧众，白天帮忙掩埋尸体，晚上则分班做道场，诵经超度亡灵。

为了防止瘟疫发生，刘禹锡又让人在城镇和乡村四处撒上石灰消毒，同时又将那些死人用过的衣被运到空旷无人处一把火烧掉，再用艾叶煮成水，清洗门窗家具和道路……

由于刘禹锡所采取的这些赈灾救济以及预防瘟疫的措施都很得力，及时有效，许多早已陷于绝望的灾民重又看到了希望，恢复了生气。

"我和州百姓何其有幸！要不是刘刺史，也不知会多死多少人！"

"大恩人！大善人！……刘刺史真是青天大老爷啊！"

"刘大人救苦救难，真是百姓的活菩萨！"

"能遇到这样的父母官、大清官，我和州百姓实在是三生有幸！"

…………

一时间，说到新来的刺史刘禹锡，灾民们无不额手称庆，感恩戴德。

64 千古美文《陋室铭》

大唐以刺史为地方军州的最高长官，州又分为上、中、下三等。各州上有各道管辖，下辖各县，是承上启下的重要行政单位。按唐制来说，刺史其实就是地方的一级长官，直接对中央负责。其上的道，不过是监察组织，并不负行政的责任。

待到晚唐时，制度崩坏，节度使已经成为各地的一级长官，负责当地的一切军政事务，下级刺史无兵无权，军力财力都归于节度使调配。刺史一职，除了负责当地的民政外，已经成为上级节度使的属官。

至宪宗皇帝收平藩镇后，开始加强刺史的职权，敕令各藩将兵权、财权划归刺史，只可惜没有形成制度，朝廷没有从根本上解决藩镇强兵，不过十来年后，河北、山东的各个藩镇，已经回归旧状。倒是剑南三川等中央掌控下的各道，刺史职权稍有加强，不过刺史成为节度使下属的事实，却已经是根深蒂固，难以扭转了。

"永贞革新"失败后，刘禹锡一贬再贬，但无论怎么贬，都没有"贬"去他一心想兴国安邦、"扶社稷安苍生"的信念，没有"贬"去他如同屈原一般"长太息以掩涕兮，哀民生之多艰"的忧患意识与家国情怀。长期远居偏远穷困之地，虽然远离庙堂，但却使他有更多机会接触社会下层，因而对下层民众抱有一种持久强烈的同情与关爱。他素有兼济之志、事功之心，为官一任，造福一方。在地方任职期间，他始终一身正气，不畏权势，守正不阿，疾恶如仇。无论是在连州还是夔州，还是如今在和州做刺史，身为一州之长，他都勤政廉政，体恤民瘼，政绩显著，一直深受百姓爱戴。

刘禹锡来和州走马上任，正赶上百年不遇的大旱，下车伊始，他甚至来不及喘一口气，就立即投入没日没夜的抗旱赈灾之中。等到灾情稍解，他便利用冬闲组织民众挖塘筑坝，疏浚河道，掀起了兴修水利的高潮，为今后和州的防汛抗旱以及农业生产奠定了坚实的基础。

宝历元年（825 年）六月，刘禹锡在他的《和州刺史厅壁记》中略带兴奋地写道："田艺四谷，豢全六扰。庐有旨酒，庖有腴鱼。"在刘禹锡看来，和州虽然是著名的鱼米之乡，但"十有六戍"，加上大旱，因此州内民众凄苦无依。他痛心疾首地在《历阳书事七十韵》中写道："比屋惸嫠辈，连年水旱并，遐思当后已，下令必先庚……"充分表达了他关心和州民众疾苦的拳拳之心，最感人的是他结束实地调研考察后，立即冒着被削职的危险，大胆上表："伏以地在江淮，俗参吴楚。灾旱之后，绥抚诚难。谨当奉宣皇恩，慰彼黎庶。"

在得到大唐天子的恩准后，他立即下令减免和州农民当年的一切税负，并开仓放粮，赈灾济民。此后，他利用冬闲亲自带领民众挖塘筑坝，疏浚河道，掀起了兴修水利的高潮，甚至只要有空，他就会来到工地，亲自和乡民们一起打夯，兴致勃勃地和大家一起声音嘹亮地唱着和州这一带流行的打夯号子：

"乡民们一起干呀！"是刘禹锡领夯高亢的歌声。

"哎——嗨——哟——嗬——嗨——吆！"是夯手们欢快应和的声音。

"修好河堤么呀——"

"哎——嗨——嗨——哟——嗬！"

"防呀么防水旱哎！"

"哎——嗨——哟——嗬——嗨——吆！"

…………

在刘禹锡有条不紊的治理下，大灾之后，经过半年多的艰辛努力，和州就呈现出一片丰收的景象，他的革新思想也得到了充分的展示。

在唐朝，刺史属地方官序列，在一州之内，待遇优厚，权力很大。仅从官服上来看，就有许多讲究。当初，刘禹锡任朗州司马，着青衫，所谓司马青衫；而任和州刺史，他已可以穿绯衣、着红袍，并独享五马驾驭的公务用车优渥待遇。

但刘禹锡为人一向淡泊明志、清心寡欲，生活上从不追求奢华享受，不讲官场排场，更不愿随波逐流，不喜招摇过市，唯愿身居陋室，散居闲处。贬朗州时，他避开闹市，选择沅水之滨距离招屈亭不远处的一块高地，用竹子作为建筑材料，建了一座简易的草庐。改任连州后，他也是远避尘嚣，不住府衙，自己在海阳湖畔因陋就简建了一座"吏隐亭"，并写下表明心迹的《吏隐亭述》，其中写道："天下山水，无非美好。地偏人远，空乐鱼鸟。谢工开山，涉月忘返。岂曰无娱，伊险且艰"，"石壑不老，水流不腐。不知何人，为今为古"。独处其中，怡然自得。

来到和州后，当时的和州地方官无论是出于对他的尊敬还是为了讨好巴结他这个长官，都纷纷劝他居住到各方面条件都很不错、很是气派的前刺史府衙内，但他却执意不住府衙，而是远离尘嚣、避开闹市，在城东两里多的郊外依土山（今仙山）傍浅池（今龙池）盖了几间茅屋庐舍，因住所狭小，构建又简陋，便自我解嘲取名为"陋室"。

陋室落成那天，当地许多大小官员以及富商都争先恐后跑来祝贺，争相送钱送物，但刘禹锡纷纷谢绝，概不接受。他只是按本地风俗，燃放了一串鞭炮，送给每个前来道贺的人一盒由泰娘天不亮就做好的上面刻着一个红红的喜字的蒸糕。

看到刘禹锡新盖的这座异常简陋的住宅，大家无不议论纷纷，说刘刺史也太节俭，给自己盖的官邸实在太过于简陋太过于寒碜了！粮商刘财甚至当着众多人的面对刘禹锡说：

"刺史大人，恕草民冒昧说一句，你这陋室也太寒碜了！堂堂一州刺史就住这样的陋室，这以后您让您的那些下官还有我等草民看了情何以堪，脸往哪搁？……草民深知刘大人清廉如水，心若荷香，但草民我愿意一个人出资盖一座庭院借给您暂且居住总可以吧？等哪一天刺史大人您另有高就，离开本州，届时再完璧归赵，还给草民不迟！"

"是啊，是啊，刘大人爱民如子，来和州赈灾济民，兴修水利，政绩斐然。为官一任，造福一方，我和州百姓无不心悦诚服，真心拥戴！如今，我等草民能为刘大人做点事也是应该的！还请刘大人不要过于推辞！"

刘禹锡听了，虽然心中感动，但还是赶紧向众人打躬作揖，且笑着拒绝道："谢谢诸位的好意！不过，无功受禄，禹锡实不敢当！再说，本官也绝非矫情，不住府衙，乃是喜欢这里的山水，情愿住在这里，住自己建的陋室心安理得、心胸坦荡，且感觉自由自在，无拘无束！……"

为了表明自己的心迹，等住进陋室后，那天晚上，刘禹锡一时感从中来，特地写了篇极短的百字文，名为《陋室铭》，写好后第二天请人刻在竹片上，然后做成一个竹匾，悬挂在自家陋室门前的矮墙上。

到底是大作家，锦心绣口，即便是随便写成的文字，哪怕仅仅只几十个字，也是锦言丽句，字字珠玑，也能言简义丰，脍炙人口，成为一篇千古美文。很快，这一《陋室铭》竹匾便成了当地的一道特殊的风景，许多人闻讯后都跑来观看，并争相传抄，没多久全城几乎连妇孺都能一字不落地背诵这篇脍炙人口的"百字文"：

> 山不在高，有仙则名；水不在深，有龙则灵。斯是陋室，惟吾德馨。苔痕上阶绿，草色入帘青；谈笑有鸿儒，往来无白丁。可以调素琴，阅金经。无丝竹之乱耳，无案牍之劳形。南阳诸葛庐，西蜀子云亭。孔子云：何陋之有？

在和州的那些日子里，虽为地方长官，但刘禹锡却并不喜欢交际应酬，胡吃海喝。工退之余，他总喜欢深居简出，在陋室内吟诗作赋，或是阅读经典，静静地与古代的圣贤对话，或是与一些志同道合的友人谈古论今。很多的时候，他都置身在这一片美丽的风景中，心旷神怡，物我两忘。陋室虽陋，但四周大自然的景色实在是太美了！青青的草色伴着苔痕将陋室染成淡淡的青碧，那自然的清风不时地拂过树梢，吹过竹林，发出一阵阵清脆悦耳的声音——那是天籁，是大自然最为美妙的音乐，犹如淙淙流淌的清泉，又如铮铮的琴声，尽情倾诉着诗人的衷肠。

不远处，就是有名的横江驿馆，当年李白在这里渡江时曾因风涛险恶被阻三天，写下六首有名的《横江词》，现在那隐隐的白水与陋室淡淡的青碧正遥遥相对，仿佛在默默交流着古今不易的真理：

> 天若有情天亦老，人间正道是沧桑！

平心而论，和州这地方物华天宝，山环水绕，风景真的是很秀美。如果满怀着一种欢畅与恬静的心情去看，你会觉得它真是美极了！

以前，就因为刘禹锡的心事太重，始终想着那些沉重的政治问题，把自己陷入一种难以自拔的境地当中，故而在朗州、在夔州，即使再美丽的风景在他的眼前也都是模糊的，就像隔着一块有雾水的玻璃在看那些风景，看着看着，泪水就会不自觉地顺着鬓角流下来。因此，那些诗一般的意境，那些难以言喻的朦胧的意象，只有等到了和州，等到他的心境渐渐豁然开朗起来，才会显示出它真实而又深刻的本质。而最终，真正成就他，让他名垂青史、流芳百世的，恰恰就是这些看似普普通通的山水，以及山水中所蕴含的那些生命意识与人文情怀，而不是那些看似荣耀无比、不可一世的官帽与头衔。

的确，一开始他并没有想到要用文章名世，就像汉代扬雄说的，"文章乃雕虫小技，壮夫不为"，他所思所想的还是庙堂与魏阙，即所谓"身在江湖，心存魏阙"，总觉得大丈夫就应该把朝廷当作自己的人生舞台或人生疆场，只有在那里才能够建功立业，勒石燕然。而诗歌与文章，他只不过把它们当成自己闲暇时的消遣以及失意中的叹息，当成一种精神极度苦闷时的自我倾诉与心理慰藉。但是，没想到，"有心栽花花不开，无心插柳柳成荫"，最终让他"三不朽"的还是这些在孤独与痛苦中写成的诗歌与文章。

所以，从某种意义上说，刘禹锡之所以能够成为历史上的刘禹锡（包括柳宗元），还真的要感谢宪宗，假如宪宗李纯能够像他的先祖唐太宗对待魏征那样，豁达大度，既往不咎，即使刘禹锡、柳宗元们以前有天大的不是（实际上没有）也既往不咎，那么晚唐的政坛上也许会多两个成天勤于事务但终身却庸庸碌碌、籍籍无名的政客，而中国文学史上则会因此少了两个熠熠生辉、名垂后世的大腕巨星。

正是从这个意义上说，和州的"陋室"是有幸的，有福的。的确，古往今来，天底下并不是所有的陋室都能像它那样幸运，能够有幸安顿安抚一个伟大诗人的灵魂，也没有哪一间陋室能够经受千年的风雨，至今还能像它那样出名，像它那样依然散发出人性的温暖与光辉！

刘禹锡：唱着君王自作词

65 官场更要洗心

洗心亭位于和州香泉镇香泉谷覆釜山上。南梁时，因为不愿在朝堂钩心斗角、尔虞我诈的昭明太子萧统曾在香泉沐浴疗疾，读书著文，身边也常有文人和官员相伴。洗心亭也因此出名。这里常年有温泉涌流，且环境清幽，实在是一个修身养性、读书悟道的绝佳处所。

和州境内闻名天下的香泉温泉、昭明太子书院，久已让刘禹锡向往。长庆四年九月，刘禹锡抵达和州不久就来到香泉游览，以一偿夙愿。

那天在山上，刘禹锡四处游览观光，赞不绝口，在竹石之间最佳处寻到新亭，红彤彤的仿佛山水画家所画的一幅山水国画。登亭四望，远近大小景物纷纷呈现在眼前，优美的山水风光令他目不暇接。刘禹锡询问修建此亭的经过和始末，当时热情陪同他一起游览的香泉寺老方丈回答说："六朝时，有僧义然，发动僧侣一起动手，因势象形，就地取材，建亭于此。"

刘禹锡点点头，笑着说："建此亭者，甚有眼力。在此建亭，可谓画龙点睛！"

是的，一眼望去，此亭盘曲高耸，气象万千，山中景象，尽收眼底。词人置身此地，才思泉涌，意境常新；僧侣置身此地，心静如水，随遇而安；忧郁的人置身此地，顿时心旷神怡，忘了人间烦恼。飞鸟思归，猿猴依恋，巨石上悬挂着钟磬的木架，青藤像蛟龙一样盘踞在高大的乔木上。有修竹万竿，夏季依然松风阵阵，竹荫清凉……

看到如此秀美的山水风光，联想到当今官场的黑暗与乱象，刘禹锡一时感从中来，不禁文思泉涌，当即泼墨挥毫，写下一篇流传千古的锦绣文章：

天下闻寺数十辈，而吉祥尤彰彰。蹲名山，俯大江，荆吴云水，交错如绣。始余以不到为恨，今方弭所恨而充所望焉。既周览赞叹，于竹石间最奇处得新亭。彤焉如巧人画鳌背上物，即之四顾，远迩细大，杂然陈乎前，引人目去，求瞬不得。征其经始，曰僧义然，啸侣为工，即山求材。槃高孕虚，万景坌来。词人处之，思出常格；禅子处之，遇境而寂；忧人处之，百虑冰息。鸟思猿情，绕梁历榱。月来松间，雕镂轩墀。石列笋虡，藤蟠蛟螭。修竹万竿，夏含凉飔。斯亭之实录云尔。然上人举如意抵我曰："既志之，盍名之以行乎远夫！"余始以是亭圜视无不适。始适乎目而方寸为清，故名洗心。

长庆四年九月二十三日，刘某记。

香泉寺老方丈看了后啧啧称赏，然后手持如意向刘禹锡作揖行礼说："阿弥陀佛，刺史大人既然写了篇文章记录它，何不再给它命个名字，让它闻名遐迩，流传千古呢？"

刘禹锡想想也是，于是就在这个亭子内逗留片刻，环顾四周，认为在这里不仅赏心悦目，又能让人心里清净。这时候，他忽然联想到《易经·系辞》的"圣人以此洗心"以及董仲舒《士不遇赋》中的句子"退洗心而内讼，固亦未知其所从"，于是便将此亭命名为"洗心亭"。

他想，亭名洗心，当以心为重，以洗为要。人生在世，最勤莫过于洗，最脏最累的莫过于心，须臾不可放松的，便是洗心。尤其是官场之人，经常为名所累，为权所惑，为利所诱，一不小心就会自甘堕落，同流合污，或是不自觉地掉进别人为自己所挖的陷阱之中而无力自拔，因而，更要洗心，用佛家的话说就是修心为上，应该"身是菩提树，心如明镜台。时时勤拂拭，莫使惹尘埃"。

从到和州，刘禹锡一直担任刺史职务，他的生活境遇虽然逐步有所改善，但在政治上却一直未能改变贬谪状态。随着年岁的增长，早生华发，他忧虑自己在政治上将会一事无成，但尽管这样，却一直"老骥伏枥，志在千里。烈士暮年，壮心不已"。

"受谴时方久，分忧政未成。比琼虽碌碌，于铁尚铮铮。"所谓诗言志，歌言情，在《历阳书事七十韵》这首长诗中，他依然像当年咏华山时那样激情洋溢，气势豪迈，虽历经苦难，却依然痴心不改。

和州府衙的对面，有一座山名叫望夫山，又称小九华山，山上有一块巨大的"望夫石"巍然屹立。千百年来，有许多诗人曾来到这里题诗咏之，托物言志。在和州期间，刘禹锡也有感而发，写有一首《望夫山》：

> 终日望夫夫不归，化为孤石苦相思。
> 望来已是几千载，只似当时初望时。

此诗表面上是写古代传说中的一位妇女，因为思念远行的丈夫，终日立在山头痴情地守望，天长日久即使变成了一块石头，依然痴心不改，仍在苦苦思念。但刘禹锡写这首诗显然意在言外，意有所指。

"永贞革新"失败后，他政治上一直备受打击迫害，贬谪异乡，但尽管这样，他思念长安、渴望重回朝廷实现宏愿的心情依然是那么强烈，那么迫切。

想想，也不奇怪。刘禹锡在和州主政期间，正是奸相李逢吉陷害裴度，将裴度赶出朝廷，自此和宦官王守澄狼狈为奸、兴风作浪之际，看到如今贤人去国，群小得势，大唐王朝更加衰落，他为不能发挥自己的才干而焦虑、叹息。在心灵深处始终念念不忘朝廷，希望能出现一个新的政治局面，盼望自己能够早日返回京城，被重新起用而为国分忧，有所作为……

多少个清晨或傍晚，久久伫立在自己的陋室前，眺望着长江对岸的望夫山和影影绰绰的望夫石，刘禹锡都心潮澎湃，神魂激昂，在心中念念有词："望夫石，望夫石！难道老天爷忍心让刘某就这样一天天西北望长安，有一天也会成为一块因为爱莫能助只能痴痴地守望大唐、渴望大唐再展雄风之'望国石'吗？"

这样想着，他的心中未免有着许多的焦灼与苦闷。

66 硬汉刘禹锡

也许是"日有所思，夜有所梦"的缘故吧，那天在衙门公干之余，刘禹锡忽然想到庄子，想到"庄周梦蝶"这一典故，晚上回到陋室，睡到半夜，他竟然梦见自己变成了屈原，穿着屈原的破衣烂裳，在汨罗江畔，在招屈亭边，长发披肩地一边跌跌撞撞地行走，一边悲愤交加地仰天长啸着：

"亦余心之所善兮，虽九死其犹未悔！……"

是的，来到和州后，在自己的陋室内，刘禹锡总是会搔着白首，情不自禁地吟诵屈原的《离骚》。

的确，才高遭嫉，志洁被诬，是历代被贬谪者的共同遭际。在许多方面，刘禹锡与屈原都有着相似的情感和经历。

屈原"正道直行，竭忠尽智"，却因群小毁谤而连遭祸谴。被流放后，屈原游于江潭，行吟泽畔，颜色憔悴，形容枯槁，形同疯子。

刘禹锡与屈原有着相似的人生经历，"少年负志气，信道不从时"（《学阮公体三首》其一），因不堪面对日渐衰落的国势，永贞元年，他参加了以王叔文为首的内抑宦官、外制藩镇的政治革新运动。只可惜革新不久即遭失败，他被新皇宪宗贬为刺史，旋再贬为朗州司马，从此踏上了"一辞御苑青云去，十见蛮江白芷生"（《酬朗州崔员外与任十兄侍御同过鄙人旧居见怀之什》）的漫漫贬谪之路。

"饱霜孤竹声偏切，带火焦桐韵本悲。"（《答杨八敬宣绝句》）在朗州时期，他常年住在招屈亭边，一直为时所弃，空怀凌云之志，独处僻壤，难与同道过从，特别是妻子薛氏死后，更是形单影只，过着孤囚般的生活。

当年，在陌生蛮荒的朗州，刘禹锡如同当年"行吟泽畔"的屈原，内心凄怆而孤独，忧怨而不平，时时想着自己的逐臣身份，对自身遭贬谪的现实及由此带来的身心的巨大痛苦，一时无法理解，难以接受，充满了无尽的悲愤和忧伤。这使得他那固有的忧怨委屈感更为忧郁，内心难以抑制地发出了"高莫高兮九阍，远莫远兮故国"的痛怨之叹。随着时间的推移，其哀怨愈加强烈，《谪九年赋》就是这种情感和心态的集中宣泄与表达。他说："古称思妇，已历九秋，未必有是，举为深愁。莫高者天，莫浚者泉。推以极数，无逾九年。伊我之谪，至于数极。长沙之悲，三倍其时……天有寒暑，闰余三变。朝有考绩，明幽三见……叹息兮徜徉，登高高兮望苍苍……何吾道之一穷兮，贯九年而犹尔。"言语苍凉而悲凄，简直令人闻之落泪，不忍卒读。

但如果人生只是一味地流泪，一味地悲叹，一味地哀怨，那么，屈原也就不成其为屈原，刘禹锡也就不成其为刘禹锡了。

的确，在这世上，大凡一些伟大的有成就的人物与我们寻常人的区别就在这里：伟人可以身处逆境，可以才高遭嫉，可以屡遭打击，可以哀，可以怨，但却永远不可以逆来顺受、自甘平庸，更不可以同流合污、自甘堕落，而是永不言弃，永不言败。

至今，刘禹锡还依然忘不了当年的情景。那是元和七年，刺史宇文宿调任他处，朗州刺史由窦常接任。当年在杜佑淮南幕府，窦常为节度参谋，刘禹锡为掌书记，两人过从甚密，交情匪浅。

元和八年风调雨顺，朗州粮食丰收，人民安居乐业。刺史窦常建武陵北亭以志其事。

记得武陵北亭竣工落成之日，窦常让刘禹锡作《武陵北亭记》，记述建亭之始末，并赞窦常治朗州之政绩。刘禹锡应命而作，窦常阅后赞不绝口，喜不自胜，遂更怜悯禹锡怀才不遇，沦落至此。

掐指一算，禹锡遭贬已在朗州蹉跎九年，窦常禁不住叹道：

"梦得，你在朗州竟已九年！唉，圣上也真是铁石心肠！值此深秋季节，我与梦得在这沅水之畔同饮一壶浊酒，触景生情，怎不令人悲从中来！……"

刘禹锡性格一向刚强，虽经常在一人独处时痛苦难耐，但在外人面前却从不言愁，这时便强作欢笑道："今乃大喜之日，刺史何故而悲？兄莫非也是伤春悲秋之俗人乎？人生漫漫，谁知前途何方？谪居九年，焉知是祸是福？我等俗人，既不知之，又何必多愁善感？还是得过且过好了。"

"是吗?"窦常本对禹锡心生同情,一听禹锡说出这种话来,不禁肃然起敬。

刘禹锡这时连饮三杯,诗兴大发,对窦常道:"悲秋乃人之常情,以为万物凋零、严冬将至,遂感哀婉。但今日请君听我一言。"随即吟道:

自古逢秋悲寂寥,我言秋日胜春朝。
晴空一鹤排云上,便引诗情到碧霄。

"'孟尝高洁,空余报国之情;阮籍猖狂,岂效穷途之哭!'时至今日,梦得难道还不认命?"看到刘禹锡竟然写出这等豪气干云的诗来,窦常未免有些惊异。

"认命?"刘禹锡一怔,但随即摇摇头,一时百感交集,文思泉涌,遂又口占一首七绝道:

山明水净夜来霜,数树深红出浅黄。
试上高楼清入骨,岂如春色嗾人狂。

吟罢诗歌,刘禹锡略带酒意,又说:"禹锡之心,如那枉山般空明,如这沅水般清净!在这秋日最美之时,我如今的清宁心境,已不似年轻时那般张狂!如今的我,琢磨已成,正堪所用!此正所谓'天生我材必有用',我之命运,绝非贬死他乡! ……"

一席话,说得窦常既为禹锡命途多舛、久贬蛮荒难过,同时又禁不住对禹锡如屈原般"虽九死其犹未悔"的精神赞叹不已,感慨唏嘘。

说来,禹锡虽久遭贬谪,屡遭不幸,但他却从不降心辱志,而是愈挫愈勇,能在思索中积极振起,并对现实人生和政治前途充满希望和信心,在旷达方面,真是和屈原异曲同工,不无二致。

屈原所处的黑暗的历史现实与他的爱国理想的冲突构成了其悲剧生命,诗人在现实的挣扎中感到苦闷、孤独、愤懑以至强烈的失望,但仍持节不屈,在诗篇中反复申说自己的理想、信念和人格操守以及至死不悔的决心:"亦余心之所善兮,虽九死其犹未悔","民生各有所乐兮,余独好修以为常;虽体解吾犹未变兮，岂余心之可惩"（《离骚》），纤尘不染的人格注定了他不可能随波逐流，更不可能与世俗的丑恶同流合污。

以芳洁自守的屈原最终也只能选择投身汨罗、自我毁灭，向整个污浊不堪的社会作了最后也是最有力的抗争与控诉，从而完成了他的悲剧命运，铸造了他生命的"大我"。千载而下，尤为世人所感叹，所景仰。

屈原对崇高理想的执着追求，那种"宁溘死以流亡"，"虽九死其犹未悔"，矢志不渝、不改初志的精神，对刘禹锡的影响非常深刻。刘禹锡被贬后，虽然迫于情势而寄情笔墨，把诗文作为"见志之具"，但他却"历经苦难，痴心不改"，从未放弃过对理想的追求，始终怀抱"兼济"之志，希望有朝一日能再展宏图。如其在《砥石赋》中所说："故态复还，宝心再起，既赋形而终用。一蒙垢焉何耻？感利钝之有时兮，寄雄心于瞪视。"文中以宝刀喻贤才。宝刀经砥石的磨砺，会更显锋芒，借以表达自己百折不挠的韧劲和伺时再起的雄心。在《秋声赋》中又说："骥伏枥而已老，鹰在韝而有情。聆朔风而心动，眄天籁而神惊。力将痿兮足受绁，犹奋迅于秋声。"秋季多悲凉，但刘禹锡却唱出了励志的高歌。在《望夫山》中，刘禹锡表达了一种顽强的执着精神，宣示了自己忠于理想、矢志不渝的坚定信念。在《始闻秋风》中他写道："马思边草拳毛动，雕眄青云睡眼开。天地肃清堪四望，为君扶病上高台。"无论是思边的骏马，还是顾盼青云的鸷雕，都是诗人自身形象的真实写照，充分展示了诗人豪情在胸、壮志难泯的非凡气度与博大胸怀。

是的，无论是在朗州，还是夔州，抑或如今的和州，可以说，刘禹锡经受了一般人难以遭受的苦难和不幸，但是，尽管他也一次次被苦难和不幸打倒过，但却从没有被这些苦难和不幸击垮过！终其一生，他都始终高扬着信念，坚如磐石，无论在什么时候都长歌当笑，在晚唐的政治舞台上，尽管只是一个悲剧的角色，但却坚贞不渝，初心不改，成功地扮演了一个"硬汉刘禹锡"的形象。

67 裴度的牵挂

是深秋了。

深秋时节，即使是在中午，行走在长安街头，也已感觉到了丝丝的冷意。尤其是在街头巷口，那冷风犹如一头头胡冲乱闯的小兽，直往人的怀里钻，真是令人不寒而栗。路的两旁，树木也已落光了叶子，在风中微微颤抖着，好像禁不住深秋的寒凉。而在这种时候，街道两旁大小酒店内的小火炉以及小火炉上冒出的热气与香味便直往人的鼻子和胃里钻，让街上的行人此刻更加感觉到了饥饿与寒冷。

当年，王叔文经常光顾的位于西市的小苏州酒楼，自从永贞革新失败他被赐死后，很快便风光不再，易主经营，而酒楼也自然早已重新装潢，改头换面，小苏州酒楼的酒幌与招牌则自然变成了江南好酒楼。

如今，在酒楼的门前，是一座照壁，那照壁的正面龙飞凤舞地刻着白居易的那首词《忆江南·江南好》。其中第一首是：

> 江南好，
> 风景旧曾谙。
> 日出江花红胜火，
> 春来江水绿如蓝，
> 能不忆江南？

从江南好酒楼三层西北角的雅间"忆江南"窗户向外望去，可以看到西市熙熙攘攘的人流比肩接踵，川流不息。那种大都市的繁华与喧闹仿佛亘古至今就不曾消退过，令人很难想到四五十年前的天宝年间，一场突如其来的安史叛乱几乎将这天朝上都毁弃成了一片废墟！

这天，国子监祭酒窦常特意在江南好酒楼的雅间"忆江南"宴请近期被排挤出朝廷的裴度。

事情的原委大抵是这样的：穆宗时，裴度任司徒、同平章事，再次主持朝政。裴度为官一向刚直不阿，疾恶如仇，在朝野内外自觉不自觉地得罪了许多宵小之徒，其中，就有兵部尚书李逢吉。裴度再次主政后，李逢吉便暗中采用同宗兄弟之子李仲言的计谋，通过医士郑注与右神策军护军中尉王守澄勾结，使宫内官员都帮助李逢吉。

这年五月，在李逢吉授意下，左神策军奏报：举报人李赏声称和王府司马于方受元稹指使，勾结刺客要行刺裴度。

穆宗大吃一惊，一个宰相居然要行刺另一个宰相？这还了得！于是，急命左仆射韩皋、给事中郑覃与李逢吉三人审理此案，案未审毕，就将元稹贬为同州刺史、裴度贬为左仆射，李逢吉接替裴度为相。从此，李逢吉党羽李仲言、张又新、李续等，勾结宦官，煽动朝臣建立朋党来阻挠裴度，当时号称"八关十六子"，"八""十六"，都是所勾结相关人员的数字。而裴度的丑恶名声，传闻日甚一日。长庆三年（823年）八月，穆宗又将裴度调出朝廷任司空、山南西道节度使，不带"平章事"之衔。

此时，窦常正好由临川郡守回京调任国子监祭酒不久，听闻此事后，义愤填膺，感到好友裴度忠而被谤，非常冤枉，于是在裴度离京前特意设宴为他送别。

因为天冷，这天窦常特意点了个水煮羊肉。店小二在雅间内生了个炭炉子，火炉上热气腾腾地炖着一大砂锅羊肉。

裴度进来时，一眼就看到锅里油花飞溅，羊肉翻滚，一股股香味扑鼻而来，不由得咽了口口水，笑着冲窦常赞叹道："哇，好香！"

窦常笑着说："就知道你会喜欢的！"

"羊有百药之称，益气补肾，健脾助阳。"裴度接着说道，"大冷天的，围着火炉吃热气腾腾、香气扑鼻的羊肉，实乃人生一大幸事！"

"岂止是温暖和香味？"窦常笑着说道，"坐在此处，能与中立（裴度字）围而共饮，一边聊些闲话，一边拣取自己喜欢的食材丢入锅中，等待煮沸，再捞出食用，这种感觉着实令人有说不出的惬意。"

两人正说话时，羊肉已熟透了。店小二这时为他俩斟好酒，说一声："二位大人慢用！"随即知趣地悄然退去，于是两人便边喝边吃边聊起来。

窦常夹了块羊肉放进嘴里吃了，然后颇有些无奈地说道："某这些年先是出刺朗州，后又历固陵、浔阳、临川三郡守，长期在外，很少回京。这次皇上开恩，调某回到京师，本以为以后能时常与中立晤面，不承想你却又要调出朝廷，远离京师！"

裴度笑笑，故作轻松地说："如此也好！远离朝堂，少惹是非，度从此正好一身轻松，落个清净！"

窦常摇头叹道："中立，你也许清净了，但这朝堂以后怕是就更不清净了！"

裴度这时一仰脖，兀自将一杯酒一饮而尽，然后苦笑笑，依旧故作轻松道："那又能怎样？这以后每天还不是照常日升月落？再说了，中行（窦常的字），那都是圣上考虑的事，你我何必效杞人之忧？"

窦常知道裴度这是在说气话，于是也将自己杯中酒一口喝干，然后吃了口热热的羊肉，摇摇头道："圣上要是能考虑到这些事情就好了！唉，中立，现只有你我两人在场，说句大不敬的话，当今天子是贤是愚，是聪是昏，难道你还不知道吗？"

裴度听了没有说话，只是用筷子夹了块羊蝎子，低着头吃了起来。

停了片刻，窦常叹口气继续说道："如果只是天子昏庸倒也罢了，可如今中贵当道，擅权乱政，奸相作恶，陷害忠良。整个朝堂简直污浊不堪，乌烟瘴气！"

裴度这时问道："那中行以为，眼下该当如何呢？"

窦常一时不知作何回答，就认真想了想后说："仔细想想，如今也真是别无良策，看来也只有等待中立再度回朝，重登相位，再做打算。"

的确，裴度是宪宗朝元和中兴的功臣，出将入相，时人比之为郭子仪，一身维系天下安危近二十年。因而，在当时许多人的心目中，裴度就是国家的中流砥柱、定海神针。

裴度摇摇头，说道："俗语说：'一人打水不浑。'单靠度一己之力能有多大作为？要揽辔澄清，中兴大唐，还须集众人之力、假众人之智，务必贤人在朝、广揽人才、任贤致治！"说到这里，他忽然问道："中行昔日出刺朗州，和刘梦得也曾共过事吧？"

说到刘禹锡，窦常一下子来了兴致，就笑着回答道："岂止是朗州在一起共事？早年在淮南节度使府，在杜公杜俊卿手下，我与梦得也曾一起共事，而且过从甚密！"

的确，窦常为人谦和，与人为善，不像他的弟弟窦群，争强好胜，爱出风头。

"哦，原来如此！"裴度说，"刘梦得是有才干也是有雄心壮志之人，只可惜，当年追随王叔文革新失败后，一直贬谪在外，无法回朝任职。"

窦常点点头，悠悠说道："某也深有同感！当年出刺朗州，我原以为被贬多年而且不得量移，刘梦得一定会气沮神伤，早已心如止水、万念俱灰。谁知某见到他后，却发觉梦得依然豪情万丈，乐观豪迈！你看他的诗，'自古逢秋悲寂寥，我言秋日胜春朝。晴空一鹤排云上，便引诗情到碧霄'。这哪像是一个多年贬官的诗作？诗中又哪里有半点贬官的怨气和人生悲观的气息？这，也正是某不得不真心佩服他刘梦得的地方！"

"梦得胸有天下，是个心系苍生、意志坚定且懂得实干的人。"裴度说着，端起酒杯与窦常碰了碰，随即两人同时仰起头，一饮而尽。然后，他又说道："这种人入朝为官，实乃于国有幸、于民有利啊！"

"中立言之有理。"窦常说道，"不瞒你说，某以前在心中一直对梦得存有偏见，总以为与王叔文同党的刘梦得是一个只会坐而论道、纸上谈兵且大话欺世的文人而已。但从他出刺夔州与和州之政绩来看，梦得确有经国治世之才干，实为我大唐如今不可多得之栋梁！"

"梦得才情卓异，人所共知。"裴度慷慨说道，"然令度最为佩服的还是他的气节与胆识。当年有一门生问孟子：'何谓浩然之气？'孟子回答说：'很难形容。这种气节至大至刚，妥善培养而不知戕害，就会充满宇宙之间，不过必须力求正义与真理，没有正义和真理，气节就萎缩了。'在某看来，梦得之难能可贵之处就在于他正气萦怀且矢志不渝，胸中始终充满着这样的浩然之气！……所谓'天下熙熙，皆为利来；天下攘攘，皆为利往'，人生在世，尤其是官场之人，古往今来，屈指算来，有几人能不为利益妥协，不向权势低头？又有几人能够真正为了社稷黎民而甘愿忍辱负重、舍生取义，即使牺牲自己的利益也义无反顾、在所不惜？不为毁誉所左右？纵然历经磨难，却始终痴心不改？而梦得却能够超凡脱俗，公而忘私，殊为难得！昔日岑参曾有一首诗，其中有两句是'错落北斗星，照耀黑水湄。英雄若神授，大材济时危'。如今，时局危艰，世道混乱，朝廷也真的需要有像梦得这样勇于任事、敢于担当的'大材'来'济时危'啊！"

裴度为人一向沉稳刚毅，但今天却一反常态，因一时激动，此时竟口似悬河，滔滔不绝。

听了他的这一席话，窦常一时心中感慨，禁不住陷入了沉思。

说来也巧，这天晚上，裴度回到家里，管家递给他一封厚厚的书信。裴度接过来一看，正好是刘禹锡托人自和州递送给他的。

裴度急忙拆开阅读，只见刘禹锡那熟悉的字迹工整而清晰，将他出刺和州之后如何遇到百年未遇之干旱以及如何赈灾济民、兴修水利的事情细细道来，个中所遇困难与如何解决，也都一一告知了裴度。

信中，刘禹锡也情辞恳切，说他一生经历了很多挫折，先后被贬官多次，如今早已到了知天命的年龄，但仍没有达成自己的夙愿。尽管这样，他的梦想，从未泯灭。也正因此，他这些年一直渴望能早日重回长安，渴望为国尽忠，报效朝廷，哪怕自己已垂垂老矣，他也有年少般的热血与豪情！而且，他说，如今朝廷也正是用人之际，自己不愿久弃于野，故此希望新皇能够重新起用，召见入京。……

读着禹锡的来信，裴度心中久久不能平静。将心比心，他很能理解禹锡的心情，而且在内心中，这些年来，他也一直非常希望禹锡能够重回朝廷，施展才干，但是就因为当年永贞革新，王叔文一党把宦官势力彻底给得罪了，因而尽管这之前自己多次设法，但因为有那些阉宦暗中作梗，禹锡回朝一事却总是不能如愿！而现在，自己也被排挤出朝廷，让新皇召见禹锡入京的事眼下就更是无从谈起！

想到这些，裴度深以为憾！他想，倘若有一天，自己重新回朝，再掌朝政，无论怎么说，都要人尽其才，力排众议，设法让禹锡重回长安，达成禹锡的夙愿。

68 "滚滚长江东逝水"

中唐以后，整个国家已处于多事之秋，不仅兵连祸结，几无宁日，而且，即便是朝堂之内，也是波涌浪卷，充满旋涡。

唐穆宗长庆元年三月，朝廷举行了每年例行的"常科"科举考试。据说，考试的题目就是穆宗自己出的："鸟散余落花"，一个充满了无限诗意却也满含着无限悲情的题目。有趣的是，就在去年，如果说那次贡举出的诗题"早春残雪诗"字里行间无不凝结着元和十五年春长安的料峭春寒与衰败景象，那么现在，穆宗李恒又在不经意间以寥寥五个字描绘出了一个时代的颓唐气象与感伤气氛。

在当时，科举是天下读书人特别是寒门学子一生的光明与希望所在，但同时，也是他们中许多人的人生黑暗和噩梦。所以说，科举中有人生的大欢乐、大幸福，也有人生的大痛苦、大悲哀。

也正因此，几乎所有的人——上至皇帝下至百姓无不把科举看得很重，把科举看作天下读书人的第一要务与头等大事，因而无不对此格外关注、重视和在乎。

这次的春闱，按照唐朝的惯例，由礼部侍郎钱徽以知贡举的身份主持了当年的进士考试；而时任中书舍人的李宗闵以及右补阙（谏官）杨汝士则作为他的助手，也就是副考官参与其事。

熟悉唐诗的人想必都知道"钱起"这个名字，钱起与韩翃、李端、卢纶等在中国文学史上被称为"大历十才子"，在当年的诗坛红得发紫，而我们这里所说的钱徽便是他的儿子。

如果说老子钱起乃是以写诗出名的话，那么，儿子钱徽则是以做官出名。

一点也不夸张地说，钱徽的清廉正直在当时的朝野内外是出了名的。

据史料记载，唐德宗时期，钱徽于贞元初年进士及第，被派遣到湖北谷城县当谋士。县令王郢豪爽好客，挥金如土，喜欢结交三教九流，经常用公款请客送礼，案发被革职查办。观察使樊泽负责处理此案，发现涉案的人很多，只有钱徽一文不取，不在其中，这在贿赂成风的官场可谓"出淤泥而不染"，非常另类。

樊泽对其不禁大为叹赏，于是把他带在自己身边，任自己的幕僚，掌书记。

唐宪宗元和十一年，钱徽因言语有违圣旨，罢翰林学士，被降为级别较低的太子侍从官——太子右庶子、虔州刺史。当时宣武地区最高军事长官韩公武想结交朝廷官员，为自己日后提拔升迁拉关系，于是便拿出大批银钱送给各衙门的显要们，其中也悄悄送给钱徽二十万钱，但钱徽却执意拒绝了。当时有人劝他说，你又不是手握大权者，完全没有必要谢绝。

可钱徽摇着头，正色道："接受别人馈赠，关键在于是否合乎道德规范，而不在官职大小。"

仅此可见，在封建官场，出淤泥而不染的钱徽真的是个超凡脱俗的"官场另类"。

但也正因为是个"官场另类"，所以，他才会在历史上所谓的"长庆元年科考案"中出事。所谓峣峣者易缺，皎皎者易污，自古皆然。细想想，这也是古今官场再正常不过的事情。

闲话少说，还是来说说长庆元年的这次"常科"考试吧，与以往的科考一样，本次科考并不糊名，应考者的姓名对主司是公开的，因而，考生的名气与声望乃至家世、与主司之关系等对考试结果有异乎寻常的影响。

本来，这样的考试每年一次，稀松平常，不值一提。但就因为出了件震动朝野的事情，由此惹人注目，成了当年的最大新闻。

说来，也真是江河日下，人心不古，没想到这年原本寻常的科考竟会闹腾出这么大的动静，而且会产生出那么大的后遗症！

原来，刚刚辞去宰相就任西川节度使的段文昌以及翰林学士那个写有"谁知盘中餐，粒粒皆辛苦"诗句的李绅都给这次常科考试的主考官钱徽写了条子。

钱徽出身江南的书香门第，一直供职于翰林院。元和十一年，钱徽贸然上疏，请求终止征伐淮西，引起了宪宗的不悦，被逐出了翰林学士院。段文昌拜相后，钱徽才逐渐走出低谷，升任礼部侍郎，主持这一年春闱。有这重渊源关系，段文昌自信，钱徽一定会对自己感恩戴德，感恩图报，绝对不敢也断然不会轻慢自己的推荐。

可是，令段文昌、李绅他们怎么也没有想到的是，主考官钱徽竟然整个一个"老顽固"，一个"白眼狼"！居然知恩不报，对他俩的说情全然不理不睬，等到那天清晨，万众瞩目的进士榜终于贴上了礼部南院一丈多高的东墙。新科进士的名字用很浓的墨工整地书写在四张黄纸上。谁知，从头看到尾，再从尾看到头，却怎么也看不到他俩写信请求钱徽关照的那两个考生的名字！

这使段文昌和李绅都极为诧异和愤怒。

好，既然你钱徽不仁，也就休怪我段文昌不义了！

正好，这次金榜题名的新科进士大都是朝廷要员的子弟，这其中有朝廷谏议大夫郑覃的弟弟郑朗、中书舍人李宗闵的女婿苏巢、前宰相裴度的儿子裴撰等，还有一个杨殷士竟是身为副主考的杨汝士的弟弟。这就使段文昌更为怒不可遏，于是一气之下，他便愤向皇帝写信举报，说这次科考舞弊，主考官钱徽选取的进士都是学识浅薄的官宦子弟，明显是"取士以私"！

结果，这次考试成绩被取消，重新进行。此次事件牵涉不同意见的很多人，段文昌、李绅这方面有前宰相裴度，翰林学士李德裕、元稹，主考官杨汝士和钱徽方面则有中书舍人李宗闵等人。

值得一提的是，作为这次科考舞弊案旋涡中心的人物，钱徽倒是表现出了应有的风度。李宗闵、杨汝士劝他将段文昌、李绅请托他的私人信件进呈天子，如实相告，好把原告也拉下水，索性大家来个鱼死网破。

书生极易偏激，容易迂腐。但钱徽却既不偏激，也不迂腐，关键时刻，他却没有冲动。这种时候，他头脑冷静，对此只是付之一笑，然后把这几封很重要的足以作为证据打倒段文昌们的信件全部付之一炬。在青烟袅袅随风飘飞的纸灰里，鱼死网破、两败俱伤的可能性就此灰飞烟灭。

仔细想想，钱徽这样做虽然有些豁达大度，有些以德报怨的意思，但其实也是算计精明，为己着想，不失为是一种做人的大智慧：因为考虑到李绅、元稹和李德裕身居要职，再加上一个段文昌，钱徽纵然想和他们拼个你死我活，两败俱伤，也并不见得有效。如果不能一击中的，那么他以后的日子则会非常难过。相反，所谓"后退一步天地宽"，钱徽的"后退一步"却不失为一步好棋：既主动地向对手示弱，赢得他们对等的宽大；又成功塑造了一个处变不惊、胸襟宽广的君子形象，从而及时扭转了对自己很不利的舆论和困局。

果然，钱徽的"大度"立即得到了回报：被谪为江州刺史。这是一个远算不上严厉的处罚，而且没多久他便内迁华州。未来的几十年内，当多少同僚深陷"牛李党争"而不能自拔，钱徽却置身事外，平静地度过了自己的宦海余生。这不能不说得益于他的这种"以德报怨""退一步海阔天空"的生存智慧。

长庆贡举舞弊案，在钱徽一肩担起了大部分的罪责后，虽然暂时结案了，但从更长远的时间看，一切才刚刚开始。

的确，由于这次"长庆科考舞弊案"有如此之多的高官和望族涉案，赋予长庆舞弊案别样的深意。在很多人看来，"落花啼鸟纷纷乱"，不正标志着"牛李党争"的戏剧由此大幕开启，各种人物陆续闪亮登场？

从此以后，由于冤冤相报，官僚们"皆挟邪取权，两相倾轧。自是（长庆贡举舞弊案）纷纷排陷，垂四十年"。一次寻常的贡举舞弊，以及一次不那么寻常的揭发，最终意想不到，竟然产生出了"蝴蝶效应"，演变为长时间的"牛李党争"。

而唐朝，就是在藩镇割据、宦官干政以及"牛李党争"这三大顽症中"忽喇喇似大厦倾"，最终万劫不复，彻彻底底地走向覆亡的深渊。

所谓"覆巢之下，焉有完卵"？在这样的政治大背景下，刘禹锡自然也无辜深陷其中，无力自拔。

长庆四年（824年），成德节度使王廷凑听说襄州节度使牛元翼去世，竟将在镇州的牛元翼一家杀尽。即位不久的唐敬宗李湛听说牛家全部惨遭屠杀，连日痛惋叹息，因而感叹宰相不是所任之才，致使奸臣抗命忤逆到如此地步。

翰林学士韦处厚看准火候，趁机上疏为裴度申诉。敬宗感到惊讶而省悟，见裴度的奏章不署"平章事"职衔，这位昏庸的小皇帝问韦处厚说：

"裴度曾任宰相，为什么没有'平章事'职衔？"

韦处厚于是奏禀："被李逢吉排挤，裴度以仆射之职出镇兴元，就从原有的职衔中去掉了。"

尽管拿掉"平章事"职衔是经过穆宗点头的，但韦处厚很会说话，他在说这件事时，绝口不提穆宗，只说是奸相李逢吉所为。

敬宗很是生气，就说："怎么到这种地步？"

次日，他下诏恢复裴度兼任同平章事。但李逢吉的党羽害怕裴度重被起用，称与裴度熟识的袁王府长史武昭想要谋害李逢吉。判罪定案时，武昭已死，他们想要借此牵连裴度，但公众舆论都卫护裴度而归罪于李逢吉。敬宗这才逐渐明白了事情的真相，凡有使者前往兴元，必定传告密旨抚慰，并有将他召回朝廷的约定。

宝历元年（825年）十一月，裴度上奏请求到长安朝见敬宗。次年正月，裴度抵达长安，敬宗待他礼遇隆重优厚，不几日，便宣诏再命裴度主持政事。

裴度重回京师，再度为相，奸相李逢吉的好日子就到头了。八月，李逢吉被委以山南东道节度使挂"同平章事"出京，他的政治生命从此结束。

但裴度并不是胜利者，在斗争中真正得到了好处的是宦官左右枢密使王守澄、杨承和，左右中尉魏从简、梁守谦这"四贵"。从这两年的许多事情上就可以看出，帝国已由"北司"的王守澄说了算，他与右枢密杨承和、左中尉魏从简、右中尉梁守谦等"四贵"已成了帝国的权宦，裴度与韦处厚之辈只能等而下之。皇权与相权渐渐合二为一，而为宦官们所掌握，所谓的"天子家奴"已经完全骑到了大唐天子的头上，反奴为主已成为严峻的现实。

而此时，纯然是浪子一个的敬宗却既无远虑，也无近忧，他几乎很少考虑国家大事，甚至也不知道什么才是国家大事，更掂量不出"社稷江山"几个字的分量！几乎每天，他都是击毬、游宴、打猎、沉溺女色，乐此不疲，荒淫无度。敬宗特别喜欢击毬，每次都拉了宫中内侍陪他玩耍，兴师动众的动辄就是几十人，直闹到精疲力竭方才罢休。然后就是听乐，用大型乐队为他击毬助兴。为此赏赐宦官、乐人财物不可胜计，有一次一下子就赐给内教坊一万缗钱，以备他行幸时开销之用。

敬宗玩乐常常不分昼夜，而且不在宫中，他喜欢到神策军营中去玩，因为人多热闹。

皇上的这一癖好，长安城中几乎无人不晓。

敬宗尚不及弱冠之年，耽于玩乐倒也无关紧要，然而他同样也不能割舍酒色，以致国事日废，而使权阉王守澄之流独揽朝政，为非作歹。

但不管怎么说，这种时候，裴度的再度入朝执掌相权对于大唐的许多大臣和百姓来说还是一个令人欢欣鼓舞的消息，对刘禹锡就更是一个利好的喜讯。因为有裴度和在裴度之前已经入相的好友李程的关心，宝历二年（826年）的冬天，犹如望夫石一般一直盼望回到朝廷的刘禹锡终于收到征还洛阳的诏书，从此一洗23年的冤屈，彻底脱离谪籍。

手捧征还诏书，刘禹锡一时眼含热泪，百感交集。自从永贞革新失败遭贬谪后，自己在这巴山楚水间一待就是23年！

23年，试想，人生能有多少个23年啊？而且，还是自己一生中最好的时光，如今，却全都像滚滚长江之水一样流逝了！回想这23年间，自己经受了多少的打击，多少的磨难，内心中有多少的酸辛，多少的痛苦，多少的煎熬？……

好在，无论什么时候，他都没有产生过绝望！

"也许，这就是自己之所以能够活到现在的缘故吧？"他想，这23年来，真的是变化太大、不幸太多，在政治与生活的双重逼迫下，王叔文、王伾、柳宗元、韦执谊、陈谏、凌准、吕温等当年永贞革新时携手与共的友人们已相继死于贬所，含恨九泉。杜佑、权德舆、李吉甫、韩愈等好友也已先后作古。如今朝廷中志同道合之人，已是屈指可数，唯有裴度，眼下也是"廉颇老矣"，而且在朝中处境微妙，如履薄冰。至于后辈，最富时望者李德裕避在藩镇，牛僧孺虽富文采，却少胸襟，更兼牛、李二人争斗不息，互不相容，"牛李党争"愈演愈烈，如今朝野百官分班站队，相互缠斗，冤冤相报，整个官场浊水横流，乌烟瘴气。宦官则在宫中群魔乱舞，败坏纲常。大唐江山摇摇欲坠，怎不令人忧心如焚？

想到自己如今虽然脱了谪籍，却并没有被委任任何新的官职，也许此生将会就此老去洛阳，虚度此生，刘禹锡忽然觉得这一纸征还诏书其实几乎毫无意义，毫无价值，顶多只能算是一个"精神安慰奖"。

所以，手捧着这一纸诏书，他一会儿觉得太过于沉重，沉重得几乎令人窒息，让人心酸，让人痛苦，一会儿又觉得它实在太过于轻浮，轻浮得简直要让人绝望，让人发疯！

与和州告别，刘禹锡的心情委实有些复杂，脚步也委实有些踟蹰，临走的前天晚上，睡到半夜，他忽然披衣起床，来到门外，独自绕着自己的陋室徘徊转悠了三圈，然后又一个人登上和州郡楼，在星光下久久凝视着在黑暗中依然日夜奔腾不息的长江，侧耳凝听那千百年来从不平静、永无休止的拍岸的涛声。

这种时候，他忽然情不自禁地对着滔滔长江对着一江明月高声吟道：

> 莫道谗言如浪深，莫言迁客似沙沉。
> 千淘万漉虽辛苦，吹尽狂沙始到金。

哦，今夜何夜？今夕何夕？

在这空旷的夜空，他的声音显得是那样的微弱，那样的单薄。

而此时此刻，无论是他的呐喊，还是他的悲泣，抑或是他的控诉与怒吼，除了夜空中那轮在云层中时隐时现的明月，有谁会在倾听？又有谁愿意倾听？而且，那长江中滚滚东去、惊涛拍岸的流水，很快就已完全把他的声音湮没！

噢，那东去的大江呀，浪奔浪流，千百年来，你究竟淘尽了多少风流人物、英雄豪杰？

可是，滚滚长江东逝水，那滔滔的江水翻卷的浪花呀，你永远也淘不尽历史上那些真的豪杰、真的英雄！

69 刺史牌坊

夜深人静的时刻，室内只剩下刘禹锡和泰娘两个人。

泰娘先为室内那盏铜质的省油灯注满了灯油，然后去厨房把一盅炖好的热汤端了过来，对正躺靠在藤条椅上小憩的刘禹锡道："老爷，'明目健身羹'炖好了，我趁热喂你吃吧。"

"明目健身羹"是泰娘当年跟随韦尚书做歌伎时从韦尚书那儿学到的，据说能清神明目、健脾补肾、护肝润肺。因为刘禹锡的眼睛不好，自从在朗州时就患了眼病，所以这些年来，泰娘一直精心呵护着他，每晚都为他炖这明目健身羹。

所谓明目健身羹，也就是用猪肝炖汤，在汤里放上蜂蜜、菊花、金银花、决明子、薄荷、柴胡、白芷、甘草，用小火熬制而成，但要根据四季的变换，将这些草药的剂量稍作变化。

"不用，我自己来。"

刘禹锡忙欲站起，泰娘伸手把他按住道："在外忙了一天，你也累了。你躺着，还是我来喂你吧！"

说着，泰娘从床上拿了一个枕头垫在刘禹锡的腰部，让他舒适地靠在藤条椅上，又找了一块干净的白布罩在他的胸前，然后，便用木勺一勺一勺地喂到他的口中。

禹锡先是眯着眼睛、漫不经心地喝着泰娘喂他的明目健身羹。可是，喝着喝着，不仅他的心里变得热乎乎的，连他的眼睛也渐渐变得深情起来，不自觉地，他紧紧将泰娘的杨柳细腰搂住，并将自己的头轻轻依偎在她的胸前……

泰娘这时红了脸，用一只手将他紧紧地搂在自己的胸前，笑着柔声说道：

"看你！男人再大都是个孩子！"

是啊，男人都有他最柔软的一面。即使是再坚强再伟大的男人，在自己心爱的女人面前，情到深处，也都常常表现得很像是个孩子。

禹锡这时动情地说："泰娘，这些年你如此照顾我，真让老夫过意不去！"

泰娘此刻也动了感情，温柔地说："老爷，你怎么跟我还这么客气！泰娘能服侍你是泰娘的福气。再说，泰娘当初也答应过嫂子和老夫人，承诺一定要帮她俩照顾好你。如果老爷您不嫌弃，泰娘情愿服侍你一辈子！"

泰娘的话让刘禹锡顿时又想到了亡妻薛氏以及自己的母亲，不自觉地又回想起了往事……

对于当年妻子薛氏在集市上见到卖唱乞讨的泰娘执意要将她带回家做佣人，刘禹锡一开始只是以为此乃薛氏心地善良，及至等到后来，他才终于理解了薛氏的一片苦心。

原来，薛氏自从跟随刘禹锡到了朗州后，一直水土不服，加上在怀第二个儿子期间营养不良，产后坐月子又没坐好，从此留下许多病根，因而，她老是担心自己不能与自己恩爱的丈夫白首偕老，害怕自己万一哪一天撒手人寰，到时候丢下丈夫和孩子无法照顾。特别是那年宪宗皇帝颁布的"八司马""纵逢恩赦，不在量移之限"的诏令，不啻是五雷轰顶，让薛氏感到万箭穿心，从此，她尽管表面上强颜欢笑，温言细语尽力宽慰着自己的丈夫，但内心却是苦不堪言，却又无处述说，以致渐渐竟患了抑郁症，夜晚老是失眠或惊梦。

"在这穷山恶水的蛮荒之地，若是有一天我不在了，到时候他们的日子可怎么过啊？"每每在黑夜里想到这些，她就忧心如焚，夜不能寐。

因此薛氏在心中一直想为丈夫纳妾，她想，禹锡身体不好，万一自己有一天先他而去，到时候他身边也好有个女人照顾，孩子们好歹也有个后妈关心照料他们。

薛氏是个有心人，这以后，她一直留心想为丈夫物色一房小妾。可是，令她遗憾的是，朗州这地方，虽然民风淳朴，但毕竟地域狭小，平时所看到的都是一些大字不识的村姑民妇，几乎很少能见到模样周正又知书识礼的女子。她想，总不能随便找个女人给禹锡做妾吧？

此后，薛氏一直为此事暗自留心。说来，真是踏破铁鞋无觅处，得来全不费工夫。那一天，她和禹锡去逛武陵集市，没想到却在街头忽然遇见正卖唱乞讨的泰娘。薛氏眼前一亮，心中不由得暗自一喜，很快便有了主意。她原本想和禹锡商量，直接和他说想让他纳泰娘为妾，但又怕他拒绝，坏了这桩好事。于是想了想，她便跟他说想让泰娘到家里为佣。

禹锡当然不知道妻子薛氏内心的真实想法，想到薛氏这些年来跟着自己吃苦受累，身子骨已越来越弱，而家务活却越来越多，如果能让泰娘到家里帮佣，那是再好不过了，于是当即就答应了。

泰娘通情达理，很会体贴关心人，加上人又勤快，从不偷懒，因而，自从到了禹锡家以后，很快便和全家人关系融洽，打成一片，不仅和薛氏亲如姐妹，而且和禹锡母亲也情同母女。

由于薛氏身体不好，泰娘几乎承担了全部的家务活。白天，烧饭烧菜，洗衣服做鞋子，晚上，因为和禹锡母亲睡在一起，她则为老太太洗脸洗脚，揉肩捶背，等到第二天，又天不亮就起床洒扫庭院，生火做饭……而且泰娘身子勤快，嘴也勤快，在薛氏面前总是嫂子长嫂子短的，但并不矫情，更不虚伪，因而两人亲如姐妹，相处得很融洽，很亲密。所以，自从泰娘来了以后，薛氏轻松了许多，人也快乐了许多，整个家庭自然也比以前欢乐了许多。

还在生第二个儿子时，薛氏就患上了眩晕症，经常心慌气短，头痛失眠，而且越来越重。禹锡几次为她请来大夫诊治都不行。眼看自己的身体越来越虚弱，薛氏就更加想让丈夫纳泰娘为妾。

那晚上，夫妻俩同床共枕，一番温存抚爱后，薛氏偎在禹锡的怀里突然说："你觉得泰娘怎样？"

"什么怎样？"

"泰娘这人怎么样？"

"不错。很好。人很勤快，又非常善良。"

"那你纳她为妾好不好？"

"什么妾不妾的！"禹锡这时半开玩笑半认真地说，"我有你为妻就够了，可不想有什么齐人之福！"

"梦得，我觉得，你还是纳泰娘为妾吧！"

"别净说胡话了！时辰不早了，明天我还有一大堆公干，你也辛苦一天了，还是早点睡吧。"

这时，他也真的累了，很快就呼呼大睡起来。

这以后，由于自己的健康每况愈下，薛氏的心思很重，心里老是记挂着想为禹锡纳妾，但每次她一提起这事，禹锡都赶紧转移话题，不去说它。

"禹锡，你就纳泰娘为妾吧？我快不行了。要不，等到日后哪一天若是我不在了，你怎么办？还有娘、我们的孩子怎么办？"直到临终前，薛氏还在恳求丈夫纳妾，眼巴巴地望着禹锡，深陷的眼窝里满是泪水。

但即使是到这种时候，刘禹锡依然没有点头。这个时候，他既没有答应，也不忍心不答应，只是点点头，紧紧握着薛氏脉息已很微弱的手说："放心吧，我会照顾好娘和孩子们的！"

说这话时，禹锡也已是泪流满面。

"泰娘，你是好人！我走了，替我照顾好老爷，还有——还有，我的孩子！"

"姐，你放心吧，我会的，泰娘一定会的！"

这时候，泰娘跪在薛氏的床前，早已梨花带雨，哭成了一个泪人。

但薛氏走后，刘禹锡并没有纳泰娘为妾，倒并不是因为嫌弃泰娘，而是因为他内心滋生了一种莫名的恐惧。他不知道为什么自己的第一个妻子裴氏那么年轻就离他而去。续弦后，没想到第二个妻子薛氏又年轻早逝。他想，难道真像算命的所说，自己真的是那种克妻的命吗？否则，为什么这些自己生命中所爱的女人一个个年纪轻轻的都遽然早逝？

就因此，他很害怕，担心如果纳泰娘为妾，不知什么时候又会害了这个美丽善良的女人。

而且，还因为他和薛氏一向夫妻恩爱，这么多年来薛氏又跟着他患难与共，为他吃尽了苦头，在情感上，禹锡一直认为自己对不起爱妻薛氏，从某种意义上，觉得乃是自己害了她，因而，总是不能忘情于薛氏，在心理上一时半刻还很难接受泰娘。

但是没想到，让禹锡纳泰娘为妾不只是薛氏的遗愿，禹锡的母亲也有这个愿望。

卢氏知书达理，还在禹锡很小时，她就很尊重禹锡自己的愿望，很少干预他的选择，但是，在儿子的婚姻大事上，老夫人却几次主动过问，第一次是选娶裴氏作为儿媳，第二次，则是希望禹锡能纳泰娘为妾。

"禹锡吾儿，男人无妻不成家。你还年轻，再娶个妻子吧。"薛氏死后，不止一次，卢氏叮嘱他。

对母亲，禹锡一直很孝顺，这时就点点头说："娘，我知道了。"

"泰娘是个好女人，你就娶她做妾吧。"

一说到泰娘，刘禹锡就不吱声了。是的，关于这件事，他还没想好。

最终，让刘禹锡作出纳泰娘为妾决定的还是他的母亲卢氏。那是在她临终前，老人家把禹锡和泰娘都叫到自己床前，声音微弱地说："禹锡，娘最后交代你件事。"

"娘，什么事？你说！"

"你答应娘，娶泰娘吧。泰娘是个好女人，娘看人不会错的。"

禹锡半天没说话。

"儿呀，你要是不答应娘，娘是不会瞑目的！"说着，老人家已经开始咽气，眼睛也闭上了。

见此情形，一直在那儿哭泣的泰娘哭得更伤心了。

"娘！娘！你不要走！泰娘不让你走！"

泰娘的哭声撕心裂肺。在心目中，她早已把卢氏当成了自己的母亲。

忽然，仿佛已经死去的卢氏又竭力睁开眼睛，用更加微弱的声音说："泰娘，娘要走了，你以后，以后要照顾好禹锡，照顾——"

话没说完，禹锡发现母亲已经咽了气，但眼睛却竭力睁开着没有合上。

"娘！"

"娘——"

几乎同时，禹锡和泰娘都一起跪倒在母亲的床前，放声大哭。

"娘，您放心，您就放心走吧！您走了，在这世上，泰娘已没有了亲人。今后，无论老爷愿不愿意，泰娘都会把他当成亲人，情愿照顾他，照顾老爷一辈子的。"

这一时刻，刘禹锡感动了，他忽然朝已经与世长辞的母亲连磕了三个头，然后哽咽道："娘，儿子答应你，禹锡答应你！我要娶泰娘，纳她为妾！……儿子已经答应你，娘，你就瞑目，安心地走吧！"

说来也怪，一直死不瞑目的卢氏这时候忽然闭上了眼睛，永远永远地闭上了眼睛。

等忙完母亲的丧事后，刘禹锡就正式与泰娘举行了婚礼。

那是在刘禹锡最为失意、最为困顿的时候，又一个秀外慧中的女人心甘情愿地嫁给了他。

婚后，泰娘不仅要照顾禹锡和薛氏丢下的两个儿子、一个女儿，还要照顾柳宗元的两个遗孤和流放到海南岛的韦执谊临终前托付给刘禹锡抚养的一个儿子，生活的担子更重了。

想到这些年来，从夔州再到和州，真是多亏了泰娘，要不，刘禹锡真不知道自己和孩子们一大家子人，这日子该怎么过！……

往事历历在目。想到这里，刘禹锡握住泰娘已经有些粗糙的手，充满怜爱地抚摸着说："泰娘，这些年来委实辛苦你了！能娶到你，真是禹锡的福气啊！"

"老爷，这话应该由泰娘说。能和自己相爱的人厮守，相伴终生，执子之手，与子偕老，这应该说是泰娘一生中最大的福气啊！"

这晚上，夫妻俩都很动情，后来睡到床上，自然如胶似漆，夫妻恩爱一番，自不待提。完事后，禹锡很快就酣然进入梦乡，而泰娘因为心里有事却迟迟未能入睡。

是啊，她想，禹锡征还洛阳，举家需要搬迁，可是至今搬家的船还没有雇好。

不是无船可雇，而是缺少雇船的银两。的确，这些年来，那么一大家子人，平时要吃要喝要穿，而且几个孩子读书学习也是一笔不小的开支，仅仅靠禹锡那么一点俸禄委实有些捉襟见肘，勉为其难。幸亏这些年来，泰娘精打细算，勤俭持家，日子勉强还算过得去。

但这次，举家从和州搬到洛阳，千里迢迢，光搬家费就是一笔很大的开支。这让泰娘一时半刻到哪儿去凑够那么多的银两？就因此，泰娘这些天心里很是焦急。

可是，这种事情她又不愿意告诉禹锡，以免让他操心。再说，所谓知夫莫若妻，对禹锡，泰娘太清楚不过，她知道禹锡平时在外从不贪财，从不受贿，在家也从不理财，不积私财，这种事情即使和他去说，她以为他也一样没有办法。

"一下子要那么多路费，这可怎么办呢？"泰娘着实有些焦心。

第二天清晨，泰娘早早起床梳洗，当她猛然看到梳妆台上自己昨晚放在那儿的那块玉佩时，心中忽然有了主意。

这块玉佩乃是一块血玉，是当年泰娘做歌伎时韦尚书亲手送给她的。据韦尚书说，这块血玉是安史叛乱年间从宫里流传出来的"玉中之宝"，非常珍贵。这些年来，泰娘一直把它戴在身上，非常珍爱。今晨看到这块玉佩，她忽然想到自己的身世，不由得一阵伤感，拿起玉佩，用双手紧握着，很是抚摸了一番，但最终，还是狠狠心，打定了主意。

这天中午，在料理一家人吃过饭后，泰娘手上挽着个布包，走出陋室家门，来到青石板铺成的街道上，拐了个弯，绕到闹市，直奔当铺。

当铺里人不多，很快就轮到泰娘了。柜台内的伙计显然并不认识泰娘，他先是禁不住打量了美丽的泰娘两眼，这才开口问道："太太是要当点什么吗？"

泰娘点了点头，从布包中掏出那块玉佩，轻轻地放在柜台上："你看这东西能当吗？！"

当泰娘打开包裹的棉布，露出里面那块晶莹通透的玉佩后，识货的当铺伙计眼睛微微亮了亮，顿时满脸堆笑，客气地说道："能当，当然能当，不过您要稍等一下。这东西太贵重，我做不了主，得请掌柜的来。"

泰娘便点了点头，含笑说道："那你快去请吧！"

掌柜的很快就来了。"夫人是要当这玉佩吗？"他问。

"是的。掌柜的，你看看，这值多少钱？"泰娘说着，就将玉佩递给他。

掌柜的接过玉佩，又是轻轻敲击后放在耳边去听，又是拿到窗户边放在眼前仔仔细细地去看，甚至还拿到鼻子前一次又一次地去嗅，忽然扭过头盯着泰娘说："请问夫人，这玉佩是从哪儿来的？"

这话无疑触到了泰娘的痛处，她当然不想回答，于是就说："哪儿来的你且甭管，你只要告诉我它能当多少钱就行了。"

掌柜的这时拿眼睛仔细打量泰娘，然后说："夫人看起来好眼熟，之前好像在哪儿见过。"

泰娘这时就抿嘴笑了笑说："是吗？我们以前见过吗？"

掌柜的这时已经想起来了，就很惊讶地说："噢，您是刘夫人？刘刺史刘大人的夫人，对吗？"

泰娘这时只是很平静地笑笑，没有回答。

掌柜的这时踱了两步，仿佛自言自语说："听说刘刺史刘大人升了官，马上要回京城了，都说升官发财，刘刺史已当官多年了，即使没发大财，再怎么说也总不至于穷到要让自己的夫人来当自己的玉佩吧？"于是，便又赔着小心问道："冒昧地再问一句，夫人您真的是刘刺史刘大人的夫人吗？"

泰娘这时就假装生气道："我是不是刘刺史的夫人跟我当这玉佩有什么关系？掌柜的，你快说这玉佩能当多少钱吧？我们一家人还指望它当路费，雇条船回洛阳哪！"

掌柜的这时忽然张大了嘴，显然很是吃惊地说："啊？这么说你真是刘刺史的夫人？刘刺史莫非连雇条船回洛阳老家的路费都没有吗？看来，民心是秤，传言非虚。刘刺史果然为官清廉，两袖清风。唉，我在和州开当铺已经二十多年了，以前还从没碰到过有刺史家的人来我这当铺当任何物件，更别说是刺史夫人了。屈指算来，以前那些刺史，有几个不是贪官？离开和州时，有几个不是中饱私囊，用大船小船装满了贪污受贿来的许多值钱的财物离去？……想不到如今刘刺史当了这么多年官，竟然穷得连一家人回洛阳的路费都没有，可见刘大人真是一个好官，一个难得一遇的大清官！唉，只可惜，这些年圣上昏庸，忠奸莫辨，奸臣当道，忠臣被贬。我听说，像刘刺史这样永贞年间参加革新严惩贪官宦官的忠君爱民的好官竟然屡遭贬黜、性命难保，也难怪我大唐国运渐衰，这些年来总是岌岌可危，老百姓的日子日益艰难！"

泰娘为人比较谨慎，这时就打断他的话说："掌柜的，朝中的事儿说不清，也不好说，当心祸从口出。我这玉佩你看能不能当，掌柜的要是为难，我再去其他当铺看看。"

掌柜古道热肠，一听这话，顿时点点头，显得很仗义地说道："行行行！这玉佩我为夫人当定了！若是一般人，不瞒您说，这玉佩我顶多给她当五千文铜钱。但夫人您不一样，就冲刘刺史是个好官，是个清官，来到和州，赈灾济民，造福百姓，我和州百姓无不对他感恩戴德，有口皆碑，您这玉佩，我为您当一万文！……"

就这样，刘刺史的夫人去当铺当自己珍藏多年的心爱之物玉佩的事经由这当铺掌柜之口，第二天就传遍了偌大的和州城，和州百姓听了都很感动，说这清官和贪官就是不一样，清官无论什么时候也无论到哪儿都是清官，说要是能多一些像刘刺史这样的清官好官，这天下就太平了！

刘禹锡离开和州后，为了表达对他的怀念与尊崇，在粮商刘财和木材商人李天龙、李天虎兄弟的倡议下，当地一些富商以及众多百姓纷纷集资，自愿为他在陋室门前的正道上建起了一座刺史牌坊。

刺史牌坊
69

牌坊的最上方横匾上书写有"政擢贤良，学通经史，颉韦颜白，卓哉刺史"这样 16 个大字，牌坊的两旁是一副对联：

出刺和州甘居陋室；
典当玉佩真乃清官。

"卓哉刺史"，这是和州百姓对刘禹锡的最高评价！

70 长歌当笑

刘禹锡告别和州，没有直奔洛阳。和州尽管与自古繁华的金陵只有一江之隔，但自从来到和州之后由于一直公务繁忙，不能擅离职守，加上交通不便，他一直未去过古都金陵。想到自己回到洛阳，日后恐怕再无机会重游江南，这次途经金陵，他便让爱妾泰娘带着一大家子人乘船先行北上，回洛阳安顿下来，自己一个人则特意在金陵尽兴游览了几天。

在金陵，他信步来到秦淮河畔，朱雀桥边，看到原来那富丽堂皇的华贵府邸早已颓败不堪，只剩野草野花。原本是香车宝马、气派非凡的乌衣巷口，如今也早已风光不再，只剩下如血的残阳夕照。当年王谢世家豪族何等气派，庭前筑巢呢喃的燕子，也早已飞入寻常的百姓家了，豪庭已成废墟，连百姓寒宅都不如。人世无常，世事难料，历史苍凉，人生如梦，富贵荣华如过眼云烟，功名荣辱如尘土一般，似水流年，忧痛无奈。

有感于此，日暮时分，在乌衣巷口，他咏物抒怀，感慨良多，当即挥毫写出了一首脍炙人口的《乌衣巷》：

> 朱雀桥边野草花，乌衣巷口夕阳斜。
> 旧时王谢堂前燕，飞入寻常百姓家。

金陵怀古，让刘禹锡感时伤怀，生出许多的感慨，他在《金陵五题》其他几首诗中，也表露出悲凉苦痛的心情，如他的《金陵五题》之一《石头城》："山围故国周遭在，潮打空城寂寞回。淮水东边旧时月，夜深还过女墙来。"就写得苍凉沉郁，意境深远。诗中的淮水，即秦淮河，横贯石头城，是六朝时代王公贵族们醉生梦死的游乐场所，这里曾经是彻夜笙歌、纸醉金迷、欢乐无尽的不夜城，那照耀过六朝豪华之都的旧时月即是见证。然而曾几何时，富贵风流，转眼成空，如今只有那旧时月仍然从秦淮河东边升起，照耀着这座空城，在夜深的时候，还梦游似的，爬过女墙，可是，却再也看不到昔日的奢靡、繁华、歌伎与春梦……

到底是大诗人，大手笔，一出手就不同凡响，一下笔就成为绝妙好诗，千古绝唱！

这首《石头城》就连同为大诗人的白居易当时看了也禁不住掉头苦吟，叹赏良久，啧啧称赞道："览金陵而咏石头城遗事之诗，六朝已降何其多哉！然而今闻刘梦得'潮打空城寂寞回'一句，便知后之诗人不复措辞矣！"赞叹之中很是充满了钦佩。

白居易说的应该是真心话，而决非朋友间客套时的溢美夸张之词。

说来真是巧合，就在刘禹锡罢和州刺史、北上回洛阳途中，白居易也因为眼疾辞去苏州刺史近日返回洛阳，且两人竟意外在扬州相遇。由此，在中国文学史上也产生出一段佳话。

生于同年的刘禹锡与白居易有许多相似之处，两人都祖籍北方，生于江南，且都年少成名，才华难分伯仲。在仕途上，刘禹锡出道较早，但很快遭贬，官运不畅，50岁之前一直厄运连连。白居易稍微好点，但也好不到哪里。元和二年，他曾官至翰林学士，差点做了宰相，但就因为元和十年（815年）在宰相武元衡遭暗杀一事上愤然上疏唐宪宗，要求急捕凶手以雪国耻，这原本是正义之举，没想到却遭到陷害打击，他先是被贬为江州刺史，还没到任又追诏再贬江州司马，而且这一贬就是四年。

当年，白居易虽没有直接参与永贞革新，但内心是非常支持的，而且他还曾写信给韦执谊积极建言献策。永贞革新失败后，白居易一直都很同情被贬谪的革新派成员，与刘禹锡更是关系密切，心有灵犀。说来，真是"疾风知劲草，患难见真情"，当时，白居易在长安任翰林学士，当许多人都对遭贬的"革新派"避之唯恐不及的情势下，他却将自己的一百首诗特意赠予谪居朗州的刘禹锡，以表示慰藉和关心。

刘禹锡读完后，深为感动，当即作诗回复说："吟君遗我百篇诗，使我独坐形神驰。玉琴清夜人不语，琪树春朝风正吹。郢人斤斫无痕迹，仙人衣裳弃刀尺。世人方内欲相寻，行尽四维无处觅。"

后来，白居易在杭州和苏州刺史任上，刘禹锡在和州刺史任上，两人也常互致问候，多有诗文来往。

扬州邂逅，两位老朋友自然喜不自禁。因为是故地重游，那些天刘禹锡竭力尽地主之谊，陪着白居易尽情游览扬州。两人在一起总有说不完的话，白天，两人边走边聊；晚上，同住一室，经常是彻夜长谈。两位老友谈诗歌，谈天文，谈地理，也谈人事，谈朝堂，谈时政。

"昔年永贞革新，某虽为九品小吏，却也热心支持变法。当时某曾多有文章投谒，直至上书宰相韦执谊，也想像梦得一样，参与其中，投身变法，为国分忧。只叹情势变化于电光石火之间，其间虽有梦得代为举荐，然王叔文尚未来得及提拔居易，便已事败身死。其他革新骨干也惨遭贬逐，流散江湖。这些年来，某一直耿耿于怀，为'二王八司马'叫屈，为梦得屡遭贬谪深感不平！"

白居易本不想谈及永贞革新往事，害怕触到刘禹锡的痛处，但那天在从隋炀帝杨广的墓地雷塘返回住地时，两人先是谈及炀帝，谈论说炀帝志大才疏，三次征辽失败后，曾经雄心勃勃一心想成就帝王"大业"的杨广从此竟然伤心失望，万念俱灰，躲到扬州荒淫奢侈，自甘堕落，坐以待毙……但谈着谈着，他还是忍不住说到此事。

其实，即使白居易不谈永贞革新之事，刘禹锡也想与他深谈。因为这些年痛定思痛，他对永贞革新想了很久也想了很多，对其中的是与非、得与失都作了较为全面而深刻的反思。所以，当听了白居易的这些话后，禹锡心底顿时涌起波澜，回忆往事，禁不住一声叹息，然后摇着一头华发笑着说道：

"这些年，痛定思痛，禹锡在贬谪之地也常翻来覆去地思考，反省永贞年间那场如流星一般稍纵即逝的革新，仔细检视那场革新的是与非、得与失。某虽不智，但总以为，这场革新本身并没有错，叔文等人的革新初衷与愿望并没有错。革新意在整饬吏治、严惩贪腐、褫夺宦官军权、削弱强藩势力并没有错。无论禹锡本人，还是叔文、子厚等革新派同人，无不以身许国，志在安邦，志在谋国而非谋身。众人殚思竭虑、义无反顾地投身于革新之中，只是为了兴复唐室，富国安邦，若是只为了个人富贵荣华，又何必得罪权臣结怨中贵？……然而，谋事在人，成事在天，就因为顺宗皇帝猝然中风，致使这场深得民心的革新突然失去依靠，失去动力，故而犹如昙花一现，还未盛开就匆匆凋谢！"

白居易长叹一声，点点头说："梦得所言极是，居易也有同感。永贞革新，梦得与叔文等革新同人虽然因为形势匆促，举措难免失当，然革新之所以如烟花瞬间燃放，稍纵即逝，根源还在于'时运不济'。倘若不是顺宗中风，革新或许就会是另外一种结局，而我大唐如今也许就会是另外一番中兴的景象！……试想，当年如果秦王孝公遽然早逝，中道崩殂，商鞅变法会是怎样一种情形？即便不是胎死腹中，也一定会半途而废，过早夭折。事实也确实如此，孝公死后，商鞅不仅再难变法，而且竟然穷途末路，惨遭车裂！"

刘禹锡静静地听罢，沉思片刻，然后悠悠长舒了口气，慨然说道：

"'往事不可谏，来者犹可追。'回想永贞革新之时，禹锡也确曾有些得意忘形而不自知。当时禹锡门下宾客云集，花言巧语、趋炎附势之辈络绎不绝，只可惜禹锡识人不深，所信之人最后皆成反目，诬言妄语共构罗网，落井下石唯恐不及。禹锡贬官之后，听说那些人又行走于新朝中贵门下，仍以阿谀奉承为业，挖空心思，投机钻营。但那些见风使舵、见利忘义之辈，他们虽然侥幸逃脱了永贞之变的罗网，可曾想过权贵们果真能将他们视为心腹吗？这种善变无常、毫无气节的人，什么时候受人尊重又有过好下场呢？即使摇尾乞怜乞求得来一些好处，他们活得又能有多少尊严？到了晚年，回首往事，他们又怎么能够心安理得、问心无愧？"

白居易点头称是，说："君子重义，小人无德。欲行变革岂可依赖小人？古往今来，但凡小人终不可靠，终会坏事。这应是梦得也是永贞变革之教训者也。但对这场变革，当时因为谣诼四起，真假莫辨，朝野内外也多有误解，即便宪宗皇帝，因为听信谗言也是非不分，及至后来，恐怕也会幡然悔悟以致有些于心不安吧？毕竟，在处理'二王八司马'一事上，他良莠不分，是非颠倒，也确实是做过了，做错了！"

以前，说到宪宗，刘禹锡心中总有一种说不出的滋味，但如今他却显得非常平静，这时便尽量公正客观地说："平心而论，宪宗是个有为之君，在位时也很想励精图治、匡扶社稷。只可惜，养虎被虎害，聪明如他，本想利用宦官，最后却被宦官利用，且最终为阉竖所害！真是可悲！可叹！"

说到宦官，白居易眉头紧锁，长吁短叹："是啊，虽说阉人也不全是祸乱之源，但毕竟作恶多端，危及社稷。昔日连宪宗都无法对付宦官，宪宗之后，灵柩前继位的尽是一些无道昏君，如今积重难返，本朝就更奈何不了那些刑余之人了！"

情不自禁地，刘禹锡这时又想起顺宗，想起王叔文还有柳子厚等人，想到当年在小苏州酒楼与王叔文、柳宗元三人小酌时高谈阔论的情形，想起子厚当时所说的"东汉亡于宦官"那句话，于是便忍不住又慨然长叹道："唉，此时此刻，我忽然想起子厚当年说的'东汉亡于宦官'那句话来，看来，如此下去，弄不好我大唐也会步东汉后尘了！"

白居易说："梦得此言虽说令人不寒而栗，但却并非危言耸听！唉，'汉皇重色思倾国'，想来汉唐真是何其相似乃尔！前车之辙竟不能成为后车之鉴，冥冥之中是否真有定数？"

两人边说边走，忽然看到前面一座道观，禹锡知道那是扬州城内有名的唐昌观。唐昌观因琼花而出名，故而又名琼花观。仔细打量，但见此观屋舍俨然，观内琼花盛开，香气扑鼻。

见时候还早，白居易说："进去看看吧。"

进到观内，但见殿宇森然，在一座小亭边，一个道士正背靠在井沿上怡然自得地晒着太阳打盹，在他的旁边竖立着一杆上书"测字算命预知未来"的白色布幡。见有客人来了，那道士便睁开眼睛，面无表情地说："二位大人，测字算命吗？不知命，无以为君子也！"

白居易一看，顿时来了兴致，就笑着问道："梦得，我们算个命吧？"

刘禹锡哈哈大笑，诙谐说："孔圣人说：'四十而不惑，五十而知天命。'乐天，如今你我都已到了知天命的年纪，还算什么命？再说，我的'命'，还有柳子厚、王叔文等'二王八司马'的'命'，乃至我大唐的'命'，还是留给后人去算吧。是功耶？是罪耶？千秋之后，自有后人评说！"

是的，这些年来，虽然历尽苦难，但刘禹锡却总是痴心不改，且从不信命，更不认命。

白居易听了，想了想，就点点头笑着说："梦得说的也是，如今，到了你我这把年纪，即使有命运，也已经基本定了。罢，罢，罢，还是不算了吧，免得徒增烦恼！"

但尽管这样，这以后回去的路上，白居易已不再有说有笑，而是显得心事重重，黯然神伤。

刘禹锡与白居易两人这几十年来历尽宦海风波，屡遭磨难，所以这次在扬州两位难兄难弟难得相见，一时间悲欣交集，回忆往事都感慨唏嘘，且常常情不自禁老泪纵横。尤其是白居易，须发早白，精神萎靡，早已没有了年轻时的激情洋溢，雄心壮志。

白居易的沮丧当然并不仅仅是仕途的失意，还有生活的打击，或者直接说是无后的悲哀。他 35 岁时才结婚，妻子杨氏是同事杨汝士的妹妹。夫妻俩郎才女貌，门当户对，举案齐眉。婚后一年，两人生了第一个女儿，取名金銮子。他对这个女儿很是疼爱，但没想到很快就夭折了。45 岁时，白居易又生了第二个女儿，取名阿罗。但重男轻女的他一直想要一个儿子，就这么盼望着，纠结着，直到 58 岁这年，终于如愿以偿得到一个儿子，取名阿崔。但是没想到，阿崔出生不久，竟不幸夭折了，年仅三岁。

阿崔之死对白居易的打击几乎是毁灭性的，因为传宗接代的最后一丝希望破灭了！

从此，他变得很绝望，再也不想留什么遗产了，"有子不留金，何况兼无子"，从这首诗中可看出他的情绪相当低落，近乎绝望。如今，阿罗长大成人后，也已嫁作人妇，白居易就更感到孤独、痛苦。

刘禹锡和白居易相聚扬州，此时两人都是离职罢任、回京待命之人，心境自然有许多相通之处。这天晚上，从雷塘回来后，因为感时伤怀，两人都很是有些伤感，谈起各自境遇，也都不胜感慨，只恨人生短暂，岁月如刀。尤其听说刘禹锡儿女双全，白居易更是长吁短叹，感慨唏嘘，摇头吟道：

形容瘦薄诗情苦，岂是人间有相人。
只合一生眠白屋，何因三度拥朱轮。
金章未佩虽非贵，银榼常携亦不贫。
唯是无儿头早白，被天磨折恰平均。

刘禹锡听了白居易"唯是无儿头早白"近乎饮泣一般的吟诵，对白居易很是同情，知道他多年来一直为膝下无儿之事深感痛苦。的确，自古不孝有三，无后为大，白居易与刘禹锡同甲子，禹锡不仅自己育有二儿一女，还将柳宗元的两个儿子和韦执谊的一个儿子抚养长大，如今早已呼儿唤女，一家人其乐融融，享受天伦之乐，可白居易却只有一个宝贝女儿，如今女儿又已出嫁，心中能不酸痛悲苦？

想到这里，为了劝慰好友，刘禹锡这时也口占一首七律，以解乐天忧愁：

> 莫嗟华发与无儿，却是人间久远期。
>
> 雪里高山头白早，海中仙果子生迟。
>
> 于公必有高门庆，谢守何烦晓镜悲。
>
> 幸免如新分非浅，祝君长咏梦熊诗。

白居易听了，当即眉头舒展开来，脸上开始渐渐有了笑意。

对于白居易与刘禹锡两位当下全国最著名的诗人这次途经扬州，淮南节度使王播听到消息后自是喜不自禁，他执意要把两位大诗人请到自己府中，热情款待。

"两位仁兄且在我处住下，静候佳音。"

王播，字明扬，贞元十年考中进士，同年又应制举贤良方正科，成绩优异，补盩厔（今陕西周至）尉。在任期间，他剖断狱讼，明察秋毫，深得御史中丞李汶的赏识，被推荐任监察御史。身为监察御史，王播刚正不阿，不畏权贵，曾冒着丢官的危险弹劾并罢免了犯有贿赂罪的云阳（今陕西境内）丞源咸季，擢升为侍御史。贞元末年，王播因得罪贪墨骄横的京兆尹李实，被贬为三原（今陕西富平西南）县令。他在任职期间，县中豪强犯法，也以法绳之，不予宽宥，年终考课，政绩为"畿邑之最"。顺宗即位后，任命王播为驾部员外郎。他执法严明，严厉打击不逞之徒，政绩突出，擢任工部郎中、知御史杂事。后来，王播出任长安县令。当时，正值关中饥荒，诸镇禁止粮食出境。王播奏明朝廷，下诏令各地赈援畿辅，关中地区的老百姓赖以度过饥荒。

元和五年（810年），王播出任御史中丞。十月，任京兆尹。当时京畿重地屯有诸多禁军，军人出入属鞬佩剑，耀武扬威。盗贼混杂其中，剽劫作奸盛行，治安状况一片混乱。王播奏请皇帝严禁军人携带军械出入，诸王驸马权豪不得在京畿豢养鹰犬以及设置畋猎之具。自始奸盗弭息，深得皇帝赏识。

元和十三年，王播受宰相皇甫镈的排挤，调离中原，去任偏远的剑南西川（治所在今四川成都）节度使，他所兼任的盐铁转运使一职由程异继任。

长庆元年七月，奸相皇甫镈遭贬逐，王播调回京城任刑部尚书，复领盐铁转运等使。十月，任中书侍郎，同平章事。长庆二年，王播调任淮南节度使。

那天，王播为刘禹锡和白居易接风，酒菜很是丰盛，三人把酒言欢。

"当今朝廷，人事非常复杂，今日贬这个，明天贬那个。听说，近来皇上更加耽于玩乐，游宴无度，不分昼夜，朝中大事都由宦官王守澄幕后操作……"酒过三巡，刘禹锡摇头叹息，开口说起眼下时局。

"莫谈国事，喝酒，喝酒……"王播笑着，赶紧打断刘禹锡的话头，冲刘禹锡和白居易眨眨眼，叹口气小声说道，"隔墙有耳，节度使府也不安全，少说为佳。"然后，他亲自为刘、白斟满酒杯，殷勤劝酒。

既然"莫谈国事"，那就天南海北尽量说些趣事吧。喝到高兴处，白居易唱起歌来，且手拿筷子敲着碟子为自己即兴"伴奏"。但说着说着，大家还是不知不觉又说到了一些沉重的话题。

白居易无限忧愁、满是凄然地说："梦得，想当年，你我初到长安，雁塔题名，曲江唱和，那时青春年少是怎样的意气风发、踌躇满志？想不到命途多舛，天涯沦落，如今，一晃不觉已是三十多年，岁月蹉跎，人生如梦，不觉已是老之将至！……"说着说着，他竟然哽咽起来，摇着满头白发、老泪纵横地吟了一首《醉赠刘二十八使君》：

> 为我引杯添酒饮，与君把箸击盘歌。
> 诗称国手徒为尔，命压人头不奈何。
> 举眼风光长寂寞，满朝官职独蹉跎。
> 亦知合被才名折，二十三年折太多。

在这首诗里，白居易认为刘禹锡在诗歌方面堪称国手，意思就是全国一流。其实何止诗是一流，刘禹锡的人品与才情更是一流。然而就是这样一位具有雄才大略的廊庙之才却被贬谪远郡长达23年。白居易对刘禹锡的遭遇深为同情，认为这对刘禹锡太不公平，"二十三年折太多"，损失真是太多太大了！

此时此刻，看到白居易把箸击盘、慷慨悲歌，刘禹锡胸中更是翻江倒海，异常感动，以为柳宗元之后，能称为知音者，也就白乐天一人而已，于是他便也即席回赠白居易一首《酬乐天扬州初逢席上见赠》诗：

> 巴山楚水凄凉地，二十三年弃置身。
> 怀旧空吟闻笛赋，到乡翻似烂柯人。
> 沉舟侧畔千帆过，病树前头万木春。
> 今日听君歌一曲，暂凭杯酒长精神。

白居易的赠诗中有"举眼风光长寂寞，满朝官职独蹉跎"这样两句，意思是说同辈的人都升迁了，发达了，梦得啊，你那么有才，那么能干，那么正直，一心想着"扶社稷，安苍生"，可如今却只有你在荒凉的地方寂寞地虚度了年华，空耗了才干，"天生我才"却无用，英雄气短，壮志未酬，故此颇为刘禹锡抱不平。

对此，刘禹锡却有些不以为然，他当即在酬诗中写道："沉舟侧畔千帆过，病树前头万木春。"刘禹锡以沉舟、病树比喻自己，固然感到惆怅，却又相当达观。在他看来，沉舟侧畔，有千帆竞发；病树前头，正万木皆春。他从白诗中翻出这二句，反而劝慰白居易不必为自己的寂寞、蹉跎而忧伤，对世事的变迁和仕宦的升沉，表现出了难能可贵、异常豁达的襟怀。这两句诗意又和白诗"命压人头不奈何""亦知合被才名折"相呼应，但其思想境界明显比白诗高了许多，意义也深刻得多了。

是的，23年的贬谪生活，虽然使刘禹锡满心痛苦，但却并没有使他消沉颓唐。正像他在另外的诗里所写的，"莫道桑榆晚，为霞尚满天"！如今，他这棵"病树"仍然要重新振作精神，迎接美好春光……

都说"长歌当哭"，想不到经历了那么多的磨难与打击，时至今日，刘禹锡依然痴心不改，依然乐观豁达，依然斗志昂扬，在自己的诗中竟然还能"长歌当笑"，不仅白居易，就连王播在一旁听了也深感意外，大为感动，禁不住对刘禹锡肃然起敬！

白居易大为感动，深深折服，当即连声称赞道："彭城刘梦得，诗豪者也！其锋森然，少敢当者。……今垂老复遇梦得，非重不幸耶？……梦得梦得，文之神妙，莫先于诗。若妙与神，则吾岂敢？如梦得'雪里高山头白早，海中仙果子生迟'，'沉舟侧畔千帆过，病树前头万木春'之句之类，真谓神妙矣！……"

王播也连连点头称是，啧啧赞叹道："梦得仁兄确是诗豪！岂只是'诗称国手'，经国之才也堪称国手！……真是'老骥伏枥，志在千里。烈士暮年，壮心不已'！唉，'今日听君歌一曲，但凭杯酒长精神'，真正'长精神'的应该是我，是我从中受教匪浅，获益多多！当今之世谁不知刘、白两位文豪的传世诗文？想不到今天竟是两位嘉宾齐至啊！真是机缘巧合，当成千古佳话。看来是愚弟有福了！某虽身为一方节度，但也只是表面风光，如同过眼云烟，转瞬即逝。倘若将来某侥幸能青史留名，一定是今日沾了二位仁兄的光！"

说着说着，王播也早已动情，手舞足蹈，不能自已。

人生难得几回醉。这天，三个人酒逢知己，都一齐开怀畅饮，直至酩酊大醉。

71 永远的歌者

刘禹锡和白居易在扬州尽兴游玩了数日，然后又结伴同回洛阳。两人经楚州，过汴州，沿途访问前宰相令狐楚等故友，自然少不了应酬唱和的诗作流传。但等到两人刚回到洛阳，就惊闻长安又出现了剧变。

原来，敬宗登基后游宴玩乐，而且毫无节制，他喜欢"打夜狐"，不仅白天打，晚上也打，打个没完，渐渐地，连成天价跟他在一起放纵胡闹的小太监们也烦不胜烦，一个个被逼得几乎发疯，以致忍无可忍，想要结束这位少年浪荡天子的小命了！

宝历二年（826年）十二月，经常陪伴皇上击毬游猎的宦官刘克明、田务澄、许文瑞，神策军将苏佐明、王嘉宪等一帮小宦官秘密结成了同盟，开始了行动。他们再也不像早先的陈弘志那样仓促起事，而是进行了周密的部署，计划已近于滴水不漏。这一次轮到王守澄、梁守谦等大宦官们懵然无觉了。

初八这一天，敬宗夜猎还宫，时已三更，意犹未尽，依然命人大摆宴席，又与刘克明等二十八位侍从三更半夜喝酒。这就是要找死的节奏了！

此时，宫中守备松懈，刘克明的同盟者又全体在场，整个殿内外就只有皇上和他们这些人。机会难得，刘克明与诸人以目示意，决定即刻行动。

这位浪荡天子到死也绝不会想到，他手下这帮小太监会谋杀他，所以当时因为高兴，尽情豪饮，酒已到了七八分，他竟丝毫也没发觉早已有人离席，站到了大殿四周。又喝了一会儿，敬宗站起身来，喷着酒气摇摇晃晃地走往内室更衣。

这边皇上刚刚走出，那边只见刘克明眨眨眼睛，突然把酒盏举过头顶，然后用力一挥，霎时，就见四面人影摇动之间，灯火全灭，整个大殿一片黑暗。

黑暗中，一个身影"呼"地蹿起，直奔内室，忽然恨恨地说一声："昏君，去死吧！"然后迅疾将这位浪荡天子一下子按倒在地，又将他的口鼻紧紧捂住，半天没敢松手。……

可怜这位时年才只有18岁的大唐天子，一直喜欢"打夜狐"，最后，竟然自己也稀里糊涂成了被打的"夜狐"。一声惨叫之后，这位少年天子腿蹬了几蹬，就再也没有了任何声息。

一个时辰之后，刘克明率几位内给事来到了不远处的翰林学士院，此时当值者是路隋。刘克明尽量沉住气道："皇上不预！请即入内草拟遗制。"

几位翰林学士闻之大惊，满腹狐疑，但这时候也只能乖乖听命。

第二天正是单日常朝，百官们这天没等到皇上，却等来了一个惊人的消息：天子驾崩了！遗制宣布：以绛王勾当国事，入继大宝。绛王李悟，本名寮，是宪宗第六子。

直到宰相与百官在紫辰殿外廊庑中觐见绛王时，还没有一个人能立刻反应过来。大臣们那种惊诧莫名的表情，仿佛就像梦游者一般。

大宦官王守澄也是一直到第二天才得知这一消息的，一看小宦官们背着自己竟犯上作乱搞出这样的大事，显然是想撇开自己另起炉灶，他的惊愕不亚于那些朝官，而且马上就反应过来，此刻他应该做些什么。

刘克明同样不敢怠慢，他已经开始采取第二个措施：立即撤换枢密使和神策中尉，夺取神策军！但是，这种夺兵之举只能像他除掉天子一样秘密进行，绝不能明火执仗。他深知，一旦到了以明对明的地步，在大宦官们开始反击之后，敌我力量悬殊，这兵权又哪是他轻易夺得过来的?！

也确实，刘克明等人的整个计划坏就坏在这里。

要说，宦官还是老的辣。左右枢密王守澄、杨承和，左右中尉魏从简、梁守谦这"四贵"在当天上午就急急忙忙地聚集到一起。他们第一个要做的就是号令禁军待命，然后经过密商，派人紧急奉迎江王。

很快，年轻的江王莫名其妙就被带进了神策军营。

到了这种时候，"四贵"都觉得平息这场政变已不是问题，唯一要考虑的是下一步如何办。毕竟事发突然，局势是本朝有史以来前所未有的。

王守澄尽管经验丰富，老奸巨猾，但毕竟第一次面对伪君已立、师出无名的尴尬场面，一时也有些心慌意乱，不知所措。

这种时刻，还是博涉经史的翰林学士韦处厚处变不惊，而且经验丰富，此刻，虽然在场的朝官只有他老兄一人，但就因为他的强烈责任感和正义感，才使得处境艰难的帝国在道义上还是多少挽回了一点面子。

危急时刻，韦处厚委实有些镇定自若，他跺了跺脚，泰然道："正名讨贼，有何避讳！应立即发布宫变消息，剿灭叛贼，请江王入宫主事！"

"江王当如何践祚？"王守澄张大嘴巴，依旧有些发蒙。

韦处厚博通古今，胸有成竹："待到明晨，当以王教布告中外以已平内难。然后群臣三表劝进，以太皇太后令册命新君即位。"

计议已定，于是众人不再犹豫。中午开始，左右神策军、龙武军从东西两侧开进宫中，尽诛刘克明徒众，可怜绛王也在混乱中丢掉了性命。

两天后，江王即位。这位合法的新帝是穆宗皇帝的第二子，敬宗皇帝的异母弟，时年17岁。即位之时更名为"昂"，死后的庙号为"文宗"，改年号为"大和"。

在靖难中最能看出是谁主沉浮。这些天发生的一切再明白不过了，有唐一代，宦官们都谦虚地称自己是"天子家奴"，但就是这些颇不安分的"天子家奴"，到了中唐以后，已越来越骑到了天子的头上，渐渐成为决定帝国命运的真正主宰，大唐到最后已几乎完全成了"宦官治天下"。

所以，唐文宗登基后虽然很想励精图治，但因为完全就是个傀儡，朝政大小事情都只好听任宦官们摆布。刚刚回朝不久的宰相裴度很想做一点事情，但此时也是有心无力，处处掣肘，许多提议不仅过不了宦官这一关，就是另一位宰相李宗闵也处处与他作对。

也难怪，在"牛李党争"中，裴度显然属于"李党"的核心人物，李宗闵则是"牛党"的党魁，如今，李宗闵与宦官集团又眉来眼去，打得火热，自然对裴度等"李党"分子不会心慈手软。

白居易因为被认为是"牛党"分子，回洛阳后不久即被征为秘书监而去长安。而从不结党但却因与裴度关系很近的刘禹锡则被人看成"李党"分子，受到牵连，于是便在洛阳"待岗"一年，在东都洛阳坐了很长一段时间的冷板凳。

说来，也真的有些奇怪，刘禹锡这辈子好做梦，而且总是做一些家国情怀的梦，一些忧国忧民的梦，即使身在江湖，也总是心忧天下，"梦"存魏阙。

在洛阳"待岗"闲居的日子里，他就几乎每夜都会做梦。那天夜里，不知道为什么，他竟几乎同时在做两个梦，以至于一会儿梦见自己与童年的恩师皎然在一起，一会儿又梦见自己与年轻时的好友米嘉荣在一起。

在与自己的恩师释皎然在一起时，他发现自己正在用力划着一艘乌篷船。那艘显然早已经上了年纪的乌篷船此刻正航行在古运河上，从钱塘一路向北，向着长安航行。

其时，刘禹锡坐在船尾，左臂腋下夹着一支划桨，劈水当舵，背倚一块直竖的木板，两脚一弯一伸地踏着"抢桨"。因脚手并用，船体轻盈稳定，行进速度较快，在古运河中劈波斩浪，驶向远方。这种时刻，皎然师则站在船头，时而翘首遥望，时而挥舞着一支如椽巨笔，对着蓝天白云龙飞凤舞，泼墨挥毫：

长风破浪会有时，直挂云帆济沧海。

奇怪，皎然师怎么忽然变成了飘飘欲仙的李白，怎么挥毫书写的都是些李白的诗句？

正在刘禹锡疑惑间，只见皎然师忽然背对着他，对他大声说道："禹锡，读书人当追求'戮力上国，流惠下民，建永世之业，流金石之功'！……为师希望你抱负远大，志存高远，要做伊尹、颜渊，万不可只做一个年少成名的秀才，一个只会舞文弄墨、吟风唱月却怡然自得的腐儒！"

禹锡用衣袖擦擦额头的汗，正要点头回答，就听皎然师忽然用手指了指前方，又说："快了，应该不会太远了，前面不远处应该就是长安。禹锡，再加把劲吧，任何时候都不要悲观，不要失望，不要半途而废。只要你用力划桨，永不气馁，总有一天，你一定会到达你梦想的地方！……"

话未说完，只见皎然师忽然双手合十，唱个诺，瞬间变成了一只大鸟，凌空飞起，飞向南方，很快就淡出了禹锡的视线。

谁知，还没等他反应过来，梦中的场景忽然间一下子变了。地点不再是碧波荡漾、桨声欸乃的古运河，而是在长安城中金碧辉煌、回荡着余音绕梁之歌声的大明宫内。

那余音绕梁之歌声听起来是那么激越，那么高亢，那么雄浑，那么悲壮，那么伤情，置身在这样的歌声中，几乎所有的耳朵和心灵都会在情不自禁中被深深地打动，并产生共鸣。

不用说，刘禹锡就一下子被深深地打动了！

> 昨夜蕃兵报国仇，沙州都护破凉州。
> 黄河九曲今归汉，塞外纵横战血流。

这是一首名为《凉州》的歌。

那歌声听起来是那么熟悉，那么亲切，即使不用睁开眼睛，刘禹锡也一下子就能猜出，那一定是自己的好友米嘉荣的歌声。

米嘉荣是唐代著名的歌唱家，西域米国人。他曾在宪宗、穆宗、敬宗三代任供奉，一直活跃在唐代舞台上，其歌唱艺术倾倒京城，并被皇帝赏识，提拔为朝庭供奉（首席乐官），故史书上称他为"三朝供奉"。世人称赞他的演唱能"冲断行云直入天"。一个西域的少数民族歌唱家，能在唐代宫廷连任三朝乐官，有这样长的艺术生涯，在中国音乐史上委实是少有的。

年轻时，刘禹锡一直是米嘉荣的忠实粉丝。当年在长安，几乎一有空闲，他就喜欢跑去如痴如醉地听米嘉荣唱歌。听着听着，一来二去，两人就成了非常要好的朋友。只是到后来，因为要忙着"永贞革新"，刘禹锡渐渐很少去听米嘉荣唱歌了，先是没有时间，后来则完全是因为没有了心情，再到后来，永贞革新失败，他被逐出了长安，就更是没有了机会。在巴山楚水凄凉地，虽然有时也会想到米嘉荣，想到他优美动人的歌声，但是，一晃二十多年，却再也无缘也无法听到他的歌了！

可是，现在，他竟又看到米嘉荣，出乎意料地，又一次听到米嘉荣的歌了！这让刘禹锡很是有些喜出望外。而且，更让他惊奇的是，在偌大的大明宫里，在那么辉煌的宫殿里，此刻，竟只有一个歌者，一个听众。

不用说，这个歌者就是米嘉荣。

而唯一的听众，自然就是刘禹锡。

"嘉荣，怎么是你？"

"梦得，怎么是你？"

这次的邂逅，是如此的突然，如此的意外，以至于两个人都禁不住有些惊奇，又很是惊喜。

"嘉荣，遭贬二十多年，如今终于又能回到长安，又能听到你的美妙动人的歌声了！经过岁月的沉淀，我感到，你的歌声如今变得更有内涵，更有魅力，也更加感荡人心了！"

"梦得，你过奖了！……唉，不行了，我老了！我们都老了！"米嘉荣一边说，一边摇着头叹气。

这时，刘禹锡才注意到米嘉荣满头的华发。

"不，嘉荣，从德宗时期，你的歌就那么出名，如今，这么多年过去了，你的歌唱得越来越有味道了！这充分说明你还未老，如今，你依然是一位优秀的歌者，一位出类拔萃的歌者！"刘禹锡一脸真诚地赞美道。

"梦得，谢谢，谢谢你这么夸奖我！这么多年了，你一直都是我的知音！今生今世，能有你这样的知音，我米嘉荣这辈子应该满足了，非常非常满足了！不过，说到歌者，其实，你刘禹锡才是一位真正的歌者，一位永远的歌者！……是的，说真话，我的歌，无论怎么动听，都会很快转瞬即逝，也许，用不了十年、二十年，以后就再也不会有人能够记得我的歌，更不会听到我的歌。而你却不一样，梦得，你是一位优秀的诗人，一位杰出的诗人。你那些脍炙人口的诗歌，还有你当年参与的那场'永贞革新'，即使再过一百年、一千年，乃至一万年，都会始终流传下去！都会受到后人的尊崇与称颂！"

说罢，米嘉荣朝刘禹锡躬身一揖，然后又放开歌喉，引吭高歌起来。这次，他唱的是刘禹锡的《魏宫词二首》：

日晚长秋帘外报，望陵歌舞在明朝。
添炉欲爇熏衣麝，忆得分时不忍烧。

日映西陵松柏枝，下台相顾一相思。
朝来乐府长歌曲，唱著君王自作词。

米嘉荣一边唱，一边朝刘禹锡深情地挥着手依依惜别，然后，背转身朝金殿的幕后缓缓走去。

很快，猩红色大幕便闭上了。夜深人静，空荡荡的金殿内便只剩下了刘禹锡一人，还有那一咏三叹很长时间都悠悠地回荡着的"唱著君王自作词"

的袅袅余音。

也就在这种时候，刘禹锡醒了。

醒来，他发觉自己竟然在梦中流下了热泪。

睁眼望去，窗外，依旧是沉沉的黑夜。

72 最后的约定

洛阳这地方自古以来就是天下必争之地，凭借"居天下之中"的得天独厚的优势，历代王朝纷纷在此建都从而遥领四方之地。武则天改唐为周、登基称帝时，定都于洛阳，建立武周政权，并改东都为"神都"。在紫微宫内修建了明堂、天堂、天枢等建筑群，女皇从此在这里生活礼佛、布政施道、君临天下。

就因此，洛阳城的规模与繁华曾经一度达于极盛。只可惜，安史之乱发生后，安禄山带领将近二十万大军以犁庭扫穴之势横扫了洛阳城，之后安禄山内部发生暴乱，政权更替频繁，唐朝名将郭子仪再度收复洛阳城。可是经过连年战火的洗劫，昔日辉煌的洛阳城早已经变得面目全非。

大和元年七月，一天下午，从和州归来正在洛阳家中坐冷板凳、等待朝廷任命的刘禹锡闲来无事，正在家中看书弹琴，仆人忽然来报，说有客人到访。

"来者何人？"禹锡有些诧异。

仆人说来人不通报姓名，只说让刘禹锡亲自来迎便知。

刘禹锡心里疑惑，立即亲至府门。一见来人，竟是韩泰，禹锡顿时大喜过望，继而声泪俱下。

"梦得，总算见到你、见到你了！"这时，韩泰也情绪失控，跑过来一把抱住刘禹锡，号啕大哭。

想当年，"永贞革新"时闻名全国的"二王八司马"因为经受不住生活与精神上的双重打击与长期磨难，早已凋零殆尽。如今，革新派人物中仅剩下刘禹锡与韩泰两人。文宗登基后，韩泰从漳州征还长安，但很快又新授湖州刺史。听说刘禹锡已回到洛阳，故而韩泰上任途中特来探望。

自元和十年在长安匆匆见过几面后，一晃又是十几年未见，这十几年来，无论是刘禹锡还是韩泰，彼此都相互牵挂，格外思念，怎奈相隔千山万水，音讯不通，更难见面。今日老友相见，想起往事，两人自然是又喜悦又激动，又伤心难过。

禹锡拉着韩泰的手进到府中，赶忙吩咐泰娘准备酒菜。晚上喝酒，两人从黄昏一直喝到深夜，但却是喝酒少，说话多，一桌丰盛的酒菜热了冷，冷了热，几乎成了祭奠当年那段峥嵘岁月的贡品。

"梦得兄，想当年革新集团群英荟萃，上朝退朝大家时常成群结队，谈笑风生，高谈阔论，一时为人羡慕，传为佳话。可如今，物是人非，群英凋零，唯有你我尚且苟活于人世！"说着，韩泰又是泪流满面。

"是啊！"刘禹锡捋着长须也深有感触，并当即口占一绝，含泪沉吟道：

昔年意气结群英，几度朝回一字行。
海北江南零落尽，两人相见洛阳城。

吟罢，他端起一杯酒，与韩泰碰了杯，然后一饮而尽。

"梦得，永贞革新，你说我们这些人究竟是图什么？当年这样做我们这些人中有谁是为了自己？只是为了自己的荣华富贵？还不都是为了社稷？为了苍生？……要是为了自己，为了自己升官发财，我们完全不需要做这种傻事，完全可以圆滑，可以世故，可以阿谀，可以逢迎，可以明哲保身，置身事外！设若这样，以你我还有革新集团其他人之才干，我们中的许多人如今早就出将入相了！最起码，不会活得如此凄惨！"如今早已满头白发的韩泰一时感慨唏嘘。

"贤弟，你后悔了吗？后悔了吗？"刘禹锡凝神看着韩泰，未免有些吃惊。

"后悔？梦得，你误会我、误会我了！"说到这里，韩泰凄然一笑，随后又说，"这些年来，我经常想着永贞元年那段激情飞扬的岁月，想到那场虽然短暂但却轰轰烈烈的变革，那是我生命中一段最为珍贵、最有价值也最值得怀念的日子，虽然为此付出了一生惨痛的代价，但我却至今不仅无怨无悔，而且始终引以为荣，引以为傲！"

这时，刘禹锡又为韩泰和自己各斟满了一杯酒，举杯与韩泰碰了又一饮而尽，随之动情地说："我何尝不是这样？这些年来，虽然贬谪异乡，备尝艰辛，但我何尝有一天后悔过？而且，这些年来，仔细反思永贞元年的那场革新，虽然觉得未免有些瑕疵，有些仓促，有些举措失当，但总觉得革新本身并没有什么不对！"

大凡立身庙堂、跻身官场的人，是很容易被变幻莫测的政治风向搞得晕头晕脑的，是很容易在封建专制的重压下，因为价值观的倾斜乃至性格扭曲而屈服的，也是很容易被充斥于官场的虚伪与狡诈而同化的。但刘禹锡虽历经苦难，却总是痴心不改，在永贞革新之后，纵然遭受了那么大的打击与迫害，却"虽九死其犹未悔"，始终不渝，执着一念，一辈子都坚定自己的政治信念，从不见风使舵，更不见利忘义。

刘禹锡是这样，韩泰是这样，其他已故的永贞革新派成员诸如柳宗元等无疑也是这样！

这，就更显出当年那场革新以及永贞革新派的可贵！

这天晚上，两人彻夜长谈。第二天，韩泰即将告别。临行之际，他拉着刘禹锡的手郑重叮嘱说："梦得兄，今日一别，也许此生再难见面。临别之际，愚弟有一事相托，万望梦得兄一定要答应愚弟设法做成此事！"

禹锡当即一愣，睁大了眼睛惊奇地说："什么事？"

韩泰这时还未说话，眼里却又涌出热泪，哽咽着说："梦得兄，昔日永贞革新群英大多已不在人世，成了孤魂野鬼，含恨九泉。如今只剩下你我二人，但也垂垂老矣，来日无多。兄笔力雄健，诗文定会传之后世，故此，还请梦得兄将永贞元年那场革新如实记载下来，好让后人看清这段历史真相。否则，甭说那些昔日同行相伴之人沉冤九泉，永无宁日，即使你我到那一天也会悔之晚矣，死不瞑目！"

刘禹锡点点头，含泪答应道："贤弟所言极是，其实禹锡也早就有此想法，将永贞元年那一场犹如烈火烹油的革新记载下来，其中无须评论，只要如实叙述，是非曲直，恩怨情仇，自有青史可证，一任后人评说！"

唉，人生总是这样短相聚，长别离！

韩泰要走了，昔日永贞革新的最后一位同伴就要走了，岁月匆匆，人生短暂，也许此生再也不会相见了！

"黯然销魂者，唯别而已矣！"第二天早晨，分别时刻，刘禹锡与韩泰自然又是紧紧抱在一起，依依不舍，相拥而泣。

此时，刘禹锡患了腿疾，行走不便，但他却坚持要送韩泰，而且送了一程又一程。最后，行到骆驼桥边，还是韩泰实在不忍心看着刘禹锡再这么一瘸一拐地送下去，便趁刘禹锡到桥边小解之际，独自走过小桥，骑上马背，然后一抖缰绳，打马而去。

"梦得兄，我走了，你回去吧！日后，你要多保重！还有，千万——千万不要忘了你我的约定！"过了桥后，韩泰坐在马背上竭力扭过头来，冲刘禹锡高喊，声音完全就是哭声。

"放心吧，贤弟！此去千山万水，你也要一路小心，多多保重！"此时，刘禹锡走到桥上，冲韩泰不停地挥着手，也高喊道，"贤弟，如果有来生，你，我，还有子厚、王叔文、凌准……下辈子我们还做朋友！只要利国利民，功在社稷，我们还要锐意革新，义无反顾，'亦余心之所善兮，虽九死其犹未悔'！……"

说着，说着，刘禹锡忽然歌吟起来：

> 骆驼桥上蘋风急，鹦鹉杯中箸下春。
> 水碧山青知好处，开颜一笑向何人？

不知道为什么，歌罢，他先是仰天长啸，然后又昂首大笑起来，且笑得是那样动情，那样酣畅，那样忘我，那样沉醉！

此时，一只雄鹰正在他的头顶上空低低地盘旋着，也许是受了他的笑声的感染与诱惑，随即也亢奋而尖锐地鸣叫了起来，像是回答，又像是呼唤，然后，奋力扑扇着翅膀，很快飞向了高空，飞向了远方。

2018 年春天至夏天初稿
2020 年春节于防疫期间定稿